REVISTA
DE DIREITO
INTELECTUAL
Nº01—2014

DIRETOR:
Dário Moura Vicente

CONSELHO EDITORIAL:
Alexandre Dias Pereira
Dário Moura Vicente
João Paulo Remédio Marques
José de Oliveira Ascensão
Luís Couto Gonçalves
Manuel Oehen Mendes
Marcos Wachowicz
Pedro Sousa e Silva

COORDENAÇÃO EDITORIAL:
Ana Pereira da Silva

Os elementos fornecidos e as opiniões inseridas nesta publicação são da responsabilidade exclusiva dos seus Autores.

Propriedade: Associação Portuguesa de Direito Intelectual (APDI)
Campo Grande, 28-9.º C
1700-093 Lisboa
Portugal
http://www.apdi.pt/

Edição: Edições Almedina, SA
Rua Fernandes Tomás, n.ᵒˢ 76 a 80
3000-167 Coimbra
Tel.: 239 851 904 – Fax: 239 851 901
www.almedina.net
editora@almedina.net

Design de capa: FBA

Execução gráfica: Edições Almedina, SA

Impressão e acabamento: Papelmunde

Depósito Legal: 378206/14

Número de registo na ERC: 126546

Publicação: Dois números anuais

Preço avulso: €25

Assinatura anual: €43,75 (2 números)

Data: Junho de 2014

Tiragem: 500 exemplares

REVISTA DE DIREITO INTELECTUAL – N.º 2014-I
ESTATUTO EDITORIAL

1.º **Objeto.** A Revista de Direito Intelectual é uma publicação científica que tem por objeto específico os temas do Direito de Autor, do Direito da Propriedade Industrial e do Direito da Sociedade da Informação.

2.º **Propriedade.** É proprietária da Revista a Associação Portuguesa de Direito Intelectual (APDI), associação científica de utilidade pública com sede em Lisboa, onde funciona também a respetiva redação.

3.º **Edição.** A edição da Revista está a cargo da Almedina, em conformidade com o protocolo para o efeito celebrado com a APDI.

4.º **Objetivo.** A Revista visa contribuir para a criação e transmissão do conhecimento científico na área do Direito Intelectual, em particular nos países de língua portuguesa.

5.º **Direção.** A Revista é dirigida por um Diretor, que será por inerência o Presidente da APDI.

6.º **Coordenação editorial.** A coordenação editorial é efetuada por um vogal da Direção da APDI, por esta designado.

7.º **Colaborações.** A Revista está aberta à publicação, a título gratuito, de trabalhos de doutrina, comentários de legislação e jurisprudência, recensões de obras científicas e informações sobre assuntos de interesse relacionados com a temática do Direito Intelectual.

8.º **Conselho editorial.** A seleção dos trabalhos a publicar é feita por um Conselho Editorial integrado por sete membros, todos especialistas em Direito Intelectual, designados pela Direção da APDI.

9.º **Periodicidade.** A Revista terá periodicidade semestral, compreendendo dois volumes por ano, com uma extensão de cerca de 300 páginas cada.

10.º **Secções.** A Revista compreende seções de: (i) Artigos Doutrinários; (ii) Estudos Breves; (iii) Legislação e Jurisprudência comentadas; (iv) Notícias; e (v) Recensões.

11.º **Tiragem.** A tiragem será de 500 exemplares por cada volume.

12.º **Distribuição.** A revista será distribuída em todo o território nacional e bem assim, por assinatura, a subscritores domiciliados no estrangeiro.

ÍNDICE

NOTA DE APRESENTAÇÃO 5

I – ARTIGOS DOUTRINÁRIOS

DIREITO DE AUTOR

Uso por terceiro não autorizado de bem intelectual protegido e sanção penal   9
JOSÉ DE OLIVEIRA ASCENSÃO

PROPRIEDADE INDUSTRIAL

A arbitrabilidade dos litígios e a dedução de providências cautelares por empresas de medicamentos de referência, na sequência da aprovação de medicamentos genéricos 33
JOÃO PAULO REMÉDIO MARQUES

Pedido provisório de patente 101
LUÍS COUTO GONÇALVES

DIREITO DA SOCIEDADE DA INFORMAÇÃO

A informação como objeto de direitos 115
DÁRIO MOURA VICENTE

II – ESTUDOS BREVES

Direito de Autor e Universidades: algumas notas 133
CLÁUDIA TRABUCO

A posição do editor na cópia privada 151
JOSÉ ALBERTO VIEIRA

III – LEGISLAÇÃO E JURISPRUDÊNCIA COMENTADAS

Arquivos e bibliotecas digitais: os direitos autorais e a sentença Google 163
APÊNDICE: United States District Court Southern District of New York, *The Authors Guild, Inc. et al., v. Google Inc.* – Decisão de 14 de novembro de 2013   186
ALEXANDRE L. DIAS PEREIRA

Os certificados complementares de proteção (CCP) para medicamentos à luz da jurisprudência recente do TJUE 217
MANUEL OEHEN MENDES

As funções da marca e a jurisprudência do TJUE 251
    MARIA MIGUEL CARVALHO

IV – NOTÍCIAS

O Tribunal Unificado de Patentes 273
Apêndice: Acordo Relativo ao Tribunal Unificado de Patentes, de 18 de fevereiro de 2013. 288
    PEDRO SOUSA E SILVA

NOTA DE APRESENTAÇÃO

Com o presente volume, dá-se início à publicação da *Revista de Direito Intelectual*, de que é proprietária a Associação Portuguesa de Direito Intelectual.

Através desta nova publicação periódica visa-se – além de preencher uma evidente lacuna no panorama editorial português – dar maior projeção, aquém e além-fronteiras, à produção científica de língua portuguesa no domínio do Direito Intelectual.

Estará a *Revista* aberta, para este efeito, à colaboração de todos os que, em Portugal e noutros países de expressão portuguesa, nos meios académicos e profissionais, se interessam pelos temas do Direito de Autor, do Direito da Propriedade Industrial e do Direito da Sociedade da Informação.

Nela se incluirão, além de artigos doutrinários, estudos breves sobre temas de atualidade, comentários de legislação e jurisprudência, notícias e recensões. A *Revista* procurará deste modo prestar um serviço relevante à Ciência Jurídica e habilitar do mesmo passo os que, nas Empresas, no Foro e na Universidade lidam quotidianamente com as questões da propriedade intelectual com uma ferramenta de trabalho útil.

No momento em que a *Revista* inicia a sua publicação, importa deixar aqui expressos três agradecimentos. O primeiro dirige-se ao Prof. Doutor José de Oliveira Ascensão, a cujo labor se deve fundamentalmente a atividade editorial até hoje desenvolvida pela Associação Portuguesa de Direito Intelectual, que a *Revista* se propõe continuar e expandir. O segundo tem como destinatários os ilustres juristas que, desinteressadamente e com sacrifício de outras atividades, anuíram ao convite que lhes foi dirigido a fim de integrarem o Conselho Editorial da *Revista*, pondo assim ao serviço desta iniciativa o seu saber e experiência. O terceiro é devido à Almedina, que aceitou tomar a seu cargo a publicação da *Revista*, correspondendo deste modo ao desafio que lhe fora lançado pela Direção da APDI. A todos o nosso muito obrigado.

Lisboa, maio de 2014

Dário Moura Vicente

I
ARTIGOS DOUTRINÁRIOS

DIREITO DE AUTOR

USO POR TERCEIRO NÃO AUTORIZADO DE BEM INTELECTUAL PROTEGIDO E SANÇÃO PENAL*

JOSÉ DE OLIVEIRA ASCENSÃO**

Abstract: The application of Criminal Law for (re)inforcement of exclusive rights over intellectual assets. The situation within both the community and internationally. Crime prevention and law enforcement: the prevalence of private use. Criminalization of the use of third party trademarks: limitation of the use of trademarks as such. Lack of national or extra national injunctions penalizing private use of trademarks.

Keywords: intellectual work; trademark; provate use; work available on-line; type of of criminal offence; file-sharing.

Palavras-chave: obra intelectual; marca; uso privado; obra disponível em rede; tipo penal; partilha de ficheiros.

Sumário: I – A evolução internacional: 1. Direito Penal e convenções internacionais sobre Direito Intelectual; 2. O empolamento desproporcionado dos exclusivos outorgados. II – Direito penal e uso privado relativamente a obras intelectuais em rede: 3. O estatuto da obra disponível em rede; 4. A licitude da reprodução de obra em rede para uso privado; 5. A não incidência dos tipos penais sobre o uso privado; 6. Aplicação à descarga de obras e partilha de ficheiros. III – Uso da marca e sanções penais: 7. Limitação ao "uso da marca como marca" na vida de negócios; 8. O uso de marca alheia como própria está no núcleo das previsões penais; 9. A ausência de injunção internacional ou comunitária de criminalização do uso privado da marca; 10. A exclusão do uso privado de marca alheia do tipo penal. 11. Conclusão.

I – A evolução internacional

1. Direito Penal e convenções internacionais sobre Direito Intelectual

Desde os primórdios, privilegiou-se em Portugal para a tutela do Direito Intelectual a incriminação das violações dos direitos. No que respeita ao Direito Industrial (e até à Concorrência Desleal, àquele geneticamente associada), isto

---

* Este trabalho foi destinado aos Estudos em Homenagem a Carlos Ferreira de Almeida.
** Professor Catedrático (Jubilado) da Faculdade de Direito da Universidade de Lisboa.

manifesta-se claramente logo na primeira regulação geral das matérias, constante do Dec. n.º 6 de 15.XII.1894, arts. 190 e seguintes e 201 e seguintes.

Portugal afasta-se assim da generalidade dos países, que ou não prevêem reações penais ou recorrem prevalentemente a sanções civis. Chegou-se ao ponto de a lei omitir sequer a referência a sanções civis: assim aconteceu na Concorrência Desleal[1]. A partir porém do Código da Propriedade Industrial (CPI) de 2003 a concorrência desleal deixou de constituir crime, passando a ilícito de mera ordenação social, por proposta nossa que foi aceite.

Esta preferência pelo Penal manifesta-se também no Direito de Autor e no Direito da Informática. Chega-se a estabelecer a punição de condutas que não são ilícitos civis: assim acontece com o art. 9/1 da Lei n.º 109/91, de 17 de agosto, sobre criminalidade informática, que tipificou a reprodução de programa de computador quando nada na ordem jurídica portuguesa lhe atribuía até então sequer tutela civil. Pior ainda, tipificou também a divulgação de programa, quando a imposição do segredo do programa continua ainda hoje ausente da lei portuguesa!

O recurso privilegiado ao Direito Penal manifesta-se também no reforço das penalidades cominadas. Hoje têm em geral o limiar máximo de três anos, quer no Direito de Autor quer no Direito Industrial – muito acima de previsões anteriores. Mas há quem reclame sempre maior agravamento.

Pelo contrário, alguns crimes anteriormente previstos foram degradados a ilícito de mera ordenação social. Mas nem os critérios de repartição pelos dois ramos são transparentes nem o recurso à categoria do ilícito de mera ordenação social foi ajustado com a natureza deste.

Aplica-se subsidiariamente o Dec.-Lei n.º 38/84, de 20 de janeiro, sobre infrações anti-económicas (art. 320 CPI); e os dispositivos são complementados por regras sobre apreensão nas fronteiras e outras.

Mas não desenvolvemos estes pontos, porque o nosso objetivo não consiste em expor globalmente a repressão criminal em Direito Intelectual. Limitamo-nos a referir brevemente o enquadramento internacional desta matéria.

Tradicionalmente, os meios de tutela dos direitos intelectuais eram pelas convenções internacionais deixados à competência dos países-membros: assim acontece também na Convenção da União de Paris (CUP). Particularmente, partia-se do princípio que a reação penal não podia ser internacionalmente imposta.

Mas o *lobby* internacional no sentido de uma penalização crescente das condutas infratoras foi particularmente robustecido pelo advento dos direitos

---

[1] Para o Direito Penal da Concorrência Desleal, cfr. o nosso *Concorrência Desleal*, Almedina, 2002.

sobre bens informáticos. Teve uma grande vitória com a submissão da matéria à Organização Mundial do Comércio, com a consequente imposição do Acordo anexo ao tratado que criou esta Organização, denominado ADPIC ou TRIPS: Acordo sobre Aspetos da Propriedade Intelectual relacionados com o Comércio, que os países aderentes têm necessariamente de aceitar. Os direitos intelectuais são tratados como mercadorias. Neste Acordo surge o art. 61, com a espantosa epígrafe "Processos penais" na versão oficial em língua portuguesa, que dispõe: "Os Membros preverão processos penais e penas aplicáveis pelo menos em casos de contrafação deliberada de uma marca ou de pirataria em relação ao direito de autor numa escala comercial". Era pouco, mas era o rastilho. Daí por diante o Direito Penal passava a ser parte da disciplina internacional dos direitos intelectuais.

A União Europeia, que acedera ela própria a membro da OMC, aproveitou a oportunidade com a transposição do ADPIC para a União. Preparou um projeto de diretriz que englobava no art. 20 a matéria penal. Coroava assim o empolamento incessante da matéria e satisfazia os governos, organizações e titulares de direitos interessados na intervenção no campo penal. Estes últimos beneficiavam do efeito intimidatório da cominação penal, por um lado, e por outro faziam passar para as entidades públicas a responsabilidade e o custo da fiscalização, investigação e acusação das infrações.

A tentativa comunitária malogrou-se então[2], bem como outras que se seguiram. Mas os interessados continuam exigindo sempre mais. Querem a penalização generalizada, a responsabilização dos provedores de serviços na internet, a incriminação de quem baixa conteúdos da internet ou partilha ficheiros, e assim por diante[3].

É neste clima de expansão incessante do recurso aos meios penais que ocorre parar e perguntar qual o seu sentido e limites. Nomeadamente, o que fica do uso privado, perante o que se pretende – a incriminação de todo o uso ou utilização dos direitos intelectuais, se não houver autorização do titular dos direitos.

---

[2] Veja-se o nosso *Direito Industrial e Direito Penal*, in *Direito Sancionatório das Autoridades Reguladoras*, coordenação Fernanda Palma *et allii*, Coimbra Editora, 2009, 177-205; e in "Direito Industrial", vol. VII, APDI/Almedina, 2010, 25-51, n.º 2, para o relato desta vicissitude.

[3] O Tratado ACTA, subsequentemente assinado embora se tenha afinal malogrado, é bem elucidativo neste sentido. Num domínio paralelo, a Lei n.º 41/04, de 18.VIII, transpôs a Diretriz n.º 02/58/CE, de 12 de julho, sobre a privacidade das comunicações eletrónicas. Mas as reações previstas, embora não meramente civis, apenas atingem o nível de contra-ordenações. Em todo o caso, está fora do nosso tema, porque a violação da privacidade não é ofensa de direitos intelectuais. Tal como a criminalidade informática não o é necessariamente.

2. O empolamento desproporcionado dos exclusivos outorgados

Como avaliar esta evolução?

A própria expressão Direito *Intelectual* acena para a dignidade da matéria[4]. Exalta-se o criador e o inventor e o contributo que trazem para a comunidade.

Mas será por isso que no incremento da proteção tanto se empenham o ex-G-7, as instituições internacionais especializadas e os países industrializados em geral? Por quê este súbito carinho pelo talento individual, que leva a uma proteção desproporcionada? Será no interesse dos países em desenvolvimento que estes são forçados a aceitar um regime exacerbado de proteção dos bens intelectuais?

Tudo se esclarece, se verificarmos que na realidade quem se pretende proteger é a empresa, para quem o benefício no essencial reverte – ou diretamente, quando a empresa é a titular originária dos direitos (como na obra coletiva), ou indiretamente, através dos contratos que os titulares são levados a celebrar[5].

Este pano de fundo conduz à política de expansão incessante do exclusivo – e o exclusivo é o núcleo do direito intelectual. Uma das vertentes traduz-se na difusão subliminar da convicção de que nenhuma utilização da obra é lícita sem autorização do titular. Por mais inocentes que sejam: já apresentámos como bem elucidativa a cobrança de direitos autorais com fundamento nas canções que os escuteiros cantam nos seus acampamentos... Com isto se abala cada vez mais o princípio que pareceria universal da liberdade do uso privado. Não só certos direitos exclusivos incidem primordialmente sobre o uso privado (assim acontece com o direito sobre programas de computador) como, em todos os casos, se procura corroer quanto possível essa liberdade. Ou substituindo a liberdade de uso pela sujeição a um direito de remuneração, como no caso da reprografia e da cópia privada, ou restringindo cada vez mais as fronteiras do uso privado, apresentado como "exceção"[6]. Do mesmo modo, cada vez se limita mais e mais a liberdade de acesso do público aos bens intelectuais.

A União Europeia tem funcionado neste domínio como um refletor dos interesses dos Estados Unidos da América, que são sem contestação o maior exportador de bens intelectuais. Vale a pena ter presente um documento, emitido em 20 de novembro de 2008: as "Conclusões do Conselho sobre a difusão de

---

[4] Muito mais que *Propriedade Intelectual*, que rejeitamos, porque "propriedade" é usada apenas para esconder o caráter de exclusivo dos direitos atribuídos. Veja-se o nosso *Direitos Intelectuais: propriedade ou exclusivo?*, in Themis, Revista da Faculdade de Direito da Universidade Nova de Lisboa, ano VIII, n.º 15, 2008, 117-138.
[5] E com frequência com mediação de outras empresas, como as entidades de gestão coletiva de direitos autorais, que por natureza se supõe agirem como empresas.
[6] Veja-se sobre o tema o nosso *As "exceções e limites" ao direito de autor e direitos conexos no ambiente digital*, in Revista da ESMAPE (Recife), vol. 13, n.º 28, jul/dez 2008, 315-351.

ofertas lícitas de conteúdos culturais e criativos e a prevenção e o combate à pirataria no ambiente digital".

A cultura é um parente pobre nas preocupações da União. Também a criatividade tem sido desprezada, apenas se exigindo hoje *originalidade*, o que leva à proteção autoral dos conteúdos mais banais. O anúncio da aprovação do documento despertou necessariamente interesse e esperança: haverá uma revisão de rota?

A desilusão é grande. Fazem-se considerações vagas, que nada adiantam, para conduzir ao que verdadeiramente preocupa: o combate à "pirataria", portanto o reforço sempre maior do exclusivo em benefício de quem explora as chamadas indústrias de *copyright*.

"Pirataria" é já de si um termo impróprio para ser usado quando se fala com o nível cientificamente requerido destas matérias. Há que reprovar as violações, mas falar em pirataria representa uma distorção semântica, para criar já pelo próprio termo uma condenação que impede um debate aberto sobre o que deve ou não ser proibido.

Referem-se as medidas tecnológicas de proteção e admite-se que poderão criar insegurança para os consumidores e limitar a utilização dos conteúdos disponíveis. Mas o que se recomenda é que as partes interessadas cheguem a soluções que promovam o desenvolvimento de ofertas lícitas de conteúdos *on line* e previnam e combatam a pirataria. É o mesmo que nada, ou menos que nada. Há muito que se concluiu que a internet exige a criação de mecanismos específicos de acesso e uso dos seus conteúdos, mas remeter simplesmente para as partes interessadas é vazio. Só resta o combate à "pirataria", pelo qual se pretendem perpetuar formas obsoletas ou inadequadas de exploração de conteúdos em rede.

A situação revela-se ainda mais grave, se se considera que nos problemas suscitados pelos dispositivos tecnológicos de proteção há graves culpas da União, ao emitir a Diretriz n.º 01/29/CE, de 22 de maio, sobre direito de autor e direitos conexos na sociedade da informação. O art. 6 desta elimina pura e simplesmente no digital a maioria dos limites em geral admitidos; e mesmo em relação aos restantes prevê regimes que nunca poderão levar a que os beneficiários desses limites os possam alguma vez exercer[7]. Pela própria diretriz, a União deveria rever o funcionamento do sistema. Mas nada faz, a não ser o abandono às forças do mercado. Sabe-se bem qual o resultado: o público não é uma força do mercado, é um objeto deste, se porventura a lei não intervém em sua defesa.

---

[7] Veja-se o nosso *Dispositivos tecnológicos de proteção, direitos de acesso e uso dos bens*, in "Direito da Sociedade da Informação", vol. VIII, APDI/Coimbra Editora, 2009, 101-122.

Há cerca de dez anos, uma nova aragem pareceu percorrer os serviços de direito de autor da União. Anunciou-se uma revisão do unilateralismo, vitorioso até então em benefício dos exclusivos intelectuais e das distorções da concorrência daí resultantes. Hoje, há que concluir que nessa fase a batalha foi perdida[8]. Nada se conseguiu do que se propusera, nem sequer o mínimo representado pela harmonização da gestão coletiva do direito de autor na União, a regulação das bibliotecas digitais, o regime das obras órfãs e assim por diante. O que afinal fica vitorioso é o oposto, o incremento de proteção: lembre-se o aumento efetuado da duração de direitos conexos dos artistas e produtores de fonogramas para 70 anos.

II – Direito penal e uso privado relativamente a obras intelectuais em rede

3. O estatuto da obra disponível em rede

Propomo-nos examinar questões penais relacionadas com o Direito Intelectual. Na impossibilidade de uma exposição exaustiva vamos distinguir Direito de Autor e Direito Industrial; e dentro de cada, limitamo-nos a aspetos específicos particularmente significativos para o uso privado.

A sociedade digital trouxe novas potencialidades, que tornaram obsoletas as vias de acesso a obras disponíveis até então. No que respeita ao Direito de Autor, partiremos de uma situação típica muito elucidativa, fulcral mesmo: a do *download*, consistente pois em "baixar" ou descarregar conteúdos da internet para armazenagem no computador do utente[9].

Começamos por supor, nesta análise, que a obra se encontra disponível na rede, sem estar ao abrigo de medidas tecnológicas de proteção; ou que, se porventura é de acesso condicionado, as condições de acesso foram observadas. É lícito ao público em geral "baixar" as obras compreendidas no sítio? E uma vez baixadas, compartilhá-las com outros usuários da internet?

Eis uma questão prévia e básica, que há que afrontar aqui, nos limites do possível. Deixando já de parte o que respeita ao acesso, é indispensável determinar

---

[8] Mas foi depois retomada, no nível dos comissários, chegando a resultados mais positivos, nomeadamente no nível das obras indisponíveis e no da supervisão e transparência da gestão coletiva.

[9] As bases penais de que partimos neste domínio encontram-se no nosso *Direito Penal de Autor, in* "Estudos em Homenagem ao Professor Doutor Manuel Gomes da Silva", FDL, Coimbra Editora, 2001, 457-505; e *in* LEX (Lisboa), 1993, e na nossa *Criminalidade informática, in* "Direito da Sociedade da Informação", vol. II, APDI/Coimbra Editora, 2001, 203-228; e *in* "Estudos sobre Direito da Internet e da Sociedade da Informação", Almedina, 2001, 261-287.

se o *download* é lícito ou se pelo contrário incorre nos tipos penais que reprimem a utilização de obras intelectuais sem autorização.

A importância desta questão é óbvia. A descarga de conteúdos constantes da internete é um elemento capital da expansão dos modos de utilização que as novas tecnologias permitem. Em si, representa forma de uso privado, mas pode ser realizada com finalidades comerciais. Limitamo-nos ao modo mais simples, para facilitar a análise: a descarga fazer-se para utilização própria. É um uso privado de extraordinária valia social, pois representa o modo de difusão de bens culturais privilegiado na nossa era. Está na base do acesso à informação e ao conhecimento, à cultura, à educação e ao ensino que as Constituições solenemente promovem. Representa a forma de diálogo social mais imediata e efetiva que se conhece, reforçada ainda pela interatividade que permite.

Mas contra isto se eleva o coro de muitos dos que fazem a exploração das obras intelectuais, falando promiscuamente de pirataria e tentando impor como dogma último e sagrado da sociedade digital o de que nenhuma obra intelectual poderá ser utilizada por terceiros sem autorização do titular dos direitos.

O chauvinismo destas posições é tal que não distinguem baixar ou partilhar uma obra ou reproduzir mil; ou seja, o que representa uso privado e o que permitiria presumir ser instrumental para um uso com finalidade comercial.

Para abordar corretamente a questão, começamos por examinar outra, que a condiciona: qual o estatuto da obra disponível em rede?

É uma questão essencial, e não obstante escassamente versada[10]. Para maior nitidez do ponto de partida, continuamos a supor que o sítio em causa não está ao abrigo de dispositivos tecnológicos de proteção. Uma obra intelectual que nele se contenha pode ser descarregada para uso privado? Vamos supor ainda que o titular do sítio nada faz dele constar quanto às possibilidades de utilização ou não pelo público.

O dogma da universalidade da sujeição ao consentimento do autor conduziria a uma resposta negativa: a obra não deixa de ser objeto de direitos autorais pelo facto de estar disponível em rede. Como tal, se alguém a "baixasse" (descarregasse) estaria praticando uma violação de direitos de autor.

Não cremos que se possa responder de maneira tão simplista.

Há uma distinção essencial a fazer: ou o sítio é comercial ou não é. Limitamo-nos aos casos em que o sítio não é comercial.

---

[10] Veja-se todavia, em língua portuguesa, Manoel Pereira dos Santos, A proteção autoral do website, *in* "Direito da Sociedade da Informação", vol. IV, Associação Portuguesa de Direito Intelectual/Coimbra Editora, 2003, 307-322.

Se uma obra é colocada na internet ela é **disponibilizada** ao conhecimento do público. É aliás a própria palavra usada nas leis, para caracterizar esta faculdade do autor de colocar a obra em rede, que as leis acabam por integrar no direito do autor de comunicação ao público.

Se está disponibilizada sem mais, o acesso é livre: é o sentido que resulta dessa colocação. Mas o usuário poderá também armazená-la?

Contra, invoca-se outra faculdade contida no direito de autor: a de reprodução da obra. "Baixar" a obra significaria reproduzi-la, pelo que só poderia ser feito havendo autorização do autor. Não a havendo, o ato seria ilícito. Para efeitos criminais estaria compreendido no art. 195/1 CDADC, que prevê como usurpação a utilização de obra sem autorização do autor. Para os programas de computador seria o art. 8/1 do Dec.-Lei n.º 109/2009 que, mais explicitamente, pune aquele que reproduzir um programa informático protegido por lei. Concentramo-nos porém nos casos normais, deixando de parte o programa de computador.

Não aceitamos este entendimento.

Que sentido poderemos normalmente atribuir à conduta de quem, sem fins comerciais, deixa livre na internet uma obra intelectual? Esse sentido só pode ser o de permitir livremente o acesso do público. Pode declará-lo expressamente, recorrendo nomeadamente à sinalética estabelecida por sistemas como os *creative commons*. Mas não precisa de o fazer, porque mesmo sem indicação nenhuma a obra está disponível para o conhecimento do público, pela própria natureza do ato praticado.

Mas o mesmo devemos dizer que se aplica à reprodução da obra para uso privado. Essa reprodução é apenas um passo mais no sentido da divulgação da obra. O titular de direitos que, sem mais, disponibiliza a obra na internet está a admitir as utilizações normais. A reprodução para uso privado é meramente instrumental para essa utilização. Se o titular não estabeleceu qualquer reserva tem de se entender que a reprodução é também permitida.

Fixado este sentido normal, temos de concluir que a descarga para uso privado é livre. Só não será assim se regra particular estabelecer pelo contrário que essa descarga é reservada. Assim acontecerá com os programas de computador: mas, como dissemos, não nos propomos versar este caso especial.

O princípio da liberdade do uso privado terá então de ser duplamente controlado:

– verificando se a lei o estabelece não obstante a tendencial ilicitude da reprodução;
– verificando se a lei penal tipifica a reprodução não autorizada.

Serão objeto dos números seguintes.

4. A licitude da reprodução de obra em rede para uso privado

Não se duvida que o direito ou faculdade de reprodução constitui uma das faculdades básicas do direito de autor. O art. 68/2 *i* CDADC é expresso ao atribuir ao autor "a reprodução direta ou indireta, temporária ou permanente, por quaisquer meios e sob qualquer forma, no todo ou em parte".

Resulta daqui que a reprodução que se faça de obra livre na internet é ilícita se não houver autorização do autor?

Para responder, temos de conjugar dois planos:

a) o sentido do direito de reprodução em geral;
b) o regime específico do exercício do direito em relação a obras na internet.

A questão que se coloca em geral é o de saber se o direito de reprodução é de entender de modo exaustivo, em relação a qualquer tipo de utilização, ou se há um limite ao direito, implícito em geral nos direitos patrimoniais, que é o da destinação da obra à exploração económica. Esse limite é expresso pelo art. 67/2 CDADC: "A garantia das vantagens patrimoniais resultantes dessa exploração constitui, do ponto de vista económico, o objeto fundamental da proteção legal"[11].

Por aplicação desta regra, já o direito de reprodução não abrange a utilização que for feita para uso privado, salvo se houver razão particular em contrário.

Quem tira cópia das cartas da namorada para as conservar não está cometendo um ato ilícito, mesmo que não tenha obtido autorização. Ou quem fotografa um quadro alheio, salvo proibição especial de outra ordem.

Então, a reprodução para uso privado não constitui em princípio ilícito civil.

A questão é vasta demais para que procuremos aqui esgotá-la. Até porque na origem estão regras que versam sobre a reprodução e são essenciais. Passemos antes ao exame destas.

Poderia dizer-se que o recurso à reprodução, quando se pretende baixar obra da internet, se verifica logo que se acede à obra. Porque esse acesso se realiza graças a uma série de reproduções tecnológicas e invisíveis ao olhar humano que se processam no interior do sistema, até se chegar à reprodução efémera no visor do utente.

O CDADC, prolongando a diretriz comunitária, dá de reprodução uma noção amplíssima ao art. 68/2 *i*; mas exclui afinal tendencialmente as reproduções meramente tecnológicas no art. 75, que é o dedicado aos limites do direito de autor. No n.º 1 se excluem as reproduções que sejam parte integrante e essencial de um

---

[11] Não podemos deixar de observar que este preceito é quase inteiramente reproduzido (por via do art. 55/2 do Dec.-Lei n.º 43/99/M, de 16 de agosto, que aprova o regime do direito de autor e dos direitos conexos de Macau?) na lei chinesa de Direito de Autor.

processo tecnológico... Não nos vamos preocupar pois com estas: o nosso problema só começa quando se procede à armazenagem no computador do utente.

No que respeita a esta, temos no mesmo art. 75/2 *a*, 2.ª parte, uma regra fundamental: é lícita, sem consentimento do autor, "a reprodução em qualquer meio realizada por pessoa singular para uso privado e sem fins comerciais diretos ou indiretos".

Então, afinal, sempre há um princípio geral de liberação da reprodução para uso privado. A previsão é muito ampla, de modo a abranger intencionalmente a reprodução a partir da internet.

Não nos podemos adiantar muito na análise deste preceito, que exige uma interpretação aprofundada. As razões que o justificarão, no que respeita à internete, estarão na convicção de que estes meios escapam de todo ao controlo que se pretendesse fazer: então mais vale admiti-los e recorrer a métodos alternativos para proteger os titulares de direitos. O sistema encontrado foi o de estabelecer um gravame geral sobre os equipamentos e os suportes virgens, que reverte em benefício dos autores e outros titulares. É o sistema da compensação por reprografia e cópia privada, para a qual nos limitamos a acenar. A liberdade não é tão grande assim, porque é corroída por uma taxação do público em benefício de interesses particulares.

De todo o modo: "baixar" obras da internete não é, à luz do Direito português, um ato ilícito, desde que para uso privado. É a regra geral. O que implicaria que não fosse também ilícito criminal, porque se não criminalizam atos lícitos.

Em qualquer caso, há que verificar adicionalmente se a lei penal é compatível com o que acabamos de afirmar. Passamos com isto a uma nova vertente dentro desta análise.

5. A não incidência dos tipos penais sobre o uso privado

A ordem internacional do Direito de Autor não põe em causa o que acabamos de verificar, pois em nada contraria a irrelevância penal do uso privado. O art. 61 do ADPIC/TRIPS apenas impõe a criminalização da "pirataria em relação ao direito de autor numa escala comercial". Se não há *escala comercial* não há "pirataria".

As fontes comunitárias, como vimos, não penetraram ainda neste domínio na repressão criminal[12].

---

[12] Daniel Gervais, *Em busca de uma nova norma internacional para os direitos de autor: o "teste dos três passos" reversos*, in "Propriedade Intelectual", organ. Edson Beas Rodrigues/Fabrício Polido, Editora Campus/Elsevier (São Paulo), 2007, 201-232 (216), afirma que a Dir. n.º 2004/48/CE, sobre tutela, abandonaria a posição antecedente, baseada na incontrolabilidade dos atos de uso privado, e englobaria providências contra usuários finais individuais, citando os arts. 9 e 10. É uma asserção contestável, mas que em todo o caso não implica que os atos de usuários finais sejam criminalizados, que é o que nesta altura nos ocupa.

Pelo que só importa, além do ADPIC, a própria legislação interna portuguesa. A Decisão-Quadro n.º 2005/222/JAI do Conselho da União Europeia, de 24 de fevereiro, relativa a ataques contra os sistemas de informação, não releva neste domínio.

O que poderá estar em causa é o tipo geral do art. 195 CDADC, sobre a epígrafe "usurpação". Advertimos que a terminologia e a caracterização dos tipos não são muito seguras na lei. *Usurpar* pareceria ser o apresentar obra alheia como se fosse própria, na integralidade ou na essência. Mas para a lei isso seria antes a *contrafação*, prevista no art. 196.

Independentemente da terminologia, temos que a figura básica da usurpação consiste em *utilizar* obra ou prestação alheia, sem autorização do titular (art. 195/1). Estão em causa portanto essencialmente condutas que possam ser definidas como utilização.

Os n.ºs 2 e 3 aditam outras modalidades, como sejam a divulgação, a compilação de obras alheias sem autorização e o excesso do licenciado em relação à utilização concedida. Mas não se prevê a reprodução não autorizada. O que só por si é decisivo na pesquisa que nos move.

A reprodução não é utilização. Respeita ao suporte, não à obra em si. É verdade que a reprodução é um direito do autor pois, como vimos, a reprodução é uma faculdade contida no direito de autor. Mas nada permite afirmar que todo o exercício de faculdades atribuídas ao autor se caracteriza como *utilização* da obra.

O ilícito penal implica por si um ilícito geral em toda a ordem jurídica, mas a inversa não é verdadeira: como é evidente, nem todo o ilícito civil é ilícito penal. Aquele que, podendo, não satisfaz uma obrigação, ainda que com o fito deliberado da violação do direito, não comete crime, porque a sua conduta não está como tal tipificada.

A reprodução é ainda referida no art. 196 CDADC, para caracterizar a "contrafação" no sentido atrás indicado. Mas, como também dissemos, é elemento essencial da contrafação que a obra (ou prestação) seja falsamente apresentada "como sendo criação ou prestação sua". O que nos afasta imediatamente da reprodução de obras a partir da internet, que é o objeto da nossa pesquisa.

Temos assim que, por nenhuma via, encontramos na lei qualquer previsão penal que atinja os navegadores da internet que descarregam conteúdos, mesmo que estes sejam protegidos por direito de autor.

Com isto a questão colocada está resolvida. Mas há que avançar ainda mais, procurando caracterizar as grandes orientações do Direito Penal de Autor.

Os arts. 195 e seguintes CDADC abrangem atos de particulares, de utilização não autorizada de conteúdos na internet? Fora já do caso especial da descarga desses conteúdos?

Aqueles preceitos não o esclarecem expressamente. Fala-se genericamente em utilizar uma obra ou prestação, sem autorização do autor.

Mas a interpretação da lei não pode prescindir do elemento sistemático. E se, como verificámos anteriormente, o direito de reprodução é vastamente limitado pelo uso privado, então o Direito Penal, na sua intervenção mínima, deve limitar-se também às atuações no mundo dos negócios, que são as que justificam o recurso à criminalização.

De facto, quando pretende ultrapassar esse círculo, a lei estabelece-o especificamente. Será o caso dos programas de computador.

Do mesmo modo, no próprio art. 195 CDADC, o n.º 2 *a* prevê a divulgação ou publicação abusivas, quer o agente "se proponha ou não obter qualquer vantagem económica". Também o propósito lucrativo não delimita a violação.

E na continuação, os vários preceitos, quando não se propõem regular aspetos pessoais[13], marcam bem que é a atividade comercial que os preocupa. Aqui, já se revela que correspondem aos atos praticados à escala comercial do ADPIC e que não respeitam a aspetos pessoais. Confiram-se por exemplo as providências previstas no art. 201.

Permitimo-nos ainda chamar a atenção em particular para o art. 199 CDADC, epigrafado "Aproveitamento de obra contrafeita ou usurpada". Aí se dispõe: "Quem vender, puser à venda, importar, exportar ou por qualquer outro modo distribuir ao público obra usurpada ou contrafeita ou cópia não autorizada de fonograma ou videograma...". É claramente a atividade comercial que se tem em vista.

E repare-se: incrimina-se a venda. Não a compra. Quer dizer, o consumidor não está abrangido. Ainda que tenha todos os motivos para supor que o exemplar é usurpado, não incorre na previsão penal.

Os jornais noticiaram que agentes policiais do trânsito estavam revistando automóveis, procurando DVDs sem o selo legal. Se é verdade, o ato é perfeitamente abusivo. Não representa a pesquisa de um crime. A fiscalização e busca de qualquer infração ao direito autoral em espaço privado só poderia ser realizada com mandado judicial.

6. Aplicação à descarga de obras e partilha de ficheiros

Voltando à descarga (e partilha) de obras da internet, e sintetizando: por todas as vias somos levados a concluir que a tipificação penal das violações do direito de autor, na vertente patrimonial, só abrange as praticadas à escala comercial.

---

[13] Caso dos arts. 198, 200 e 202.

Isto é essencial para a solução da problemática penal da internete, no que respeita à criminalização de atos dos utentes que descarregam e partilham obras. Confirma que o uso privado limita efetivamente o exclusivo outorgado pelo direito de autor, porque, salvo regra especial, o uso privado constitui uma fronteira do exclusivo do autor.

E que entender, quando a obra estiver ao abrigo de dispositivos tecnológicos de proteção?

Pergunta-se como pode então o usuário final exercer os limites de que beneficia; nomeadamente, se pode reproduzir a obra, do mesmo modo que o poderia fazer se ela se encontrasse sem essa barreira.

Uma solução seria permitir então que o usuário final neutralizasse esses dispositivos, na medida necessária para o exercício dessas faculdades. Mas não foi essa a opção comunitária. Todo o vigor pendeu para benefício dos titulares de direitos em rede.

Já dissemos que a maior parte dos limites "terrestres" são pura e simplesmente obliterados quando se entra no digital (art. 6 da Dir. n.º 2001/29/CE e art. 76 CDADC). Mesmo para os que restam, prevê-se apenas que os dispositivos não devem constituir um obstáculo ao exercício normal pelos beneficiários das utilizações livres... (art. 221 CDADC). Mas o sistema que se esboça, embora mais aperfeiçoado na lei portuguesa que na diretriz, é muito insuficiente, estando destinado a permanecer letra morta.

A isso acresce a previsão do art. 222, que o legislador português foi forçado a inserir porque consta da diretriz: esse regime não se aplica quando há "acordo entre titulares e utilizadores, de tal forma que a pessoa possa aceder a elas [às obras, prestações ou produções] a partir de um local e num momento por ela escolhido". Descodificando, isso significa que quando há disponibilização ao público com acesso condicionado nem sequer o frágil regime que a lei portuguesa arquitetou é aplicável, porque a satisfação pelo usuário das condições de acesso é o "contrato" que exclui a pretensão de acesso do usuário. Quer dizer, o sistema nem em abstrato funciona justamente nos casos em que é mais necessário.

Temos então que o princípio da liberdade do uso privado foi proclamado em geral; mas que o "código", para usar a terminologia de Lawrence Lessig, inutiliza na prática aquilo que a lei concede.

Como entender as situações em que o titular do sítio aberto proíbe a realização de certos atos, nomeadamente a descarga de conteúdos, ainda que seja para uso privado? Portanto, quando do próprio sítio consta a menção de que esses atos são vedados em geral?

A pergunta leva-nos a indagar qual o significado, em termos de direito autoral, de declarações unilaterais de reserva de direitos. Se não erramos, há apenas uma previsão na nossa lei neste sentido: consta do art. 75/2 *m* CDADC que, no seguimento da Convenção de Berna, considera lícita a reprodução, comunicação ao público ou disponibilização de artigos de atualidade, "se não tiver sido expressamente reservada".

Trata-se de uma ocorrência singular, que não pode ser generalizada. O princípio é justamente o oposto: a declaração unilateral de reserva é juridicamente irrelevante, porque não se podem criar unilateralmente restrições válidas *erga ommes*. Se a lei geral dá uma liberdade de uso privado de obras em linha, não pode ser a vontade unilateral do titular a tolhê-la, em relação a obras nessas condições.

Duas outras ordens de razões nos confirmam neste sentido.

No que respeita a dispositivos tecnológicos de proteção, a lei só garante a inviolabilidade dos dispositivos **eficazes**: art. 217/1 CDADC e art. 6/1 Dir. n.º 01/29/CE, sobre direito de autor e direitos conexos na sociedade da informação. Isto significa que, se o dispositivo não é eficaz, o contornamento deste não é proibido. Por maioria de razão, o uso privado continua a poder ser exercido, mesmo que no sítio se declare que nenhuma utilização não autorizada é admissível.

O outro argumento funda-se em posição tomada pela ordem jurídica portuguesa sobre a índole dos limites ao direito de autor e direitos conexos. O art. 75/5 CDADC declara injuntivas as regras sobre limites ao direito autoral. É uma iniciativa do legislador português de muito fôlego, de que há que tirar as devidas consequências. Se a lei libera as utilizações de obras que estão na internet, nos limites estabelecidos, nomeadamente a reprodução ou descarga destas, então a proibição unilateral do titular incorre na nulidade, cominada no art. 75/5.

Logo, temos todas as razões para considerar irrelevante qualquer determinação, por mais solene, que conste de um sítio na internet, proibindo a reprodução para uso privado de obras nesse sítio contidas. Concluímos que as previsões penais deixam intocadas as conclusões a que chegámos a propósito do uso privado.

E só desta maneira se evita que essas previsões devam ser condenadas, por desproporcionadas. Cominar uma prisão até 3 anos por descarregar uma obra que está livre na internet seria um absurdo. O princípio da proporcionalidade é um princípio constitucional de primeira grandeza, que não permitiria que subsistisse semelhante entendimento.

Não só esse, mas outros princípios constitucionais impõem a liberação do uso privado.

Estão em causa, como dissemos, antes de mais as grandes liberdades públicas, a de expressão, de informação, de investigação científica...; como o estão direitos fundamentais mais concretizados, como os de acesso às fontes de conhecimento, ao ensino e à cultura.

Elas dão-nos a atmosfera indispensável para a formação duma sociedade participativa, tal como constitucionalmente prevista; como o dão à realização da pessoa humana, que é o objetivo dos direitos de personalidade consagrados nas leis constitucionais ou civis.

As grandes potencialidades da internete não podem ser maltusianamente sacrificadas à ânsia de tudo cobrar sem deixar resto. Não é para isso que existe o direito de autor. Este tem uma função social, como tudo no Direito, que é a de impulsionar a criação e a participação social nas obras criadas. Não pode ser transformado em instrumento de interesses empresariais que frustrem justamente os objetivos elevados que se continua a afirmar que o justificam.

III – Uso da marca e sanções penais

7. Limitação ao "uso da marca como marca" na vida de negócios

A outra grande ordem de questões que nos propomos versar situa-se no domínio do Direito Industrial. Aqui sondamos igualmente a fronteira da intervenção penal, mas defrontamos também a impossibilidade de uma análise exaustiva. Privilegiamos então um tema nuclear: o do uso da marca. Até que ponto o uso não autorizado de marca alheia está contido nas disposições penais de Direito Industrial?

Delimitar o que representa tecnicamente "uso da marca" é uma grande questão, que está muito longe de se encontrar resolvida ou sequer satisfatoriamente equacionada.

Antes de mais, devemos distinguir esta questão da da liberdade de referências. A liberdade de referências a marcas ou mesmo a elementos de identificação alheios, como a firma ou o logotipo, são tendencialmente livres, porque se baseiam na liberdade fundamental que é a liberdade de expressão. Não se admitem monopólios de palavras ou, mais genericamente, de sinais. Por isso, se não houver restrição especial em contrário, as referências a marca alheia são livres. Particularmente, são livres mesmo quando nocivas para a marca referida. Por isso, a crítica jornalística ou as "Cartas ao Diretor", a queixarem-se de serviços de marca, não podem ser proibidas, porque são sustentadas pela liberdade de expressão.

Evidentemente, estão em causa as referências verdadeiras. O art. 317 CPI continua a tipificar como concorrência desleal "as invocações ou referências não autorizadas feitas com o fim de beneficiar do crédito ou da reputação de um nome, estabelecimento ou marca alheios"; mas está completamente ultrapassado, nomeadamente pela admissão categórica da publicidade comparativa e pelas exigências de Direito da Concorrência. Hoje, está reduzido às *falsas* referências, porque a lei nada tem que ver com o aproveitamento por cada operador do mercado de referências verdadeiras que o beneficiem.

Voltamos então ao nosso tema: o uso da marca. Esta é porém matéria que nos propomos desenvolver noutro estudo que temos em preparação, sobre *O uso da marca*, justamente. Pelo que nos limitaremos a indicar sucintamente as conclusões a que chegamos.

A marca identifica na nossa ordem jurídica séries de produtos ou serviços. Tem uma função distintiva, hoje reduzida a um mínimo quase tautológico: indica produtos ou serviços integrados numa série, por oposição aos que se não integram nela. Nenhuma outra pretensa função – indicação de origem, padrão de qualidade, instrumento de publicidade – é hoje uma função jurídica; será mera realidade de facto, se a marca for utilizada para tal.

Em Portugal, a marca só ganha proteção pelo registo. O efeito fundamental é indicado pelo art. 258 CPI como sendo o direito de o titular impedir terceiros de usar, no exercício de atividades económicas, sinal igual ou semelhante, para produtos ou serviços idênticos ou afins, que possa causar confusão ou associação ao consumidor...

Daqui resultam estas características principais:

1. Há um exclusivo de uso do sinal, que é estendido a sinais semelhantes que possam induzir o público em erro.

2. O exclusivo é limitado a uma categoria de produtos ou serviços; é expandido a produtos ou serviços afins pela mesma razão de proteção do público. Faz exceção a marca de prestígio, que é ultramerceológica, mas representa uma figura anómala que se afasta do instituto da marca em geral.

3. O critério do uso da marca está na proteção do titular e na do público simultaneamente, pois estão igualmente interessados na distintividade de produtos ou serviços.

4. O uso da marca que se regula é o que se faz "no exercício de atividades económicas" (art. 258 CPI). Portanto, regula-se um aspeto da atuação na vida de negócios. Atuações de privados sobre a marca estão fora do âmbito da lei. Com isto também o uso privado não é abrangido.

5. O que está em causa é o *uso da marca como marca*. Mesmo na vida de negócios pode-se usar a marca para outros fins: em correspondência, para publicidade, em litígios judiciais... Mas o que a lei regula sempre nos preceitos sobre "uso da marca" é esta na sua função de distinguir produtos ou serviços, portanto o uso da marca como marca.

Sintetizando o essencial: o "uso da marca", nos preceitos que o prevêem, é sempre o uso da marca como marca na vida de negócios.

8. O uso de marca alheia como própria está no núcleo das previsões penais

Após esta breve análise, passamos a caracterizar o conteúdo penal das violações da marca.

Previamente, apontamos a estranha característica desta matéria: apesar da sua importância intrínseca, é quase passada em silêncio pela doutrina especializada. Já se não fala dos comentários portugueses sobre Direito Industrial, que em geral omitem totalmente qualquer observação sobre a matéria penal: saltam-na simplesmente, quando chegam lá. Isto é comum nos cultores do Direito Intelectual, também nos países estrangeiros em geral. O que torna qualquer análise que tentemos uma aventura quase solitária.

Assim, em livros estrangeiros prestigiados sobre marcas não encontramos mais que a referência de passagem, sem nenhum desenvolvimento ou interpretação de preceitos penais vigentes [14]. O que os autores fazem é considerar a matéria estranha ao seu setor e remetê-la para eventual intervenção de penalistas. Não podem deixar, evidentemente, de expor a matéria das infrações ao direito de marca, mas vêem-na em globo, sem distinguir o aspeto civil e o aspeto penal.

Justamente a esta luz, há neste domínio um ponto de partida claro, que não podemos deixar de apontar: o art. 5/1 da Diretriz n.º 08/95/CE, de 22 de outubro, que consolidou a matéria das marcas (que até então tinha por base a Diretriz n.º 89/104/CEE, de 21 de dezembro de 1988). Dispõe aquele que a marca registada confere ao seu titular um direito exclusivo, que o habilita a proibir que um terceiro, sem o seu consentimento, **faça uso na vida comercial...** Consequentemente, o art. 6/1 limita o exclusivo: o direito conferido pela marca não permite ao seu titular proibir a terceiros **o uso na vida comercial...**

É pois categórico que o que se regula é uma conduta na vida de negócios. Têm por isso uma sólida base os arts. 258 e 260 CPI, quando limitam o exclusivo ao *uso no exercício de atividades económicas*. A idêntica conclusão chega André Bertrand, considerando que a questão ficou definitivamente regulada, afastando controvérsias anteriores[15].

Com esta base precisa, em que consistirá a nossa análise?

---

[14] Cfr. por exemplo Wilhelm Nordemann, *Wettbewerbs- und Markenrecht*, 9.ª ed., Nomos (Baden-Baden), 2003. Quanto a Hans-Peter Götting, *Gewerblicher Rechtsschutz*, 8.ª ed., C. H. Beck (Munique), 2007, § 59, refere sumariamente as previsões penais, apontando que elas se arquitetam fundamentalmente sobre as proibições estatuídas na disciplina substantiva da marca.

[15] *Droit des Marques. Signes Distinctifs – Noms de domaine*, 2.ª ed., Dalloz (Paris), 2005, 7.323. Já nos parece inaceitável na ordem jurídica portuguesa a "jurisprudência constante" francesa que cita (n.º 7.322), segundo a qual o depósito no INPI de uma marca idêntica a marca anterior registada seria uma reprodução. Não é, tecnicamente, um uso da marca como marca. Pelo menos, não caberia entre nós na tipificação penal da reprodução.

Em verificar se a tipificação penal é congruente com esta conceção do uso da marca, como um uso da marca como marca na vida de negócios.

Os "Ilícitos criminais" são previstos nos arts. 321 a 338 CPI. A violação da marca é tipificada como crime no art. 323 e englobada com violações de outros tipos legais no art. 324, sobre venda, circulação ou ocultação de produtos ou artigos (*sic*). Fora desta secção, há que referir ainda o art. 336, que sanciona com coima o uso de marcas ilícitas.

O preceito fundamental é o do art. 323, sobre "Contrafação, imitação e uso ilegal de marca". Reparte-se por seis alíneas, em que se distingue contrafazer (al. *a*), imitar (al. *b*) e usar a marca (als. *c*, *e* e *f*). A al. *d* prevê conjuntamente o uso, contrafação e imitação de marcas notórias.

Dentro da insegurança geral que infelizmente caracteriza todo o Direito Penal Intelectual, prevê-se na al. *a* a conduta de quem "contrafizer, total ou parcialmente, ou por qualquer meio reproduzir uma marca registada" sem consentimento do titular. *Contrafazer* é então para a lei reproduzir uma marca. *Imitar* (al. *b*) não é minimamente caracterizado, mas por contraposição consiste, não em copiar, mas em adotar algo de novo que se confunda com a marca alheia. Estas figuras deveriam corresponder às condutas substancialmente atrás definidas. Mas o art. 245 CPI refere-se ao "Conceito de imitação ou de usurpação": logo na própria terminologia há discrepância. Também a há na caraterização das figuras, mas não entramos nesse terreno porque o que nos ocupa é o uso da marca.

Os outros casos são de uso, que é o que nos interessa. Mas estas previsões serão conformes com o que vimos dizendo sobre o uso da marca? O problema poderia derivar de as als. *a*, *b* e *d* preverem a contrafação e a imitação, como diferentes do uso da marca.

Supomos que a lógica da lei é a seguinte: a contrafação e a imitação são previstas como atos instrumentais, que preludiam ou preparam o uso da marca. Este não é todavia o caso da preparação de etiquetas com a marca para serem aplicadas em produtos, pois essa matéria está hoje integrada no art. 335, que qualifica esses atos como preparatórios e os sanciona como ilícito de mera ordenação social[16]. São pois instrumentais para o uso a que iriam desembocar. A lei atinge desde logo esses atos preparatórios da comercialização, dado o seu sentido inequívoco, mas não como crime. A contrafação implica mais, implica a submissão de produtos ou serviços a marca alheia, mesmo que esses não sejam imediatamente lançados no mercado. Analogamente se passará com a imitação, que suporá a preparação

---

[16] Passaram a ser igualmente sancionados com contra-ordenação, além do uso de marcas ilícitas (art. 336 CPI), a invocação ou uso indevido de marca (art. 338 CPI), que é generalizado a todos os direitos privativos. Estas condutas eram anteriormente tipificadas como crimes.

do produto ou da apresentação do serviço com a marca imitada, mas ainda não a comercialização destes.

A sequência que o legislador teve em vista é esclarecida logo pela al. *c*: "usar as marcas contrafeitas ou imitadas". A penalidade é a mesma, mas o uso da marca como marca na vida de negócios atingiu aqui a sua meta. Contrafez-se ou imitou-se a marca e em seguida ela é usada para distinguir no mercado produtos ou serviços, irregularmente embora. Também a al. *f*, malgrado a imperfeição congénita, vai no mesmo sentido. O uso da marca pertencente a outrem só pode ser o uso da marca como marca, portanto o uso da marca para distinguir produtos ou serviços[17].

Em si, nada contraria a afirmação de que o que se prevê é sempre o uso da marca como marca. Usa-se o sinal distintivo marca, dedicado a distinguir produtos ou serviços de uma série que outrem sinalizou, para caracterizar produtos ou serviços próprios.

As als. *d* e *e* respeitam, respetivamente, às marcas notórias e às marcas de prestígio. O legislador entendeu por bem autonomizá-las, porque a repressão as atinge mesmo que não estejam previamente registadas; mas a lei penal exige que o registo em Portugal já tenha sido requerido. A conduta infratora é porém sempre a mesma, é usar a marca para distinguir produtos ou serviços, o que é ilícito se consiste em usá-la de modo a integrar o produto ou serviço numa série que pertence a outrem.

Completam o enquadramento penal da marca o art. 327 CPI, que prevê para várias modalidades o que chama o "Registo obtido ou mantido com abuso de direito"; e o art. 328 CPI, que é genérico e incrimina o "Registo de ato inexistente ou realizado com ocultação da verdade".

9. A ausência de injunção internacional ou comunitária de criminalização do uso privado da marca

Resta examinar um grande problema: o do regime do uso privado no âmbito da repressão penal. Até que ponto a tipificação do uso da marca, tal como caracterizada, abrange condutas particulares que se possa discutir se violam o exclusivo de que goza a marca?

Seríamos tentados a responder logo negativamente. Se o exclusivo sobre a marca se limita no uso da marca como marca na vida de negócios, e o uso privado está por definição fora da vida de negócios, nunca poderia ser atingido pelas regras penais que têm por objeto condutas exteriores ao mercado.

---

[17] Refere-se também o uso da marca "em estabelecimento ou empresa", mas isso é enigma a desvendar na exegese do preceito.

Mas outros fatores convencem-nos de que não se dispensa uma análise autónoma. Pode da própria regulação penal emergir algo que ponha em causa aquela afirmação. Por outro lado, a lei é livre (relativamente) de abranger mesmo atos de utilização privada. Recorde-se o que dissemos atrás, sobre a utilização privada de programas de computador ficar sujeita ao exclusivo do autor. Pois também aqui devemos avançar com prudência.

Essa prudência é reforçada pelo teor de previsões internacionais.

O art. 60 do ADPIC, sob a epígrafe "Importações *de minimis*", dispõe: "Os Membros podem excluir da aplicação das disposições precedentes as mercadorias sem caráter comercial transportadas em pequenas quantidades na bagagem pessoal dos viajantes ou expedidas em pequenas remessas". Nem a União Europeia nem Portugal, dentro do espírito exacerbadamente protecionista reinante, integraram regra semelhante. Daí o poder-se concluir *a contrario* que se o ADPIC admite excluir, é porque estava compreendido, e se a lei que nos vincula não aproveitou esta possibilidade é porque quis generalizar a repressão ao próprio uso privado.

O raciocínio não seria procedente, por uma pluralidade de razões.

Desde logo: o art. 60 ADPIC não respeita à matéria penal, mas à civil. Está colocado imediatamente antes do art. 61, que é o respeitante às matérias penais; e expressamente se reporta à "aplicação das disposições precedentes". As disposições precedentes são as civis. A regra penal vem depois, no art. 61, e apenas impõe a incriminação da contrafação deliberada duma marca numa escala comercial.

A técnica utilizada pelo ADPIC merece um esclarecimento. É a mesma técnica de todos os instrumentos internacionais sobre Direito Intelectual. São instrumentos marcados pela unilateralidade: apenas as regras que estabelecem obrigações dos Estados no que respeita ao reforço dos direitos intelectuais têm caráter injuntivo. Com raríssimas exceções, todas as previsões limitativas dos direitos concedidos surgem como meras liberdades dos Estados-membros. Diz-se assim que os Estados "podem" para significar essa liberdade; mas daqui não se retira que tenha de haver regra expressa para que essa restrição vigore. É antes necessário examinar a ordem jurídica em referência para concluir se esta estende ou não os direitos exclusivos à matéria em causa.

Esta era já a técnica das Convenções de Paris e de Berna, cujas disposições substantivas o ADPIC incorpora[18]; tal como é a técnica das fontes comunitárias neste domínio.

Tem particular importância a Diretriz n.º 2004/48/CE, que como dissemos regula a tutela dos direitos intelectuais. Nada encontramos que corresponda ao art. 61 ADPIC. O considerando 14) refere várias disposições concernentes a

---

[18] Mas exclui o respeitante aos direitos pessoais.

violações praticadas à escala comercial, para estabelecer a liberdade de os Estados as aplicarem também "a outros atos". Define a seguir escala comercial, concluindo que "em princípio, exclui os atos praticados por consumidores finais agindo de boa fé". Deste modo embrulhado de dizer não se conclui que não haja outros atos excluídos; mas sobretudo há que observar que a matéria nada tem que ver com o Direito Penal, como se verá de seguida.

No considerando 28) afirma-se que "as sanções penais constituem também, em determinados casos, um meio de garantir o respeito pelos direitos de propriedade intelectual". É uma declaração vazia, alheia ao conteúdo da diretriz. Na sequência, o art. 16 da diretriz dispõe que "os Estados-membros podem aplicar outras sanções adequadas...". É claro que os Estados-membros sempre poderiam aplicar essas sanções, havendo ou não a previsão da diretriz.

Isto significa que a diretriz se abstém de todo de intervir na esfera penal, não transpondo sequer a previsão do art. 61 ADPIC. Porquê?

Porque havia uma disputa com os Estados-membros quanto à competência penal da Comunidade. As tentativas feitas inicialmente pela Comissão no sentido de incluir regras criminais, aliás desproporcionadamente violentas, malograram-se, perante a oposição dos Estados[19].

Nada se encontra pois, na ordem internacional ou comunitária, que imponha a incriminação de condutas de privados no que respeita ao uso da marca.

10. A exclusão do uso privado de marca alheia do tipo penal

Não havendo injunção exterior, temos as mãos livres para tirar conclusões sobre a posição do ordenamento português nesta matéria.

Vamos então supor que uma senhora viaja em turismo à Tailândia, encontra lá uma carteira de marca conhecida que é baratíssima e compra-a. Como qualificar penalmente a posição da senhora, quando entra no aeroporto de regresso com a carteira a tiracolo? Estará incursa no art. 323 *c* CPI, que pune com prisão até 3 anos ou multa quem "usar as marcas contrafeitas ou imitadas"?

Suponhamos que a senhora ignora a contrafação. Então está automaticamente ilibada, porque não é prevista nestes crimes a punição da negligência.

E se sabe que o artigo é contrafeito? Pode-se dizer que, usando a carteira usa a marca, no sentido do art. 323 CPI? E pode a carteira ser apreendida ao passar pela alfândega, por invocação do art. 330/1 CPI, que declara "perdidos a favor do Estado os objetos em que se manifeste um crime previsto neste Código"?

---

[19] Como referimos já, *supra*, n.º 1. Hoje a situação alterou-se, pela pressão comunitária, mas não releva já retroativamente, para a interpretação das regras que nos ocupam aqui.

A questão tem a maior relevância prática. Podem os encapuçados da zelosa ASAE invadir o São Carlos para apreender casacos de peles e outros objetos suspeitos de contrafação? Podem os polícias de trânsito mandar parar os automóveis para verificar se condutores trazem para ouvir na viagem CDs sem o selo respetivo, como dissemos que os jornais noticiam?

Seria muito grave, porque constituiria modo de intromissão na esfera privada que ultrapassa a competência das polícias em causa. Já dissemos, nomeadamente no segundo caso, que essa intromissão só se poderia fazer com mandado judicial.

Voltando ao caso da carteira da senhora: se sai com ela, pode-se dizer que usa a marca? Socialmente sim, mas será também este o sentido do art. 323 CPI? Porque o que aqui nos ocupa é o Direito Penal e é à luz deste que se pergunta se a carteira pode ser apreendida; e a apreensão referida no art. 330/1 é a de "objetos em que se manifeste um crime previsto neste Código"[20]. Se não for crime, escapa à previsão da apreensão do art. 330 CPI.

Mas não é efetivamente crime. Desde logo, temos a indicação dada à cabeça pelo art. 320 CPI: mandando aplicar subsidiariamente as normas do Dec.-Lei n.º 28/84, sobre infrações anti-económicas, mostra que o legislador encara esta matéria como integrante da criminalidade empresarial, pois estas disposições não se justificariam se estivessem em causa atos de privados.

Passando às disposições sobre "Ilícitos criminais", não se configura no caso um uso da marca como marca, no sentido do art. 323 CPI: este supõe uma atividade económica organizada no sentido de levar à violação. Nem sequer cabe na previsão da al. *c*, "usar as marcas contrafeitas ou imitadas", porque o *uso* é o uso empresarial, é o uso à escala comercial. Quer dizer, é o uso na vida de negócios, o que a senhora não está praticando. Isto basta para a ilibar.

Portanto, também aqui, devemos chegar à conclusão que o uso privado é livre. Os particulares estão ao abrigo de regras que surgem para regular posições comerciais. Por isso, enquanto for uma atividade individualizada, é livre.

Mas há que ter o bom senso de distinguir. Uma coisa é trazer uma mala da Tailândia, outra trazer trinta. Já não haverá então o refúgio do uso privado, porque haverá a presunção de facto da destinação comercial.

Encontramos uma confirmação muito importante deste ponto de vista no art. 324 CPI. Pune a venda, colocação em circulação ou ocultação de produtos contrafeitos, *com conhecimento dessa situação*. Mas sobretudo, pune-se quem *vende*; não se pune quem compra. Poupa-se o consumidor, que fica a salvo das querelas

---

[20] Repetimos que versamos agora o aspeto penal. Não cuidamos de enumerar os casos em que pode haver apreensão de objetos, fora das previsões penais. Por exemplo, se uma senhora borda num seu vestido "Channel", pode a marca reagir pelos meios civis? É uma questão que está fora dos nossos propósitos.

do mercado. Isto corresponde à normalidade da vida, porque nem nas posições mais protecionistas se sustenta a punição de quem compra, nem os órgãos de repressão o praticam em geral.

E aqui, não há que pretender distinguir quem está de boa fé e quem não está. O tipo penal não suporta esta extensão. O comprador que sabe que o produto é contrafeito está da mesma maneira ilibado, porque não é a ele que a repressão da criminalidade económica se dirige.

Temos assim comprovado que a penalização do "uso da marca" não abrange o uso privado. E não temos dúvida em afirmar que, se abrangesse, a regra seria desproporcionada. Fazer corresponder à compra dum bem contrafeito[21] uma penalidade até 3 anos feriria os mais elementares princípios de proporcionalidade, que é desde logo um princípio básico da Constituição. Se já o Direito Penal secundário oportunístico é por si de árdua justificação, pela escassez de sentido ético, então a punição de quem não é um ator da vida de negócios com 3 anos de prisão, por ter, conscientemente que fosse, adquirido um bem contrafeito, é incompatível com uma ordem jurídica que exprime o valor Justiça e respeita as pessoas. Aceitar semelhantes consequências seria teleologicamente inadmissível.

11. Conclusão

A terminar, permita-se-nos uma reflexão sobre o facto, surpreendente, de uma matéria tão importante para apurar o âmbito dos direitos intelectuais ser passada dominantemente em silêncio. Acena-se com conceitos vagos, como "pirataria" e "uso da marca", que não são descodificados.

Atrevemo-nos a pensar que isso é intencional ou pelo menos objeto de uma concordância tácita. Quer-se deixar pairar a ameaça penal mas não se vai até afirmá-lo expressamente, porque então teria de se demonstrar a afirmação. Por outro lado, não convém proclamá-lo, dado o exagero da pretensão e as reações que suscitaria: é desproporcionada, como vimos. Até a sensibilidade dos julgadores vai no sentido contrário, pois resistem à aplicação de penas, sobretudo quando se trata de uso privado. A penalização é pois muito importante só como ameaça e para isso é impulsionada pelos interesses empresariais, mas não se concretiza da mesma maneira como meio de aplicação efetiva. Em geral, mesmo em caso de violação, os próprios interessados preferem, à queixa penal, o recurso aos meios civis.

De qualquer modo, toda a disciplina da matéria se desenrola numa esfera distinta da esfera privada. Debatem-se atos praticados na vida de negócios. Como

---

[21] Ou à contratação dum serviço sob marca contrafeita, teria de acrescentar-se.

dissemos[22], é elucidativo o art. 320 CPI, que declara Direito subsidiário o Dec.-Lei n.º 28/84, de 20 de janeiro, sobre infrações anti-económicas, particularmente no que respeita à responsabilidade criminal e contra-ordenacional das pessoas coletivas e à responsabilidade por atuação em nome de outrem. É óbvio que é a atuação empresarial que se tem em vista.

As previsões deixam por isso incólume a esfera privada. Compreensivelmente. Ainda que se quisesse sancionar a má fé isso poderia fazer-se por meios civis. Seria sempre desproporcionado recorrer ao Direito Penal.

Mas vimos também que, nos domínios que visitámos, a esfera privada não era afetada, porque os exclusivos concedidos não atingem o uso privado; particularmente o exclusivo da marca não abrangia este uso no domínio penal. Então, a visita ao Direito Penal que empreendemos confirma a harmonia entre as disciplinas civil e penal da matéria. Com efeito, nada tem de anómalo que um ato civilmente ilícito não seja penalmente sancionado. Assim acontece na grande generalidade dos casos, dado o princípio da intervenção mínima do Direito Penal.

Mas já não se concebe que um ato seja lícito no Direito Civil mas constitua um crime. A ilicitude penal implica a ilicitude em toda a ordem jurídica. A pretender-se que o ato seja criminalmente ilícito teria pois de se afirmar também a ilicitude civil do uso ou exercício privado do direito alheio sem autorização. Não acontece assim, o que é finalmente decisivo no sentido da análise que fizemos previamente. O uso privado é lícito, salvo regra específica em contrário, não obstante a natureza de exclusivo do direito intelectual alheio.

---

[22] *Supra*, n.º 10.

PROPRIEDADE INDUSTRIAL

A ARBITRABILIDADE DOS LITÍGIOS E A DEDUÇÃO DE *PROVIDÊNCIAS CAUTELARES* POR EMPRESAS DE MEDICAMENTOS DE REFERÊNCIA, NA SEQUÊNCIA DA APROVAÇÃO DE MEDICAMENTOS GENÉRICOS[*]

JOÃO PAULO F. REMÉDIO MARQUES[**]

Abstract: This study analyses the enforcing of patent rights or supplementary protection certificates throughout the deduction of injunctions and/or interim measures in Portuguese arbitration courts brought by pharmaceutical companies related to reference medicinal products following the marketing authorization of generic drugs obtained by competitors.

Keywords: patent rights; supplementary protection certificate; interim measures; injunctions; marketing authorization; generic medicines; arbitration; arbitration court.

Palavras-chave: direito de patente; certificado complementar de proteção; medicamento de referência; medicamento genérico; providência cautelar, arbitragem; tribunal arbitral.

Sumário: 1. Introdução. O advento da Lei n.º 62/2011, de 12 de Dezembro, enquanto lei Interpretativa condicionadora da apreciação dos requisitos de procedência de providências cautelares. 2. A submissão dos litígios sobre patentes e certificados complementares de protecção à arbitragem necessária. 2.1. O âmbito objectivo de aplicação do mecanismo de arbitragem necessária da Lei n.º 62/2011; a tempestividade do recurso a esta arbitragem. 2.2. A discricionariedade legislativa sobre a arbitragem necessária e os seus limites. 2.3. O objecto da arbitragem necessária e a insusceptibilidade de arbitrabilidade de certas questões de direitos de patente e certificados complementares de protecção. 2.4. A competência exclusiva dos tribunais estaduais para certas questões em matéria de propriedade industrial. 2.5. Matérias excluídas da competência dos tribunais arbitrais necessário; em particular, o conhecimento da questão da invalidade da patente pelo tribunal arbitral necessário como matéria de defesa. 3. A concessão de providências cautelares por tribunais arbitrais e o novo regime destas providências. 3.1. A tutela cautelar no CPI, os mínimos estabelecidos na Directiva n.º 2004/48/CE. 3.2. Tipos de medidas cautelares. 3.3. Os princípios da equidade, adequação e proporcionalidade; violação iminente ou consumada; substituição por caução. 4. A tutela cautelar arbitral e a violação iminente de direitos de patente ou certificados complementares de protecção relativos a medicamentos de referência. 4.1. Violação iminente e interesse em agir da empresa titular de AIM do medicamento de referência. 4.2. Condutas qualificadoras de uma violação iminente; oferta, utilização, introdução no comércio, trânsito. O fundado receio

---

[*] Texto de apoio à conferência apresentada pelo autor no III Curso Pós-Graduado de Direito Intelectual, em Março de 2012, actualizado face a desenvolvimentos doutrinais e jurisprudenciais posteriores.
[**] Professor da Faculdade de Direito de Coimbra.

de lesão. 4.3. Actos preparatórios concomitantes ou posteriores às aprovações administrativas. Prejuízo grave ou dificilmente reparável. 4.4. Omissões qualificadoras de uma violação iminente? O valor do silêncio. 4.5. A conduta anterior da requerida. 4.6. A fungibilidade entre a condenação na abstenção de introduzir o genérico no mercado e a indemnização pelo dano sofrido. 4.7. A tutela cautelar e a declaração de nulidade não transitada em julgado da patente com base na qual o procedimento cautelar é interposto.

1. Introdução. O advento da Lei n.º 62/2011, de 12 de Dezembro, enquanto lei interpretativa condicionadora da apreciação dos requisitos de procedência de providências cautelares

Perante a conhecida divergência de posições doutrinárias e jurisprudenciais sobre a verificação de violação de direitos de patente e certificados complementares de protecção respeitantes a medicamentos de referência, a Lei n.º 62/2011, de 12 de Dezembro, confirmou a licitude de um acervo de condutas de empresas fabricantes de medicamentos genéricos e da Administração, *durante a vigência dos direitos de patente ou dos certificados complementares* relativos aos medicamentos de referência, a saber:

(1) O pedido de autorização, a suspensão ou a revogação de introdução de genéricos no mercado (AIM)[1];

(2) A decisão sobre a inclusão ou exclusão destes medicamentos genéricos no regime jurídico de comparticipação do Estado no preço dos medicamentos[2];

(3) Os procedimentos que conduzem a estas decisões administrativas e, outrossim;

(4) O pedido de autorização do preço de venda ao público (PVP) destes medicamentos[3]; bem como

(5) A sua suspensão, alteração ou revogação[4].

A este novo regime jurídico foi atribuída a natureza de *direito interpretativo* do regime que até aí vigorava[5], o que importa a sua *aplicação imediata aos casos pendentes* nos tribunais (*maxime*, aos tribunais administrativos e fiscais), pois a lei interpretativa integra-se na lei interpretada, nos termos do artigo 13.º/1 do

---

[1] Artigos 19.º, n.º 8, 23.º-A/2, 25.º, n.º 2, e 179.º, n.º 2, todos do Decreto-Lei n.º 176/2006, de 30 de Agosto, na redação do artigo 4.º da citada Lei n.º 62/2011, de 12 de Dezembro.
[2] Artigo 2.º-A do Decreto-Lei n.º 48-A/2010, de 13 de Maio, na redação do artigo 6.º da Lei n.º 62/2011, de 12 de Dezembro.
[3] Artigo 8.º, n.º 1, 2 e 3 da Lei n.º 62/2011.
[4] Artigo 8.º, n.º 4, da Lei n.º 62/2011.
[5] Artigo 9.º da Lei n.º 62/2011.

Código Civil, aplicando-se *retroactivamente* aos casos pendentes em tribunal, para além da circunstância de que com este novo regime jurídico ter desaparecido o *fumus boni iuris* enquanto requisito indefectível do decretamento de providências cautelares peticionadas pelas empresas titulares de patentes ou certificados complementares respeitantes a substâncias activas componentes de medicamentos de referência.

As providências cautelares e acções que se encontram pendentes junto dos tribunais administrativos e fiscais e do Tribunal Central Administrativo do Sul – onde se discutem e julgam intimações para o INFARMED se abster de conceder AIM a medicamentos genéricos, ou pedidos de suspensão da eficácia de AIM já concedidas, de actos administrativos de fixação do preço de venda ao público e de actos de comparticipação do Estado no preço dos medicamentos genérico – têm sido indeferidas com base exactamente nesta argumentação, para além de esta jurisprudência entender que a Lei n.º 62/2011 não padece, neste particular, de qualquer inconstitucionalidade material[6].

---

[6] Cfr., recentemente, acórdão do STA, de 12/06/2012 (RUI BOTELHO), proc. n.º 0332/12, in http://www.dgsi.pt; tb. os acórdãos do Tribunal Central Administrativo do Sul, de 5/07/2012 (BENJAMIM BARBOSA), proc. n.º 08729/12, 2.º juízo, in http://www.dgsi.pt; *idem*, de 5/07/2012 (PAULO PEREIRA GOUVEIA), proc. n.º 08810/12, in http://www.dgsi.pt; *ibidem*, de 31/05/2012 (COELHO DA CUNHA), proc. n.º 8758/12, *loc. cit.*; *idem*, de 19/04/2012 (BENJAMIM BARBOSA), proc. n.º 08630/12 2.º juízo, *loc. cit.*; *ibidem*, de 22/03/2012 (RUI PEREIRA), proc. n.º ; 05196/09, 2.º juízo, *loc. cit.*; *idem*, de 15/03/2012 (COELHO DA CUNHA), processo n.º 08491/12, 2.º juízo, *loc cit.*; *ibidem*, de 2/02/2012 (ANA CELESTE CARVALHO), proc. n.º 08311/11, 2.º juízo, *loc. cit.*; *idem*, de 2/02/2012 (CRISTINA DOS SANTOS), proc. n.º 08277/11, *loc. cit.*; *ibidem*, de 10/10/2011 (BENJAMIM BARBOSA), processo n.ºs 8055/11, de 10/11/2011, *loc. cit.*; *ibidem*, de 17/11/2011 (BENJAMIM BARBOSA), proc. n.º 8121/11, *loc. cit.*; *ibidem*, de 12/01/2012 COELHO DA CUNHA), proc. n.º 07917/11, 2.º juízo, *loc. cit.*; *ibidem*, de 19/01/2012 (PAULO PEREIRA GOUVEIA), proc. n.º 8253/11, 2.º juízo, *loc. cit.*; *ibidem*, de 19/01/2012 (TERESA DE SOUSA), proc. n.º 8258/11, 2.º juízo, *loc. cit.*; *ibidem*, de 19/01/2012 (BENJAMIM BARBOSA), 2.º juízo, proc. n.º 8312/11; *ibidem*, de 19/01/2012 (ANA CELESTE CARVALHO), proc. n.º 8355/11, 2.º juízo, *loc. cit*. Veja-se, igualmente, o incisivo Parecer do Ministério Público, junto deste TCAS, de 8/02/2012 (MARIA ANTÓNIA SOARES), *loc. cit.*; e os Pareceres do Ministério Público, junto do mesmo tribunal de 2.ª instância, de 30/03/2012, sobre a natureza interpretativa da Lei n.º 62/2011 (CLARA RODRIGUES), proc. n.º 2826/11.0BELSB, 2.º juízo, *loc. cit.*, e proc. n.º 131/12.4BELSB, 2.º juízo (CLARA RODRIGUES), *loc. cit.*; idem, Parecer de 8/05/2012 (CLARA RODRIGUES), proc. n.º 08795/12, *loc. cit*. O STA tinha vindo a admitir, porém, até finais de 2012, *recurso de revista excepcional* para este Tribunal, com base na circunstância segundo a qual são complexas e de difícil dilucidação as questões relativas ao apuramento da validade e conformidade constitucional da Lei n.º 62/2011, pois que se tratava de matéria susceptível de se colocar em muitos outros processos cautelares, a instaurar ou ainda pendentes, o que tudo reclamava a intervenção do STA, atenta a sumária apreciação favorável dessas questões, em sede de providências cautelares; pelo que não bastava para se concluir, por si só, pela não existência do requisito do *fumus boni iuris* – entre outros, Acórdão do STA, de 28/06/2012 (ADÉRITO SANTOS), proc. n.º 0302/12, in http://www.dgsi.pt; *idem*, de 28/06/2012 (PAIS BORGES), proc. n.º 0675/12, *loc. cit.*; *ibidem*, de 12/06/2012 (ROSENDO JOSÉ), proc. n.º 0605/12, *loc. cit.*; *ibidem*, de 24/05/2012 (SANTOS BOTELHO), proc. n.º 0516/12, *loc. cit.*; *ibidem*, de 17/05/2012 (SANTOS BOTELHO, proc. n.º 0464/12, *loc. cit.*; *ibidem*, de 17/05/2012, proc. n.º 0465/12, *loc. cit.*; *ibidem*, 9/05/2012

Acontece, na verdade, que deixou de ter sustentação jurídica, a título de solução plausível em direito, o entendimento segundo o qual o INFARMED (ou, até há pouco, a Direcção-Geral das Actividades Económicas, no que concerne à formação do preço) não podia ignorar a intervenção no procedimento administrativo das empresas titulares de patentes ou certificados complementares relativos aos medicamentos de referência, no sentido em que, para uma parte importante da jurisprudência administrativa anterior, o INFARMED, colocado perante a existência de uma patente (ou certificado complementar) cujo âmbito de protecção atinge o medicamento genérico, está a contribuir para a viabilização ou, pelo menos, aumenta decisivamente o perigo de viabilização de uma actividade ilícita e criminosa, ofensiva do direito subjectivo das empresas titulares daqueles patentes e certificados complementares de protecção. Repare-se que, por força da interpretação acolhida no citado acórdão do Plenário da Seção de Contencioso do STA – que não julgou inconstitucional a atribuição da natureza de *norma interpretativa* ao disposto no artigo 9.º, n.º 1, da citada Lei n.º 62/2011[7] – já antes da entrada em vigor da referida lei, o ordenamento legal não exigia que o Infarmed ou o Ministério da Economia, antes da concessão das AIM ou da fixação de PVP, averiguassem da violação de eventuais direitos de propriedade industrial. Foi, finalmente, reconhecido pela jurisprudência portuguesa que este entendimento "é o que melhor se coaduna com a cláusula ou excepção «Bolar», que visa permitir que um medicamento genérico seja comercializado imediatamente após a caducidade dos direitos de propriedade industrial, o que implica que se possa fabricar, requerer e fazer correr todos os

(ROSENDO JOSÉ), proc. n.º 0393/12, *loc. cit.*; *ibidem*, de 9/05/2012 (ROSENDO JOSÉ), proc. n.º 0386/12, *loc. cit.*; *ibidem*, de 9/05/2012 (ROSENDO JOSÉ), proc. n.º 0387/12, *loc. cit.* Todavia, após a prolação do acórdão do STA, de Janeiro de 9/01/2013, do Plenário da sua Seção do Contencioso, em sede de uniformização de jurisprudência, proc. n.º 771/2012, passou a entender-se que carece de fundamentação pretensão da empresa titular de patente ou certificado complementar de protecção (CCP) respeitante a medicamento de referência que se alicerça na obrigação de o INFARMED averiguar a (in)existência de patente ou CCP válido que proteja a substância activa, combinação de substâncias activas ou o processo da sua fabricação.
[7] Aplicando logo esta orientação aos recursos pendentes respeitantes a decisões emitidas antes da entrada em vigor da Lei n.º 62/2011, cfr. o acórdão do Tribunal Central Administrativo do Sul, de 7/2/2013 (RUI PEREIRA), proc. n.º 09581/12, in http://www.dgsi.pt; tb. o acórdão do mesmo Tribunal, de 21/2/2013 (RUI PEREIRA), proc. n.º 08914/12, 2.º Juízo, loc. cit. Já antes, no sentido de este regime jurídico consagrado na Lei n.º 62/2011 dever passar a ser aplicado após o dia 31 de Agosto de 2006 (data do início de vigência do Decreto-Lei n.º 176/2006), cfr. o acórdão do Tribunal Central Administrativo do Sul, de 6/12/2012 (CRISTINA DOS SANTOS), proc. n.º 09159/12, 2.º Juízo, loc. cit.; *idem*, de 6/12/2012 (CRISTINA DOS SANTOS), proc. n.º 04736/09, 2.º Juízo, loc. ci.; *ibidem*, de 6/12/2012 (CRISTINA DOS SANTOS), proc. n.º 03888/08, 2.º Juízo, loc. cit.

trâmites anteriores àquela comercialização, ainda na vigência dos direitos de propriedade industrial"⁸.

De harmonia com esta jurisprudência, agora posta em causa, haveria a obrigatoriedade de o INFARMED considerar a existência de uma patente, que lhe fosse apresentada ou oficiosamente conhecida, como vigente quanto a um medicamento (e respectiva substância activa) para o qual outrem pedisse outra AIM, uma vez que a Administração Pública está sujeita em Portugal ao princípio da juridicidade consagrado no art. 266.º, n.º 2, Constituição e no art. 3.º Código do Procedimento Administrativo, vale dizer, ao "bloco de legalidade" vigente e pontificado pela Constituição.

Ora, para esta anterior interpretação dos comandos normativos previstos no Decreto-Lei n.º 176/2006, o INFARMED deveria observar, no mínimo, um dever de consideração e o consequente dever de ponderação do direito subjectivo de propriedade industrial em perigo. Esta circunstância era, então, decisiva para, no quadro das providências cautelares que se encontravam pendentes na data da entrada em vigor da Lei n.º 62/2011, julgar verificado o pressuposto da *aparência do bom direito* (*fumus boni iuris*) na vertente da provável ilegalidade da actuação administrativa traduzida, por um lado:

(i) Na emissão do acto de AIM de medicamento genérico na pendência do período de exclusividade da comercialização do medicamento de referência, por outro

(ii) Na fixação de PVP sobre os medicamentos genéricos e enfim,

(iii) Nos actos de registo de AIM de medicamentos genéricos concedida em procedimentos descentralizados, de reconhecimento mútuo ou europeus, neste caso junto da Agência Europeia do Medicamento. Na verdade, por maioria de razão, esta autoridade sanitária está plenamente livre de atribuir números de registo a AIM's emitidas a nível comunitário, contanto que tais autorizações administrativas não tenham sido questionadas perante o Tribunal de Justiça da União Europeia. Pois, tais actos do INFARMED não consentem nem envolvem um qualquer juízo sobre a legalidade das autorizações emitidas no âmbito de um procedimento centralizado de autorização de introdução de medicamentos no mercado, pela Agência Europeia do Medicamento – *ex ante* válidas «em toda a Comunidade», por força do artigo 13.º, n.º 1, do Regulamento (CE) n.º 726/2004,

---

⁸ Entre outros, mais recentemente, acórdão do Tribunal Central Administrativo do Sul, de 10/10/2013 (SOFIA DAVID), proc. n.º 10037/13 (2.º Juízo). Já, neste sentido, veja-se REMÉDIO MARQUES, J. P., *Medicamentos Versus Patentes – Estudos de Propriedade Industrial*, Coimbra, Coimbra Editora, 2008, p. 123 ss., p. 135 ss., pp. 143-153.

do Parlamento Europeu e do Conselho, de 31 de Março[9]. São, neste último caso das autorizações emitidas por meio de procedimentos centralizados, actos em relação aos quais o INFARMED não pode questionar a sua legalidade intrínseca, já que se trata de AIMs comunitárias.

Vale isto por dizer que as alterações resultantes da Lei n.º 62/2011, de 12 de Dezembro, atingem directamente os *pressupostos de procedência das providências cautelares então pendentes* na data de início de vigência da lei nova, em particular o requisito da *aparência do bom direito (fumus boni iuris)* e da probabilidade de a conduta do INFARMED (e da Direcção-Geral das Actividades Económicas) ser ilegal. Isto significa que, dado que a *alteração das circunstâncias* que alicerçam a revogação de uma providência cautelar tanto pode ser *factual* como de *direito*, a fixação de jurisprudência pelo STA – precipuamente contrária à orientação com base na qual tenha sido decretada uma providência cautelar – importa que todas estas providências *já decretadas* deixam de exibir o requisito cumulativo do *fumus boni iuris*, nos termos do artigo 124.º, n.º 1, do Código de Processo dos Tribunais Administrativos e Fiscais, de cuja verificação está também dependente o decretamento da providência e a sua manutenção[10].

Estas *actividades*, *operações* e *actos administrativos* não interferem, nem violam, *por si só*, os *direitos de patente* ou os *certificados complementares de protecção* que aproveitam às empresas fabricantes de medicamentos de referência. Regime que, pelo menos desde 2006, os ordenamentos e a jurisprudência da maioria dos Estados--Membros têm vindo a acolher[11].

---

[9] Já, no mesmo sentido, acórdão do STA, de 8/9/2011 (MADEIRA DOS SANTOS), proc. n.º 0508/2011, in http://www.dgsi.pt.

[10] Acórdão do STA, de 4/04/2013 (RUI BOTELHO), proc n.º 1422/12; *idem*, de 4/04/2013 (ALBERTO AUGUSTO OLIVEIRA), proc. n.º 1483/12; *ibidem*, de 4/04/2013 (PIRES ESTEVES), proc. n.º 1401/12; *ibidem*, de 24/04/2013 (RUI BOTELHO), proc. n.º 68/13; tb., acórdão do Tribunal Administrativo Central Administrativo do Sul, de 23/05/2013 (PAULO PEREIRA GOUVEIA), todos em http://www.dgsi.pt.

[11] Cfr., recentemente, o acórdão do Tribunal Administrativo Central do Sul, de 21/11/2013 (ANA CELESTE CARVALHO), segundo o qual: "Com a publicação da Lei n.º 62/2011, de 12/12 e o acórdão do STA n.º 771/2012, 09/01/2013, ficam esclarecidas as dúvidas que ainda pudessem subsistir sobre a falta de fundamento da pretensão que se funda na obrigação do Infarmed e do MEI, de averiguarem no âmbito dos procedimentos administrativos de AIM ou de fixação do PVP, se existe ou não uma patente válida que proteja a substancia activa ou o processo de fabricação". Mais se tendo decidido neste aresto que: "Da aplicação conjugada dos artigos 6.º, 8.º, n.º 3, 26.º, 118.º, 126.º, da Directiva n.º 2001/83/CE, do Parlamento Europeu e do Conselho, de 06/11/2001, 10.º, n.º 2, alínea b) da versão da Directiva 2004/27/CE, do Parlamento Europeu e do Conselho, de 31/03/2004, 3.º, n.ºs 1 e 2, do D.L. n.º 269/2007, de 26/07, 14.º, n.º 1, 15.º, 16.º, 25.º do DL. n.º 176/2006, de 30/08, na concessão das AIM o Infarmed não está obrigado a verificar se para aquele medicamento genérico existe ou não uma patente vigente que protege a substancia activa ou o processo de fabricação, por não atribuições para tanto". E que: "A simples concessão do AIM não lesa, por si só, os direitos de patente, pelo que não há que estender o direito de audiência prévia aos titulares desses direitos".

Todavia, o legislador não esclareceu se estes direitos de propriedade industrial se acham violados se *uma empresa de medicamentos genéricos, titular de um AIM, for seleccionada no quadro de contrato público de aprovisionamento, para a área da saúde*, o qual – enquanto procedimento público pré contratual –, tendo a validade de 12 meses, tem por objecto o estabelecimento das condições de fornecimento dos bens ou de prestação dos serviços, que constam de caderno de encargos, a instituições integradas no Serviço Nacional de Saúde, e a quaisquer outras entidades públicas que manifestem à Administração Central do Sistema de Saúde a intenção de beneficiar das condições contratuais homologadas, nos termos do Decreto-Lei n.º 197/99, de 8 de Junho, e da Portaria n.º 1176-A/2000, de 14 de Dezembro.

Através destes *procedimentos pré-contratuais* logra-se o reconhecimento da qualidade da empresa de medicamentos genéricos enquanto fornecedora de um concreto tipo de medicamentos ao Estado e às instituições integradas no Sistema Nacional de Saúde[12]. Este contrato público de aprovisionamento determina uma dupla realidade: a selecção do elenco de fornecedores e a determinação do clausulado dos *futuros* contratos de fornecimento.

Tão pouco o legislador esclareceu se *outras condutas* praticadas, *a jusante*, pelas empresas que logram obter a AIM relativa ao medicamento genérico infringem os direitos de patentes respeitantes aos medicamentos de referência, aos métodos de os obter, às substâncias activas ou formulações farmacêuticas destes medicamentos.

2. A submissão dos litígios sobre patentes e certificados complementares de protecção à arbitragem necessária

A Lei n.º 62/2011, de 12 de Dezembro, veio, porém, inovar no que tange ao mecanismo de resolução de litígios que elegeu, respeitante à infração dos direitos de patente e certificados complementares de protecção.

Se o Código da Propriedade Industrial já permitia o recurso à *arbitragem voluntária* (arbitragem *ad hoc* ou arbitragem institucionalizada) para resolver todos os

---

[12] Nos Países Baixos o Tribunal da Haia decidiu, recentemente, que os pedidos de companhias de seguros de saúde dirigidos a empresas de medicamentos genéricos, durante o prazo de vigência do certificado complementar de protecção, no sentido de apresentarem ofertas, no sentido de se tornarem os fornecedores preferenciais daquelas empresas não violam a patente relativa à substância activa por ele protegida. Cfr. o caso *Pfizer Health AB v. UVIT U.A.* e *Pfizer Health AB v. VGZ Zorgverzekeraar N.V.*, de 16/12/2011, processos n.º. 406470/KG ZA 11-1302 e 407549/KG ZA 11-1357, in http://www.eplawpatentblog.com/eplaw/2012/01/index.html.

litígios emergentes da concessão ou recusa de direitos de propriedade industrial, esta última lei veio determinar uma única via *heterocompositiva* para a resolução destes litígios: a *arbitragem necessária*.

2.1. O âmbito objectivo de aplicação do mecanismo de arbitragem necessária e a Lei n.º 62/2011; a tempestividade do recurso a esta arbitragem

Na verdade, o artigo 2.º da Lei n.º 62/2011, de 12 de Dezembro, *obriga* à resolução de determinados conflitos de interesses de propriedade industrial por meio de tribunais arbitrais: os litígios emergentes da invocação de *quaisquer* direitos de propriedade industrial respeitantes a *medicamentos de referência* e *medicamentos genéricos*.

Como já vimos anteriormente, tais litígios não se fundam apenas na titularidade de *direito de patente* ou de *certificado complementar de protecção* relativo ao medicamento de referência; eles também podem emergir da alegada violação dos *direitos exclusivos de comercialização* que aproveitam ao titular da AIM respeitante ao medicamento de referência.

Já a *tutela dos dados de testes* (farmacológicos, toxicológicos, pré-clínicos e clínicos) – por meio do prazo de protecção de tais dados – não é abrangida por este meio de resolução de litígios, já que essa protecção não atribui *direitos privativos de propriedade industrial* oponíveis *erga omnes*[13]; ela mas apenas visa uma protecção contra a violação de obrigações de *non facere* dirigidas à autoridade sanitária competente, *in casu*, o INFARMED: não utilizar o dossiê técnico comum (e os dados nele incluídos) submetido pela empresa que obteve a AIM do medicamento de referência, para o efeito de sindicar a bioequivalência (e a biodisponibilidade) do correspondente medicamento genérico, por ocasião do procedimento (simplificado) destinado à concessão de AIM a esse genérico.

De igual modo, escapam a este mecanismo de arbitragem necessária os conflitos entre as empresas de medicamentos de referência e as de genéricos fundados na *concorrência desleal*, designadamente, se e quando estas alegadamente se apropriarem e utilizarem, sem consentimento das primeiras, os mencionados

---

[13] Veja-se, recentemente, neste sentido, o acórdão do Tribunal Administrativo Central do Sul, de 23/01/2014 (ANA CELESTE CARVALHO), proc. n.º 10727/13 (2.º Juízo), segundo o qual: "As questões atinentes à legalidade dos actos suspendendos colocadas em juízo relacionam-se com a aplicação no tempo do novo Estatuto do Medicamento, no que concerne ao regime de protecção de dados aplicável no âmbito do procedimento de concessão de AIMs de medicamentos e ao concreto procedimento administrativo aplicável, pelo que, não têm que ver com a violação de direitos de propriedade industrial decorrentes de patente". De modo que, "Não emergindo tais questões de direitos de propriedade industrial, não tem razão invocar a falta de competência do tribunal administrativo para apreciar o pedido das Requerentes, com base no disposto no art.º 2.º da Lei n.º 62/2011, de 12/12".

dados de testes submetidos, junto do INFARMED ou a outra autoridade sanitária estrangeira.

Posto que não seja incompatível com a regra das *competências exclusivas* dos *tribunais estaduais* dos Estados-Membros previstas no artigo 22.º do Regulamento (CE) n.º 44/2001, este mecanismo de resolução de litígios parece ser aplicável também – e designadamente:

- Aos casos em que a empresa de medicamentos genéricos, peticionante ou titular de AIM, pretenda obter decisão segundo a qual o medicamento genérico cuja comercialização tenha sido solicitada ou autorizada *não* viola o direito de patente (ou o certificado complementar de protecção) do correspondente medicamento de referência (*a*ção de simples apreciação negativa),
- Aos conflitos que impliquem questões relativas à atribuição (originária ou derivada) ou à titularidade dos direitos industriais reclamados pelo autor da ação, quer seja a empresa de medicamentos de referência ou de medicamentos genéricos,
- Bem como aos litígios que emergem de relações contratuais entre os titulares das patentes (ou certificados complementares de protecção) de medicamentos de referência e os respectivos licenciados, quando a causa de pedir da ação respeite a factos alegadamente violadores destes exclusivos industriais (e não a factos relacionados com a violação do *contrato* de licença), independentemente do lugar em que ocorrer a arbitragem.

Repare-se que esta forma de composição de conflitos de interesses visa aplicar-se, *genericamente*, "aos litígios emergentes da invocação de direitos de propriedade industrial, incluindo os procedimentos cautelares, relacionados com medicamentos de referência, na acepção da alínea *ii*) do n.º 1 do artigo 3.º do Decreto-Lei n.º 176/2006, de 30 de Agosto, e medicamentos genéricos" (artigo 2.º da citada Lei n.º 62/2011). Na verdade, as demais normas desta Lei n.º 62/2011, de 12 de Dezembro, visam *propósitos de regulação administrativa*, ou seja, a alteração do Estatuto do Medicamento no que tange à concessão, suspensão ou revogação de Autorização de Introdução dos medicamentos genéricos no Mercado (AIM), a modificação do regime jurídico da fixação, alteração e revogação do Preço de Venda ao Público (PVP) e o regime jurídico da inclusão, suspensão ou revogação da comparticipação estadual no referido PVP.

Não se deve, por conseguinte, dizer que esta Lei n.º 62/2011 *apenas* visa atribuir a tribunais arbitrais necessários a resolução de litígios, sob a iniciativa das empresas que são titulares de exclusivos industriais relativos a medicamentos de referência, respeitantes a alegadas infracções (*iminentes* ou *consumadas*) de direitos de patentes ou de certificados complementares de protecção) por ocasião do pedido de concessão AIMs dos medicamentos genéricos.

Querendo, os titulares de patentes ou certificados complementares relativos a medicamentos de referência devem *desencadear o exercício desta via arbitral necessária de resolução de diferendos num certo (e curso) lapso de tempo*. Com efeito, o artigo 3.º, n.º 1, da citada Lei n.º 62/2011 prevê que, após a publicação dos pedidos de AIM ou de registo de medicamentos genéricos, nos termos do artigo 15.º-A do DL n.º 176/2006, os titulares da patentes ou certificados complementares dispõem, *querendo*, de *30 dias* para submeter o litígio a arbitragem necessária não institucionalizada ou efectuar o pedido junto de tribunal arbitral institucionalizado[14].

Deve, porém, entender-se, sob pena de completa ininteligibilidade do novo regime jurídico e de *inconstitucionalidade material* por via de uma clara violação do *direito de acesso ao Direito e aos Tribunais* (art. 20.º, n.º 1, da Constituição) que a inação do titular do direito industrial dentro do referido prazo de 30 dias não preclude o seu *direito de a*ção (de dedução de providência cautelar), se e quando pretender reagir contra *violações actuais* ou *iminentes* do direito de patente ou certificado complementar de protecção relativo ao medicamento de referência após o decurso do referido prazo de 30 dias. Pensar o contrário equivaleria a exigir aos titulares destes direitos industriais a (inútil) instauração de acções com o simples propósito de fazerem declarar a existência dos seus exclusivos e de resolver prévia ou antecipadamente a (i)licitude de conduta futura da empresa peticionante da AIM do medicamento genérico – sendo certo que o registo faz presumir a verificação dos requisitos da sua concessão e, logo, a sua validade (art. 4.º, n.º 2, do CPI) –, mesmo que não estivesse em causa a alegação de factos susceptíveis de evidenciar uma infração *actual* ou *iminente* a tais exclusivos industriais.

Parece que este *direito de a*ção, quando não for exercido no referido prazo de 30 dias, continuará a ser exercitável apenas junto de *tribunais arbitrais necessários*, atento o mecanismo geral de composição de litígios emergentes de direitos de

---

[14] Cf., tb., os n.ºs 2 e 3 do artigo 9.º desta Lei n.º 62/2011, os quais determinam, por um lado, um prazo de *30 dias*, a contar da data da sua entrada em vigor, para o INFARMED publicitar os pedidos de AIM e de registo de medicamentos de referência aos quais falte, pelo menos, *uma* das autorizações administrativas (AIM, fixação do PVP e inclusão do medicamento na comparticipação do Estado no seu preço de venda) e, por outro, um *subsequente* prazo de *30 dias*, a contar referida publicitação, para o titular da patente ou certificado complementar de protecção invocar junto do tribunal arbitral necessário o seu direito de propriedade industrial.

propriedade intelectual respeitantes a medicamentos de referência e a medicamentos genéricos precipuamente criado por esta Lei n.º 62/2011.

É que este sistema de composição de litígios não visa apenas ser actuado ou desencadeado *enquanto estiverem pendentes* os *procedimentos administrativos* de que depende a válida colocação dos medicamentos genéricos no mercado. Se assim fosse, não faria sentido que o mesmo legislador tenha proclamado e determinado[15] que a instauração destes procedimentos administrativos pelas empresas que buscam comercializar medicamentos genéricos, bem como a suspensão, a alteração ou a revogação dessas autorizações não podem ser, *por si só*, causa de violação dos direitos de patente ou dos certificados complementares de protecção relativos aos medicamentos de referência[16], não podendo tais pedidos ser indeferidos com fundamento na existência destes exclusivos de propriedade industrial.

Por outro lado, uma vez que, nos termos do artigo 3.º, n.º 2, da referida Lei n.º 62/2011, a falta de contestação do demandado, no prazo de 30 dias após a notificação que lhe for dirigida pelo tribunal arbitral, *implica a proibição de este iniciar a exploração comercial do medicamento genérico* após a caducidade (ou cessação por outro modo) do direito de patente ou certificado complementar relativo ao medicamento de referência, parece que o legislador terá pensado que a instauração do processo arbitral serve, igualmente, para o demandante obter *título executivo contra a empresa de medicamentos genéricos no pressuposto de que esta provavelmente poderá não apresentar contestação*. O legislador terá imaginado que esta última empresa quererá, tão só, premunir-se das autorizações administrativas necessárias à introdução do genérico no mercado para o comercializar somente após a extinção dos direitos de propriedade industrial respeitantes ao medicamento de referência.

Com o que temos uma espécie de imposição de um ónus de acertamento antecipado *da posição do titular da patente ou CCP* respeitante ao medicamento de referência (ao processo do seu fabrico ou à específica utilização terapêutica) perante quem peticiona e obtém AIM (ou registo de AIM obtida de acordo com procedimentos centralizados ou de reconhecimento mútuo) do correspondente

---

[15] Cfr. os arts. 19.º, n.º 8, 23.º-A, n.ºˢ 1 e 2, 25.º, n.º 2, e 179.º, n.º 2, todos do DL n.º 176/2006, na redação dada pela Lei n.º 62/2011; e a nova redação dos arts. 2.º-A e 8.º do DL n.º 48-A/2010, de 13 de Maio, dada pela referida Lei n.º 62/2011, sobre o regime de inclusão na comparticipação estadual no preço de venda do medicamento genérico.

[16] Bem como tais decisões não são, *enquanto tais*, contrárias aos direitos relativos à patente ou ao certificado complementar de protecção (cfr. a nova redação do art. 2.º-A, n.º 2, e do 8.º, n.º 2, do DL n.º 48-A/2010, dada por esta Lei n.º 62/2011).

medicamento genérico[17], mecanismo, este, que não pressupõe que o Demandado tenha praticado actos mercadológicos violadores as patentes ou do CCP ou esteja na iminência de o fazer.

Lembre-se que, ao abrigo do regime geral da arbitragem voluntária – aplicável subsidiariamente a este tipo de processos –, a falta de contestação do demandado, ao invés, não implica a confissão dos factos alegados na petição[18], devendo o processo continuar para a prova dos factos alegados pelo autor, sem prejuízo de as partes acordarem outros efeitos para esta omissão[19].

2.2. A discricionariedade legislativa sobre a arbitragem necessária e os seus limites

Trata-se de uma escolha legislativa arriscada, esta, a de somente autorizar a resolução deste tipo de diferendos por via da *arbitragem necessária*.

Na verdade, pese embora as naturais resistências a este tipo de composição de conflitos de interesses de direito privado, a *arbitragem necessária* há muito se encontrava consagrada no CPC de 1961, cujos artigos 1528.º a 1530.º previam e resolviam alguns problemas quanto à formação do tribunal e à prolação da decisão e remetem os demais para o regime da arbitragem voluntária. O novo CPC de 2013 mantém o mesmo regime nos seus artigos 1082.º a 1085.º.

O artigo 1.º, n.º 1, da nova lei da arbitragem[20] *pressupõe* a submissão do conflito a arbitragem necessária ou *à jurisdição exclusiva dos tribunais estaduais*, para o efeito de afastar a sua composição por meio da arbitragem voluntária. A fonte do mecanismo de resolução destes litígios não é contratual (*id est*, ele não repousa numa *convenção de arbitragem*), mas sim num *acto legislativo*; é uma *escolha publicística* baseada por uma fonte normativa formal estadual.

Não creio que a concreta escolha do legislador da Lei n.º 62/2011, de 12 de Dezembro, padece de *inconstitucionalidade material*, pois os litigantes, embora não possam exercer *optativamente* o *direito de a*ção nos tribunais estaduais – seja recusando a celebração de convenção de arbitragem, seja instaurado a instância

---

[17] O Tribunal constitucional, em sede de fiscalização concreta, no acórdão n.º 2/2013 (MARIA JOSÉ RANGEL DE MESQUITA), de 9/01/2013, proc. n.º 478/12, denomina-o como ónus de resolução antecipada de litígios enquanto *tutela pré-decisória*, isto é, prévia à obtenção de AIM do medicamento genérico. Por outro lado, este Tribunal julgou inconstitucional a norma do n.º 5 do artigo 188.º do Decreto-Lei n.º 176/2006, de 30 de Agosto, na redação introduzida pela Lei n.º 62/2011, de 12 de dezembro, por violação conjugada dos artigos 18.º, n.º 2, 20.º, n.º 1 e 268.º, n.ºs 1 e 2, da Constituição.

[18] Artigo 35.º, n.º 2, da Lei n.º 63/2011, de 14 de Dezembro. Cfr. o artigo 567.º, n.º 1, *in fine*, do CPC de 2013, sobre os efeitos da falta de contestação: "...consideram-se confessados os factos articulados pelo autor".

[19] Artigo 35.º, n.º 5, da Lei n.º 63/2011, de 14 de Dezembro.

[20] Lei n.º 63/2011, de 14 de Dezembro.

num tribunal estadual –, podem, apesar de tudo, indicar os respectivos árbitros, submeter, por acordo, o conflito a um *tribunal arbitral institucionalizado* e, *last but not the least*, impugnar a decisão arbitral, por via de *recurso ordinário de apelação*, junto dos tribunal da Relação[21], ou peticionar a sua *anulação*, junto do tribunal judicial de comarca de 1.ª instância do lugar da arbitragem[22].

De resto, os árbitros gozam das imunidades, privilégios e estão sujeitos aos impedimentos e suspeições previstas no CPC para os juízes dos tribunais judiciais. Estes juízes-árbitros são, por conseguinte, *inamovíveis*, *imparciais* e *independentes*[23]. A compressão do *direito de ação* não atinge, neste caso, o seu *núcleo essencial* ou *infrangível*, já que fica preservada a faculdade jurídica de o autor poder fazer valer a sua pretensão perante um órgão herecompositivo, o qual deve prestar observância a certos *princípios processuais fundamentais*[24]. Por outro lado, perante a necessidade de proteger os direitos de patente – conquanto direitos fundamentais de natureza análoga aos inscritos no catálogo previsto na Constituição – deve dizer-se que a tutela dos interesses da *saúde pública*, do interesse geral da colectividade e do Estado a custear o Sistema Nacional de Saúde e, sobretudo, a proteção do *direito fundamental da saúde individual* dos potenciais adquirentes ou beneficiários de medicamentos genéricos fornecidos aos preços mais baixos possíveis tende a equilibrar a necessária ponderação de bens que se faz mister estabelecer em casos de conflitos ou colisão de direitos fundamentais entre si ou entre direitos fundamentais e bens jurídicos fundamentais da colectividade.

Está, de resto, garantida a apreciação do litígio por meio de um *processo equitativo*[25], diante de um *tribunal independente* e *imparcial*, cujos juízes-árbitros beneficiam do regime de *irresponsabilidade* pela prolação das decisões aplicável aos juízes dos tribunais estaduais, o qual decide, *com força obrigatória para os litigantes*, os factos controvertidos integradores dos respectivos pedidos e excepções, bem

---

[21] Artigo 3.º, n.º 7, da Lei n.º 62/2011, de 12 de Dezembro.
[22] Artigo 46.º da Lei n.º 63/2011, de 14 de Dezembro.
[23] Se esta arbitragem necessária for *colegial*, a escolha do terceiro árbitro não é efectuada por uma das partes com exclusão da outra, mas antes pelos árbitros designados aceitantes ou, na sua falta, pelo Presidente do Tribunal da Relação do lugar da arbitragem (artigos 1083.º, n.º 1 e 1085.º, ambos do CPC de 2013, *ex vi* do artigo10.º, n.º 4, da Lei n.º 63/2011, de 14 de Dezembro).
[24] Princípios da *igualdade de armas*, o *princípio do contraditório* (em todas as fases do processo arbitral: artigo 30.º, n.º 1, alínea b) e c), da citada Lei n.º 63/2011) e demais garantias processuais previstas no regime da arbitragem voluntária, mesmo que os litigantes elejam um *tribunal arbitral institucionalizado* como sendo o concreto órgão heterocompositivo (p. ex., insusceptibilidade de o litígio ser resolvido por tribunal arbitral, excesso de pronúncia ou omissão de pronúncia da decisão arbitral, falta de fundamentação da decisão, falta de assinatura dos juízes-árbitros ou de algum deles). Cfr. o artigo 46.º/3 da Lei n.º 63/2011, de 14 de Dezembro.
[25] Vejam-se os vários números do artigo 3.º da Lei n.º 62/2011, de 12 de Dezembro.

como os correspondentes os direitos e obrigações, à luz das normas jurídicas concretamente convocadas.

Refira-se, ainda, que não se crê que a garantia do *acesso ao Direito a custos razoáveis e comportáveis pelos litigantes* seja posta seriamente em causa por meio deste mecanismos arbitral – cujas regras de fixação e de repartição de encargos estão, infelizmente, omissas na Lei n.º 62/2011 –, uma vez que, não apenas os interesses económicos e a utilidade económica que as Demandantes pretendem lograr com a propositura da ação ascendem a vários milhões de euros, como também as Demandadas são empresas farmacêuticas cujo volume de negócios ascende anualmente centenas de milhares de euros e, nalguns casos, a vários milhões de euros.

Repare-se, ainda, que a Constituição da República, no seu artigo 211.º, n.º 2, inclui, *expressamente*, os *tribunais arbitrais* entre as diversas categorias de tribunais. E ela não distingue entre tribunais *arbitrais voluntários* e *tribunais arbitrais necessários*.

É, pois, legítimo concluir que, na nossa ordem constitucional, o exercício da *jurisdictio* não tem necessariamente de ser exercida por órgãos heterocompositivos do Estado: certos litígios podem ser decididos por árbitros, em resultado de convenção ou *disposição da lei*[26].

2.3. O objecto da arbitragem necessária e a insusceptibilidade de arbitrabilidade de certas questões de direitos de patente e certificados complementares de protecção

A *arbitrabilidade objectiva* constitui uma condição de validade da arbitragem, inclusivamente da arbitragem necessária, em certo sentido. Vejamos.

Com isto quer-se significar que nem todos os conflitos de interesses em matéria de propriedade industrial podem ser objecto de resolução por via arbitral, sob pena de tal regime conflituar irremissivelmente com o concreto regime estabelecido na lei processual do Estado da arbitragem ou em tratados, convenções, acordos ou outras normas emanadas de organizações internacionais de que a República Portuguesa seja parte.

Embora a Lei-Modelo da UNCITRAL não preveja expressamente a exclusão de qualquer matéria litigiosa da arbitragem (voluntária), o artigo 5(1) desta Lei--Modelo permite que os Estados excluam da resolução por via arbitral certos litígios em razão da matéria ou submeta a sua resolução a regras diferentes das previstas nesta Lei-Modelo. Sob esta perspectiva, é perfeitamente admissível a

---

[26] Neste sentido, cfr. o acórdão do Tribunal Constitucional n.º 52/92 (Assunção Esteves), de 5/02/1992, in http://www.tribunalconstitucional.pt; *idem*, acórdão n.º 32/87, de 7/04/1987 (Cardoso da Costa), *Diário da República*, II.ª Série, de 7 de Abril de 1987; *ibidem*, n.º 33/96, de 17/01/1996 (Vítor Nunes de Almeida), loc. cit.

arbitragem necessária em matéria de conflitos entre as empresas que são titulares de patentes (ou certificados complementares de protecção) sobre medicamentos de referência e as empresas (os titulares de AIM) de medicamentos genéricos.

Se, *ratione materiae*, estes tribunais arbitrais necessários são admissíveis à luz dos padrões aceites no direito internacional e nas regras de *soft law*, concebem-se determinados limites à arbitrabilidade necessária *ratione jurisdictionis*[27].

Vale dizer: por vezes, as leis processuais internas ou emanadas de fontes jurídicas de direito internacional vinculantes para a República Portuguesa prevêem que certos tribunais estaduais (judiciais ou administrativos) dispõem de *competência exclusiva* para dirimir certos litígios em função das *questões* que formam o *objecto do processo*. Se, na verdade, a lei atribuir competência exclusiva aos tribunais estaduais para a resolução de certos litígios, isso significa que eles não são *objectivamente* arbitráveis, mesmo no quadro da *arbitragem necessária*.

É verdade que, de acordo com a nova lei da arbitragem[28], qualquer litígio respeitante a *interesses de natureza patrimonial* pode ser sujeito a arbitragem, regime que já vigora, de resto, em ordenamentos jurídicos que têm marcado e influenciado o enquadramento jurídico da arbitragem (voluntária) em Portugal[29]. O critério adoptado pelo regime pretérito da arbitragem era o da *disponibilidade do direito controvertido*[30]. Sendo certo que o critério dos *interesses de natureza patrimonial* e o da *disponibilidade do direito controvertido* parecem sinónimos, este último determina a arbitrabilidade do litígio à luz da *lex causae*, ou seja, da lei material chamada a intervir para regular o direito subjectivo em causa[31]; aquele – o da *natureza patrimonial* dos interesses em confronto – não coloca um problema de *conflitos de leis* e acha-se bem definido em todos os ordenamentos jurídicos.

---

[27] SAJKO, Krešimir, "Intellectual Property Rights and Arbitration – Miscellaneous", *Patents and Technological Progress in a Globlized World*, Liber Amicorum Joseph Straus, MPI Studies in Intellectual Property and Competition and Tax Law, Berlin, Springer, 2009, p. 445 ss., p. 455.
[28] Artigo 1.º, n.º 1, da Lei n.º 63/2011, de 14 de Dezembro.
[29] Este é o critério adoptado, designadamente, no § 1030(1) do Código de Processo Civil alemão, no § 177(1) do Código de Processo Civil da Suíça e no § 582(1) do Código de Processo Civil austríaco. Neste último ordenamento, os litígios de natureza não patrimonial podem ficar submetidos à arbitragem voluntária se as partes puderem celebrar transação sobre o direito controvertido.
[30] Artigo 1.º, n.º 1, da Lei n.º 31/86, de 29 de Agosto, vigente até ao dia 14 de Março de 2012 (artigo 6.º da citada Lei n.º 63/2011), embora o legislador tenha salvaguardado as expectativas das partes que tenham celebrado convenções de arbitragem antes da entrada em vigor da lei nova, mantendo, quanto a estas, o critério da *arbitrabilidade objectiva* constante da Lei n.º 31/86 (artigo 5.º, n.º 1, da Lei n.º 63/2011). Este critério da disponibilidade do direito controvertido é ainda muito comum no direito estrangeiro: cfr., por exemplo, o art. 2., n. 1, da lei de arbitragem espanhola e o § 1020(3) da lei da arbitragem dos Países Baixos.
[31] Isto porque a definição da relação jurídica subjacente ao litígio exige a *prévia determinação da lei aplicável a esse litígio*.

2.4. A competência exclusiva dos tribunais estaduais para certas questões em matéria de propriedade industrial; em particular, o conhecimento da questão da invalidade da patente pelo tribunal arbitral necessário como matéria de defesa

O problema da *arbitrabilidade objectiva* de certos litígios envolvendo direitos de propriedade intelectual reside, porém, na circunstância de que certos ordenamentos jurídicos e tratados, convenções ou normas de direito internacional reservam aos *tribunais do Estado* a *competência exclusiva* para dirimir certo tipo de litígios. Se, com efeito, a lei do Estado do foro arbitral excepcionar do princípio geral da arbitrabilidade relativa a *interesses de natureza patrimonial* certas matérias em obediência às quais os *tribunais estaduais* desfrutam de *competência exclusiva*, pode então dizer-se que tais controvérsias, embora atingindo *interesses patrimoniais*, são subtraídas da esfera de actuação dos tribunais arbitrais, quer estes sejam *voluntários* ou *necessários*[32].

Estas regras visam preservar o *monopólio estadual da função jurisdicional* quanto a certos litígios.

O que agora devemos perguntar é *se no ordenamento jurídico português surpreendemos regras que determinam que certos litígios de propriedade intelectual sejam resolvidos, expressa e exclusivamente, pelos tribunais estaduais, pese embora ostentem uma clara natureza patrimonial*. Normas que, atenta a sua natureza hierárquico-paramétrica, não podem ser derrogadas pelo disposto no artigo 2.º da Lei n.º 62/2011, de 12 de Dezembro ("*os litígios emergentes da invocação de direitos de propriedade intelectual, incluindo os procedimentos cautelares ...*").

O artigo 1.º, n.º 2, alínea d), do Regulamento (CE) n.º 44/2001, sobre a competência internacional directa e o reconhecimento de decisões em matéria civil e comercial prevê que a arbitragem não é abrangida por este regulamento. Todavia, este regulamento também determina, no seu artigo 22.º, n.º 4, a *competência exclusiva* dos tribunais dos Estados-Membros para apreciar litígios respeitantes à inscrição ou validade de patentes, marcas, desenhos e modelos ou outros direitos de propriedade industrial: desfrutam, para este efeito, de *competência exclusiva os tribunais do país da União Europeia em cujo território o depósito ou o registo tiver sido requerido, efectuado ou considerado efectuado nos termos de um instrumento da União ou de uma convenção internacional*.

---

[32] Por exemplo, o § 1030(2) e (3) do Código de Processo Civil alemão excepciona a arbitrabilidade de litígios sobre matérias em relação às quais os tribunais estaduais gozam de *jurisdição exclusiva* (em particular, litígios laborais e em matéria de arrendamento urbano para habitação).

O impacto desta norma na *arbitrabilidade objectiva* dos litígios em matéria de patentes (mesmo as *patentes europeias* já concedidas[33] pelo Instituto Europeu de Patentes) e certificados complementares sobre medicamentos de referência parece não ser despiciendo.

Na verdade, a *competência exclusiva dos tribunais estaduais* atinge, neste caso, a *validade* de patentes, modelos de utilidade, marcas, desenhos ou modelos, bem como outros direitos industriais cuja validade depende de registo ou depósito, junto das autoridades competentes desse Estado-Membro[34] – *et, pour cause*, de certificados complementares de protecção: "...outros registos", como refere o n.º 4 do citado artigo 22.º do Regulamento (CE) n.º 44/2001. Trata-se aqui de um exercício de *soberania estadual do Estado do foro*, motivo por que a resolução do litígio há-de, nestas hipóteses, competir aos tribunais desse Estado. Por outro lado, o interesse da boa administração da justiça sugere que o tribunal ao qual a competência é atribuída esteja bem familiarizado com tais matérias e o respectivo direito material aplicável[35].

Vale dizer: a competência jurisdicional é atribuída aos tribunais do Estado cuja lei material interna é aplicável (*forum-ius*)[36]. Pois, a decisão de uma autoridade nacional deve, sempre que possível, ser sujeita à fiscalização de um órgão jurisdicional do próprio país e não de um órgão jurisdicional de um Estado estrangeiro. Nestes casos, os tribunais demandados em desconformidade com esta regra devem *declarar-se incompetentes*, nos termos do artigo 25.º do referido regulamento. Por outro lado, deve ser *negado o reconhecimento* de uma decisão que tenha infringido esta regra de competência exclusiva. Isto constitui uma excepção à regra de acordo com a qual o tribunal em cujo Estado é pedido o reconhecimento da decisão de outro Estado-Membro não pode sindicar a competência (dos tribunais) do Estado-Membro de origem.

Pelo contrário, os litígios de direitos industriais *emergentes de contratos* (p. ex., o direito à patente nas invenções laborais e nas invenções por encomenda) não se acham abrangidos por esta competência jurisdicional *exclusiva* dos *tribunais estaduais*. O mesmo se dirá dos conflitos respeitantes à violação de tais exclusivos

---

[33] Se *o pedido de patente europeia ainda não foi objecto de decisão final* junto dos órgãos jurisdicionais próprios o Instituto Europeu de Patentes, a competência para apreciar oposições respeitantes à validade do pedido efectuado é exclusiva desses órgãos jurisdicionais (artigo 71.º, n.º 1, da Convenção Sobre a Patente Europeia).
[34] Cfr. a decisão do Tribunal de Justiça da União Europeia, de 15/11/1983, no proc. C-288/82, no caso *Ferdinand Duijnstee c. Lodewijk Goderbauer*, § 19.
[35] Acórdão do Tribunal de Justiça, de 19 de Janeiro de 1990, no caso *Reichert c. Kockler*, proc. C-15/88, § 10 e 11.
[36] FAWCET, James J./TORREMANS, Paul, *Intellectual Property and Intellectual and Private International Law*, 2.ª edição, Oxford University Press, 2011, § 1.30, p. 16

industriais[37], incluindo, naturalmente, a reparação dos danos causados; dos pedidos de não violação de direitos industriais de outrem[38]; as questões relativas à titularidade dos direitos industriais reclamados pelo do autor da ação[39]; e os pedidos respeitantes à concessão, revogação, remuneração de licenças obrigatórias ou o (in)cumprimento do programa contratual de licenças voluntárias, bem como a reparação dos danos causados.

À luz da precedente análise geral sobre o objecto da arbitrabilidade (voluntária ou necessária) de conflitos de direitos de propriedade industrial, retornemos à questão de saber se há *matérias que têm que ser subtraídas ao regime da arbitrabilidade necessária instituída pela Lei n.º 62/2011*, relativamente às quais os juízes-árbitros devem declinar a competência, por tais questões pertencerem à esfera de competência exclusiva dos *tribunais estaduais*.

Repare-se. Este problema da arbitrabilidade de conflitos de direitos de patente e certificados complementares de protecção relativos a medicamentos de referência e medicamentos genéricos não pode desligar-se da *natureza jurídica* das posições jurídicas subjectivas privadas que estão em causa: cura-se de *direitos subjectivos privados* oponíveis *erga omnes* a todos aqueles que, numa *alegada* situação delitual (extracontratual), praticarem determinados actos, de acordo com a qual o âmbito (tecnológico) de protecção reconhecido à ideia inventiva industrial, tomando como base nas reivindicações, atinge as substâncias químicas utilizadas pelo alegado infractor.

---

[37] FAWCET, James J./TORREMANS, Paul, *Intellectual Property and Intellectual and Private International Law*, 2.ª edição, 2011, cit., § 1-40, p 19 ss.; KROPHOLLER, Jan, *Internationales Privatrecht*, 6.ª edição, Mohr Siebeck, 2006, Art. 22, Rdn. 50; tb., assim, a decisão do Tribunal de Justiça da União Europeia, de 13/07/2006, no proc. C-4/03, no caso *Gesellschaft für Antriebstechnik mbH & Co. KG (GAT) c. Lamellen und Kupplungsbau Beteiligungs KG (Luk)*, § 22, segundo o qual "o artigo 16.º, n.º 4, da Convenção de 27 de Setembro de 1968, relativa à competência judiciária e à execução de decisões em matéria civil e comercial, alterada, em último lugar, pela Convenção de 29 de Novembro de 1996, relativa à adesão da República da Áustria, da República da Finlândia e do Reino da Suécia, deve ser interpretado no sentido de que a regra de competência exclusiva abrange todos os litígios relativos à inscrição ou à validade de uma patente, quer a questão seja suscitada por via de ação quer por via de excepção". Releve-se, ainda, a circunstância de o Tribunal de Justiça determinar a competência exclusiva dos tribunais do Estado onde a patente (ou o certificado complementar de protecção) foi concedida, ainda que a questão da nulidade seja arguida por *via de excepção*, na contestação apresentada pelo réu acusado de infringir estes direitos industriais. Neste caso, o Tribunal de Justiça defende que o órgão jurisdicional que aprecia a violação pode reenviar integralmente o processo, pode suspendê-lo até que o órgão jurisdicional competente de outro Estado-Membro, nos termos do (antigo) artigo 16.º, n.º 4 (da Convenção de Bruxelas, hoje artigo 22.º, n.º 4, do Regulamento (CE) n.º 44/2001), decida da validade da patente e pode, ele próprio, apreciar essa validade em caso de má fé do demandado.

[38] FAWCET, James/TORREMANS, Paul, *Intellectual Property and Private International Law*, cit., 2011, § 1.40, pp. 19-20.

[39] Decisão da *Cour de Cassation*, de 2006, no caso *GRE Manufacturas c. Arisilos*; decisão do tribunal de Utreque (Países Baixos), de 30/06/2010, no caso *Roucar Gear Technologies BV c. Four Stroke SARL*, proc. 77615/HÁ ZA 09-2640, in http://www.rechtspraak.nl.

O direito de patente é, entre nós, outorgado por um organismo *da administração indirecta* do Estado Português: o *Instituto Nacional da Propriedade Industrial* (INPI), no exercício da soberania estadual na constituição de direitos de exclusivo, ou por um órgão de uma Organização Internacional Regional, exactamente, o *Instituto Europeu de Patentes*, por meio de um procedimento administrativo previsto no CPI português e na CPE.

Os titulares de patentes sobre medicamentos de referência estão naturalmente salvos de fazer declarar a titularidade desse direito, bem como uma alegada violação (*literal* ou por *meios equivalentes*, atenta a *interpretação* constantes do fascículo da patente – ou *da patente de base*, no caso do litígio respeitar à violação de certificado complementar de protecção – das reivindicações efectuada à luz do entendimento do perito na especialidade).

Não há dúvida que estes litígios são susceptíveis de arbitrabilidade (voluntária ou necessária), bem como os que emergem de relações contratuais entre os titulares das patentes e os respectivos licenciados, independentemente do lugar em que ocorre a arbitragem.

Já, porém, os litígios respeitantes à *validade destes exclusivos industriais* estão cometidos, como vimos, aos *tribunais estaduais*. Quer dizer, esta jurisdição estadual é, isso sim, a única via pela qual pode ser declarada, com eficácia *erga omnes*, a nulidade de um direito de patente (ou certificado complementar de protecção). O artigo 35.º do CPI português dispõe, de resto, que a nulidade de uma patente somente pode ser decretada por *decisão judicial*, no sentido de *sentença ou acórdão proferidos por um tribunal estadual* – que não por via de uma decisão do INPI ou emanada de um tribunal arbitral (voluntário ou *necessário*).

Ainda que se pudesse obtemperar dizendo que esta norma teria sido *tacitamente revogada* pelo artigo 2.º da Lei n.º 62/2011, de 12 de Dezembro, este entendimento parece contrariado pelo disposto precisamente no artigo 22.º, n.º 4, do Regulamento (CE) n.º 44/2001, que, enquanto regulamento emanado da Comissão e do Parlamento Europeu tem eficácia directa e desfruta de parametricidade hierárquico-normativa constitucional, prevalecendo sobre o bloco da legalidade dos Estados-Membros[40]; daí que este direito da União Europeia

---

[40] É discutível se o direito da União prevalece sobre as próprias *disposições materiais* da Constituição da República Portuguesa. O n.º 4 do artigo 8.º da Constituição sugere essa prevalência, embora no respeito dos "princípios fundamentais do Estado de Direito democrático", qual *núcleo essencial* ou *irredutível* da Constituição e no respeito do âmbito das competências dos orgãos da União Europeia. O Tribunal de Justiça da União Europeia já teve, no passado, ocasião de decidir que os Estados-Membros não podem invocar um preceito constitucional para legitimar que o exercício de certas profissões seja reservado aos nacionais desses Estados – acórdão de 2/07/1996, proc. C-473/93, §§ 37, 38; *idem*, acórdão de 1/01/2000, proc. C-285/98, no caso *Tanja Kreil*, sobre a exclusão das mulheres do serviço militar, prevista no § 12 da Constituição da Alemanha. Mas a decisão de 9/03/1978, proc. C-106/77, no caso *Simenthal*, já determinara

prevalece, indubitavelmente, sobre as leis ordinárias da República Portuguesa (*primado do direito comunitário*). Isto não obstante a *doutrina dos contralimites* que as jurisprudências de alguns Estados-Membros foram construindo, a fim de evitar que direito comunitário tenha primazia sobre as próprias Constituições, especialmente em matéria de direitos fundamentais, ao arrimo dos princípios da *autorização individual limitada, subsidiariedade e da proporcionalidade*; outrossim, noutra perspectiva, não obstante se socorram da ideia à luz da qual os Estados-Membros não podem achar-se vinculados por certas regras ou comandos normativos que não estejam cobertos pelo Tratado de aprovação da integração do Estado-Membro na Comunidade, dentro dos limites das competência que a esta foram atribuídas por tais Tratados de adesão.

Sem entrarmos em outras discussões, pode afirmar-se que em Portugal é, há muito, pacífica a prevalência do direito da União Europeia relativamente às *leis ordinárias*[41]-[42]. O artigo 22.º, n.º 4, do Regulamento (CE) n.º 44/2001 prevalece sobre o disposto no artigo 2.º da Lei n.º 62/2011, na parte em que aquele reserva, para as hipóteses em discussão, aos *tribunais estaduais* competência exclusiva quanto à apreciação da validade de direitos de patente e certificados complementares de protecção.

Daqui decorre que os *tribunais arbitrais necessários* previstos nesta lei estão, desde já, impedidos de apreciar *pedidos reconvencionais* de *nulidade* das patentes (*v.g.*, por falta de novidade, actividade inventiva) ou dos certificados complementares respeitantes aos medicamentos de referência[43].

---

o dever de desaplicação por parte do Estado-Membro de norma interna contrária, posterior ou anterior à regra comunitária; *idem*, decisão de 3/02/1969, proc. C-14/68, no caso *Walt Wilhelm*; *ibidem*, de 17/12/1970, proc. C-11/70, no caso *Internationale Handesgellschaft*, de harmonia com o qual "a invocação de ofensas seja dos direitos fundamentais, tais como se encontram formulados na Constituição de um Estado-Membro, seja dos princípios de uma estrutura constitucional, nunca poderia afectar a validade de uma acto da Comunidade ou o seu efeito nesse território".

[41] Acórdão do Tribunal Constitucional n.º 60/2006, de 18/01/2006 (MÁRIO TORRES), sobre a execução fiscal, em Portugal, de direitos comunitários abrangidos pelo Código Comunitário Aduaneiro; no sentido já ia o acórdão do STJ, de 19/12/1991, *B.M.J.*, n.º 412, p. 229 ss.; MOURA RAMOS, Rui, "The Adaptation of the Portuguese Constitution Order to Community Law", in *Boletim da Faculdade de Direito da Universidade de Coimbra*, 2000, p. 1 ss.; FAUSTO DE QUADROS, *Direito da União Europeia*, Coimbra, Almedina, 2004, p. 396 ss.; GALVÃO TELLES, Miguel, "Constituições dos Estados e Eficácia Interna do Direito da União Europeia e das Comunidades Europeias – Em Particular sobre o Artigo 8.º, n.º 4 da Constituição Portuguesa", *Estudos em Homenagem ao Professor Doutor Marcello Caetano no Centenário do seu Nascimento*, Coimbra, Coimbra Editora, 2006, p. 295 ss., p. 308 ss.

[42] Já o ordenamento interno e os tribunais portugueses não podem achar-se vinculados por *decisões administrativas* dos órgãos da União, ainda que baseados em regulamentos comunitários (p. ex., da Comissão Europeia), pois que se trata de *actos administrativos*.

[43] Repare-se, não obstante, que esta posição não é inteiramente líquida, podendo sustentar-se a possibilidade de estes *tribunais arbitrais necessários* previstos na Lei n.º 62/2011 apreciarem e declararem, com

É duvidoso se estes tribunais são competentes para apreciar a nulidade quando esta for deduzida por *via de excepção*, atenta a jurisprudência da União Europeia tirada no citado proc. C-4/03[44]. O que esta jurisprudência proíbe é a apreciação, tanto por via reconvencional quanto por meio de defesa por excepção, da invalidade de um direito de propriedade industrial por parte de um *tribunal de um Estado-Membro que não seja o tribunal do Estado-Membro cuja Administração Pública competente tenha concedido o referido direito industrial*. Ora, quando o Demandado se limita a pedir que *seja absolvido do pedido* de condenação em abstenção de introdução do genérico no mercado com fundamento na falta de novidade, de actividade inventiva ou de industrialidade da patente – ou seja, com base em circunstâncias que se revelam, *a priori*, impeditivas do efeito jurídico pretendido pelo autor (*excepções peremptórias* materiais) –, não poderá negar-se a introdução desta *matéria de defesa* no processo arbitral, exactamente porque este Demandado não extravasa os limites definidos pelo autor na petição.

Creio, todavia, que os obstáculos colocados pelo Tribunal de Justiça à alegação e conhecimento, *por via de excepção*, da nulidade da patente ou do certificado complementar de protecção não se colocam nestes casos, pois que as arbitragens

---

eficácia *erga omnes*, a nulidade de patentes ou certificados complementares de protecção, sob iniciativa dos réus, em sede de pedidos reconvencionais – pelo menos nos casos em que não existem contra-interessados, ou seja titulares de direitos averbados no registo (*v.g.*, licenciados, credores pignoratícios, etc.), cuja intervenção não lhes pode ser imposta nos tribunais arbitrais. Isto porque, *num plano formal*, o tribunal arbitral (voluntário ou necessário) é um *tribunal provido de todas as competências que a lei atribui a tais orgãos*. Daí que a doutrina constitucional portuguesa equipare os tribunais arbitrais aos tribunais judiciais, no que tange à competência para deixar de aplicar uma norma que considere inconstitucional, ou para aplicar norma cuja inconstitucionalidade tenha sido arguida por alguma das partes. Esta mesma doutrina defende tal equiparação quando a inconstitucionalidade de norma for suscitada perante o tribunal arbitral e este vier a aplicar tal norma: estar, neste caso, aberta a possibilidade de fiscalização concreta de constitucionalidade pelo Tribunal Constitucional. E uma eventual decisão de inconstitucionalidade decretada em sede de controlo concreto é relevante para que seja possível a fiscalização abstracta por parte do mesmo Tribunal Constitucional. Cfr. GOMES CANOTILHO/VITAL MOREIRA, *Constituição da República Portuguesa Anotada*, 3.ª edição, anotação IV ao art. 280; JORGE MIRANDA/RUI MEDEIROS, *Constituição Portuguesa Anotada*, III, anotação IIIa ao artigo 204.

[44] No sentido da admissibilidade da alegação da nulidade dos direitos de propriedade industrial suscitada, a título de *excepção*, na contestação do réu em processos arbitrais, cfr. SAJKO, Krešimir, "Intelectual Property Rights and Arbitration", 2009, cit., p. 458. Por outro lado, deve observar-se que o que esta jurisprudência do Tribunal de Justiça proíbe é a apreciação, tanto por via reconvencional quanto por meio de defesa por excepção, da invalidade de um direito de propriedade industrial por parte de um *tribunal de um Estado--Membro que não seja o tribunal do Estado-Membro cuja Administração Pública competente tenha concedido o referido direito industrial*. Ora, quando o Demandado se limita a pedir que seja *absolvido do pedido* de condenação em abstenção de introdução do medicamento genérico no mercado com fundamento, por exemplo, na falta de *actividade inventiva* da patente (ou CCP) que protegem o medicamento de referência, não poderá negar-se a introdução desta *matéria de defesa* no processo arbitral, exactamente porque este Demandado não extravasa os limites definidos pelo autor na petição.

necessárias (*ad hoc* ou institucionalizadas) são puramente *internas*, não potenciando o risco da existência de decisões contraditórias ou inconciliáveis tiradas por diferentes tribunais dos Estados-Membros. Se a questão da falta de novidade ou de actividade inventiva da solução técnica patenteada (ou protegida por certificado complementar de protecção) for invocada como *excepção peremptória*, o conhecimento dessa nulidade impede que o tribunal emita uma declaração de nulidade do direito e do título que o sustenta[45]-[46].

Aliás, o Tribunal Arbitral necessário terá que conhecer todas as questões incidentais que o Demandado lhe queira submeter à apreciação, por força do disposto no artigo 91.º, n.º 1, do CPC, segundo o qual o tribunal competente para ação – *in casu*, o Tribunal Arbitral necessário – é também "competente para conhecer dos incidentes que nele se levantem e *das questões que o réu suscite como meio de defesa*" – o itálico é meu[47].

A arbitragem necessária não pode deixar de se sujeitar aos princípios constitucionais, como o *princípio do acesso à justiça*, do *processo justo e equitativo*, e a *tutela jurisdicional efectiva*; como tal, as empresas farmacêuticas que estão obrigadas a recorrer aos tribunais arbitrais necessários por imposição da lei, estão impedidas de recorrer ao tribunal judicial, que seria normalmente competente para resolver o litígio. A estas empresas não pode ser negado um direito (aqui invocável por via de excepção) decorrente do *acesso normal* à justiça e ao Direito.

Aliás, não se objecte com a circunstância de a Lei n.º 62/2011 apenas prever a existência de dois articulados. Este regime não depõe contra o conhecimento, por via de excepção, da falta de novidade e/ou actividade inventiva da patente

---

[45] VANZETTI, A./DI CATALDO, V., *Manuale*, 6.ª ed., 2009, cit., p. 542.

[46] Por outro lado, as decisões dos tribunais arbitrais necessários são susceptíveis de recurso para a 2.ª instância (*id est*, os Tribunais da Relação: artigo 3.º, n.º 7, da Lei n.º 62/2011), tal como as decisões do *Tribunal da Propriedade Intelectual* ou dos tribunais de 1.ª instância onde, na data de instalação deste Tribunal, em Lisboa, estejam pendentes ações de infração de patentes. O eventual argumento da potencial *verificação de decisões e julgados contraditórios* tende a esboroar-se, pois que os Tribunais da Relação tenderão, se for caso disso, a *uniformizar a jurisprudência*.

[47] Sobre a possibilidade de os tribunais arbitrais necessários constituídos ao abrigo da Lei n.º 62/2011 poderem conhecer por *via de exceção*, como *matéria de defesa* (com efeitos *inter partes*), a falta de novidade, actividade inventiva, industrialidade e insuficiência descritiva da patente invocada pelo Demandante, cfr. REMÉDIO MARQUES, J. P., "Arbitragem necessária e patentes farmacêuticas em Portugal: Questões não resolvidas pela Lei n.º 62/2011", *Estudios de Derecho Mercantil, Libro homenaje al Prof. Dr. Dr. h.c. José Antonio Gómez Segade*, Madrid, Barcelona, Buenos aires, São Paulo, Marcial Pons, 2013, 831 ss., pp. 842-848; REMÉDIO MARQUES, J. P., "A apreciação da validade de patentes ou certificados complementares de proteção) por tribunal arbitral necessário – Excepção *versus* reconvenção na Lei n.º 62/2011", *Boletim da Faculdade de Direito de Coimbra*, Vol. 87, 2011, p. 179 ss., espec. p. 195 ss.; MOURA VICENTE, Dário, "El Régimen Portugués de Resolución Extrajudicial de Conflictos em Mateira de Patentes", *Estudios de Derecho Mercantil, Libro Homenaje al Prof. Dr. Dr. h.c. José Antonio* Gómez Segade, Madrid, Barcelona, Buenos Aires, São Paulo, Marcial Pons, 2013, p. 789 ss., pp. 795-799.

respeitante ao medicamento de referência. Na verdade, a circunstância de o *processo especial* previsto no artigo 3.º, n.º 2, da Lei n.º 62/2011 consentir apenas a *apresentação de dois articulados* (petição e contestação) não depõe decisivamente contra a admissibilidade da invocação, pelo réu, da falta de requisitos de patenteabilidade, tendo em vista a sua absolvição do(s)pedido(s). Por um lado, não se esqueça que as partes podem (e devem) escolher as regras processuais que reputem mais adequadas; na falta delas, o Tribunal Arbitral fixa tais regras, sendo que, no caso *sub iudice*, elas foram determinadas dialogicamente entre as partes e o Tribunal. E nelas foi prevista a resposta às excepções.

Enfim, mesmo nos processos (especiais e, outrora, comuns) que apenas preveem a apresentação de dois articulados, o legislador admite sempre a dedução de excepções. Veja-se o caso do *processo especial para cumprimento de obrigações pecuniárias resultantes de contratos*, o qual pode ser mobilizado mesmo quando a quantia em dívida é superior a € 5000,00 e não excede os € 30.000,00 (na redação do Decreto-Lei n.º 107/2005, de 1 de Julho). Não obstante o artigo 3.º do Anexo ao Decreto-Lei n.º 269/98, de 1 de Setembro, apenas prever a existência de dois articulados, é evidente que a apresentação de excepções peremptórias (*v.g.*, prescrição da dívida, nulidade ou anulabilidade do contrato do qual resultou a obrigação pecuniária reclamada pelo autor etc.) na contestação não obsta a que o autor possa responder no início da audiência, à luz do princípio geral do exercício do contraditório (artigo 3.º, n.º 4, do CPC de 1961; *idem*, artigo 3.º, n.º 4, do CPC de 2013), conquanto esta possa ser suspensa para permitir o amplo exercício deste princípio.

De resto, o novo CPC de 2013 apenas prevê a possibilidade de apresentação de dois articulados, independentemente do valor da ação; aí onde somente é possível deduzir réplica se o réu formular reconvenção ou nas ações de simples apreciação negativa para o autor impugnar os factos constitutivos que o réu tenha alegado e para alegar os factos impeditivos ou extintivos do direito invocado pelo réu (artigo 584.º). E não é isso que constitui facto impeditivo à dedução de excepções (dilatórias ou peremptórias). Sucede apenas que a contraparte poderá exercer o contraditório na *audiência prévia* (se a houver) ou na *audiência final*, conquanto com a eventual suspensão da sessão ou, inclusivamente, antes da audiência prévia, se e quando o juiz, usando dos *poderes deveres de gestão processual* (artigo 6.º, n.º 1, do CPC de 2013), convidar a parte a, querendo, exercer esse contraditório; ou esse contraditório é assegurado logo apos os (dois) articulados nas acções de valor não superior a metade da alçada da Relação, quando, igualmente, haja dedução de excepções não debatidas nos articulados (artigo 597.º, n.º 1).

O ordenamento português de patentes terá consagrado um *sistema monista* (restringido, porém, à apreciação da invalidade da patente ou CCP em Tribunal

Arbitral com efeitos *inter partes*, a título de matéria de defesa), aí onde a declaração de nulidade da patente ou CCP com efeitos *erga omnes* pode ser decretada por qualquer tribunal[48]. *Declarar a nulidade* de uma patente é diferente de conhecer da falta do requisito substantivo de patenteabilidade introduzido pelo réu na contestação, a fim de ser apenas *absolvido do pedido*: nesta eventualidade, o tribunal (estadual ou arbitral) não emite *decisão constitutiva*; aliás, o tribunal não pode emiti-la, uma vez que esta questão tenha sido apenas suscitada pelo réu como matéria de defesa, à luz do princípio do dispositivo.

[48] As questões da invalidade e da infração de uma patente (ou CCP) estão intimamente conexionadas. Veja-se a hipótese de apreciação, como meio de defesa do réu, da denominada excepção do estado da livre técnica (excepção *Formstein* ou *Gillette*). Neste caso, o juiz confrontado com a pretensão da nulidade da patente, tem por vezes que apreciar e decidir questões e objectos processuais suscitados em ações de infração. Por exemplo, a determinação do âmbito de proteção da patente pode ser realizada por ocasião (ou por causa) da apreciação e julgamento da questão (principal) da nulidade. Na verdade, o juiz pode ver-se confrontado com o problema da determinação dos meios tecnicamente equivalentes para o efeito de dilucidar o estado da técnica ou os direitos de outrem invocados como preexistentes na data da prioridade da patente cuja nulidade (ou infração) seja objecto de apreciação e julgamento. Na verdade, a apreciação da pretensão alicerçada na violação da patente pode revelar-se indissociável da análise da novidade do dispositivo (*v.g.*, substância activa ou composição de substâncias activas) na data da prioridade do pedido de patente). A utilização de meios equivalentes pelos concorrentes do titular da patente que, *hoc sensu*, já se achassem compreendidos no estado da técnica não pode ser objecto de proibição. Ora, se o tribunal concluir que o dispositivo usado pelo réu está compreendido no estado da técnica reportado à data da prioridade, então isso significa que o autor da ação não poderá impedir a continuação da actividade do réu. Veja-se, por exemplo, entre nós, o acórdão da Relação de Lisboa, de 6/2/2014 (Leitão Leal), proc. n.º 866/13.4YRLSB, o qual considerou, em sede de recurso de apelação de decisão de um tribunal arbitral necessário, que a substância activa *Abacavir na forma livre* já fazia parte do estado da técnica na data do pedido da patente invocada pela Demandante. Pelo que considerou que esta substância não era tecnicamente equivalente ao *hemisulfato de Abacavir* protegido pela patente invocada no processo arbitral. A ideia subjacente à invocação desta excepção peremptória do "estado livre da técnica" é a seguinte: o titular da patente não pode obter, por ocasião de uma ação de violação do seu direito da patente, mais proteção do que aquela que não alcançou durante a fase do procedimento administrativo junto da entidade administrativa competente, por motivo de certos elementos caracterizantes da invenção, eventualmente reivindicados (*hypothetical claim*), não serem novos. Assim se vê que os requisitos da novidade e da actividade inventiva, enquanto condições materiais de constituição do direito de patente, são também requisitos de delimitação do âmbito (tecnológico) de proteção desse mesmo direito. Por via desta excepção peremptória, o Demandado pode defender-se alegando que o dispositivo que utiliza na sua actividade económica (fabrico, comercialização, importação etc.) já estava compreendido no estado da técnica na data da apresentação do pedido da patente cuja violação é invocada pelo autor, ou que é evidente para o perito na especialidade à data da referida prioridade. Esta excepção peremptória – admitida em todos os ordenamentos jurídicos, mesmo naqueles que adoptam um *sistema monista* de conhecimento e declaração da invalidade de patentes, como acontece na Alemanha, contanto que o Demandante alegue infração por *meios equivalentes* (Meir-Beck, Peter, "Aktuelle Fragen des Patentverletzungsverfahrens", GRUR 2000, p. 355 ss., p. 539) e o Demandado alegue que o produto ou o processo objecto da sua exploração económica é evidente para o perito na especialidade e não apenas alguns dos seus elementos (por todos, Kühnen, Thomas, *Handbuch der Patentverletzung*, 5.ª edição, Carl Heymanns Verlag, 2011, anotação à margem n.º 103 ss.) – desempenha assim materialmente a função de alegação da invalidade (total ou parcial) da patente por *falta de novidade* ou de actividade inventiva.

Também razões de economia processual e a garantia de não contraditoriedade de decisões pesam a favor da possibilidade de conhecimento, por via de excepção, da falta de novidade, actividade inventiva, industrialidade ou insuficiência descritiva: uma decisão condenatória de um tribunal arbitral pode, mais tarde, ser contrariada por decisões de tribunais judiciais que conheçam e declararem a nulidade da mesma patente. Ao que acresce o injustificado risco – aqui na perspectiva da *tutela jurisdicional efectiva do Demandado* – de a procedência de eventual (e posterior) ação de nulidade de patente não produzir efeitos retroactivos (artigo 36.º do CPI), deixando incólume os efeitos no entretanto produzidos na sequência do caso julgado da eventual e anterior decisão condenatória da parte que, posteriormente, logrou obter a nulidade da mesma patente[49].

Na verdade, a prossecução dos objectivos inscritos na Lei n.º 62/2011 não justifica a restrição do direito de o Demandado invocar a invalidade da patente como matéria de defesa; pelo contrário, é objectivo desta lei promover a entrada de medicamentos genéricos no mercado. Ora, este objectivo não é seguramente alcançado por meio de um sistema em que o tribunal arbitral necessário apenas lida com a *matéria da violação* da patente (ou CCP) e a matéria da invalidade é relegada para outra instância jurisdicional (*id est*, o tribunal estadual) com todas as consequências daí decorrentes em termos da referida economia processual dispersão da proteção jurisdicional.

E não se diga que o conhecimento da invalidade de uma patente por via de excepção, em sede incidental, equivale a autorizar o Demandado a explorar, em exclusividade, com o titular da patente, o respectivo invento, continuando o exclusivo industrial a impor-se aos demais concorrentes. Efeito que assim poria em causa a transparência e a segurança jurídica visados pelo sistema público de constituição de direitos de propriedade industrial[50]. Não se diga que a patente é válida para todos menos para o demandado que foi absolvido do pedido, posto que tendo alegado e logrado a procedência da excepção peremptória da falta de novidade, actividade inventiva ou industrialidade da invenção cuja patente tenha sido invocada pela Demandante.

Vejamos. O artigo 35.º, n.º 1, do CPI determina que "a declaração de nulidade ou anulação [da patente] só podem resultar de decisão judicial", devendo ser citados para além do titular da patente, todos os que à data do registo da acção de invalidação (ou de pedido reconvencional com esse objectivo), tenham requerido ou sejam titulares de direitos derivados (*v.g.*, licenciados, usufrutu-

---

[49] MOURA VICENTE, Dário, "El Régimen Portugués ...", 2013, cit., p. 798.
[50] Nestes termos, veja-se o recente acórdão da Relação de Lisboa, de 13/2/2014 (LEITÃO LEAL), proc. n.º 1053/13.7YRLSB, in http://www.dgsi.pt.

ários, exequentes titulares de penhoras ou arresto sobre a patente, etc.). Este regime somente pode justificar a atribuição de *competência exclusiva* aos tribunais do Estado português (e não aos tribunais arbitrais necessários) quando o autor (ou ré reconvinte) desejar destruir a patente, com eficácia *erga omnes*.

Vale dizer: a eficácia *erga omnes* da eventual nulidade da patente (ou CCP) necessita produzir *efeito útil* relativamente a todos os que são titulares de direitos derivados da patente (incluindo o próprio inventor). O *efeito útil* da declaração de nulidade da patente em acção declarativa constitutiva instaurada para esse efeito (ou em pedido reconvencional) consiste em ficar, *de uma vez por todas*, resolvida, com carácter de *definitividade*, imutabilidade e indiscutibilidade, a questão da nulidade da patente.

Ora, o *caso julgado material* formado sobre esta questão implica a presença (e a possibilidade de se estabelecer o contraditório) de todos estes (contra) interessados, desiderato que a arbitragem (voluntária ou necessária) não consegue alcançar, mesmo no regime previsto na Lei n.º 62/2011, por isso mesmo que esta lei remete subsidiariamente para o disposto no regime da arbitragem voluntária.

Um argumento nesse sentido pode ser retirado da *legitimidade activa* que o CPI atribui ao *Ministério Público* para instaurar acções de nulidade (artigo 35.º, n.º 2, do CPI), uma vez que a nulidade do título de propriedade industrial parece constituir uma questão de *interesse público*, que não pode ser subtraída ao juiz ordinário e, logo, aos *tribunais judiciais*. Outrossim, a possibilidade de os titulares de direitos derivados (*maxime*, titulares do direito de gozo de patente, resultante da celebração de contrato de licença de exploração, de usufruto da patente, ou titulares de direitos de garantia, tais como uma hipoteca ou uma penhora, etc.) poderem intervir na acção de nulidade da patente.

Embora a declaração de nulidade de uma patente provida de uma eficácia e oponibilidade gerais respeite, naturalmente, o *interesse público* da não existência de exclusivos industriais que comprimam injustamente o princípio da *livre iniciativa privada* e o "*interesse geral da comunidade dos cidadãos em que, por ocasião da constituição do direito de patente, sejam respeitados os requisitos materiais de protecção*" – pois o "são e o livre funcionamento do mercado não devem ser comprimidos pela existência de patentes ou certificados complementares de protecção inválidos"[51] –, o certo é que a observância destes princípios e garantias não deve interferir com a tutela dos *interesses privados dos concorrentes* do titular da patente, que apenas procurem tornar inoponível o exclusivo industrial à sua concreta actividade económica.

---

[51] REMÉDIO MARQUES, J. P., "O Direito de Patentes, o Sistema Regulatório de Aprovação, o Direito da concorrência e o Acesso aos Medicamentos Genéricos", *Direito Industrial*, vol. VII, 2010, p. 285 e ss., p. 353, p. 366.

Decisivo na prossecução do *interesse público* é evitar que sejam constituídos direitos de patente pelos quais se passa a proibir actividades ou comportamentos que eram lícitos na data do depósito do pedido de patente – o que se verifica, por exemplo, quando a solução técnica traduzida na invenção já havia sido divulgada ao perito na especialidade (falta de novidade) ou, não o tendo sido, a sua consecução estava ao alcance de qualquer perito na especialidade (falta de actividade inventiva).

Nestes casos, os concorrentes do titular da patente visam a "sua" liberdade face à "clausura" que a patente lhes impõe. Indirectamente, os consumidores e a comunidade dos cidadãos também beneficiam com esta *liberdade de agir do concreto concorrente*, já que passa a ter acesso mercadológico a um produto (processo ou uso) alternativo, provavelmente a um preço mais baixo. Se for um medicamento (genérico) sujeito a receita médica, seguramente o preço do medicamento será substancialmente inferior. Se for um medicamento (genérico) comparticipado, seguramente, o Estado irá economizar elevados montantes.

Ora, ninguém discordará que a *luta concorrencial através das prestações* e a que é alcançada por meio da colocação no mercado de produtos ou processos *alternativos* aos patenteados susceptíveis de satisfazer as mesmas necessidades (ou necessidades sucedâneas) é quase sempre benéfica para os consumidores e contribui para o livre e são desenvolvimentos dos mercados[52].

Aqui chegados, atente-se no seguinte. Se um concorrente do titular da patente, numa acção de infração dessa patente, conseguir ser *absolvido do pedido* – seja porque demonstra, *enquanto matéria de defesa*, que o dispositivo por ele utilizada não infringe as reivindicações do fascículo da patente, seja porque convence o Tribunal de que a solução técnica patenteada já havia sido divulgada antes da data do depósito do pedido de patente ou é evidente para o perito na especialidade –, daqui decorre que outros concorrentes poderão experimentar estratégias similares e, usando por exemplo, os mesmos *argumentos* e factos probatórios ou a *matéria de defesa* do anterior réu, ou bem que podem alcançar a declaração judicial de nulidade da patente, *com eficácia geral*, ou bem que podem lograr uma declaração judicial de não infração (numa *acção de simples apreciação negativa* por eles instaurada), ou bem que podem "apenas" conseguir a absolvição dos pedidos de condenação, com eficácia *inter partes*.

---

[52] Anticoncorrencial poderá ser, isso sim, o eventual conluio entre o autor da acção de infração e a ré, respectivamente, titular da patente do medicamento de referência e empresa do medicamento genérico, pelo qual esta se compromete, a troco de uma contrapartida económica, a não introduzir no mercado o genérico durante a vigência da patente (e certificado complementar de protecção), nas eventualidades em que havia uma razoável expectativa de êxito de esta demonstrar que a patente é nula ou que o medicamento genérico não a infringe.

Estas condutas jamais podem ser consideradas *anticoncorrenciais* – seja à luz das regras da União Europeia (arts. 101.º e 102.º do Tratado Sobre o Funcionamento da União Europeia), seja à face do ilícito da *concorrência desleal* (artigo 318.º do CPI). Tão pouco estes comportamentos processuais colocam em causa a segurança e a transparência do sistema público de constituição de direitos de propriedade intelectual. Estas condutas traduzem, isso sim, estratégias de comportamentais egoísticas destinadas a superar a "clausura", total ou parcial, em que os agentes económicos se acham colocados após a concessão de um direito de patente a um seu concorrente no mesmo sector mercadológico. Estes agentes não podem ser obrigados a praticar condutas "altruísticas", designadamente, a promover acção destinada a fazer declarar a nulidade da patente pelo *Tribunal da Propriedade Intelectual* cujo resultado possa, depois, aproveitar *a todos* os concorrentes, aos consumidores do concreto produto ou ao público em geral.

A questão da validade de uma patente já concedida traduz a questão de saber se um determinado direito de exclusivo económico concedido como estímulo para lograr novas e inovadoras tecnologias deve revestir-se de legitimidade para persistir no ordenamento jurídico. A disputa sobre a validade de um direito de patente (cuja decisão seja provida de eficácia *erga omnes*) afecta potencialmente a *liberdade de agir* no mercado de inúmeros agentes económicos.

Do ponto de vista da *análise económica do Direito*, é difícil perspectivar um acusado infractor como tendo o objectivo supremo de fazer declarar a nulidade da patente com efeitos *erga omnes*. Pois, desse modo, ele iria sofrer a concorrência de todos os demais. O alegado infractor prefere, as mais das vezes, e na pior das hipóteses, a concessão de uma licença por todo o tempo de duração da patente, em alternativa à mais ténue possibilidade de ser absolvido do pedido, por motivo de alegação e prova da falta de algum requisito de patenteabilidade.

Assim se compreende por que em muitos países se admite o conflito respeitante às reivindicações de um fascículo de patente, de uma tal maneira que o exclusivo possa ser mantido mesmo quando o tribunal aprecia e julga, *inter partes*, a falta de algum requisito de patenteabilidade.

Além de que a circunstância de condensar no mesmo processo a análise da excepção peremptória da falta de requisitos de patenteabilidade não só não extravasa o objecto processual originariamente postulado pelo autor da ação de infração, como também permite resolver de uma forma mais expedita e transparente o conflito entre os litigantes. Se, por hipótese, a excepção peremptória for julgada procedente, o réu não tem que propor ação de nulidade da patente nos tribunais judiciais – o que, como vimos, não se lhe revela uma alternativa óptima, atenta a possibilidade de, vindo a ação a proceder, todos os demais concorrentes poderem doravante explorar economicamente a solução técnica –, nem, tão-pouco, fica com o ónus de instaurar ação declarativa de simples apreciação destinada a fazer reconhecer que a sua actividade mercadológica não infringe a patente.

Outros ordenamentos consagram um *sistema monista* semelhante ao que vigora em Portugal[53], sem prejuízo de surpreendermos ordenamentos jurídicos que plasmam um *sistema dualista*, aqui onde a questão da nulidade da patente (ou CCP)

---

[53] Em alguns países não é, com efeito, possível apreciar e julgar pretensões destinadas a declarar a invalidade de direitos de patente. Estamos a falar da *arbitragem voluntária*. Em alguns (poucos) nem sequer é possível apreciar e julgar esta questão com meros efeitos *inter partes*. Mas em muitos países a conformação da liberdade e autonomia contratual dos litigantes permite discutir a questão da invalidade da patente em tribunal arbitral com efeitos *inter partes*. O que significa que a decisão arbitral (que reconheça a falta de requisitos de patenteabilidade) poderá ser reconhecida e executada, mas não impede que o titular dessa mesma patente accione quaisquer outras pessoas ou entidades que infrinjam ou ameacem infringir a patente. Noutros, muitos mais, como veremos adiante, a questão da invalidade da patente (ou a falta de verificação dos requisitos de patenteabilidade) pode ser suscitada nos tribunais do Estado, pelo Demandado, com meros efeitos *inter partes*. O regime português é *sui generis*, pois obriga as empresas farmacêuticas a litigar em tribunais arbitrais.
Na Austrália, pode discutir-se a (in)validade do direito de patente, mas as partes estão impedidas de determinar a alteração do registo da patente, embora a arbitrabilidade da questão da possível invalidade dependa do acordo das partes e apenas produzirá efeitos *inter partes*.
No Japão, é admitida a arbitrabilidade objectiva da questão da invalidade de uma patente, mas a decisão somente produzirá efeitos *inter partes*, já que, neste país, só o Instituto de Patentes tem competência para apreciar e julgar a validade de uma patente [SHIGETOSHI MATSUMOTO, "Chitekizaisanken to Chūsai (Propriedade Intelectual e Arbitragem), 924 *JURISUTO*, vol. 56, 1988, p. 924; M. A. SMITH/M. COUSTÉ/T. HIELD/R. JARVIS/M. KOCHUPILLAI/B. LEON/J.C. RASSER/M. SAKAMOTO/A. SHAUGHNESSY/J. BRANCH, "Patent Arbitration World Wide", *Harvard Journal of Law & Technology*, vol. 19, n.º 2, 2006, p. 299 e ss., p. 352].
Na Suíça, o Instituto Federal da Propriedade Intelectual já decidiu, em 1975, que os tribunais arbitrais (arbitragem voluntária, note-se) desfrutam de competência para questões sobre a validade de patentes, marcas e desenhos industriais, podendo as suas decisões ser objecto de averbamento nos registos federais, uma vez precedida da homologação do tribunal estatal (que, observe-se, não realiza uma revisão do mérito da decisão arbitral) – R. BRINNER, "The Arbitrability of Intellectual Property Disputes with Particular Emphasis on the situation in Switzerland", *Worldwide Forum on the Arbitration of Intellectual Property Disputes*, 3-4 de Março de 1994, Geneva, Switzerland, http://www.wipo.int/amc/en/events/conferences/1994/briner.html. Nos E.U.A., a arbitrabilidade objectiva da validade de uma patente está expressamente prevista (35 U.S.C. § 135(d). Mas as decisões revestem efeitos *inter partes*, sem prejuízo da aplicação da doutrina do *judicial estoppel*, impedindo que as mesmas partes voltem a discutir uma determinada posição jurídica ou factual; permanece dúvida sobre se as provas aí produzidas podem, ou não, ser usadas por terceiros, *maxime* o conhecimento aí produzido pelo titular de que a patente poderia padecer de invalidade.
Na Índia, parece que a arbitrabilidade objectiva da validade de uma patente pode ser suscitada por *via de excepção*, como matéria de defesa, numa acção de infração da patente deduzida pelo titular (M. A. SMITH/M. COUSTÉ/T. HIELD/R. JARVIS/M. KOCHUPILLAI/B. LEON/J.C. RASSER/M. SAKAMOTO/A. SHAUGHNESSY/J. BRANCH, "Patent Arbitration World Wide", 2006, cit., p. 342). Isto não obstante a competência para invalidar uma patente caiba ao orgão de apelação do Instituto de Propriedade Intelectual e ao *Hight Court* seja reconhecida a competência para apreciar e julgar acções de infração, mesmo que o réu tenha deduzido um pedido reconvencional de declaração de nulidade da patente (Se a questão for suscitada em outro tribunal estatal, o seu conhecimento terá apenas efeitos *inter partes*).
No Canadá, os tribunais arbitrais voluntários podem, igualmente, apreciar a validade de uma patente com efeitos *inter partes* – sem prejuízo de a decisão formar caso julgado entre as mesmas partes em posteriores

não pode ser apreciada e julgada em acção de infração, ou bem obrigando-se os interessados a instaurar ação autónoma de nulidade junto de outros tribunais especialmente competentes para esta matéria, ou bem a suscitar essa questão (da invalidade) junto dos orgãos administrativos que concederam o exclusivo industrial, podendo suspender-se a ação de infração.

acções em tribunais estatais – pois somente Supremo Tribunal do Canadá desfruta da competência para julgar essa (in)validade, com efeitos *erga omnes* e, logo, registrais (*in rem rulling*).
Já na França, está excluída a arbitrabilidade objectiva de toda e qualquer questão respeitante à validade de uma patente, conquanto com efeitos *inter partes*, pois tais questões contendem com a *ordre public* da República Francesa na estrita medida em que o título de propriedade industrial é concedido por uma autoridade administrativa.
Embora na Alemanha, como melhor veremos adiante, o *Tribunal Federal de Patentes (Bundespatentgericht)* seja o competente para apreciar toda e qualquer questão respeitante à validade de uma patente (suspendendo-se, por vezes, a acção de infração deduzida perante outro tribunal, aí onde o réu tenha suscitado a questão da invalidade da patente), é altamente controvertida a questão da arbitrabilidade objectiva *inter partes* da validade da patente (JOACHIM Münch, *Münchener Kommentar zur Zivilprozessordnung* Bd. 3, §§ 946-1086, *EGZPO, GVG, EGGVG, UKlaG, Internationales Zivilprozessrecht*, C.H. Beck, München, 2008, § 1030, n.º 18; LUTZ VAN RADEN, "Außergerichtliche Konfliktregelung in gewerblichen Rechtsschutz", *GRUR* 1998, p. 446). Mas, após a reforma da lei de arbitragem voluntária neste país, em 1998, as partes numa acção arbitral podem *concluir um acordo* relativo, *inter alia*, à validade do direito de patente, desde que somente produza efeitos *inter partes* (Alfred ALFRED KEUKENSCHRIJVER, in R. BUSSE, *Patentgesetz, Kommentar*, 6.ª edição, 2003, Berlin, Köln, NewYork, Walter, De Gruyter, Vor §143, pp. 1415-1416).
A maioria dos países que prevê a arbitrabilidade da questão da validade de uma patente atribui, porém, efeitos *inter partes* à decisão proferida pelo Tribunal Arbitral. Porém, mesmo que essa decisão não faça caso julgado material, ela pode ser importante, na exacta medida em que os terceiros podem vir a ter acesso às alegações efectuadas pelas partes e às provas produzidas, não sendo despicienda a influência em outros julgamentos arbitrais (p. ex., em matéria de *venire contra factum proprium*, depoimentos testemunhais contraditórios etc.) - M. A. SMITH/M. COUSTÉ/T. HIELD/R. JARVIS/M. KOCHUPILLAI/B. LEON/J.C. RASSER/M. SAKAMOTO/A. SHAUGHNESSY/J. BRANCH, "Patent Arbitration Worldwide", 2006, cit., p. 316.
No *direito italiano, esta questão da competência dos tribunais arbitrais para conhecimento da nulidade de uma patente por via de excepção é, há muito, admitida*.
Na Itália, a doutrina navega decisivamente, e há muito tempo, na admissibilidade da invocação da nulidade de uma patente por *via de excepção* [A. VANZETTI/V. DI CATALDO, *Manuale di Diritto Industriale*, 6.ª ed., Milano, Giuffrè, 2009, pp. 540-541 (admitindo, inclusivamente, o conhecimento e a apreciação, a título de *reconvenção incidental*, da nulidade do direito industrial, precisamente pela dispensa de intervenção do Ministério Público nestas acções, pois, como afirmam: «È possibile, e frequente, che la questione di nullità venga sollevata (in via di mera eccezione, o di domanda riconvenzionale) da chi sai stato convenuto (ad esempio, per contraffazione) dal titolare del diritto»]. Mas o importante é reter que a própria jurisprudência transalpina, numa época em que estes direitos eram qualificados como *direitos indisponíveis*, já, há muito, admitia o conhecimento, por parte dos tribunais arbitrais, de causas de nulidade destes exclusivos industriais, não podendo, por tal circunstância, ser decretada a nulidade da decisão arbitral. A decisão desfruta, nestes casos, apenas de eficácia *inter partes*: assim, acórdão do Tribunal de Apelação de Milão, de 4/3/1980, in *Giurisprudenza annotata di diritto industriale (GADI)*, 80, p. 251; tb., no mesmo sentido, uma decisão da *Corte di Cassazione*, de 3/12/1956, n. 3329, *Giustizia Civile*, 1956, p. 1625, com anotação de L. Marmo, autorizando a apreciação, por via de excepção, da invalidade de uma patente

O *conteúdo máximo* da tutela jurisdicional efectiva – neste particular da resolução de litígios entre empresas de medicamentos de referência e medicamentos genéricos – aconselharia a admissibilidade da possibilidade de invocar a nulidade da patente (ou do CCP) por via de *pedido reconvencional*; o *conteúdo normal* deste direito e garantia fundamental impõe a possibilidade de invocar esta invalidade

– Cfr., neste sentido, em matéria de direito de patente, DI CATALDO, V., *I breveti per invenzione e per modello*, Milano, Giuffrè, 1988, p. 20 (escolhi esta 1.ª edição; há, porém, edição mais recente, de 2000, que reflecte a realidade anterior a 2005, que mantém a mesma doutrina): "Se è ancora possibile (como credo) la conoscenza della questione di nullità in via incidentale da parte del giudice ordinario (ma qualcuno ne dubita) deve ammentersi la conoscibilità della stessa, sempre in via incientale, anche da parte di arbitri che procedano ad arbitrato rituale; deve ammetersi senza limiti la conoscibilità della stessa da parte di arbitri che procedano ad arbitrato irrituale, nonché la sua rinunziabilità e transigibilità".
Na Espanha, por força do art. 126 da *Ley de Patentes* admite-se, sem rebuço, a possibilidade de uma impugnação judicial "*de la validez de la patente "por excepción" que puede tener un contenido similar a una nulidad parcial y que solo tiene efectos inter partes*" (MARTÍNEZ Díez, R., *Modificación de las reivindicaciones después de la concessión (e procedimientos judiciales y administrativos, incluyendo procedimientos de re-examen solicitados por terceras partes)*, Informe Sobre La Question Q 189, AIPPI, Grupo Español, in: http://www.aippi.es/pdf/grupo-espanol/informe-q189.pdf, p. 5 (veja-se, ainda, PEDEMONTE FEU, J.,*Comentários a la Ley de Patentes*, 2.ª edição, Barcelona, Bosch, 1995, pp. 324-325; BOTANA AGRA, M., "Transmisión y defensa de la patente en la nueva Ley española de patentes», *ADI*, Tomo XI, 1985-1986, p. 103 e ss., p. 125 e ss.). Aliás, no ordenamento espanhol, antes da *Ley de Patentes* de 1986 (no quadro do *Estatuto de la Propriedad Industrial*, de 26 de Julho de 1929) era, pelo contrário, duvidosa admissibilidade de reconvenção da nulidade da patente em acção de infração de patente, sendo apenas aceita a defesa por excepção (em acção de infração) ou a dedução de acção autónoma de nulidade.
Na França, a doutrina é maioritariamente favorável à admissibilidade da invocação da nulidade da patente por via de *excepção* – cfr., entre outros, POLLAUD-DULIAN, F., *Droit de la Propriété Industrielle*, Paris, Montchrestien, 1999, pp. 297-298 ("... on peut soutenir que l'article L. 613-27 évoque la «décision d'annulation» et pas forcément une décision statuant seulement sur la contrefaçon et n'envisageant la nullité du brevet que comme moyen de défense"); CHAVANNE, Albert/BURST, Jean-Jacques, *Droit de la Propriété industrielle*, 5.ª edição, Paris, Dalloz, 1998, p. 281 («Au lieu de demander la nullité par voie reconventionelle, le tiers poursuivi peut invoquer la nullité à titre de simple moyen de defense. Il se contente alors de soulever une exception tirée de la nullité du titre»); SIRINELLI, P./POLLAUD-DULIAN, F. /DURRANDE, S., *Code de la Propriété Intellectuelle*, 12.ª edição, dir. por BONET, G., Paris, Dalloz, 2000, p. 275, anotação 14 ao Art. L. 613-27: "Quand la demande en contrafaçon est jugée irrecevable, il n'y a pas lieu d'examiner la vue n'est palité du brevet, dès lors que la nullité prétendue n'est pas invoquée que comme moyen de defense et ne fait pas l'object d'une demande reconventionelle".
Na Bélgica, por força do art. 73, § 6, alínea 2, da Lei de Patentes (*Loi sur les brevets d'invention*), podem ser submetidas a arbitragem os pedidos relativos à titularidade do pedido de patente ou à patente, à validade ou à infração, bem como respeitantes a licenças voluntárias (que não os litígios atinentes a licenças obrigatórias).
No Brasil, o artigo 56.º da Lei de Propriedade Industrial (Lei n.º 9.279/96) admite a possibilidade de ser arguida a nulidade da patente ou de registo (de patente) como *matéria de defesa* nas *acções penais*. Esta «tese defensiva» é comummente aceita nas *acções cíveis*. Inclusivamente aceita-se a alegação da nulidade da patente por meio de *reconvenção incidental*. Isto porque, como já referi, o § 1 do artigo 56.º da Lei de Propriedade Industrial brasileira, de 1996, dispõe que "*a nulidade da patente poderá ser arguida, a qualquer tempo, como matéria de defesa*". Ocorre, nestes casos, o conhecimento apenas *incidental da nulidade* do direito com eficácia *entre*

como mero *meio de defesa* (como excepção peremptória); o *conteúdo mínimo* ou *núcleo essencial* deste direito e garantia fundamental proíbe que o Tribunal Arbitral se julgue incompetente para apreciar estas causas de invalidade como *matéria de defesa*[54]. A negação desta faculdade jurídica processual, se fosse resultante da interpretação da Lei n.º 62/2011, implicaria sempre a uma restrição do direito fundamental de acesso à justiça e ao direito em desrespeito pelo *princípio da proporcionalidade*.

as partes, sem implicar a cessação dos efeitos da patente perante o INPI brasileiro e, consequentemente, em relação a terceiros. Nesta eventualidade, conhecida a nulidade da patente como matéria de defesa, os fundamentos da improcedência da acção não transitam em julgado, não se tornando a patente oponível ao concreto réu e podendo a questão ser apreciada novamente noutro processo (de infração da patente ou destinado, em via principal, a declarar a nulidade da patente) – Cfr. Manoel Barbosa, M., "A Reconvenção como Instrumento de Otimização do Processo Civil na Propriedade Industrial", Do Bem Da Rocha, F., (coord.), *Capítulos de Processo Civil na Propriedade Industrial*, Rio de Janeiro, Lumen Iuris Editora, 2009, p. 137 e ss., p. 147; no mesmo sentido, acórdão do Tribunal de Justiça de São Paulo – Apelação Cível 192.453-4/9, de 4.10.2006; Câmara Junior, E. da G., "Reflexos e Efeitos das Acções de Nulidade de Patentes nas Acções de contrafacção de Patentes", *Rev. ABPI.*, n.º 120, 2012, p. 3 e ss., pp. 19-20. De resto, no Brasil a doutrina (e a jurisprudência) é esmagadoramente favorável à admissibilidade da invocação da nulidade da patente como matéria de defesa – entre outros, Labrunie, J., *Direito de Patentes – Condições Legais de Obtenção e Nulidades*, Barueri, Manole, 2005, pp. 129-131; Danema/Siemsen, *Comentários à Lei da Propriedade Industrial*, Rio de Janeiro, Renovar, 2005, p. 124; Guilherme Loureiro, L., *A Lei da Propriedade Industrial Comentada*, Lejus, São Paulo, 1999, p. 130. E não se diga que o recente acórdão do STJ brasileiro, de 13/03/2012, decidiu que o juízo da acção de violação não poderia reconhecer *incidentalmente* a nulidade de uma patente. O STJ veio a decidir (Ministra Nancy Andrighi), isso sim, que a nulidade da patente só poderá ser arguida, como matéria de defesa, na acção de violação da patente, se e quando o autor instaure a acção própria de nulidade na Justiça Federal do Rio de Janeiro, em cujo Estado está instalado o INPI brasileiro (e não na Justiça do Estado do Paraná) e peça, no quadro providência cautelar antecipatória nessa Justiça Federal, que os efeitos da patente sejam suspensos durante a pendência dessa acção.
Na Argentina, o artigo 65 da *Ley de Patentes de Invención y Modelos de Utilidad*, de 1996 determina que *"Las acciones de nulidad y caducidad puedan ser opuestas por vía de defensa o de excepción"*. Nos E.U.A., a Secção 294(a) do *Patent Act* permite que as questões da vigência ou da validade de direitos de patente possam ser resolvidas mediante *arbitragem*.
No Reino Unido, a questão é tão evidente a ponto de não merecer mais do que parcos comentários nos manuais de patentes. Por exemplo, Thorley, S./Miller, R./Burkill, G./Birss, C./Campbell, D., *TERREL On the Law Of Patents*, 16.ª ed., London, Sweet & Maxwell, 2006, § 12-95, § 12-117, respectivamente, pp. 512 e 519, segundo os quais, *"If the defendant disputes the validity of the patent*, the allegation must be specifically pleaded. Further, the defendant must deliver, *with his defence*, grounds of invalidity which state every ground on which the validity is challenged and must include such particulars as will clearly define every issue (including any challenge to any claimed priority date) which it is intended to raise" (p. 512) – o itálico é meu. Estes Autores citam, para este efeito, a Regra 63 das *Civil Procedure Rules, Practice Direction – Patents*, etc. (Claim for infringement or challenge to validity (Rule 63.6)), http://www.justice.gov.uk/courts/procedure-rules/civil/rules/pd_part63#IDAUVLOC.

[54] Não se esqueça que o Demandado fica impedido de recorrer imediata e directamente aos tribunais estaduais (tribunais judiciais, mais precisamente, em Portugal, o novo *Tribunal da Propriedade Intelectual*) que, normalmente, seriam competentes para apreciar estes litígios que envolvem a alegada infração de patente ou CCP por ocasião do procedimento administrativo de autorização sanitária do medicamento genérico, pondo por isso em causa não apenas o *direito de acesso aos tribunais*, mas também o *princípio da igualdade*.

Parece, por outro lado, que o tribunal arbitral necessário não pode, de resto, conhecer essa nulidade *oficiosamente*, visto que a concessão de uma patente ou de um certificado complementar de protecção não constitui um *negócio jurídico* (artigo 287.º do Código Civil).

Todavia, ainda que eu admita a alegação e o conhecimento da falta de novidade e/ou actividade inventiva e/ou falta de industrialidade como *matéria de defesa* suscitada na contestação, esta invocação e o respectivo conhecimento são mais delicados no seio de uma providência cautelar. Na verdade – exceptuada a nova possibilidade agora inscrita e denominada "inversão do contencioso" (artigo 369.º do CPC de 2013) – não é, por via de regra, em sede de providência cautelar que o tribunal tem de apreciar matérias relativas à invalidade da patente invocada pelo requerente, a menos que seja de todo evidente essa invalidade face aos elementos de prova disponíveis nos autos. E ainda que nesse sentido se concluísse, nunca terá um tribunal judicial de declarar essa nulidade, pois que o objeto da providência cautelar não é esse, nem poderia sê-lo neste âmbito, mas em sede de meio processual autónomo e adequado. Os factos concernentes à eventual falta de novidade e/ou actividade inventiva da patente (ou CCP) invocada pelo requerido são, quando muito, de ponderar como elementos indiciadores da demonstração da não existência da aparência do direito invocado pelo requerente da providência, ou seja, para infirmar a mera aparência do direito industrial por este invocado[55].

A prossecução dos objectivos inscritos na Lei n.º 62/2011 não justifica a restrição do direito de o demandado invocar a invalidade da patente da demandante como mera *matéria de defesa*; pelo contrário, é objectivo da Lei n.º 62/2011 pretende acelerar a entrada de medicamentos genéricos no mercado. Ora, este objectivo não é seguramente alcançado por meio de um sistema em que o tribunal arbitral apenas lida com a *matéria da violação* da patente (e/ou do CCP) e a *matéria da validade* é deixada a outra instância jurisdicional (*id est*, o tribunal estadual), com todas as consequências que isso implica em termos de economia processual, dispersão da protecção judicial e atraso na resolução global do litígio[56].

---

[55] Assim, acórdão da Relação de Lisboa, de 26/1/2012 (Tomé Ramião), proc. n.º 3021/11.4T2SNT.L1-A-6, in http://www.dgsi.pt.

[56] Na verdade, a opção legislativa de subtrair a composição destes litígios da heterocomposição dos tribunais estaduais, substituindo-a por um mecanismo de *arbitragem necessária*, mais inculca a ideia segundo a qual – garantido o exclusivismo dos tribunais judiciais (e do futuro Tribunal da Patente Unitária) quanto à competência para declarar, com efeitos *erga omnes*, a nulidade ou a anulação de uma patente (o que corresponde ao regime praticamente aceito nos ordenamentos jurídicos estrangeiros) – essa via jurisdicional como que *substitui*, neste particular, *a jurisdição dos tribunais judiciais*, sendo uma via, esta a da arbitragem necessária, onde é mais ostensiva a *dimensão publicista do tribunal* – referindo-se a esta "dimensão publicista" da *arbitragem necessária*, por contraposição à *arbitragem voluntária*, onde os tribunais desenvolvem o "exercício privado da função jurisdicional", cfr. o acórdão do Tribunal Constitucional, n.º 24/04/2013, n.º 230/2013 (Fernandes Cadilha), in http://www.tribunalconstitucional.pt/tc/acordaos/20130230.html.

2.5. Matérias excluídas da competência dos tribunais arbitrais necessários

Como vimos, os *tribunais arbitrais necessários* (institucionalizados ou *ad hoc*) somente desfrutam de competência material para apreciar e julgar litígios emergentes da *violação actual ou iminente de direitos de patente ou certificados complementares de protecção relativos a medicamentos de referência quando a demandada é uma empresa que pretende comercializar* (ou já se encontra a comercializar) *o correspondente medicamento genérico*.

Vale isto por dizer que a competência material destes tribunais está afastada no que toca à apreciação e julgamento dos litígios, designadamente, emergentes de alegada:

- Violação de direito de *marca do medicamento de referência* (p. ex., por ocasião de importação paralela seguida de reembalagem), incluindo a *marca de forma* ou *marca tridimensional* respeitante à embalagem ou à forma do medicamento a ser administrado por via oral;
- Infração de direito sobre o *desenho ou modelo* atinente às *características da aparência* das embalagens ou do próprio medicamento (*maxime*, se for de libertação oral).
- Violação da patente ou certificado complementar de protecção respeitante a medicamento de referência *quando o medicamento da demandada não for um medicamento genérico*, incluindo as *medidas cautelares* de obtenção e preservação da prova e de prestação de informações.
- Violação do eventual *direito de autor* respeitante à embalagem do medicamento.

Outrossim, está-lhe vedada a apreciação e julgamento de outros conflitos de propriedade industrial no sector da indústria farmacêutica, tais como:

- A declaração de nulidade ou anulação (por via de ação ou de reconvenção) de patente ou certificado complementar de protecção.
- Os recursos de decisões do INPI que concedam ou recusam patentes ou certificados complementares de protecção relativos a medicamentos de referência ou conflitos relativos a transmissões ou licenças destes exclusivos industriais, incluindo declarações de caducidade ou quaisquer outros actos do INPI que afectem, modifiquem ou extingam estes exclusivos de propriedade industrial.
- Acções em que a causa de pedir verse sobre a prática de *actos e concorrência desleal* imputáveis a empresas de medicamentos de referência e/ou de genéricos.

Para todos estes casos, a competência para apreciar e julgar compete, actualmente, ao *Tribunal da Propriedade Intelectual*[57], cuja competência territorial abrange a *totalidade do território nacional*[58], independentemente do domicílio ou sede das partes ou do local da alegada prática dos factos ilícitos.

Já o novo *Tribunal da Concorrência, Regulação e Supervisão* desfrutará de competência – igualmente de âmbito territorial nacional – para apreciar e julgar acções, recursos, revisão e execução de decisões e despachos das autoridades administrativas regulatórias que apliquem contra-ordenações, outras sanções ou imponham a realização de condutas às empresas farmacêuticas por motivo de práticas (individuais ou colectivas) *restritivas da concorrência* no que tange, por exemplo, ao retardamento da entrada de medicamentos genéricos no mercado, à *recusa ilícita de fornecimento* de medicamentos (genéricos ou de referência) ou à *recusa ilícita de celebração de contratos de licença* de patente ou certificado complementar de protecção sobre medicamentos de referência.

3. A concessão de providências cautelares por tribunais arbitrais e o novo regime destas providências

Havia dúvida sobre os tribunais arbitrais[59] desfrutavam de *competência cautelar*. A doutrina inclinava-se maioritariamente para a solução afirmativa.

Se as partes conferem poderes aos árbitros para a resolução do litígio, elas atribuem-lhes implicitamente poderes para o decretamento de medidas interinas destinadas a assegurar a vinculatividade e a eficácia plena da sentença arbitral que vier a ser proferida (tese dos *poderes implícitos*)[60], excepto, naturalmente, se

---

[57] Criado pela Lei n.º 46/2011, de 24 de Junho, instituído pelo Decreto-Lei n.º 67/2012, de 20 de Março, e declarado instalado pela Portaria n.º 84/2012, de 29 de Março. A sua competência (territorial e material especializada) apenas é actuável para o futuro, já que somente desfruta de competência para tramitar os processos que dêem entrada após a sua instalação, ou seja, passa a gozar de competência para apreciar e julgar as acções instauradas (ou os recursos interpostos) a partir do dia 1 de Abril de 2012, data da entrada em vigor da citada Portaria n.º 84/2012.

[58] Artigo 1.º do Decreto-Lei n.º 67/2012, de 30 de Março. Cfr. tb. o Artigo 111.º da Lei n.º 62/2013, de 26 de Agosto, que estabelece as normas de enquadramento e organização do sistema judiciário, o qual prevê as competência material (especializada) do *Tribunal da Propriedade Intelectual*, qualificando-o como *tribunal de competência territorial alargada*.

[59] A questão colocou-se em relação à *arbitragem voluntária*, mas a sua resposta é extensível, por maioria de razão, à *arbitragem necessária*, que é imposta por lei e não por um negócio jurídico.

[60] Lima Pinheiro, Luís, "Convenção de arbitragem, *ROA*, ano 64, 2004, p. 125 ss.; Moura Vicente, Dário, "L'evolution recente du droit de l'arbitrage au Portugal", in *DIP, Ensaios*, vol. I, Coimbra, Coimbra Editora, 2002, p. 327 ss.; tb. Paula Costa e Silva, "A Arbitrabilidade de Medidas Cautelares", *ROA*, ano 63, 2003, p. 228 ss., p. 230, sustentando que não tem que existir um disposição específica atributiva de competência cautelar aos tribunais arbitrais.

as partes tiverem manifestado, na convenção de arbitragem ou em momento posterior, a sua oposição ao decretamento de tais medidas.

Embora os processos arbitrais entre titulares de patentes ou certificados complementares de protecção respeitantes a medicamentos de referência e empresas de medicamentos genéricos iniciados antes de 15 de Março de 2012 estejam submetidos às regras da Lei n.º 31/86[61], a Lei n.º 62/2001, de 12 de Dezembro, cuidou de atribuir competência a estes tribunais arbitrais necessários a fim de decretarem providências cautelares[62]. Na verdade, o n.º 1 do artigo 20.º da lei n.º 63/2011, de 14 de Dezembro, determina expressamente que, salvo estipulação em contrário na convenção de arbitragem ou em momento posterior, "o tribunal arbitral pode, a pedido de uma parte e ouvida a parte contrária, decretar as providências cautelares que considere necessárias em relação ao objecto do litígio".

E para que não haja dúvidas quanto à *natureza* e ao *objecto processual* destas providências cautelares, o n.º 2 do mesmo preceito esclarece que a providência cautelar constitui "uma medida de carácter temporário, decretada por sentença ou decisão com outra forma, pela qual, em qualquer altura antes de proferir a sentença que venha a dirimir o litígio, o tribunal arbitral ordena a uma parte que:

a) Mantenha ou restaure a situação anteriormente existente enquanto o litígio não for dirimido;

b) *Pratique actos que previnam ou se abstenha de praticar actos que provavelmente causem dano ou prejuízo relativamente ao processo arbitral*;

c) Assegure a preservação de bens sobre os quais uma sentença subsequente possa ser executada;

d) Preserve meios de prova que possam ser relevantes e importantes para a resolução do litígio".

No domínio dos conflitos entre empresas de medicamentos de referência e empresas dos correspondentes medicamentos genéricos, cujos pedidos ou concessão (e registo) de AIM tenham sido publicados no Boletim electrónico do INFARMED – ou cujos pedidos de fixação do PVP e de margem de comparticipação estadual nesse preço tenham sido aprovados –, caberá, as mais das vezes, o pedido previsto na referida alínea *b)* do n.º 2 deste artigo 20.º, qual seja, perante a alegação e *prova sumária da iminência da violação do direito de patente ou do certificado complementar de protecção, a condenação da empresa de genéricos na abstenção*

---

[61] Artigo 4.º, n.º 1 e 2, da Lei n.º 63/2011, de 14 de Dezembro.
[62] Mas já não *ordens preliminares* – quais procedimentos *ex parte*, que prescindem, num primeiro momento, da audição do requerido –, as quais somente podem ser decretadas nas arbitragens iniciadas a partir do dia 15 de Março de 2012.

*de praticar quaisquer actos preparatórios destinados a comercializar o genérico*⁶³. Parece, hoje, claro – à semelhança do que venho defendendo desde 2007⁶⁴ – que esses *actos preparató*rios não se traduzem, *per se*, no próprio pedido ou no acto administrativo de concessão ou registo da AIM, bem como não constituem *o próprio* pedido de fixação do PVP, o acto administrativo de fixação (alteração, revisão ou suspensão) deste preço ou o pedido de comparticipação do Estado nesse PVP, ou o acto de fixação (de alteração ou de revisão) dessa margem de comparticipação ou de exclusão no regime de comparticipação⁶⁵.

Vale dizer: tais condutas dirigidas à observância e cumprimento de *exigências regulatórias públicas* respeitantes à segurança, eficácia e qualidade dos medicamentos, bem como à *sustentabilidade financeira* do Serviço Nacional de Saúde e aos *interesses económicos dos consumidores* de serviços e produtos de saúde (*id est*, os pacientes) não qualificam, *per se*, o comportamento das requeridas como *conduta preparatória ilícita* da comercialização dos medicamentos genéricos⁶⁶.

---

⁶³ Eventualmente, o pedido de decretamento de providência cautelar poderá ser acompanhado de um pedido de *ordem preliminar* (*com o mesmo objecto*), sem prévia audição da parte contrária, a fim de não ser frustrada a finalidade da providência cautelar decretada (artigo 22.º, n.º 1, da Lei n.º 63/2011). Todavia, uma vez que estas *ordens preliminares* são decretadas *ex parte*, a sua utilização neste tipo de objectos processuais não é o mais adequado, já que a empresa requerente, titular da AIM do medicamento de referência, alega uma *violação iminente* do direito de patente ou do certificado complementar de protecção. A prévia revelação do pedido de providência cautelar à requerida não criará, as mais das vezes, o risco de a providência requerida se frustar (*id est*, a condenação na abstenção de efectuar quaisquer preparativos merceológicos destinados a colocar o genérico no mercado e a cessar os que eventualmente já venha realizando), pois que a eventual prática ilícita de preparativos de comercialização será tomada em consideração no cômputo da indemnização por perdas e danos, bem como a condenação em sanção pecuniária compulsória, com audição prévia da requerida, será em regra suficiente para evitar a consumação ou a continuação da prática dos actos havidos como ilícitos.

⁶⁴ REMÉDIO MARQUES, J. P., *Medicamentos versus Patentes*, 2008, cit., p. 123 ss., p. 189 ss., 246 ss.; REMÉDIO MARQUES, J. P., *Biotecnologia(s) e Propriedade Intelectual*, vol. I, Coimbra, Almedina, 2007, p. 1147 ss., pp. 1154-1155.

⁶⁵ Cfr. os artigos 23.º-A, 25.º, n.º 2, e 179.º, n.º 2, do DL n.º 176/2006, de 30 de Agosto, na redação dos artigos 4.º e 5.º da Lei n.º 62/2011, de 12 de Dezembro, bem como o artigo 2.º-A do DL n.º 48-A/2010, de 13 de Maio, na redação do artigo 6.º da citada Lei n.º 62/2011, e o artigo 8.º da mencionada Lei n.º 62/2011.

⁶⁶ Conforme se afirma no recente acórdão do STA, de 12/06/2012 (RUI BOTELHO), proc. n.º 0332/2012, in http://www.dgsi.pt, citando o acórdão recorrido do Tribunal Central Administrativo do Sul, as AIM não são a "última fronteira administrativa" antes do medicamento genérico ser introduzido no mercado, "pelo que qualquer violação do direito de patente do medicamento de referência nunca pode emergir da sua concessão". Se ao INFARMED compete sindicar, exclusivamente, os aspectos do medicamento que possam conflituar com os interesses dos pacientes e a saúde pública, reitera-se na referida decisão do Tribunal Administrativo do Sul (citada por este acórdão do STA) que tais aspectos "se encontram legal e taxativamente fixados, não podem ser-lhe atribuídas competências para averiguação da colisão da AIM com a patente em vigor, impondo que abandone a posição de neutralidade administrativa que nesta matéria deve observar. Para além disso, a alegada intangibilidade dos DPI é refutada por ampla corrente doutrinária e jurisprudencial, que considera que os direitos patrimoniais, incluindo o direito de patente, são limitados pela sua função social, pelo que não obstante serem absolutos, no sentido de que devem

A questão está, pois, ultrapassada relativamente a todas as arbitragens que possam correr nestes tribunais necessários.

A execução coerciva da providência cautelar é feita, obviamente, no *tribunal estadual*[67], pois só este desfruta de competência para a *prática de actos executivos que implicam o exercício de poderes de autoridade*.

2.1. A tutela cautelar no CPI; os mínimos estabelecidos na Directiva n.º 2004/48/CE

A *tutelar cautelar* dos direitos de propriedade intelectual sofreu um forte impulso com a Directiva n.º 2004/48/CE, do Parlamento Europeu e do Conselho, de 29 de Abril de 2004.

O artigo 41.º e segs. do Acordo TRIPS já exigia que os Estrados contratantes dispusessem de meios expeditos de aplicação efectiva destes exclusivos. Aquela Directiva pretendeu, assim, harmonizar as legislações dos Estados-Membros em matéria de *aplicação efectiva* dos direitos da propriedade intelectual (direito de autor, direitos conexos e direitos de propriedade industrial). Esta iniciativa foi considerada essencial para o bom funcionamento do mercado interno, favorecendo a livre circulação e uma sã concorrência no mercado interno, a fim de alcançar um nível de protecção equivalente em todo o território da Comunidade (cfr. o Considerando n.º 8 desta Directiva).

Foi, assim, consagrada previsão de uma série de medidas processuais que estabelecem como uma *protecção processual mínima* que todos os Estados-Membros deverão assegurar aos cidadãos e às empresas. O que não obsta, desde já, a que, em matéria de providências cautelares, os Estados-Membros possam disponibilizar meios processuais adicionais ou meios mais eficazes aos titulares de direitos da

---

ser respeitados por todos (eficácia *erga omnes*), não têm natureza de direito fundamental equivalente aos "direitos, liberdades e garantias", legitimando que lhes sejam feitas amputações nos termos do art. 335.º, n.º 2, do CC, nomeadamente quando ocorram colisões com direitos fundamentais, tais como os direitos à saúde e ao acesso a medicamentos, ou mesmo no confronto com a própria sustentabilidade económico-financeira do Estado, que justifica a redução dos direitos particulares de natureza económica, do titular da patente, aos seus justos limites". No mais, chama à colação o princípio do esgotamento do direito de patente, afirmando que este princípio e a "possibilidade de importação paralela de medicamentos (arts. 80.º a 91.º do EM) demonstram que a eventual violação da patente só ocorre no momento em que a cópia não autorizada do produto protegido é introduzida no mercado, não emerge da AIM ou do PVP qualquer lesão irreversível no direito de exclusivo que a patente confere, não deixando a ordem jurídica de facultar ao titular da patente, neste caso, os necessários mecanismos de defesa de um direito com eficácia erga omnes. Nem tão pouco essa violação resulta da estipulação legal de um prazo para introdução do medicamento no mercado, já que a mesma não impõe a obrigatoriedade da comercialização, quando muito pode conduzir à caducidade da autorização por razões unicamente imputáveis ao seu titular".

[67] Artigo 27.º, n.º 1 da Lei n.º 63/2011: *v.g.*, entrega de documentos, apreensão das substâncias activas do medicamento genérico.

propriedade intelectual, a fim de estes poderem exercitar judicialmente os seus direitos, para além daqueles que estão previstos expressamente na Directiva (artigo 2.º, n.º 1, da Directiva).

Permite-se a introdução de medidas ainda mais favoráveis; proíbe-se a introdução de *medidas menos favoráveis* do que as previstas na Directiva. De facto, esta Directiva não impede que os Estados-Membros reduzam as limitações à utilização desses meios admitidas pela Directiva e previstas no direito interno.

Uma coisa é, porém, certa: os Estados-Membros estão impedidos de introduzir nos respectivos ordenamentos internos mais limitações à utilização desses meios processuais do que aquelas que estão previstas na própria Directiva. Os Estados--Membros podem, destarte, adoptar outras medidas, para além das previstas; mas apenas o podem fazer na condição de que estas medidas adicionais *"sejam mais favoráveis aos titulares dos direitos"* (artigo 2.º, n.º 1).

Os Estados-Membros não poderão fazer mais exigências; não poderão, com efeito, prever outras limitações ou impor requisitos adicionais diferentes daqueles que são admitidos pelo texto da Directiva, de que depende a possibilidade de o titular dos direitos abrangidos possa lançar mão do conjunto das providências cautelares asseguradas pela Directiva, com resultados práticos comprováveis.

Os Estados-Membros estão apenas autorizados a disponibilizar mais meios na ordem interna do que aqueles que são determinados pela citada Directiva, para o efeito de os titulares de direitos da propriedade intelectual poderem fazer valer, na prática, esses seus direitos; outrossim, os Estados-Membros estão salvos de reduzir os requisitos e exigências que limitam o acesso ao exercício desses instrumentos.

Alargar estes requisitos ou fazer exigências para além do admitido pelo texto da Directiva, interpretado este restritivamente, não estará, decerto, em conformidade com o direito comunitário.

2.2. Tipos de medidas cautelares

Estas medidas cautelares – que não se reconduzem sempre ao esquema dos procedimentos cautelares – estão agora previstas nos artigos 338.º-C, 338.º-D, e 338.º-E a 338.º-J do CPI[68].

---

[68] OEHEN MENDES, M., "As providências cautelares na Directiva n.º 2004/48/CE, de 29 de Abril de 2004, e a sua transposição para o direito interno – Algumas reflexões", 2009, in http://www.ybom.eu/the-firm/library/conferences/conference-on-cej-mom, §§ 8 a 10, pp. 3-4.

Na decorrência do disposto na citada Directiva, o CPI prevê diversos tipos de providências cautelares, nominadas e inominadas, a saber:

a) Providências destinadas a pôr cobro (*id est*, a fazer cessar), provisoriamente, uma violação consumada de um direito da propriedade intelectual ou a impedir que uma *violação iminente* de um desses direitos possa ocorrer ou se possa repetir[69];

b) Medidas de apreensão de bens (arresto repressivo) que se suspeite violarem direitos da propriedade intelectual[70];

c) Medidas destinadas à apreensão preventiva de bens móveis e imóveis, assim como ao congelamento de contas bancárias e outros bens do presumível infractor (arresto preventivo)[71];

d) Medidas de preservação da prova[72].

3.3. Os princípios da equidade, adequação e proporcionalidade; violação iminente ou consumada; substituição por caução

Estas medidas cautelares estão sujeitas a determinados princípios gerais consagrados no artigo 3.º da Directiva: por um lado, devem ser necessárias, justas e equitativas. Por outro, não devem deixar de ser eficazes e dissuasivas, de forma a cumprirem plenamente a sua função.

Em resumo, estas medidas devem ser *adequadas* e *proporcionadas* aos fins tidos em vista por cada uma delas, sem sacrificar mais do que aquilo que é estritamente necessário para alcançarem os respectivos propósitos (proibição do excesso de meios). Mas também não devem tais medidas ficar aquém daquilo que é indispensável para produzirem efeitos úteis.

As providências cautelares podem ser requeridas sempre que se verifique a *violação consumada* de um direito da propriedade intelectual, ou quando se esteja ainda em tempo de evitar uma *violação iminente* de um direito dessa natureza ou a sua repetição.

Por outro lado, a substituição, por iniciativa do tribunal (ou a pedido da parte requerida, como acontece entre nós), de uma medida destinada a proibir a continuação ou a repetição da violação de um direito de exclusivo pela constituição de garantias destinadas a assegurar a indemnização do respectivo titular – possibilidade que é admitida pela Directiva (artigo 9.º/1, alínea a)) –, mantendo-se a continuação da infração, constitui uma derrogação do *princípio do dispositivo*.

---

[69] Artigo 9.º, n.º 1, alínea *a)*, da citada Directiva.
[70] Artigo 9.º, n.º 1, alínea *b)*, idem.
[71] Artigo 9.º, n.º 2, *ibidem*.
[72] Artigo 7.º, n.º 1, *ibidem*.

Seja como for, a substituição por caução de uma medida destinada a fazer cessar a violação de um direito da propriedade intelectual ou a impedir que esta violação (iminente) se torne efectiva, só poderá ocorrer a *título excepcional* e sendo precedida de audição do requerente, uma vez que ela desconsidera a específica natureza dos direitos da propriedade intelectual enquanto direitos de exclusivo, os quais não são meros direitos de remuneração aptos a serem satisfeitos com uma indemnização que aquela visa acautelar[73].

Daí que o legislador tenha tido o cuidado de afirmar, no art. 338.º-I, n.º 6, do CPI, que *"Na determinação das providências previstas neste artigo, deve o tribunal atender à natureza do direito* [de autor ou da propriedade industrial, consoante o caso], *salvaguardando nomeadamente a possibilidade de o titular continuar a explorar, sem qualquer restrição, os seus direitos"*.

4. A tutela cautelar arbitral e a violação iminente de direitos de patente ou certificados complementares de protecção relativos a medicamentos de referência

Já referimos que, no quadro dos conflitos entre empresas de medicamentos de referência e empresas dos correspondentes medicamentos genéricos, cujos pedidos ou concessão (e registo) de AIM tenham sido publicados no Boletim electrónico do INFARMED – ou cujos pedidos de fixação do PVP e de margem de comparticipação estadual nesse preço tenham sido aprovados –, caberá, as mais das vezes, o pedido previsto na referida alínea *b)* do n.º 2 deste artigo 20.º, qual seja, perante a alegação e prova sumária da *iminência da violação do direito de patente* ou do *certificado complementar de protecção*, a condenação da empresa de genéricos na abstenção de praticar quaisquer actos preparatórios destinados a comercializar o genérico.

A este pedido de condenação poderá ser, naturalmente, cumulado o pedido de condenação em *sanção pecuniária compulsória* em montante adequado.

4.1. Violação iminente e interesse em agir da empresa titular da AIM do medicamento de referência

O problema reside em identificar qual a conduta ou comportamento alegado e sumariamente provado imputável à requerida empresa de medicamentos qualificável como bastante ou suficiente para preencher o conceito de *violação iminente* de direito de patente ou certificado complementar de protecção. Não se esqueça

---

[73] OEHEN MENDES, M., "As providências cautelares na Directiva n.º 2004/48/CE", 2009, cit., §§ 17, 18, p. 6

que, *quando a lesão ainda não tenha sido consumada*, o decretamento da providência cautelar de abstenção de conduta alegadamente violadora de direitos de propriedade industrial depende da verificação do "fundado receio de que outrem cause lesão grave e dificilmente reparável do direito de propriedade industrial" (artigo 338.º-I do CPI). Porém, para que seja decretada providência cautelar ao abrigo do disposto no artigo 338.º-I do CPI é apenas necessário e suficiente que seja feita prova sumária da titularidade do direito de propriedade industrial ou da autorização para o utilizar e da violação atual ou iminente desse direito. Nos casos abrangidos por essa norma é desnecessária a prova da lesão resultante do *periculum in mora*. Faz-se apenas necessário a prova da infração objectiva do direito industrial, presumindo o legislador que existindo um direito de propriedade industrial reconhecido, a simples violação efectiva desse direito acarreta prejuízos ao seu titular[74].

Ademais, poderá perquirir-se se certas *omissões* da empresa de genéricos podem ajudar à formação de uma convicção sumária sobre a *iminência dessa infração*.

Um ponto nodal reside na verificação do *interesse processual* ou *interesse em agir* no decretamento deste tipo de providências cautelares. A requerente de uma providência cautelar destinada a condenar a requerida na abstenção de colocar o medicamento genérico no mercado, face à causa de pedir invocada – traduzida na *violação iminente* do direito de patente ou certificado complementar de protecção – tem o ónus da alegação e demonstração da *carência de tutela judiciária* na realização dessa pretensão, de tal modo que somente o decretamento da providência pode pô-la a salvo de dados futuros, cuja iminência ela invoca.

Ora, para este efeito, não é suficiente uma qualquer ameaça, mas somente *aquela ameaça que seja capaz de gerar uma dificuldade notável ou considerável no exercício do direito industrial*. Isto porque a empresa titular da AIM do medicamento de

---

[74] Acórdão da Relação de Lisboa, de 26/1/2012 (TOMÉ RAMIÃO), proc. n.º 3021/11.4T2SNT.L1-A-6, http://www.dgsi.pt; *idem*, de 20/10/2011 (AGUIAR PEREIRA), proc. n.º 3696/11.4T2SNT.L1, loc. cit.; ibidem, de 4/6/2013 (EURICO REIS), proc. n.º 44/13.2YHLSB-C.L1-1, loc. cit.; tb. já neste sentido, COSTEIRA, Maria J./FREITAS, Maria T. G., "A tutela cautelar das patentes de medicamentos: aspectos práticos", *Julgar*, n.º 5, Maio-Agosto 2008, pp. 125-129. O *periculum in mora* é inerente à prova sumária, no procedimento cautelar, da infração da patente. Tende, na verdade, a ser irrecuperável a quota de mercado perdida pela empresa de medicamentos de referência. Todavia, para evitar que o normal raciocínio do prejuízo *in re ipsa* esconda uma formulação carente de adequada *fundamentação*, o Tribunal deverá sempre referir-se às circunstâncias do caso concreto. Assim, conforme se decidiu no acórdão da elação de Lisboa, de 12/01/2010 (ANA RESENDE), proc. 813/09.8TYLSB-B.L1-7, in www.dgsi.pt, são os seguintes os requisitos para a procedência dos procedimentos cautelares previstos para a tutela dos direitos de propriedade industrial: a existência provável do direito, a exigência da ocorrência de uma lesão grave e de difícil reparação (no caso de situações de violação iminente do direito) e o perigo da continuação ou repetição (quando estejam em causa situações em que já tenha ocorrido a violação desse direito).

referência não está autorizada a recorrer a esta via jurisdicional cautelar para, pura e simplesmente, obter uma condenação de *non facere* – uma condenação *in futurum*[75] – desvinculada da demonstração, ainda que sumária, de actos ou condutas concretas que, de acordo com as regras da experiência (*presunção judicial*), inculcam a possibilidade de ser iminente a colocação do correspondente medicamento genérico no mercado provida de prejuízos irreparáveis ou dificilmente reparáveis. Tão pouco pode, obviamente, ser alvo de uma *condenação condicional*, em que o direito industrial reconhecido à requerente e a abstenção de a requerida não colocar no comércio os medicamentos genéricos ficaria dependente da verificação da prática de actos preparatórios (condição), ainda não ocorrida à data da prolação da decisão no procedimento cautelar. Neste último caso, haveria manifesta *falta de interesse processual*, para além de não ser, em geral, admitida no nosso direito processual a figura da *condenação condicional*[76].

Não é suficiente para o requerente da providência cautelar alegar que teme (*quia temet*) ou receia a comercialização do genérico num futuro próximo. Este deve alegar e demonstrar um acervo de ocorrências da vida real que, segundo as singularidades do caso concreto, a experiência da vida e as práticas usadas neste sector de negócios, inculquem a iminência da infração da patente ou do certificado complementar de protecção. De tal sorte que o decretamento da providência cautelar há-de constituir o único meio jurisdicional disponível para evitar a consumação da infração, que deve ser havida como grave ou dificilmente

---

[75] Como é sabido, a condenação *in futurum* somente é admitida nos casos (excepcionais) previstos nos artigos 556.º, n.º 1, 557.º e 610.º do CPC de 2013 (arts. 471.º, n.º , 472.º e 662.º do CPC de 1961): no primeiro caso, estamos perante *pedidos genéricos* de prestações cujo quantitativo não se encontra ainda apurado (pedidos respeitantes a bens não rigorosamente determinados); no segundo caso, a *obrigação nem sequer está constituída, mas há um direito potestativo de cujo exercício resultará a sua constituição* (*v.g.* prestações periódicas a realizar sucessivamente e o devedor não efectuar algumas delas: o autor pode requerer a condenação nas prestações vencidas, mas também nas que se vencerem enquanto persistir a obrigação); no terceiro caso, *a obrigação já está constituída, mas ainda não é exigível* (a obrigação não está vencida quando a ação é proposta, nem quando se verifica o último momento de produção dos factos a que a sentença pode atender – artigo 611.º, n.º 1, do CPC de 2013; tratando-se de uma obrigação a prazo certo, este ainda não decorreu; o prazo é incerto a fixar pelo tribunal e este ainda não o fixou; a obrigação está sujeita a uma condição suspensiva e esta ainda não ocorreu). Cfr., sobre isto, por todos, Lebre de Freitas/Montalvão Machado/Rui Pinto, *Código de Processo Civil Anotado*, vol. 2.º, 2.ª edição, Coimbra, Coimbra Editora, 2008, pp. 264-266, pp. 268-272, pp. 685-688; Lebre de Freitas, *A Acção Declarativa Comum*, 2.ª edição, Coimbra, Coimbra Editora, 2011, pp. 39-40; Remédio Marques, J. P., *Acção Declarativa à Luz do Código Revisto*, 3.ª edição, Coimbra, Coimbra Editora, 2011, pp. 140-141.

[76] O direito reconhecido na sentença é, nestas eventualidades, um *direito condicional*. A não admissibilidade destas *condenações condicionais* reside na circunstância de que, nestes casos, o facto (futuro) condicionante exigiria a ulterior verificação judicial da sua própria ocorrência – Antunes Varela/Miguel Bezerra/Sampaio e Nora, *Manual de Processo Civil*, 2.ª edição, Coimbra, Coimbra Editora, 1985, p. 683 –, o que é inadmissível no quadro dos procedimentos cautelares.

irreparável. O que também significa que a providência *não* deve ser decretada *prematuramente*, sob pena de falta de *interesse processual*.

Há um ponto que merece destaque nestes pedidos de abstenção de praticar condutas relativamente a *lesões ainda não consumadas*, no Estado da protecção, a direitos de propriedade industrial relativos a medicamentos de referência. E tem ele a ver com a circunstância de que a *introdução no comércio*, bem como a prática de *actos preparatórios* de introdução do medicamento genérico no mercado – actos, bem entendido, posteriores à obtenção da AIM desse genérico, assim como actos posteriores aos demais actos administrativos que visam cumprir *exigências regulatórias públicas* respeitantes à segurança, qualidade e eficácia do medicamento genérico – antes da caducidade dos direitos de propriedade industrial que protegem o medicamento de referência já é, *por si só*, uma conduta prevista como ilícita no CPI.

Ora, será tanto maior o rigor que deve ser colocado na análise da iminência da lesão e dos prejuízos que o requerente pretende evitar com a alegada consumação da lesão quanto o facto de a conduta iminente de que o requerido vem acusado de pretender exercer consistir num comportamento expressa e previamente julgado ilícito pelo ordenamento jurídico[77]: na verdade, o artigo 101.º, n.º 2, do CPI prevê que a introdução no comércio, bem como os seus actos preparatórios constituem faculdades reservadas ao titular da patente ou certificado complementar de protecção, que apenas podem ser realizadas por terceiros com o consentimento do titular destes exclusivos industriais.

A *iminência da infra*ção deverá ser sopesada com o maior cuidado. O tribunal deverá ficar convencido de uma situação de *perigo actual de lesão* resultante da prática de actos preparatórios reveladores de uma "futura e altamente provável"[78] violação da patente ou do certificado complementar de protecção.

Se o tribunal se convence sumariamente que há motivos ponderosos para o requerido comercializar o medicamento genérico, *hoc sensu, amanhã*, então não resta dúvida de que ocorre uma infração iminente da patente ou do certificado complementar de protecção. Porém, se o tribunal colher indícios bastantes de que o requerido pretende introduzir no mercado português o medicamento genérico *num qualquer momento entre a data do pedido da providência cautelar e a data da caducidade da patente ou do certificado complementar* de protecção (p. ex., um ano após da dedução da providência cautelar), então não há dúvida de que, *uno actu*, pode

---

[77] Colocando ênfase neste ponto quanto a pedido de proibição de *actividade já legalmente proibida*, cfr. Ac. STJ, de 27/09/2001, *CJ-ACSTJ*, 2001, Tomo III, p. 41, que rejeitou um pedido de proibição de uma actividade já legalmente proibida.

[78] Nestes termos, SALVADOR DA COSTA, "Alterações Processuais – Novos Procedimentos Para a tutela da Propriedade Industrial", *Direito Industrial*, vol. VII, Coimbra, Almedina, 2010, p. 119 ss., p. 143.

existir falta de carência de tutela judiciária e falta de *fumus iuris*, pois *não* ocorre objectivamente o receio (*quia temet*) da *infração iminente* destes direitos de propriedade industrial, para o efeito do decretamento de uma providência cautelar.

Não apenas o tribunal deverá formar a convicção sumária de que o requerente da providência é titular de um válido direito de patente ou certificado complementar de protecção – para cuja convicção sumária concorre o disposto no artigo 4.º, n.º 2, do CPI –, como, sobretudo, o requerido actuou de tal modo que o seu comportamento induza o tribunal a crer que é iminente a infração ao concreto direito de propriedade industrial invocado[79]. Faz-se mister, com efeito, que, na falta de outros elementos probatórios, o efeito danoso seja, por assim dizer, anunciado por meio de comportamentos ou condutas que, de acordo com a experiência da vida ou os usos merceológicos no sector farmacêutico, tornem muito provável a consumação da lesão, ou seja, a introdução no comércio do medicamento genérico durante a vida da patente ou do certificado complementar de protecção do medicamento de referência. Os factos conducentes à formação da convicção de lesão iminente devem ser *objectivamente reveladores* da eventualidade que o autor da providência receia[80]: a violação prestes a suceder da patente ou do certificado complementar de protecção.

Embora se figurem ponderosos motivos para obter uma AIM do genérico (incluindo a fixação do PVP e a eventual margem de comparticipação do Estado nesse preço) antes da caducidade dos direitos de patente ou do certificado complementar de protecção relativo ao medicamento de referência – a fim de evitar que a duração destes outros procedimentos administrativos regulatórios permita formar exclusivos fácticos desfrutados pelas empresas que viram terminar os direitos de patente, os certificados complementares de protecção e os direitos exclusivos de comercialização[81] respeitantes aos medicamentos de referência, bem como permitir que a empresa titular da primeira AIM do genérico beneficie de um preço de venda do público desse genérico mais elevado relativamente aos medicamentos genéricos posteriormente aprovados que contenham a mesma substância activa –, não é menos verdade que a aprovação administrativa de todos estas exigências regulatórias não pode visar a facilitação da infração daqueles direitos e propriedade industrial enquanto eles subsistirem.

---

[79] THORLEY, Simon/MILLER, Richard/BURKILL, Guy/Birss/CAMPBELL, Douglas, *TERREL, On The Law Of Patents*, 17.ª, London, Thompson Reuters, Sweet & Maxwell, 2010, § 19-02.
[80] Tb. SALVADOR DA COSTA, "Alterações Processuais – Novos Procedimentos Para a Tutela da Propriedade Industrial", 2010, cit., p. 143.
[81] Na verdade, os *direitos exclusivos de comercialização* podem fundar pretensões das empresas de medicamentos de referência deduzida nesta sede de arbitragem necessária.

Observe-se ainda que a providência cautelar pode ser decretada *sem a audição prévia do requerido*, sempre que um eventual atraso na aplicação desse regime possa causar danos irreparáveis ao requerente da providência[82]. Nesta eventualidade, a providência cautelar que tiver sido decretada é imediatamente notificada ao requerido, o qual dispõe do prazo de 10 dias para pedir a revisão da providência cautelar concretamente decretada, podendo produzir prova e alegar novos factos que não fossem do conhecimento do tribunal aquando do decretamento da providência, circunstância que poderá levar o tribunal a alterar, revogar ou confirmar as medidas anteriormente decretadas (artigo 338.º-E do CPI).

4.2. Condutas qualificadoras de uma violação iminente; oferta, utilização, introdução no comércio, trânsito. O fundado receio de lesão

O conceito de *violação iminente* da patente, do certificado complementar de protecção ou dos direitos exclusivos de comercialização respeitantes ao medicamento de referência atinge, desde logo, duas das faculdades jurídicas *principais*[83] contidas no *licere* destes direitos de propriedade industrial: a *oferta* e a *introdução no comércio* do objecto da invenção protegida.

Como é sabido, o n.º 2 do artigo 101.º do actual CPI atribui ao titular da *patente de produto* o direito de impedir a terceiros o fabrico, a oferta, a armazenagem, a introdução no comércio, a utilização, a importação e a posse do produto objecto da patente[84].

Se o objecto da patente disser respeito a um *processo*, estas faculdades jurídicas atingem os produtos obtidos directamente pelo processo patenteado (artigo 97.º/2 do mesmo Código).

Se, enfim, a patente tiver como objecto um *uso* (terapêutico: o 1.º ou um subsequente) novo e inventivo de uma substância química (ou biológica) já divulgada, somente a oferta da substância *para esse específico uso ou aplicação* terapêutica constitui infração[85], no sentido de a substância activa se achar contido

---

[82] ABRANTES GERALDES, A., *Temas da Reforma do Processo Civil*, vol. IV, 4.ª edição, revista e actualizada, Almedina, Coimbra, 2010, p. 376.
[83] As faculdades jurídicas *instrumentais* daquelas outras consistem na armazenagem, no transporte ou na posse do objecto da patente, para algum dos *fins principais* (*id est*, o fabrico, a oferta, a *introdução no comércio*, a utilização – p. ex., para o fabrico de outro produto – e a importação).
[84] Se as reivindicações estatuem que esse produto novo é utilizado para um específico fim ou uso (*purpose bound claims*), talvez que, por regra, o exclusivo apenas se forme ao derredor da utilização, por terceiros não autorizados, da substância quando for utilizada para esse específico fim ou aplicação.
[85] CORNISH, W./LLEWELRIN, D./APLIN, T., *Intellectual Property Patents, Copyright, Trade Marks and Allied Rights*, 7.ª edição, London, Sweet & Maxwell, 2010, § 6-20, p. 279; BENYAMINI, A., *Patent Infringement in the European Community*, Weinheim, VCH, 1993, p. 83.

num medicamento que é objecto de preparação, acondicionamento e publicidade, *maxime*, no folheto informativo ou em promoção junto a grossistas, farmacêuticos ou médicos, com recomendações, conselhos, advertências ou instruções dirigidas à utilização médica especificamente reivindicada[86]; quaisquer outras utilizações são livres, desde que a substância já divulgada não esteja, ainda, protegida pela inicial patente do produto; pelo contrário, se o requerido pretender usar a substância para o uso protegido, haverá infração directa da patente ou do certificado complementar de protecção[87].

---

[86] Cfr., recentemente, REMÉDIO MARQUES, J. P., "O âmbito de proteção das patentes de uso terapêutico de substâncias químicas compreendidas no estado da técnica e a concessão a terceiros de AIM de medicamentos genéricos contendo o mesmo ingrediente ativo para diferente utilização terapêutica", *Revista de Propriedade Intelectual – Direito Contemporâneo e Constituição*, Ano III, n.º 5, fevereiro 2014, p. 323 ss., p. 336 ss., pp. 350-353, http://pidcc.com.br/br/component/content/article/7-blog/111-o-ambito-de-protecao-das-patentes-de-uso-terapeutico-de-substancias-quimicas-compreendidas-no-estado-da-tecnica-e-a-concessao-a-terceiros-de-aim-de-medicamentos-genericos-contendo-o-mesmo-ingrediente-ativo-para-diferente-utilizacao-terapeutica.

[87] O problema é bem mais complexo nas substâncias activas que não são especialmente adaptadas para serem utilizadas de acordo com o uso protegido, ou seja, substância que ostentam outras possíveis aplicações. Neste caso, há quem sustente que poderá ocorrer *infração indirecta* do direito industrial se a requerida a oferecer esta consistir, no caso concreto, em um *elemento essencial* para operar a utilização terapêutica protegida (p. ex., fornecer a substância activa conhecida para ser utilizada na concreta utilização terapêutica, de acordo com a dosagem adequada ou a forma de administração recomendada. Se a oferta (ou a utilização) não autorizada da substância activa for *acompanhada de instruções para a sua (futura) utilização no uso protegido*, então teremos, por via de regra, uma *violação directa* da patente ou do certificado complementar de protecção: a oferta da substância é coetânea da comunicação de instruções para que esta possa ser eficazmente utilizada de acordo com o uso patenteado ou tutelado por certificado complementar (*v.g.*, no modo como é efectuada a concreta formulação farmacêutica, no regime de dosagem, na forma de administração, etc.: tais actos, ainda que qualificados como de *violação indirecta*, se a lei materialmente aplicável ao caso o prever, também carecem do consentimento do titular da patente ou certificado complementar de protecção) – BENYAMINI, A., *Patent Infringement*, 1993, cit., pp. 85-88. Nestes casos, a substância activa (ou combinação de substâncias activas) acham-se especialmente adaptadas para desempenhar a concreta função ou aplicação do uso protegido. Pois o objecto da patente consiste, na prática, na substância adaptada ou preparada para ser utilizada no concreto uso terapêutico protegido, qual método de uso (terapêutico) da substância química ou biológica; REMÉDIO MARQUES, J. P., O âmbito de proteção das patentes de uso terapêutico ...", 2014, cit., p. 345 ss., sobre o ilícito da infração indirecta da patente (*in casu*, da patente de uso terapêutico) e a sua não consagração no ordenamento jurídico português. A essência das *reivindicações de uso terapêutico* consiste em prevenir que os concorrentes explorem comercialmente o processo por meio da preparação e comercialização da substância activa especificamente para a aplicação terapêutica protegida por patente ou certificado complementar de protecção. Não é justo que o titular fique impedido de reagir, mediante o ilícito da *violação directa*, contra a oferta, o fabrico ou introdução do comércio de uma substância activa já não protegida (cuja patente ou certificado já tenha caducado) se e quando as reivindicações de uso terapêutico se referem à referida substância especialmente alterada e dirigida a ser utilizada à luz do uso médico reivindicado. Tal substância *per se*, embora já não protegida por estes exclusivos industriais, constitui um elemento da invenção (de uso) protegida, quer o seu objecto seja o processo ou a substância especialmente adaptada para o concreto uso terapêutico. Além de que não se vê qual o interesse em permitir que terceiros possam livremente fabricar e comercializar substâncias que somente podem ser utilizadas da forma nova e inventiva protegida pela *patente de uso*.

Estão, como vimos, excluídas de ilicitude as condutas praticadas pelas empresas de genéricos, as quais buscam observar e cumprir os *requisitos de regulação administrativa pública*, tais como os pedidos de AIM do genérico, de fixação do seu PVP e de inserção desse medicamento no esquema de comparticipação no PVP[88], incluindo os pedidos de alteração, suspensão ou de cessação. Tais condutas não constituem uma *oferta* ao público do medicamento genérico, nem podem ser qualificadas, *per se*, como *actos preparatórios* da comercialização do genérico. A Lei n.º 62/2012, de 12 de Dezembro, é hoje clara e inequívoca quanto a este ponto.

O que constitui, porém, *oferta* ao público não se satisfaz, na verdade, com a mera submissão, *per se*, do pedido de fixação do PVP, nem com o pedido de inclusão do medicamento no esquema de comparticipação estadual nesse PVP, nem, a *montante*, com o fornecimento de amostras do medicamento de referência à autoridade sanitária competente, para efeitos de aprovação[89]. Isto muito antes da consagração expressa da excepção "Bolar/Roche" aos direitos de patente e certificado complementar de protecção, em 2004, a partir da Directiva n.º 2004/27/CE. A *oferta* traduz a prática de um acto susceptível de tornar o objecto da invenção patenteada acessível para ser adquirida mediante a possibilidade aberta de serem formulados pedidos de aquisição, independentemente da prova da vontade de fazer a oferta[90], conquanto por meio de catálogos ou outros suportes corpóreos em linha.

---

[88] Em outros Estados-Membros, esta questão não se encontrava total e expressamente resolvida. Por exemplo, na Suécia, somente em 23/12/2008, o Supremo Tribunal deste país, numa ação movida pela *PfizerAB* contra a *STADApharm AB* (proc. n.º T 4705-07), decidiu que a inclusão do medicamento genérico da ré no esquema de subvenção estadual no respectivo PVP (o *"Tandvårds- och Läkemedelsförmånsverket"*), bem como a fixação desse PVP não violava o certificado complementar de protecção respeitante ao medicamento de referência. Embora o tribunal de 1.ª instância de Estocolmo tenha entendido que este pedido de fixação do preço e de submissão do genérico na lista de medicamentos comparticipados susceptíveis de serem vendidos nas farmácias públicas (*Apodeket*), quer a 2.ª instância, quer o Supremo decidiram que, não obstante existisse um escopo comercial subjacente a estes pedidos, essa conduta não era suficiente para constituir uma oferta (ao público) do medicamento protegido pelo certificado complementar. Na França, já no início do presente século – quando ainda não estava em vigor a Directiva n.º 2081/83/CE – os tribunais já entenderam que os ensaios destinados a obter a AIM, bem como a própria AIM não constituem violação da patente relativa ao medicamento de referência: decisão do *Tribunal de Grande Instance* de Paris, de 12/10/2001, no caso *Science Union c. AJI Pharma Dévelopment*, PIPD, III,747. Na Bélgica, ainda antes da mesma Directiva, já alguns tribunais decidiam que a apresentação do pedido de AIM do medicamento genérico não constitui infração da patente do medicamento de referência: p. ex., a decisão de 10/11/2000, o tribunal de Bruxelas, no caso *Fluoxetine*; idem, antes do advento da Directiva n.º 2004/27/CE, a decisão do tribunal de Bruxelas, de 1/04/2003, no caso *paroxetine*. Cfr. REMÉDIO MARQUES, J. P., *Medicamentos versus Patentes*, Coimbra, Coimbra Editora, 2008, pp. 131-132.

[89] Entre muitas, e já na década de noventa do século passado, a decisão do Tribunal de Apelação do *Landschaft* de Basileia, de 1/10/1997, no caso *Acyclovir, Sic!*, 1998, p. 78 ss., p. 80 ss.

[90] É suficiente que o destinatário da oferta, perante as circunstâncias do caso, possa inferir esse significado da mensagem que lhe for destinada.

Observe-se, desde já, que a oferta ilícita é somente aquela que é dirigida ao mercado do Estado da protecção, *in casu*, ao *mercado farmacêutico português*. Mas se a oferta não for claramente dirigida a um mercado estrangeiro, deve entender-se, segundo as circunstâncias do tráfico económico, que é, igualmente, dirigida ao mercado português[91]. A oferta ilícita pode ocorrer de múltiplas formas: por meio de brochuras, por escrito, via *internet*, em feiras ou exposições, por meio da publicidade qualificável como *promessa pública de fornecimento* (artigo 459.º do Código Civil). O conceito de *oferta* não é estritamente jurídico, mas sim jurídico--económico: independentemente da *forma jurídica* que seja dada por esta, o comportamento da requerida pode ser havido como *oferta*.

A emissão daqueles actos administrativos não implica que as autoridades administrativas competentes adquiriam direitos ou pretensões (pré-contratuais ou contratuais) sobre exemplares dos medicamentos genéricos, nem que o façam em nome e no interesse de outrem. Com efeito, tais condutas constituem apenas *actos não merceológicos preparatórios de outros actos merceológicos preparatórios da comercialização do medicamento genérico*, no sentido de tornar, mais tarde, possível os contactos e as condutas que visam promover o medicamento junto, por exemplo, dos armazenistas, dos directores clínicos ou das administrações hospitalares.

Tão pouco constitui, *por si só*, oferta ilícita a *publicitação de um medicamento genérico* durante a vigência da patente ou certificado complementar, com a condição de apenas ser fornecido após a caducidade destes direitos industriais[92].

---

[91] STIEGER, W., *Das Recht aus dem Patent und seine Schranken*, Zürich, Difo-Druck GmbH, Bamberg, 2001, p. 30; BENTLY, L./SHERMAN, B., *Intellectual Property Law*, 3.ª edição, Oxford, New York, etc., Oxford University Press, 2010, p. 543, e o caso *Kalman v. PCL Packaging*, do Patents Court, F.S.R., 1982, p. 406.

[92] Decisão do *Patents Court*, no caso *Gerber Garment Technology v. Lectra Systems, Ltd.*, de 11/05/1995, R.P.C., 1995, p. 383 ss., p. 411, decidido pelo juiz JACOB; veja-se, em sentido contrário, uma decisão do tribunal de apelação da Haia, de 2/11/2010, num caso que opôs a *GlaxoSmithKline* a *Pharmachemie*, proc. 105.007.171/01, segundo o qual a mera publicação do medicamento genérico numa base de dados de medicamentos infringe a patente, mesmo que se tenha provado a intenção da ré em apenas distribuir e comercializar o genérico após a caducidade da patente relativa ao medicamento de referência (a ré publicitou, na referida base de dados, que o PVP do genérico seria, pelo menos, inferior em 40% do preço do medicamento de referência); no mesmo sentido, decisão do BGH, de 5/12/2006, no caso *simvastatina*, proc. X ZR 76/05, *GRUR* 2007, p. 221; acórdão do OLG de Düsseldorf, no caso *Cholesterinspiegelsenker*, *GRUR* 2004, p. 417 ss., p. 418; decisão do LG de Düsseldorf, de 24/2/2011, no caso *Dopamin II*, proc. n.º 0 277/10, http://www.duesseldorfer-archiv.de/?q=node/3642. E, neste enfoque, nem se diga que a proibição desta publicitação infringe o direito liberdade *de expressão*, pois que, n*um juízo de concordância prática, a troca de informações entre os agentes económicos sobre a possibilidade* da futura comercialização do genérico, durante a vida da patente ou certificado complementar de protecção do medicamento de referência, não prevalece sobre o direito subjectivo que aproveita ao titular até ao momento da caducidade destes exclusivos industriais, cujo exercício até ao seu expirar não é, *por si só*, abusivo. A jurisprudência alemã tem fundado a proibição da oferta do medicamento genérico ou a publicitação da sua aprovação

Por exemplo, se a patente protege apenas o *segundo ou um subsequente uso médico* de uma substância já conhecida, a publicitação por parte da empresa de genéricos, *sem a indicação do uso*, não parece constituir, *por si só*, uma oferta ilícita. Mas, nestes casos, os potenciais adquirentes do medicamento de referência podem ser levados a aguardar a caducidade da patente ou do certificado complementar de protecção de que é objecto e só então adquirir o medicamento genérico a um preço mais baixo[93].

À parte estes casos, parece-me que é ilícita a *publicidade* não autorizada do medicamento genérico efectuada durante a vigência destes exclusivos industriais[94]. Tão pouco a *recomendação*, a mera *prestação de informações* ou o *aconselhamento* sobre o medicamento genérico (a ser, *no futuro*, introduzido no comércio em Portugal) constitui acto ilícito quando tais condutas forem praticadas durante a "vida" destes exclusivos sobre o medicamento de referência. Ao invés, o fornecimento do genérico a quem o pretenda utilizar numa actividade não violadora (*v.g.*, para uso experimental) é, *por si só*, violadora da patente ou do certificado complementar relativos ao medicamento de referência.

Já o mero *trânsito* do medicamento genérico, por Portugal, com destino a um outro Estado (da União Europeia ou extracomunitário) onde o titular da AIM do medicamento de referência não desfruta de patente ou certificado complementar de protecção (ou, ainda, de direitos exclusivos de comercialização) não é ilícito, *excepto se houver a suspeita séria de que tais medicamentos poderão ser desviados e introduzidos nos circuitos comerciais do Estado-Membro da protecção* (ou do trânsito

---

sanitária durante a vigência da patente, a fim de ser adquirido após a caducidade da patente (ou CCP), na circunstância de acordo com a qual os grossistas e as farmácias, cientes da existência da possibilidade de adquirir o genérico após a caducidade destes exclusivos industriais, reduzem os respectivos *stocks* do medicamento de referência durante a vigências destes direitos industriais ao mínimo indispensável para satisfazer a procura (pelos hospitais e pacientes, nos casos de medicamentos dispensados de receita médica) até à caducidade da patente (ou CCP) do referido medicamento de referência. Isto mesmo quando o fornecimento do genérico deva ter lugar em país estrangeiro, mas cuja publicitação ou promoção ocorreu no Estado da proteção (acórdão do OLG de Karlsruhe, de 12/2/2010, no caso *Messmaschine*, in T. Kühnen /T. KAESS (Hrsg.), *Entscheidungen der Instanzgerichte zum Recht des geistigen Eigentums*, vol. 12, Carl Heymanns Verlag, 2009, p. 299 ss., pp. 299-300.

[93] TROLLER, A., *Immaterialgüterrecht*, 3.ª edição, vol II, Basel und Frankfurt am Main, Verlag Helbing und Lichtenhan, 1985, p. 624; STIEGER, W., *Das Recht aus dem Patent und seine Schranken*, cit., 2001, p. 29, para quem é ilícita a oferta de venda dos produtos patenteados com a promessa de a celebração do contrato e a entrega serem efectuadas após a caducidade da patente.

[94] Expressamente, neste sentido, entre outras, a decisão do *Patents Court*, de 11/05/1995, no caso *Gerber Garment Technology v. Lectra Systems, Ltd.*, decidido pelo juiz JACOB, R.P.C., 1995, p. 383 ss., p. 411, segundo o qual, "A party who approaches potential customers individually or by advertisement saying he is willing to supply a machine, terms to be agreed, is offering it or putting it on the market. If that is to be happen during the life of the patent he infringes".

dos medicamentos) ou em outros mercados de outros Estados-Membros, aí onde o titular dos exclusivos industriais desfruta de uma vantagem competitiva[95].

A prova dessa suspeita ou desse risco cabe ao requerente. Todavia, não raras vezes, este requerente (titular da patente licenciado ou mandatário com poderes especiais) não está em condições de demonstrar, atentas as circunstâncias do caso, o risco de entrada dos produtos nos circuitos comerciais do Estado-Membro. Seja como for, não é suficiente a alegação de um *risco teórico* de o medicamento ser introduzido nos circuitos comerciais portugueses, sem que essa alegação seja acompanhada de *factos indiciários* que, com grande probabilidade, inculcam a ideia da iminência (ou consumação) do *factum probandum*. Pelo contrário, à luz do princípio da proporcionalidade (no sentido de adequação, necessidade e proibição do excesso), tem sido salientada a ideia[96] segundo a qual a suspeita de tais produtos poderem entrar nos circuitos comerciais da União Europeia é fundada quando, designadamente, o destino final dos bens não for declarado, falta ou é ambígua ou pouco fidedigna a identidade da entidade expedidora ou fabricante dos produtos, a ausência de cooperação de quem procede ao alegado trânsito dos produtos com as autoridades aduaneiras do Estado onde exista tutela por direito de propriedade intelectual respeitante aos bens em alegado trânsito; ou ainda a descoberta de documentos ou de uma correspondência a propósito das mercadorias em causa, a qual sugira que um desvio destas para os consumidores na União é susceptível de ocorrer.

Ademais, mesmo que não exista nenhum indício de que as mercadorias poderão entrar nos circuitos comerciais de algum Estado-Membro, mas a propósito das quais existem suspeitas de violação de um direito de propriedade intelectual

---

[95] Sobre isto, cfr., *supra*, n.º 6, e jurisprudência aí citada do Tribunal de Justiça da União Europeia. Cfr., neste sentido, entre outros, KARAN, K., "Recent Developments in Turkey on Combating Couterfeiting by Seizure of Counterfeit Goods in Transit or Those Placed in Free Zones as Compared with European Practice", *IIC* 2006, p. 670 ss., p. 672 ss.; STAUDER, D., "Die Freiheit des internationalen Verkehrs im Patentrecht – Schiffchraube, Gaffelklaue und Sonnenpoddel", *GRUR*, 1993, p. 305 ss., p. 307 ss.; SCHAREN, U., in BENKARD, *Patentgesetz*, 10.ª edição, München, C.H. Beck, 2006, § 9, p. 369, p. 393; LEITZEN, M., "Innergemeinschaftlicher Transit, Markenverletzung und Produktpiraterie – Zugleich Anmerkung zu BHG «Diesel» und «Class International/Colgate-Palmolive»", *GRUR* 2006, p. 89 ss., p. 95; RUSE-KHAN, H. G./JAEGER, T., "Policing Patents Worldwide? – EC Boarder Measures Against Transiting Generic Drugs under EC and WTO", *IIC* 2009, p. 502 ss., p. 516; REMÉDIO MARQUES, J. P., "A violação dos direitos de propriedade industrial respeitantes a mercadorias em trânsito – Referência ao trânsito de medicamentos destinados a países com graves problemas de saúde pública", in *ADI*, vol. 30, 2009-2010, p. 375 ss., p. 393 ss.; GARCÍA CASTRILLÓN, Carmen O., "Protection of Intellectual Property through border measures in the European Union", *AIDA, Annali italiani del diritto d'autore, della cultura e dello spettacolo*, XXI, 2012, p. 220 ss., pp. 250-255.

[96] Veja-se o acórdão do Tribunal de Justiça da União Europeia, de 1/12/2011, no caso *Nokia*, proc. C-495/09, § 61, bem como o acórdão da mesma instância, e da mesma data, no caso *Philipps*, proc- C-46/09.

no suposto Estado terceiro de destino, o Tribunal de Justiça entende que as autoridades aduaneiras dos Estados-Membros onde essas mercadorias passam em *trânsito externo* podem cooperar, nos termos do artigo 69.º do Acordo TRIPS, com as autoridades aduaneiras do dito Estado terceiro, tendo em vista eliminar, se for caso disso, as mercadorias do comércio internacional. Ora, não é excluída a intervenção dos tribunais do Estado-Membro do trânsito quanto à emissão de medidas de preservação da prova ou de prestação de informações (arts. 338.º-D, 338.º-H do CPI), sem prejuízo do decretamento de providências cautelares (art. 338.º-I do mesmo Código), ainda que a ação principal tenha lugar no Estado do destino das mercadorias[97].

Não obstante a angariação de potenciais clientes durante a vida destes exclusivos seja um acto ilícito – conquanto se anuncie ou combine que o fornecimento efectivo somente terá lugar após a sua caducidade (caso em que *já* ocorreu a compra e venda, por *mero efeito do contrato*) –, não vejo, por outro lado, que seja ilícito ao titular da AIM do genérico anunciar que o medicamento de referência irá caducar na data *X* e que ele irá aceitar propostas de fornecimento (do medicamento genérico) a partir dessa data[98]: quando o *contrato de compra e venda* for celebrado, o medicamento de referência *já não* se encontra protegido por qualquer exclusivo industrial. A conduta da empresa titular da AIM do medicamento genérico somente expressa a vontade de praticar, *no futuro*, uma conduta não violadora daqueles exclusivos industriais[99].

---

[97] Faz-se, para o efeito, apenas mister que, de harmonia com convenção, tratado ou acordo internacional, os tribunais da República Portuguesa estejam autorizada a decretar estas providências ainda quando não sejam os tribunais portugueses os internacionalmente competentes para apreciar o fundo ou o mérito do litígio n ção principal (artigo 364.º, n.º 5, do CPC). Na sequência do Regulamento (CE) n.º 608/2013, que substituiu o Regulamento (CE) n.º 1383/2003, do Parlamento Europeu e do Conselho, de 12/6/2013 (*Jornal Oficial da União Europeia*, n.º L 181, de 29/6/2013, p. 15 ss.), vejam-se, agora, as Directrizes sobre a aplicação efectiva dos direitos de propriedade intelectual respeitantes a medicamentos em trânsito no seguinte endereço electrónico: http://ec.europa.eu/taxation_customs/resources/documents/customs/customs_controls/counterfeit_piracy/legislation/guidelines_on_transit_en.pdf

[98] Neste sentido, expressamente a decisão do *Patents Court*, no citado caso *Gerber Garment Technology v. Lectra Systems, Ltd.*, onde o juiz Jacob afirma que: "Even if it causes him to reduce his price he cannot complain – the cause has been an indication of a willingness to conduct a non-infringing activity, just like an offer of a competing non-infringing product during the life of a patent. So the position is quite different from an advertisement early in the life of the patent indicating a willingness to supply an infringing product in breach of the monopoly".

[99] Todavia, a *celebração de um contrato promessa de compra e venda do medicamento genérico durante a vigência* dos exclusivos industriais, embora não importe a transferência da propriedade (mesmo sendo sobre coisa futura), parece subsumir-se ao conceito de "oferta" previsto no n.º 2 do artigo 101.º do actual CPI, pois expressa a vontade inequívoca de fornecer, em Portugal, o objecto da invenção ou do certificado complementar durante a vigência destes exclusivos. Não se esqueça que o promitente vendedor fica *imediatamente* obrigado a celebrar o contrato prometido.

Não deve esquecer-se que a própria concessão da AIM, a fixação do PVP e a inserção do medicamento genérico no esquema de comparticipação estadual nesse preço tendem a diminuir o volume de vendas do medicamento de referência, *maxime*, se estes actos administrativos forem emitidos em momento temporal próximo do da caducidade da patente ou certificado complementar sobre o medicamento de referência. A mera preparação de material de publicidade[100] do medicamento genérico durante a vigência da patente ou do certificado complementar de protecção não parecem constituir infração a estes exclusivos. É, pois, natural, que – salvo quando as margens de comercialização sejam mantidas após a introdução do genérico no mercado[101] – os eventuais adquirentes dos medicamentos protraiam as encomendas, aguardando pela comercialização desse genérico. Mas o titular dos direitos de propriedade industrial fica, naturalmente, sempre salvo de os exercitar e defender até ao último dia que antecede a caducidade.

4.3. Actos preparatórios concomitantes ou posteriores às aprovações administrativas. Prejuízo grave ou dificilmente reparável

Os *actos preparatórios* destinados à efectiva comercialização dos genéricos importam que a empresa de genéricos ou alguém, sob a sua direcção, fiscalização ou controlo, aufira ou entregue quantias pecuniárias (p. ex., a título de sinal ou princípio de pagamento) emergentes da futura comercialização do medicamento ou, outrossim, adquira, fabrique, providencie, armazene, transporte ou detenha, ainda que objectivamente (independentemente da prova do dolo ou da negligência), meios aptos a cometer a infração do direito de patente ou do certificado complementar de protecção respeitante ao medicamento de referência. Por exemplo, constituirá, sem dúvida, um acto preparatório (ilícito) de oferta (*v.g.*, por meios electrónicos, via postal simples, telefone, fax) do objecto da patente ou certificado complementar de protecção a proposta de aquisição de genéricos, ainda que esta não chegue ao conhecimento do destinatário, ou ainda não tenha chegado no momento da dedução da providência cautelar.

Tão pouco se faz necessário que o medicamento genérico (ou a amostra) esteja na posse da requerida no acto da oferta em Portugal, ou que essa oferta tenha partido da iniciativa dessa requerida.

---

[100] TROLLER, A., *ob. cit.*, p. 624; BLUM, R. E./PEDRAZZINI, M., *Das schweirische Patentrecht, Kommentar zum Bundesgesetz vom 25 Juni 1954 betreffrend die Erfindungspatente*, 2.ª edição, Bern, 1975, p. 402

[101] O que não sucede quando os adquirentes são as próprias unidades de saúde integradas no Sistema Nacional de Saúde, as quais adquirem os medicamentos para os dispensar imediatamente aos pacientes abrangidos pelos subsistemas deste sistema.

A mais da obtenção de AIM, de fixação do PVP e da percentagem de comparticipação estadual no preço desse medicamento genérico, o requerente da providência cautelar com base em *risco iminente* de colocação do genérico nos circuitos comerciais deverá estabelecer, sumariamente, na convicção do julgador a probabilidade séria:

- De a patente ou certificado complementar de protecção não serem inválidos[102];
- Da verificação da infração da patente ou do certificado complementar de protecção; e
- De a requerida *desejar* executar ou promover a colocação do genérico nos circuitos comerciais ou que, independentemente da prova dessa intenção, existe *objectivamente* a possibilidade de tal suceder.

São, essencialmente, as *circunstâncias adicionais*[103] posicionadas a *jusante* da obtenção daquelas autorizações administrativas – ainda que levadas a efeito concomitantemente aos procedimentos administrativos autorizativos – que podem qualificar a conduta (ou omissão qualificada) da requerida como significando a probabilidade séria da *colocação iminente* do medicamento genérico no mercado. Mas quais?

Desde logo – e como, há pouco, insinuei –, a grande distância temporal entre o pedido e a obtenção de AIM do genérico, o acto de fixação do PVP e a percentagem de comparticipação estadual nesse preço relativamente à caducidade da patente ou certificado complementar de protecção[104] não traduz, *por si só*, uma conduta relevante da *iminência* do cometimento de infração.

De facto, a empresa que busca e obtém esta AIM pode alegar *motivos legítimos de negócio*, designadamente, obter a qualificação de Portugal como *Estado-Membro de referência*, para o efeito de desencadear um *procedimento descentralizado* destinado a lograr AIM em outros Estados-Membros; obter a AIM em Portugal para fins de exportação pelo titular da AIM do genérico; utilização do genérico em situações de catástrofe ou pandemia.

Só que esta circunstância aliada a outras relevantes – tais como o facto de a patente ou o certificado complementar relativos à substância activa não ostentarem prazos muito díspares de caducidade no quadro dos Estados-Membros e a duração dos procedimentos administrativos de aprovação ser idêntica junto da maioria das autoridades sanitárias dos Estados-Membros, ou seja, não exceder, em

---

[102] Por exemplo, a decisão do *Landesgericht* de Mannheim, de 29/10/2010, proc. n.º 7 O /214/10, http://www.eplawpatentblog.com/eplaw/injunction/.
[103] Cuja alegação e prova cabe, obviamente, à requerente da providência cautelar.
[104] Por exemplo, a concessão da AIM do medicamento genérico é efectuada dois ou mais anos antes da data da caducidade da patente ou certificado complementar de protecção.

média, no total, mais de um ano e poucos meses – pode levar o tribunal a inculcar a convicção de que esta justificação não é suficientemente concreta e credível. Não se esqueça, ademais, que, nos termos do n.º 3 do artigo 77.º do Decreto-Lei n.º 176/2006, de 30 de Agosto, *a não comercialização efectiva do medicamento durante três anos consecutivos*, por qualquer motivo, desde que não imposta por lei ou decisão judicial imputável ao INFARMED, I.P. ou por este considerado como justificado, implica a caducidade da respectiva autorização ou registo[105].

A própria circunstância de os medicamentos se destinarem a ser maioritariamente adquiridos por grossistas e não por unidades de saúde integradas no Sistema Nacional de Saúde[106] pode reforçar a ideia de que a requerida está em melhores condições de introduzir os genéricos de uma forma massiva no mercado, num curto espaço de tempo.

Todavia, o facto de o tribunal se convencer sumariamente de que a requerida pretende comercializar o genérico *num qualquer momento* entre a data do pedido da providência e a data da caducidade do último direito de propriedade industrial respeitante ao medicamento de referência *não* parece suficiente para condenar a empresa de genéricos, se e quando o pedido principal deva ser *necessariamente* apreciado e julgado antes desse termo final ou possa ser *razoavelmente* apreciado e julgado dentro desse lapso temporal[107]. É que a *infração* deve ser i*minente* e a

---

[105] As datas de início da comercialização efectiva do medicamento no mercado nacional e de suspensão ou cessação da comercialização efectiva do medicamento estão previstas no artigo 78.º do Decreto-Lei n.º 176/2006, de 30 de Agosto, sendo que, em Portugal, a contagem do período de três anos de não comercialização inicia-se na data da entrada em vigor do referido diploma legal (31 de Agosto de 2006), ou na data da concessão da AIM, conforme o que ocorra posteriormente. Para este efeito, a comercialização efectiva inicia-se com a introdução na cadeia de distribuição de, pelo menos, uma apresentação de uma qualquer dosagem ou forma farmacêutica do medicamento – cfr. a "NORMA ORIENTADORA RELATIVA À APLICAÇÃO DA SUNSET CLAUSE A MEDICAMENTOS AUTORIZADOS EM PORTUGAL", in http://www.infarmed.pt/portal/page/portal/INFARMED/MEDICAMENTOS_USO_HUMANO/AUTORIZACAO_DE_INTRODUCAO_NO_MERCADO/Norma_Sunset_clause_aprovada_22_07_2009.pdf. Cfr., também, a Deliberação do INFARMED n.º . 088/CD/2009, de 22/07/2009. Todavia, de harmonia com esta Norma Orientadora (ponto 4.1.), o início da contagem do período de não comercialização para efeitos da aplicação da "sunset clause" só tem lugar a partir da data em que o medicamento genérico pode ser colocado no mercado pelo Titular de AIM, designadamente após o termo do período de protecção de dados do medicamento de referência ou do termo de outros direitos de exclusivo.

[106] Nestes casos, a comercialização é precedida de um conjunto de procedimentos administrativos pré-contratuais e contratuais, relativamente morosos, no quadro do Código dos Contratos Públicos.

[107] Lembre-se que, de harmonia com a nova lei da arbitragem voluntária, o tribunal deve julgar o pedido no prazo máximo de *12 meses* a contar da constituição do tribunal arbitral (excepto se as partes preverem a prorrogação deste prazo), sob pena de caducidade dos poderes jurisdicionais do tribunal arbitral, por motivo de caducidade da convenção de arbitragem. Segundo a Lei n.º 31/86, esse prazo era de *seis meses*. Nas arbitragens necessárias (*ad hoc* ou institucionalizadas), em matéria de direitos de patente e certificados complementares de protecção, embora não haja convenção de arbitragem, são aplicáveis as mesmas regras quanto à caducidade dos poderes jurisdicionais.

situação de perigo contra a qual a requerente se pretende defender deve ser uma *situação actual*.

Vale dizer: nestes casos, a apreciação e julgamento da pretensão da empresa titular da AIM do medicamento de referência ocorre *quia timet*, a ponto de prevenir ou evitar a comercialização do genérico antes da data da caducidade de todos os exclusivos industriais sobre o medicamento de referência.

Daí que, para o efeito de decretar uma providência cautelar de abstenção na introdução do genérico no mercado, o tribunal não necessita formar convicção sobre a data mais ou menos exacta em que o requerido irá provavelmente comercializar esse genérico. Importante, *mas não suficiente*, para ela ser decretada é a convicção do tribunal no sentido em que essa futura comercialização poderá ocorrer antes da caducidade da patente ou do certificado complementar de protecção e, igualmente, em data anterior ao do trânsito em julgado da decisão sobre o mérito da causa na ação principal.

Não se esqueça que o *receio* (de lesão dificilmente reparável) deve ser *fundado*: não bastam simples dúvidas ou conjecturas, mais ou menos precipitadas[108] de que a requerida irá introduzir o medicamento genérico no comércio; faz-se mister que, *objectivamente*, haja factos que indiciem a ameaça dessa introdução no mercado e que esta permita razoavelmente supor, face às concretas circunstâncias, de que tal comercialização irá ser consumada durante em momento próximo daquele em que se pede o decretamento da providência.

A *conduta anterior* da requerida pode ser, como veremos adiante, relevante na apreciação da *razoabilidade da iminência da viola*ção cuja verificação seja apontada pela requerente para um momento anterior ao da apreciação e julgamento da pretensão na ação principal, designadamente, a circunstância de, em casos análogos, a empresa de medicamentos genéricos requerida desafiar a validade das patentes ou dos certificados complementares de protecção dos medicamentos de referência e ter efectivamente comercializado os genéricos antes da caducidade destes exclusivos industriais, apesar de haver declarado que respeita os direitos de propriedade industrial das concorrentes.

Por outro lado, a empresa que busca a AIM do medicamento genérico pode exibir outros *motivos económicos legítimos* que justificam o precoce pedido (ou concessão) de AIM, designadamente, obter, junto dos tribunais judiciais, a *declaração de nulidade* da patente ou do certificado complementar atinente ao medicamento de referência com trânsito em julgado, após o que estará em condições de

---

[108] ABRANTES GERALDES, A., *Temas da Reforma do Processo Civil*, III volume, 5. *Procedimento Cautelar Comum*, 4.ª edição, Coimbra, Almedina, 2010, p. 108.

comercializar, *uno actu*, o medicamento genérico[109]; outrossim, obter a AIM em Portugal para *fins de exportação* para país onde não vigorem direitos de propriedade industrial sobre a mesma substância activa ou combinação de substâncias activas ou aí onde tenha sido emitida licença obrigatória para importar e comercializar tais substâncias; e lograr a AIM do genérico para obviar a situações de catástrofe ou pandemia.

Não há, porém, dúvida de que certos *actos supervenientes* à concessão da AIM, da fixação do PVP ou da inclusão do genérico nos mecanismos de comparticipação estadual podem revelar a probabilidade da comercialização iminente do medicamento. Por exemplo, se o distribuidor de uma empresa de genéricos informa o titular da patente ou do certificado complementar de protecção de que a introdução do genérico no mercado será provavelmente efectuada ou está programada para ser realizada nas semanas subsequentes[110]; se o agente comercial ou o delegado de propaganda médica marca encontros ou reuniões com o pessoal médico responsável de unidades de saúde, a fim de realizar a apresentação do medicamento genérico; se a requerida envia catálogos, por correio electrónico ou outro meio de comunicação, dirigidos a potenciais clientes do medicamento, anunciando que aceita encomendas; se contacta futuros clientes em feiras ou exposições em Portugal, predispondo-se a fornecer os medicamentos, etc.

4.4. Omissões qualificadoras de uma violação iminente? O valor do silêncio

Vejamos agora se certas omissões da requerida empresa de genéricos são suficientes para, *juntamente, com outras circunstâncias* inculcar a convicção de que se acha iminente uma infração da patente ou do certificado complementar de protecção relativo ao medicamento de referência. Estou a pensar na relevância que o silêncio da requerida pode assumir.

---

[109] Neste caso, julgo que será irrelevante na formação da convicção do tribunal o elevado lapso temporal que, eventualmente, intercorra entre a concessão da AIM do genérico e a caducidade da patente ou certificado complementar de protecção sobre o medicamento de referência: a pretensão de invalidade dos direitos industriais que protegem o medicamento de referência, precipuamente deduzida nos tribunais judiciais competentes, justifica a existência desse grande lapso temporal, pois que a empresa de genéricos desfruta da legítima expectativa de invalidar tais exclusivos *muito antes* da data originariamente predisposta para a sua caducidade. E, para esse feito, necessita munir-se, *quanto antes*, de todas as autorizações administrativas de cuja emissão depende a possibilidade da lícita colocação do medicamento genérico no mercado, tão logo que transite em julgado a decisão judicial que tenha declarado a nulidade desses exclusivos industriais.

[110] Veja-se, na Noruega, o caso *Merck & Co Inc., Merck and Company Inc., Merck Sharp & Dohme BV and MSD (Norway) A/S v. Krka Sverige Ab*, Oslo byfogdembete, proc. n.º 06-180835TVA-OBYF, de 11/12/2006; e na Finlândia o caso *Warner-Lambert Company LLC e Pfizer Oy v. Ranbaxy UK Ltd and Ranbaxy Pharma AB*, tirado no tribunal de 1.ª instância de Helsínquia, proc. n.º 07/30482, em 20/03/2008.

Como é sabido, no direito privado, o *silêncio* exige uma *consideração diferenciada dos diversos casos*: pode ser uma *declaração de vontade* (negocial: aqui, o vale silêncio como *acto jurídico*), como *comportamento juridicamente relevante* (aqui, o silêncio vale como *facto jurídico não negocial*), ou não assumir qualquer relevo[111].

Nos casos objecto de análise, o silêncio da requerida não pode constituir, obviamente uma *declaração negocial*, nem um *comportamento jurídico relevante*, pois que, neste último caso, ele somente poderia servir de apoio a uma *presunção legal* ilidível ou a constituir a base de uma *ficção* (p. ex., uma *ficta confectio*: artigo 574.º, n.º 2, do CPC de 2013). Ora, nos termos do artigo 218.º do CC, a inacção somente tem o valor de declaração negocial (bilateral ou unilateral) quando uma *norma legal*, a *convenção das partes* ou os *usos* lhe atribuírem esse significado.

Ora, na falta de uma *norma legal*[112] no quadro da propriedade intelectual ou de *convenção das partes* que, nas situações fácticas acima enunciadas, atribua ao silêncio da requerida o valor de declaração unilateral de vontade de introduzir os medicamentos genéricos no mercado, só os *usos do comércio* no sector farmacêutico poderiam iluminar o sentido desta inação.

Porém, desconhece-se qualquer *uso comercial* susceptível de, neste domínio merceológico, atribuir ao *silêncio dos concorrentes* este sentido (de comportamento juridicamente relevante). O *silêncio dos concorrentes* não tem, neste particular, *valor declarativo*. O silêncio desses concorrentes não é objecto de qualquer regulamentação pelo CPI ou por outros diplomas que atribuem e disciplinam direitos de propriedade intelectual.

Tão pouco a tipificação de um comportamento de inação destes concorrentes (no sentido do futuro e iminente lançamento do genérico no mercado) pode ser dada pelo tráfico jurídico[113]; enfim, não se conhece que a este silêncio dos concorrentes corresponda uma "declaração ficta" enquanto tipificação de significado declarativo; nem que essa inação possa constituir a base de *declarações presumidas*, pois, neste caso, os factos que poderiam servir de base a uma declaração negocial (*scilicet*, uma declaração unilateral de introdução iminente do medicamento genérico no mercado) não são presumidos pela lei.

Quanto muito, este silêncio pode ser apreciado enquanto *indício*, juntamente com outros factos indiciários, no quadro de *presunções judiciais*. O que recoloca esta

---

[111] Por todos, entre nós, PAULO MOTA PINTO, *Declaração Tácita e Comportamento Concludente no Negócio Jurídico*, Coimbra, Almedina, 1995, pp. 697-701.

[112] Isso só seria assim se *a lei* visasse com tais declarações, precedidas da iniciativa dos titulares dos direitos de exclusivo, a *clarificação* de situações de incerteza jurídica e de segurança no tráfico quanto à futura introdução de eventuais produtos no comércio susceptíveis de infringirem direitos de propriedade industrial. Só que o CPI (ou mesmo o Código do Direito de Autor e Direitos Conexos) não contém quaisquer normas com tal sentido.

[113] Sobre esta "tipificação" pelo tráfico jurídico, em que a vontade do declarante é irrelevante, cfr. PAULO MOTA PINTO, *Declaração Tácita e Comportamento Concludente*, cit., 1995, pp. 722-723.

inação como um mero *problema de prova*, podendo, ou não conduzir à inferência de um facto controvertido a provar (*in casu*, a iminência da introdução do medicamento genérico no mercado) a partir de um outro facto[114] (*in casu*, o silêncio, a inação dos concorrentes), à luz das *máximas da experiência* retiradas do específico sector económico em que se movem os litigantes, contanto que os factos indiciários sejam *inequívocos* e *concludentes*.

Se o requerido tiver sido anteriormente notificado, pelo requerente, para declarar se pretende comercializar o medicamento genérico antes do termo da patente ou do certificado complementar respeitante ao medicamento de referência e nada disser, a despeito de já ser titular da AIM desse genérico, desta conduta (*id est*, o *silêncio*) não se pode retirar, *sic et simpliciter*, que o pretende lançar no mercado num futuro próximo ou que esteja iminente esse lançamento.

A empresa de genéricos tem, eventualmente, razões legítimas para não revelar a sua *estratégia de negócios a uma concorrente*, além de que essa revelação constituiria a divulgação de eventuais *segredos de negócio*. Outras empresas que pretendam comercializar o mesmo genérico tomariam conhecimento, de antemão, da estratégia comercial de uma concorrente. Isto não obstante o regime de confidencialidade que fosse estipulado entre a empresa titular do medicamento de referência e a empresa de genéricos a quem tiver sido pedida tal informação ou *declaração de intenções*. Dificilmente será evitado, nestas eventualidades, algum tipo de divulgação, que faça presumir perante outras concorrentes o conhecimento destas sobre a data provável de introdução no mercado do genérico, cuja informação ou esclarecimento tiver sido peticionada pela empresa titular da AIM do medicamento de referência.

A recusa da empresa titular da AIM do medicamento genérico em fornecer quaisquer "pistas" à empresa titular da AIM do medicamento de referência sobre o provável lançamento comercial deste genérico pode ser então justificada atenta a concorrência com que esta empresa se confronta no mercado farmacêutico.

As empresas de medicamentos de referência não podem desconhecer o ocaso dos seus direitos de propriedade industrial e a outorga da AIM (por vezes, de várias AIM) ao mesmo medicamento genérico.

Perante tais circunstâncias inevitáveis, estas empresas tentam preparar-se o melhor possível para enfrentar a concorrência quando o genérico puder ser licitamente introduzido no mercado, pois não podem desconhecer que esse lançamento será, por via de regra, feito a um PVP substancialmente mais baixo[115].

---

[114] TEIXEIRA DE SOUSA, Miguel, *As Partes, O Objecto e a Prova na Acção Declarativa*, Lisboa, Lex, 1995, p. 210.

[115] Em Portugal, o PVP do medicamento genérico deve ser inferior, no mínimo, em 50% ao PVP do medicamento de referência, com igual dosagem e na mesma forma farmacêutica, sem prejuízo de outras especificidades estabelecidas na legislação sobre a formação de preços dos medicamentos (artigo 7.º da Lei n.º 62/2011, de 12 de Dezembro).

A empresa titular da AIM do medicamento de referência assistirá a uma perda substancial da sua quota de mercado respeitante a essa substância activa.

Todavia, quando entre o momento da inquirição sobre se a empresa de genéricos tem a intenção de lançar o genérico no mercado – uma vez que dispõe de AIM e está na iminência de obter a fixação do PVP – e a data da caducidade da patente ou do certificado complementar de protecção intercorre uma grande lapso temporal[116] (p. ex., mais de dois anos), aliada à circunstância de que o julgamento do mérito das pretensões na ação principal poderá ocorrer num época próxima da caducidade destes direitos industriais, o *silêncio* da empresa de genéricos pode pesar na formação da convicção da *iminência do lançamento do genérico no mercado*[117]. *A fortiori*, se a empresa requerida, uma vez notificada pela

---

[116] A existência de um grande lapso temporal entre a obtenção da AIM do genérico e a caducidade da patente ou do certificado complementar que protegem o medicamento de referência tem sido considerado um *indício* importante na apreciação e julgamento da iminência da infração, para o efeito de condenação da empresa farmacêutica de genéricos em providência cautelar de abstenção de comercialização do genérico antes da verificação daquela caducidade. Cfr., entre outras, a decisão do Tribunal de Dusseldorf, de 29/03/2006, I-2 W 43/05; na Dinamarca veja-se o caso *Novartis AG and Novartis Healthcare A/S v. Teva Danmark A/S*, Østre Landsret, proc. n.º B-1053-08, de 18/11/2008

[117] Cfr., no Reino Unido, a recente decisão do *Patents Court*, de 15/03/2012, no caso *Merck Sharp Dohme Corp. e Bristol-Myers Squibb Pharmaceuticals Limited v. Teva Pharma e Teva UK*, [2012] EWHC 627 (Pat), in http://www.bailii.org/ew/cases/EWHC/Patents/2012/627.html, onde o juiz Birss afirmou que (§ 70): "I suppose it is information with some value but I do not regard that as sufficient to explain away Teva's refusal to say anything in response to the correspondence from BMS' solicitors. That a generic company will launch a product once the patent expires is not news to anyone. That a generic company has gone to the trouble and expense of obtaining a marketing authorisation it has no intention to use is far fetched". Cfr., tb., a decisão, de 5/12/2008, do *Juzgado de lo Mercantil* n. 5 de Madrid, em sede de providência cautelar, no caso que opôs a *Janssen Pharmacêutica NV* à *Teva Genéricos Española, SL*: a circunstância de a *Teva*, após obter a AIM do genérico, ter incluído o medicamento no sistema de comparticipação do Serviço e haver obtido a fixação do PVP –, o que implicou a transmissão de informações sobre o custo de fabricação do medicamento, as previsões de vendas, o custo das matérias primas, os custos salariais e em investigação e desenvolvimento – levou o tribunal a formar a convicção de que a ré se achava numa situação de comercialização iminente do medicamento genérico, o que também foi reforçado pela circunstância de, em nenhum momento, a ré ter manifestado a intenção de protrair a comercialização desse genérico para uma data posterior à da caducidade do certificado complementar de protecção. Decisão que foi confirmada pela *Audiencia Provincial* de Madrid, Secção n. 28, numa decisão de 16/11/2009, proc. n. 184/08, in http://www.eplawpatentblog.com/eplaw/2009/11/es-janssen-v-teva-galantamine-interim-injunction-appeal.html. No passado, no quadro de providências cautelares, os tribunais britânicos, colocados perante pedidos de abstenção na não comercialização do genérico (interim injunction) após a obtenção da AIM a este respeitante, tenderam a colocar sobre a pessoa das requeridas o ónus de revelar a estratégia mercadológica no próprio processo – cfr., neste sentido, entre outros, o caso *SmithKline Beecham plc v. Generics UK Limited*, decidido, em 23/10/2001, pelo *Patents Court*, apreciado e julgado pelo juiz Jacob, in [2001] *All ER* (D) 325 (Oct); o caso *SmithklineBeecham Plc (2) Glaxosmithkline UK Ltd v. (1) Apotex* [2003] EWCA Civ L37, também apreciado e julgado pelo juiz Jacob, aqui onde este, referindo-se ao caso anteriormente citado, observou que: "I remain of the same opinion that I was in the Generics case. Where litigation is bound to ensue if the defendant introduces his product he can avoid all the problems of an interlocutory injunction *if he clears the way first*. That is what the procedures for revocation and declaration of non-infringement are for" – o itálico

titula da AIM do medicamento de referência, afirmar, conquanto secamente, que pretende respeitar os direitos de propriedade intelectual daquela (ou que não tem, nesse, momento, planos para introduzir o genérico no mercado antes da caducidade dos exclusivos industriais), mais dizendo que não pode ser obrigada a efectuar declarações de intenção ou de abstenção, parece que, nestes casos, não existe base suficiente para, *sic et simpliciter*, decretar a referida medida cautelar.

O Presidente do tribunal de 1.ª instância da Haia (de competência especializada em matéria de propriedade industrial e com competências territorial a todo o espaço do território dos Países Baixos) proferiu, recentemente, uma decisão[118], relativamente ao medicamento antiretroviral comercializado sob a marca *Efavirenz*, segundo a qual é insuficiente para justificar a qualificação de infração iminente da patente o facto de a requerida:

– Se ter recusado a subscrever uma declaração, de acordo com a qual esta se absteria de introduzir o genérico no mercado antes da caducidade da patente, ou que avisaria a requerente desse facto, caso o pretendesse fazer[119].

é meu; *idem*, a decisão tirade pelo juiz Floyd, do *Patents Court*, no caso *Novartis AG v. Dexcel Pharma Limited* [2008] EWHC 1266 (Pat), de 10/06/2008 (http://www.bailii.org/ew/cases/EWHC/Patents/2008/1266.html), cuja substância activa era a *ciclosporina*. Nas palavras do juiz Floyd, "Moreover, I am impressed by the fact that Dexcel had it within its *power to clear its product in time for its launch and neglected to do so*. The fact that it claims the product to be a strategic and important one makes its strategy all the more surprising" (§ 60) – o italico é meu; isto, tendo em atenção de que a ré tinha respondido à notificação extrajudicial da Novartis da seguinte forma: "Dexcel Pharma Limited has no immediate plans to market a cycosporin product ("Deximune") in the United Kingdom. In the event that it does decide to launch Deximune in the UK it will first give your clients 28 days written notice". No mesmo sentido navegou, na Austrália, o caso *Pharmacia Italia S p A v. Interpharma Pty Ltd* [2005] FCA 1675: tribunal condenou a requerida em abster-se de comercializar o genérico logo após esta ter obtido a AIM e ter obtido a inscrição na lista de medicamentos cujo peço é compartipado, preferindo que este fique "no porto" (*in the bay*) até que fosse esclarecida a questão da invalidade da patente nos autos da ação principal.

Na prática, estas decisões visam manter o *status quo* na data do pedido formulado na providência cautelar, na medida que, nesse momento, a requerente seja a única fornecedora do medicamento em questão. Se o medicamento de referência é o único que se encontra a ser comercializado, não havendo infração actual da patente ou do certificado complementar de protecção, o tribunal tenderá a manter esta situação até à apreciação do mérito das pretensões na ação principal, recusando, as mais das vezes, a prestação de caução por parte da requerida, em substituição do decretamento da medida cautelar de abstenção da introdução do genérico no mercado. Se a requerida pretender alterar este *statu quo*, cabe-lhe a ela, querendo, tomar uma posição activa, ou bem que por meio de uma declaração de não infração, ou bem através de uma declaração de nulidade da patente ou do certificado complementar de protecção, por via de ação de reconvenção.

[118] Decisão de 27/03/2012, no caso que opôs a *Merck Sharp & Dohme Corp.*, e a *Merck Sharp & Dohme B.V.*, à *Teva Pharma B.V.*, e à *Teva Pharmaceuticals Europe B.V.*, proc. n.º 412750/HA ZA 12-138, in http://www.eplawpatentblog.com/eplaw/2012/04/nl-merck-v-teva.html.

[119] A *Merck* enviou, em 7/02/2012, uma carta à *Teva*, segundo a qual: "[...] we require you to provide a written undertaking not to take any steps to market Efavirenz Teva or any other generic Efavirenz containing medicinal product in any European country where EP '455 or a corresponding national patent or supplementary protection certificate granted on the basis of such patent remains in force. If you will

- Ter comercializado medicamentos genéricos em outros países antes da caducidade dos direitos de patente ou dos certificados complementares de protecção relativos aos medicamentos de referência.
- Revelar um enorme interesse em comercializar os genéricos o mais cedo possível.
- Já se encontrar a comercializar outras substâncias activas, no estrangeiro, que podem ser usadas em combinação com a substância activa do medicamento genérico que é objecto da providência cautelar de abstenção na introdução no mercado holandês.

No mais este tribunal da Haia salientou um ponto muito importante na sua argumentação: o titular da patente não deve poder gerar *unilateralmente* a ameaça de infração ao peticionar à requerida uma declaração de intenção de não infração durante a vigência da patente (ou do certificado complementar de protecção). Além de que também notou que a titular da AIM do medicamento genérico não tem a obrigação de informar a titular da patente sobre o medicamento de referência da iminência, maior ou menor, da introdução do genérico no comércio. O interesse em manter essa informação confidencial excede o legítimo interesse do requerente da providência em ser informado do presumível lançamento do genérico no mercado, a fim de instaurar os procedimentos judiciais que, na circunstância, caibam. Em suma, o tribunal da Haia limitou-se a concretizar o *princípio da proporcionalidade* igualmente previsto no n.º 2 do artigo 368.º do CPC de 2013, indeferindo a providência na medida em que o prejuízo dela resultante excedia consideravelmente o dano que com ela se pretendia evitar.

Já, porém, o panorama decisório poderá ser diferente se o requerido, notificado extrajudicialmente pelo titular da AIM do medicamento de referência,

---

not provide such an undertaking then alternatively we require you to provide a written undertaking that you will not take any steps to market Efavirenz Teva or any other generic Efavirenz containing medicinal product unless you provide us with eight (8) weeks' prior notice in writing. If I do not receive an undertaking from you in either of the forms set out above by 5pm today, my clients have no choice but to presume that it is your intention to commence marketing Efavirenz Teva imminently and will protect their position by seeking injunctive relief".

Decorridos três dias, em 10/02/2012, a *Teva* respondeu, afirmando que: "This is Teva's substantive reply to your letter of 7th February 2012. It is not Teva's policy to disclose to its competitors information relating to the date on which any product the subject of a Marketing Authorisation will be launched in any given country. This is regarded by Teva, and we believe by all our competitors, as being confidential information. The grant of a Marketing Authorisation to Teva permits, but does not require, Teva to market the product in any given territory at any particular time. In reaching a decision whether, where, and when to market, Teva will take into account all relevant commercial factors, including Teva's policy of not infringing valid patents. In the present case, without waiting for a substantive response to your letter, proceedings have been commenced in England seeking interim relief. In those circumstances we consider that it is appropriate for the Court to consider whether those proceedings are well founded and whether it is appropriate to grant interim relief. Teva is therefore not prepared to give the undertakings you request".

se recusar a confirmar se pretende, ou não, introduzir o genérico no mercado nesse concreto Estado-Membro e, paralelamente, contestar, extrajudicialmente, a validade da patente ou do certificado complementar de protecção. Vale dizer: ocorrem eventualidades em que a empresa farmacêutica de genéricos não tem o "direito ao silêncio"[120].

Mas estas circunstâncias, na minha opinião, podem não servir, *só por si*, para constituir a base suficiente para ordenar a providência cautelar de abstenção de comercialização do genérico fundada em infracção iminente da patente ou do certificado complementar de protecção. Faz-se mister sopesar a eventual *conduta anterior* da requerida em casos da mesma natureza.

Uma outra conduta praticada por eventuais empresas requeridas é passível de *valoração diferenciada*, qual seja: o comportamento da empresa de medicamentos genéricos, que, respondendo à empresa titular da AIM do medicamento de referência, afirma que o medicamento para que obteve AIM não ofende a patente ou o certificado complementar de protecção das requerentes e que o medicamento genérico *poderá ser introduzido no mercado no prazo máximo de seis meses* a contar da data da sua inscrição no registo de medicamentos cujo preço de aquisição é compartipável pelo Estado – isto considerando que as requeridas tenham obtido a AIM e a inscrição na lista de compartipações do Estado no PVP do medicamento[121]. Nestes casos, é razoável que – na falta de uma prévia acção de

---

[120] Deveremos, porém, salientar que este ónus de não permanecer silente é substancialmente mais acentuado nos sistemas processuais anglo-saxões, aí onde, por força das regras do processo civil, os litigantes são levados a estabelecer um conjunto de comunicações, prestação de informações e acesso a documentos numa fase anterior à instauração das acções em tribunal. Por conseguinte, existem deveres de conduta e de *boa fé pré-processual* entre futuros e potenciais litigantes não ligados por quaisquer relações de negócios, ainda quando as pretensões levadas a juízo promanam de responsabilidade civil extracontratual.

[121] Neste sentido, veja-se a recente decisão, em sede de recurso de providência cautelar, da *Cour d'appel* de Paris, de 21/03/2012, no caso que opôs a *Novartis AG* e a *Novartis Pharma* à *Mylan SAS* e à *Qualimed SAS*, proc. n.º 11/12942, respeitante a um *enantiómero* (a rivastigmina) utilizado na doença de *Alzheimer* – in http://www.eplawpatentblog.com/eplaw/2012/04/fr-novartis-v-mylan-and-qualimed.html#more. Em rigor, a afirmação das requeridas, segundo a qual o medicamento genérico iria provavelmente ser comercializado num prazo de seis meses a contar dessa data foi, no caso concreto, efectuada à autoridade administrativa competente (*in casu*, ao "Comité Économique des Produits de Santé"), que não às requerentes da providência cautelar e titulares da AIM do medicamento de referência.
Apesar de esta 2.ª instância francesa ter considerado que "... le seul fait, pour MYLAN et QUALIMED, d'avoir accompli cês diligences avant l'expiration des droits des sociétés NOVARTIS *ne suffit donc pas à démontrer l'atteinte imminente portée aux droits de celles-ci*; que n'est pas davantage probante la simple lettre de mise en garde adressée par les titulaires des droits à MYLAN le 17 décembre 2010", esta outra circunstância é capaz de formar sumariamente a convicção da infracção iminente: "Qu'en revanche, le 17 février 2011, NOVARTIS PHARMA était informée par le Comité économique des produits de santé que "MYLAN avait confirmé pouvoir commercialiser ses spécialités génériques Rivastigmine MYLAN et Rivastigmine QUALIMED sans enfreindre les droits déclarés, *dans un délai de six mois suivant l'inscription au JORF*", donc avant l'expiration des droits des sociétés NOVARTIS" – os itálicos são meus.

invalidade (ou da dedução de um pedido reconvencional em ação de infração adrede instaurada) dos exclusivos industriais em questão[122], ou de uma *invalidade manifesta* do direito industrial com base no qual as requerentes fundam a providência cautelar de abstenção de introdução do genérico no mercado – as requeridas sejam condenadas a não colocar esse medicamento nos circuitos comerciais, face à comprovada intenção (mais do que uma mera *probabilidade objectiva*) de os introduzir no comércio em momento anterior à apreciação do mérito da causa ou do trânsito em julgado da decisão que sobre este se pronunciar.

4.5. A conduta anterior da requerida

Um outro ponto factual relevante pode consistir na *conduta anterior da empresa requerida*. A conduta anterior da requerida pode, na verdade, relevar na apreciação da razoabilidade da iminência da violação cuja verificação seja apontada pela requerente para um momento anterior ao da apreciação e julgamento da pretensão na ação principal.

Estou a pensar, designadamente, na circunstância de, em casos análogos, a empresa de medicamentos genéricos ter desafiado a validade das patentes ou dos certificados complementares de protecção dos medicamentos de referência, ainda quando titulados por outras empresas, e comercializar os genéricos antes da caducidade destes exclusivos industriais. Outrossim, na circunstância de a requerida haver iniciado os preparativos da comercialização do genérico em outro Estado-Membro ou, inclusivamente, já ter iniciado a comercialização nesse outro Estado-Membro.

Noutras eventualidades, a desistência ou a inação da titular da AIM do medicamento genérico relativamente à pretensão de invalidade do medicamento de referência – ou, inclusivamente, a não instauração de ação de simples apreciação negativa destinada a declarar a não violação da patente ou do certificado complementar[123] –, conjugada com o *silêncio* sobre a sua futura estratégia comercial, mesmo quando desafiada pela primeira para o revelar, não devem, em princípio, formar a convicção sobre a existência de uma infração iminente. Tão pouco importa a formação dessa convicção no espírito do julgador a circunstância de

---

[122] Na realidade, as patentes e os correspondentes certificados complementares de protecção respeitantes a este *enantiómero*, vigentes na Suécia e no Reino Unido, foram declarados nulos, por *falta de actividade inventiva* – assim, desde logo, no Reino Unido por via de uma decisão de 30/09/2011, pelo juiz FLOYD, do *Patents Court*, a qual foi confirmada pelo *Court of Appeal*, num acórdão de 12/12/2012, relatado pelo juiz KITCHIN, [2012] EWCA CIV 1623, in : http://www.bailii.org/ew/cases/EWCA/Civ/2012/1623.html.

[123] Isto perante a ameaça (plasmadas, por exemplo, numa notificação extrajudicial) da titular da AIM do medicamento de referência no sentido de a empresa titular da AIM do genérico cessar eventuais preparativos regulatórios administrativos.

a requerida já ter introduzido no comércio, no estrangeiro, outras substâncias activas que podem ser usadas em combinação com a substância activa constitutiva do medicamento genérico objecto de AIM em Portugal.

4.6. A fungibilidade entre a condenação da abstenção de introduzir o genérico no mercado e a indemnização do dano sofrido

Pode ainda discutir-se se o tribunal deve abster-se de emitir providência cautelar perante a iminência da introdução do medicamento genérico no mercado se puder formar a convicção de que os danos podem ser totalmente reparados, a final, por parte da ré. Na verdade, atenta a solvabilidade financeira da ré, se o dano sofrido pela titular da AIM do medicamento de referência puder ser quantificado, conquanto no apenso de liquidação (art. 360.º, n.º 3, do CPC de 2013), poderá haver a tendência de o tribunal se abster de decretar a providência cautelar de condenação na não introdução no genérico no mercado, mesmo perante a formação da convicção da iminência da infração; e ainda que fique sumariamente convencido de que essa introdução poderá ocorrer antes do trânsito em julgado da ação principal, à luz da referida solvabilidade.

Julgo, todavia, que este critério de decisão pode não ser, as mais das vezes, o mais adequado no âmbito do sector farmacêutico, atenta o seu elevado pendor de regulação administrativa. Na verdade, a inadequação do ressarcimento do dano será mais provável do que a condenação na abstenção de comercializar o genérico face a uma violação iminente dos direitos de propriedade industrial envolvidos.

A empresa titular da AIM do medicamento de referência está, por via de regra, mais exposta ao risco da erosão do preço e de perda irreversível de quota de mercado. Os danos serão, quase sempre, irreparáveis.

De igual modo, esta via da *compensação final do dano sofrido* também se revela, não raro, economicamente desfavorável para a empresa titular da AIM do medicamento genérico. Esta última empresa vê, desse modo, subtraído *ex post* todo o investimento empresarial na preparação da introdução do genérico no mercado, nas aprovações administrativas e a oportunidade de ser a primeira empresa a lançar esse medicamento genérico.

4.7. A tutela cautelar e a declaração de nulidade não transitada em julgado da patente com base na qual o procedimento cautelar é interposto

Quid iuris, porém, se o titular da patente (ou CCP) perde, em 1.ª instância, a ação de nulidade da patente ou vê julgado procedente o pedido reconvencional de nulidade da patente com base na qual tenha instaurado a ação de infração da patente? Coloca-se a questão de saber se este titular, tendo interposto recurso de apelação para a Relação ou recurso de revista para o STJ, está livre de deduzir e obter ganho de causa em providência cautelar no entretanto instaurada contra terceiro na pendência dos mencionados recursos ordinários. Vejamos. Poderia conceber-se a improcedência da providência cautelar com base na ausência do requisito *fumus boni iuris*. Porém, dado que uma decisão recorrida – no caso a decisão de invalidação de uma patente – é sempre uma decisão provisória, ao recorrente, ainda titular dessa patente não pode deixar de ser reconhecida a aparência da probabilidade séria da existência (ainda provisória ou periclitante) do direito industrial a que se arroga. Estas considerações podem ser transpostas para as eventualidades em que o titular da patente europeia – produzindo efeitos em Portugal – instaura procedimento cautelar no tribunal português (tribunal arbitral necessário ou tribunal estadual, se, neste último caso, não estiver em causa uma competência material exclusiva desta justiça arbitral) *na pendência* de ação de nulidade da patente europeia instaurada nos orgãos jurisdicionais do Instituto Europeu de Patentes ou pedido de oposição à patente europeia (que tenha designado Portugal como Estado da proteção) junto dos mesmos orgãos jurisdicionais[124].

Todavia, uma vez que se faz necessário proceder a um *juízo de proporcionalidade* entre os prejuízos resultantes para o requerido e os danos que com a providência cautelar o requerente pretende evitar, não é de excluir a *substituição da providência cautelar* pela *prestação de uma caução* pelo requerido na pendência do recurso interposto contra a decisão que tenha invalidado a patente[125].

---

[124] Cfr. o recente acórdão do *Court of Appeal* britânico, de 21/11/2013, relatado pelo Juiz Floyd, no caso UK – HTC v. IPcom [2013] EWCA Civ 1496, http://www.bailii.org/ew/cases/EWCA/Civ/2013/1496.html. Este tribunal britânico de 2.ª instância confirmou a recusa de suspensão da instância em ação de infração de patente europeia (concedida para o Reino Unido) decretada pelo *Patents Court* na pendência do recurso da decisão da Divisão de Oposição do Instituto Europeu de Patentes, recurso, este, interposto para a Câmara Técnica deste mesmo Instituto. Veja-se, agora, o artigo 33.º, n.º 10, do Acordo relativo ao Tribunal Unificado de Patentes (*Jornal Oficial da União Europeia*, C 175, de 20/6/2013, p. 1 ss.), segundo o qual: "As partes devem informar o Tribunal de qualquer processo de extinção, limitação ou oposição perante o Instituto Europeu de Patentes, bem como de qualquer pedido de tramitação acelerada junto do Instituto Europeu de Patentes. O Tribunal pode suspender a instância *quando se possa esperar uma decisão rápida* por parte do Instituto Europeu de Patentes" – o itálico é meu. Isto também explica a ideia (não só aplicável nos tribunais britânicos) segundo a qual *a patente pode ser válida entre as partes litigantes* e ser, no entretanto, decretada nula pelo Instituto Europeu de Patentes, uma vez que a ação no Estado Contratante não tenha sido sobrestada. Daí que a ação de infração pendente no Estado contratante não deve ser suspensa na pendência do pedido de oposição à concessão da patente europeia se for expectável ou presumível que a ação de infração da patente transite em julgado *antes* da oposição à mesma patente junto do referido Instituto.

[125] Veja-se a decisão do Tribunal Metropolitano de Budapeste, de 21/1/2011, in http://www.eplawpatentblog.com/eplaw/2011/01/hu-court-maintained-preliminary-injunction-after-limitation-of-patent.html#more.

Siglas e abreviaturas:

ADI	Actas de Derecho Industrial y Derecho de Autor (Espanha)
AIM	Autorização de Introdução no Mercado
B.M.J.	Boletim do Ministério da Justiça
CC	Código Civil
CCP	Certificado complementar de proteção
CJ-ACSTJ	Colectânea de Jurisprudência, Acórdãos do Supremo Tribunal de Justiça
CPC	Código de Processo Civil
CPI	Código da Propriedade Industrial
DL	Decreto-lei
F.S.R	Fleet Street Reports (Reino Unido)
GRUR	Gewerblicher Rechtsschutz und Urheberrecht (Alemanha)
IIC	International Review of Industrial Property and Copyright Law
LG	Landesgericht
OLG	Oberlandsgericht
PIBD	Propriété Intellectuelle, Bulletin Documentaire (França)
Rev. ABPI	Revista da Associação Brasileira de Propriedade Intelectual
PVP	Preço de Venda ao Público
ROA	Revista da Ordem dos Advogados
R.P.C.	Reports of Patent, Design and Trade Mark Cases (Reino Unido)
Sic!	Revue du droit dela Propriété Intellectuelle, de l'information et de la concurrence (Suíça)

PEDIDO PROVISÓRIO DE PATENTE

LUÍS COUTO GONÇALVES*

Abstract: The Decree-Law No. 143/2008, of 25 July, which amended the Industrial Property Code of 2003 (CPI), created the possibility of filing a provisional patent application. The interim order is void if, within the period of twelve months, the conversion to a final application does not take place. The assessment of this figure, as opposed to the final application, and in light of the already elapsed experimentation period, is the essential purpose of this text.

Keywords: patent, final application; provisional application; conversion of the provisional application.

Palavras-chave: patente de invenção; pedido definitivo; pedido provisório; conversão do pedido provisório.

Sumário: Introdução. 1. Noção de invenção; 2. As vias de protecção da invenção; 3. Pedido nacional definitivo; 3.1. Exame quanto à forma e às limitações; 3.2. Publicação do pedido; 3.3. Oposição; 3.4. Exame de fundo da invenção; 3.5. Concessão parcial; 3.6. Unidade da invenção; 3.7. Recurso; 4. Pedido provisório de patente; 4.1. Procedimento; 4.2. Conversão do pedido provisório em pedido definitivo; 4.3. Vantagens; 4.4. Riscos; 5. Balanço; 5.1. Os requerentes de pedidos provisórios; 5.2. Conteúdo dos pedidos provisórios; 5.3. Relatórios de pesquisa pedidos e realizados; 5.4. Evolução dos pedidos provisórios; 5.5. Conclusão.

Introdução

O Decreto-Lei n.º 143/2008, de 25 de Julho, que alterou o Código da Propriedade Industrial de 2003 (CPI), criou a possibilidade de apresentação de um pedido provisório de patente de invenção. Pode ler-se no preâmbulo do diploma legal que o objectivo da introdução deste mecanismo é o de «incentivar a procura de pedidos de patentes por parte dos pequenos e médios inventores, que passam a poder fixar imediatamente uma prioridade num acto simplificado e com menos custos numa fase inicial».

É, pois, uma nova forma de apresentar pedidos de patente que permite assegurar a prioridade com um mínimo de formalidades. Ao requerente basta entregar um documento que descreva, em português ou inglês, o objecto do pedido de

---

* Professor Catedrático da Escola de Direito da Universidade do Minho. Este estudo encontra-se actualizado até Fevereiro de 2014.

maneira a permitir a execução da invenção por qualquer pessoa competente na matéria (art. 62.º-A, n.º 2 al. e)).

O pedido provisório fica sem efeito caso não tenha lugar a apresentação da documentação necessária (discriminada nos artigos 61.º e 62.º), dentro do prazo de 12 meses para conversão em pedido definitivo (art. 62.º-B n.º 6).

A apreciação desta figura, por contraposição à do pedido definitivo e à luz do tempo de experimentação já passado, será o objecto essencial deste escrito.

1. Noção de invenção

Não há uma definição legal de invenção. No entanto, é possível retirar de algumas soluções legais (nomeadamente as dos artigos 52.º n.º 1, 55.º e 56.º[1]) a necessidade de a invenção corresponder a um conhecimento aplicado e de natureza técnica. Na perspectiva mais tradicional, ainda hoje dominante na Europa, a invenção surge como um «ensinamento para uma acção planeada, com a utilização das forças da natureza susceptíveis de serem dominadas, para obtenção de um resultado causal previsível»[2].

Para ser patenteável, o mesmo é dizer, para ser protegida como coisa em sentido jurídico[3], é necessário que a invenção seja legalmente possível, lícita e preencha os requisitos de patenteabilidade, ou seja, a novidade, a actividade inventiva e a susceptibilidade de aplicação industrial[4].

---

[1] O art. 52.º não considera uma invenção, por exemplo, a descoberta ou as criações estéticas e os artigos 55.º e 56.º consagram os chamados requisitos de patenteabilidade, nos quais se refere expressamente que a invenção deve ser diferente (novidade) e suficientemente distante (actividade inventiva) do estado da técnica e susceptível de aplicação industrial.

[2] É uma definição inspirada na prática alemã do BGH – cfr., por todos, BENKARD, *Patentgesetz*, C.H. Beck, München, 2006, § 1 Rdn. 40-74, BUSSE, *Patentgesetz*, De Gruyter Verlag, Berlin, 2013, § 1 Rdn. 24 a 38. GÓMEZ SEGADE, *Enciclopedia Jurídica Básica*, vol. III, p. 3744, Ed. Civitas, Madrid, 1995, define invenção como uma «regra técnica industrial para solucionar um problema técnico utilizando as forças da natureza animada e inanimada». Por sua vez, FRANZOSI, *Commentario Codice della Proprietà Italiano* (SCUFFI/FRANZOSI/FITTANTE), CEDAM, Padova, 2005, p. 251 e «Definizione di invenzione brevettabile», *Rivista di Diritto Industriale* (RDI), 2008, pp. 18 e ss, define invenção como «a combinação intuitiva de ideias ou objectos preexistentes na qual o princípio de combinação adoptado era até então desconhecido». Para FRANZOSI a invenção é a reunião de dois elementos: a intuição da possibilidade e da utilidade de coisas existentes e a combinação operativa. Para uma visão mais alargada de propostas de definição doutrinária e jurisprudencial de invenção cfr. PEDRAZZINI, «Die Entwicklung des Erfindungsbegriffes», in *Kernprobleme des Patentsrechts*, (AA.VV.), Ed. Stämpfli, Bern, 1988, pp. 21 a 34.

[3] No mesmo sentido, *idem*, BENKARD, *Patentgesetz* cit., § 1 Rdn. 40.

[4] Para mais desenvolvimentos cfr. o nosso *Manual de Direito Industrial*, Almedina, Coimbra, 2013, pp. 62 e ss e as indicações bibliográficas da nota 94.

A protecção de uma invenção que respeite estes requisitos poderá ser feita, por opção do requerente, a título de patente ou de modelo de utilidade (art. 51.º, n.º 4)[5]. Trata-se de uma originalidade portuguesa! Até ao CPI vigente, o modelo de utilidade protegia, literalmente, a *utilidade* de um produto conhecido. A invenção de processo estava afastada, logicamente, da protecção por modelo de utilidade. Um processo, por definição, não é um modelo! Com o Código actual, a situação muda significativamente (por referência ao direito comparado) no plano do objecto de protecção. A regra é a de que qualquer invenção (de produto ou processo) pode ser protegida através de patente ou de modelo de utilidade (artigos 51.º, n.º 4 e 117.º, n.º 3). As excepções são apenas as invenções biotecnológicas e as invenções químicas e farmacêuticas, que só podem ser protegidas por patente (art. 119.º, als. b) e c)).

A noção de invenção patenteável e os requisitos do objecto e de patenteabilidade são hoje praticamente comuns às legislações nacionais dos diferentes países europeus, situação explicada pela fortíssima influência uniformizadora da Convenção da Patente Europeia – CPE (artigos 52.º a 57.º). Isto significa que as principais legislações nacionais europeias de patentes, a nível dos grandes princípios, se encontram muito próximas para não dizer coincidentes. Esse tem sido o indiscutível mérito da CPE que tem funcionado, na realidade, como um texto *supra-legal* do direito nacional de patentes.

Todavia, deve reconhecer-se que o conceito de invenção tem vindo a ser questionado, nos últimos anos, especialmente em relação ao duplo requisito de tecnicidade (solução e problema técnicos). O conceito tradicional de *invenção-técnica (technological arts)* começa a ser confrontado com o conceito mais amplo e menos exigente de *invenção-útil (useful arts)* pelo qual a patente pode alargar o seu âmbito a actividades não estritamente técnicas[6].

Esta situação deve-se, por um lado, às dificuldades criadas ao direito de patentes pelo surgimento de um conjunto de novos "produtos" ligados a áreas em grande expansão como a biotecnologia e a informática e, por outro, pela influência do direito norte-americano.

Nos Estados Unidos da América, ao contrário do que se passa no continente europeu, o conceito legal de invenção patenteável não se centra na ideia de solução

---

[5] Nos CPI de 1940 e 1995 o modelo de utilidade destinava-se a proteger invenções «menores», isto é, com um menor grau de originalidade, respeitantes exclusivamente a produtos (e não a processos) e limitadas a uma apreciação funcional (delas devia resultar o aumento da utilidade ou a melhoria do aproveitamento – art. 37.º CPI-1940 e art. 122.º, n.º 1 CPI-1995).
[6] Sobre este relevante tema da noção de invenção e a delimitação do círculo de bens patenteáveis, cfr. NACK, *Die patentierbare Erfindung unter den sich wandelnden Bedingungen von Wissenschaft und Technologie*, Carl Heymanns Verlag, Köln, Berlin, Bonn, München, 2002, que confronta a perspectiva europeia, de um modo especial da Alemanha, e a perspectiva norte-americana.

técnica, mas na noção de solução nova e útil (§ 101 USC-35)[7]. Esta disposição legal tem permitido, nos últimos anos, uma maior flexibilidade na aplicação do direito de patentes e um consequente alargamento do círculo de objectos patenteáveis, como se tornou mais evidente a partir da importante decisão do «United States Court of Appeals for the Federal Circuit» (CAFC) no «leading case» *State Street v. Signature Financial*, de 1998, em que foi concedida a patente de um método comercial aplicável através de um programa de computador[8].

2. As vias de protecção da invenção: nacional, europeia e internacional

Em Portugal, desde 1992, é possível proteger a invenção não só pela via nacional, mas também pela via europeia (Convenção da Patente Europeia, de 1973) e pela via internacional (Tratado de Cooperação em Matéria de Patentes, de 1970 – PCT). A via nacional corresponde ao sistema tradicional de patentes e significa que o pedido de patente é efectuado em cada país no qual se deseja obter protecção. Aquele que tiver apresentado pedido de patente num dos países da União da Paris (CUP de 1883) gozará do direito de prioridade durante o período de 12 meses para apresentar o pedido nos outros países (art. 4.º A) 1 e C) 1. da CUP). Esta via implica que cada autoridade administrativa nacional competente faça um exame formal e substancial de cada pedido. A diferença principal entre o sistema nacional de patentes e o sistema europeu ou o sistema internacional reside, essencialmente, no facto de, nestas duas últimas vias, haver um único pedido e uma maior centralização procedimental.

3. Pedido nacional definitivo

O pedido definitivo de patente nacional, de acordo com o art. 61.º, n.º 1, será feito em requerimento, redigido em língua portuguesa, que indique:

a) O nome, firma ou denominação social do requerente, sua nacionalidade e domicílio ou lugar em que está estabelecido, o número da identificação fiscal quando se trate de um residente em Portugal e o endereço de correio electrónico, caso exista;

---

[7] O § 101 USC-35 estabelece que «quem inventar ou descobrir um processo, uma máquina, um artigo manufacturado ou uma composição de matérias, nova e útil, ou um seu aperfeiçoamento novo e útil pode obter a patente para essa invenção ou descoberta (...)».

[8] Cfr., por exemplo, a decisão, em língua alemã, *in Gewerblicher Rechtsschutz und Urheberrecht - Internationaler Teil* (GRUR Int.), 1999, pp. 633 e ss.

b) A epígrafe ou título que sintetize o objecto da invenção;
c) O nome e país de residência do inventor;
d) O país onde se tenha apresentado o primeiro pedido, a data e o número dessa apresentação, no caso do requerente pretender reivindicar o direito de prioridade;
e) A menção de que requereu modelo de utilidade para a mesma invenção, se foi o caso, nos termos do n.º 5 do art. 51.º;
f) A assinatura ou identificação electrónica do requerente ou do seu mandatário.

Ao requerimento devem juntar-se, em duplicado, em língua portuguesa, os documentos seguintes (art. 62.º, n.º 1):

Reivindicações do que é considerado novo e que caracteriza a invenção;
Descrição do objecto da invenção;
Desenhos necessários à perfeita compreensão da descrição;
Resumo da invenção.

Os elementos referidos no ponto anterior respeitarão os requisitos formais fixados por despacho do Presidente do Conselho Directivo do Instituto Nacional da Propriedade Industrial (art. 62.º, n.º 2).

As *reivindicações* definem o objecto da protecção requerida devendo ser claras, concisas, correctamente redigidas, baseando-se na descrição e contendo, quando apropriado (art. 62.º, n.º 3):

«Um preâmbulo mencionando o objecto da invenção e as características técnicas necessárias à definição dos elementos reivindicados, mas que, combinados entre si, fazem parte do estado da técnica»;

«Uma parte caracterizante, precedida da expressão «caracterizado por» e expondo as características técnicas que, em ligação com as características indicadas na alínea anterior, definem a extensão da protecção solicitada».

As reivindicações constituem a peça mais importante do pedido, porquanto definem o objecto do pedido, seja invenção-produto (aparelho, máquina, dispositivo ou substância), seja invenção-processo (processo propriamente dito, método ou uso) ou, ainda, invenção de produto e processo. Dito de outra forma abrangem tudo o que caracteriza a invenção do ponto de vista técnico, quer do ponto de vista estrutural, quer do ponto de vista funcional. No caso das reivindicações de produto, as características técnicas são os parâmetros físicos (e se necessário também funcionais) desse produto; no caso das reivindicações de processo, as regras técnicas são as etapas físicas que definem esse processo.

As reivindicações devem ser elaboradas de modo a que se esbatam as dúvidas sobre o conteúdo da invenção, se facilite a apreciação dos requisitos de patenteabilidade e se proporcione segurança jurídica ao titular e aos concorrentes.

A *descrição* deve indicar de maneira breve e clara, sem reservas nem omissões, tudo o que constitui o objecto da invenção contendo uma explicação pormenorizada de, pelo menos, um modo de realização da invenção, de maneira que qualquer pessoa competente na matéria a possa executar (art. 62.º, n.º 4). A descrição visa garantir que a invenção reivindicada representa um contributo para o enriquecimento técnico da comunidade suficientemente justificativo do direito privativo atribuído ao respectivo titular pela ordem jurídica. A descrição deve ensinar a fazer o que se reivindica.

Neste sentido, a descrição deve reportar-se não apenas à estrutura da invenção como à finalidade da invenção salvo se esta se afigurar evidente. A descrição deve ainda fazer um ponto de situação do estado da técnica e uma referência às vantagens técnicas da invenção.

A invenção, tal como é caracterizada nas reivindicações, deve ser exposta na descrição de maneira a permitir a apreciação do problema ou problemas técnicos tratados e a compreensão da solução fornecida para a resolução desses problemas. Se a descrição não permitir a sua execução por qualquer pessoa competente na matéria a patente pode vir a ser considerada nula (cfr. art. 113.º, al. d)).

Os *desenhos* deverão ser constituídos por figuras em número estritamente necessário à compreensão da invenção (art. 62.º, n.º 5)

O *resumo* da invenção a publicar no BPI (art. 62.º, n.º 6):

«Consiste numa breve exposição do que é referido na descrição, reivindicações e desenhos e não deve conter, de preferência, mais de 150 palavras».

«Serve, exclusivamente, para fins de informação técnica e não será tomado em consideração para qualquer outra finalidade, designadamente para determinar a extensão da protecção requerida».

3.1. Exame quanto à forma e às limitações

Apresentado o pedido de patente no Instituto Nacional da Propriedade Industrial (INPI), será feito exame quanto à forma e às limitações de objecto, no prazo de um mês (art. 65.º, n.º 1).

Caso o INPI tenha verificado existirem irregularidades de carácter formal no pedido ou que existem limitações quanto ao objecto da patente, o requerente será notificado para, no prazo de dois meses, corrigir essas irregularidades (art. 65.º, n.º 2).

Se o requerente, no prazo estabelecido, não corrigir as referidas irregularidades o pedido será recusado e publicado o respectivo aviso no BPI não havendo, neste caso, lugar à publicação do pedido (art. 65.º, n.º 3).

Após o exame formal é realizada uma pesquisa preliminar ao estado da técnica, sem carácter vinculativo, e que permite ao requerente avaliar o recurso às vias não nacionais de protecção (art. 65.º-A, aditado pelo DL n.º 143/2008).

3.2. Publicação do pedido

Se o pedido de patente for apresentado de forma regular ou for regularizado, será publicado no Boletim da Propriedade Industrial (BPI), com a transcrição do resumo e da classificação internacional nos termos do Acordo de Estrasburgo (art. 66.º, n.º 1).

A publicação a que se refere o número anterior não será feita antes de decorridos dezoito meses a contar da data da apresentação do pedido de patente no INPI, ou da prioridade reivindicada (art. 66.º, n.º 2).

A publicação poderá ser antecipada a pedido expresso do requerente (art. 66.º, n.º 3).

Efectuada a publicação, qualquer pessoa poderá requerer cópia dos elementos constantes do processo (art. 66.º, n.º 4).

O pedido de patente confere provisoriamente ao requerente, a partir da data da respectiva publicação no BPI, a protecção que seria atribuída pela concessão do direito, para ser tomada em consideração no cálculo de eventual indemnização (art. 5.º, n.º 1).

A mesma protecção provisória a que se refere o número anterior será oponível, ainda antes da data da publicação, em relação a quem tenha sido notificado da apresentação do pedido e tenha recebido os elementos necessários constantes do processo (art. 5.º, n.º 2).

As sentenças judiciais relativas a acções propostas na base da protecção provisória não poderão ser proferidas antes da concessão ou recusa definitiva da patente, suspendendo-se a instância finda a fase dos articulados (art. 5.º, n.º 3).

3.3. Oposição

A publicação do pedido no BPI abre prazo para a apresentação de reclamações de quem se julgar prejudicado pela concessão da patente.

O prazo para apresentar reclamações é de dois meses a contar da data da publicação do pedido no BPI (art. 17.º, n.º 1).

Às reclamações e demais peças processuais pode o requerente responder na contestação dentro do prazo de dois meses a contar da data da respectiva notificação (art. 17.º, n.º 2).

3.4. Exame de Fundo da Invenção

O INPI promoverá o exame da invenção, que consistirá essencialmente na verificação dos requisitos de patenteabilidade, considerando todos os elementos constantes do processo (art. 68.º, n.º 1).

Não havendo oposições, será feito um relatório do exame no prazo de um mês a contar da publicação do pedido no BPI (art. 68.º, n.º 2).

Havendo oposição, o relatório será feito no prazo de um mês a contar da apresentação da última peça processual (art. 68.º, n.º 3).

Se, do exame, se concluir que a patente pode ser concedida, será publicado o respectivo aviso no BPI (art. 68.º, n.º 4).

Se do exame resultar que a patente não pode ser concedida, o relatório do exame, acompanhado de cópia de todos os elementos nele citados, será enviado ao requerente com a notificação para, no prazo de dois meses, responder às observações feitas (art. 68.º, n.º 5).

Se, após a resposta do requerente, se verificar que subsistem objecções à concessão da patente, será feita nova notificação para, no prazo de um mês, serem esclarecidos os pontos ainda em dúvida (art. 68.º, n.º 6).

Quando da resposta do requerente se verificar que a patente pode ser concedida, será publicado o respectivo aviso no BPI (art. 68.º, n.º 7).

Se a resposta às notificações não for considerada suficiente, será publicado o aviso de recusa ou de concessão parcial, em harmonia com o relatório do exame (art. 68.º, n.º 8).

Se o requerente não responder à notificação, a patente será recusada, publicando-se o respectivo aviso no BPI (art. 68.º, n.º 9).

3.5. Concessão parcial

Tratando-se apenas de delimitar a matéria protegida, eliminar reivindicações, desenhos, frases do resumo ou da descrição ou alterar o título ou epígrafe da invenção, de harmonia com a notificação e se o requerente não proceder voluntariamente a essas modificações, o INPI pode fazê-las e publicar, assim, o aviso de concessão da respectiva patente no BPI (art. 69.º, n.º 1).

A publicação do aviso mencionado no número anterior deve conter a indicação de eventuais alterações da epígrafe, das reivindicações, da descrição ou do resumo (art. 69.º, n.º 2).

A concessão parcial deve ser proferida de forma que a parte recusada não exceda os limites constantes do relatório do exame (art. 69.º, n.º 3).

3.6. Unidade da invenção

No mesmo requerimento não se pode pedir mais de uma patente, nem uma só patente para mais de uma invenção (art. 71.º, n.º 1).

Uma pluralidade de invenções ligadas entre si de tal forma que constituam um único conceito inventivo geral será considerada uma só invenção (art. 71.º, n.º 2).

3.7. Recurso

Cabe recurso, de plena jurisdição, das decisões do INPI que concedam ou recusem a patente, para o Tribunal de Propriedade Intelectual de Lisboa[9].

São partes legítimas para recorrer das decisões do INPI o requerente e os reclamantes e ainda quem seja directa e efectivamente prejudicado pela decisão (art. 41.º).

O recurso será interposto no prazo de dois meses a contar da data da publicação do despacho no BPI, ou da data da respectiva certidão, pedida pelo recorrente, quando esta for anterior (art. 42.º).

4. Pedido provisório de patente

Como vai dito, o DL n.º 143/2008, de 25 de Julho, criou a possibilidade de apresentação de um pedido provisório de patente.

É uma nova forma de apresentar pedidos de patente que permite assegurar a prioridade com um mínimo de formalidades. Ao requerente basta entregar um documento que descreva, em português ou inglês, o objecto do pedido de maneira a permitir a execução da invenção por qualquer pessoa competente na matéria (art. 62.º-A, n.º 2 al. e)).

O pedido provisório fica sem efeito, caso não tenha lugar a apresentação da documentação necessária (discriminada nos artigos 61.º e 62.º), dentro do prazo de 12 meses para conversão em pedido definitivo (art. 62.º-B, n.º 6).

Esta forma de pedido de patente representa uma espécie de desenvolvimento e aperfeiçoamento de uma solução que constava da versão originária do CPI de 2003. Referimo-nos ao disposto no art. 61.º, n.º 3 segundo o qual, era reconhecida ao requerente prioridade (prevista no artigo 11.º do código) desde que apresentasse uma síntese da descrição e tinha um mês para apresentar a descrição

---

[9] Instituído pelo Decreto-Lei n.º 67/2012, de 20 de Março e instalado, em Lisboa, a partir de 30 de Março de 2012, pela Portaria n.º 84/2012 de 29 de Março.

e os desenhos (artigo 64.º). Ou seja, o que se fez, com a revisão de 2008, foi alargar o prazo, para completar o pedido, de um mês para o limite de 12 meses[10].

Certamente, também não foi indiferente à solução portuguesa a figura similar dos Estados Unidos da América designada «Provisional Application for Patent», prevista desde 8 de Junho de 1995 no «Patent Act» 35 U.S.C., §111 (b). Este sistema prevê que o inventor possa requerer a protecção da sua invenção assegurando prioridade à solicitação da respectiva patente durante o prazo de um ano. O requerente tem de elaborar uma descrição o mais completa possível da invenção de modo a que qualquer pessoa competente na área da invenção a possa realizar ou usar, devendo ainda entregar os desenhos que sejam necessários para a compreensão da invenção. Uma das especificidades é a ausência de reivindicações[11].

4.1. Procedimento

A apresentação do pedido provisório é acompanhada:
a) Da identificação completa do requerente;
b) Da entrega do documento (em português ou inglês) que descreva o objecto do pedido de maneira a permitir a execução da invenção por qualquer pessoa competente na matéria[12];
c) Do pagamento de uma taxa reduzida.

Se o requerente o tiver solicitado pode ser efectuado um relatório de pesquisa (art. 62- A, n.º 4). Antes de esgotados os 12 meses, o requerente deve solicitar, a qualquer momento, a conversão em pedido definitivo. O INPI pode enviar um aviso a lembrar a aproximação do fim do prazo para a conversão (art. 62.º-B, n.º 7).

4.2. Conversão do pedido provisório em pedido definitivo

Antes de esgotados os 12 meses, o requerente deve:
a) Apresentar, em português, todos os documentos necessários à instrução de um pedido definitivo ("normal") de patente (as reivindicações, as descrições e os desenhos), redigidos em língua portuguesa (art. 62.º-B, n.º 1). Quando as reivindicações do pedido definitivo não tenham por base o documento inicial apresentado, a prioridade da alteração do pedido conta-se da data de apresentação das reivindicações e não da data do pedido provisório (art. 62.º-B, n.º 2).

---

[10] Outro factor a ter em conta é a experiência similar nos EUA (artigo 102 al. b) «Patents Act», 35 USC.
[11] A solução chegou a ser apresentada e ponderada numa reunião de peritos que teve lugar em Bruxelas a 5 de Outubro de 1998 (cfr. *Official Journal* EPO n.º 3/1999, pp. 155/165).
[12] Pode ser um *paper*, um artigo científico, uma tese académica, etc.

Este aspecto (a correspondência entre a matéria do pedido definitivo e do pedido provisório) tem um interesse prático muito importante, relacionado com a contagem do prazo de um ano do direito de prioridade previsto na Convenção da União de Paris e na Convenção sobre a Patente Europeia.

b) Pagar a taxa correspondente ao pedido normal. Este pagamento já inclui o exame de fundo ou substancial.

c) Se o pedido não for convertido, perdem-se os benefícios e o pedido é considerado como tendo sido objecto de desistência (art. 62.º-B, n.º 6).

d) Se o pedido for convertido, seguem-se os trâmites normais de um pedido de patente:

d) 1. Exame quanto à forma e quanto às limitações do pedido (art. 62.º-B, n.º 3 e art. 65.º);

d) 2. Publicação no BPI, dentro de seis meses, isto é, no prazo de 18 meses após o pedido provisório (art. 62.º-B, n.º 4 e art. 66.º);

d) 3. Oposição dos interessados (art. 62.º-B, n.º 4 e art.17.º, n.º 1);

d) 4. Exame de fundo, que consiste na apreciação dos requisitos de patenteabilidade (art. 62.º-B, n.º 4 e art. 68.º, n.ºs 1, 2 e 3);

d) 5. Despacho de concessão de concessão ou de recusa (art. 62.º-B, n.º 4 e art. 68.º, n.ºs 3 a 9);

d) 6. A patente é válida pelo prazo de 20 anos contados a partir da data do pedido provisório (art. 62.º-B, n.º 5).

4.3. Vantagens

a) Permite fixar a prioridade unionista de 12 meses (prevista no artigo 4.º-A) n.ºs 1, 2 e C) 1) da CUP), para poder apresentar o pedido nos outros países da União de Paris;

b) Permite adiar até ao máximo de 12 meses a formalização de um pedido completo de patente;

c) Permite assegurar a confidencialidade da invenção (o pedido não é publicado)[13];

d) Permite averiguar, a pedido do interessado, o estado da técnica (pode servir de base a uma pesquisa informal do preenchimento do requisito da novidade – art. 62.º-A, n.º 2 al. e));

e) Permite reduzir o investimento inicial, concedendo ao requerente até 1 ano para avaliar o valor potencial da invenção.

---

[13] Isto significará que o requerente não perderá (por falta de novidade) o direito de requerer um pedido de patente definitivo, mesmo que deixe caducar o direito de conversão do pedido provisório.

O pedido provisório de patente pretende responder tanto a situações de indisponibilidade temporal (falta de tempo para formalizar um pedido integral e avaliar o interesse da invenção), como de indisponibilidade financeira (falta de financiamento imediato para avançar com um pedido completo).

4.4. Riscos

a) O pedido provisório não permite reivindicar a prioridade de um pedido anterior;

b) O pedido provisório não produz efeito útil se for redigido de forma demasiado simplificada, vaga, genérica e não apresentar uma solução técnica;

c) O pedido provisório, se for muito restrito, limita o âmbito de protecção da patente. Se houver matéria nova a prioridade conta-se da data de apresentação das reivindicações;

d) A duração da patente é contada da data de apresentação do pedido provisório;

e) Pode haver dificuldade em alguns países aceitarem o pedido provisório com garantia de prioridade apesar do disposto no art. 4.º n.ºs 2 e 3 CUP, que parece permitir a salvaguarda da admissibilidade da data de apresentação do pedido provisório como data de prioridade nos outros países[14].

5. Balanço

5.1. Os requerentes de pedidos provisórios

Os pedidos provisórios provêm, essencialmente, de três categorias de requerentes: particulares, empresas e universidades. A maioria dos pedidos, entre 2009 a 2013 (inclusive), é proveniente de particulares (cerca de 50%). As universidades, que seriam o alvo preferencial dos pedidos provisórios, representam cerca de 25% enquanto que as empresas representam cerca de 20%.

No ano de 2012, os pedidos portugueses de invenções nacionais têm a seguinte origem: 47% – inventores individuais, 32% – empresas, 19% – Universidades e 2% – Instituições de Investigação.

---

[14] Para outras considerações, ver ISABEL FORTUNA DE OLIVEIRA, «Referência ao pedido provisório de patente no CPI português», *Actas de Derecho Industrial* (ADI 29- 2008/2009), pp. 689 e ss e AA.VV., *Código da Propriedade Industrial Anotado* (Coordenadores António Campinos/Luís Couto Gonçalves), Almedina, 2010, pp. 231 e ss.

5.2. Conteúdo dos pedidos provisórios

Na apresentação de um pedido provisório, para além do formulário, é necessário entregar também «(...) *um documento que descreva o objecto do pedido de maneira a permitir a execução da invenção por qualquer pessoa competente na matéria (...)*» (alínea e) do n.º 2 do artigo 65.º-A), podendo o conteúdo desse documento variar entre um resumo de poucas linhas até uma tese de mais de 100 páginas.

Verifica-se que, na maioria dos pedidos, é entregue apenas um resumo acompanhado de um ou vários desenhos. Dentro dos conteúdos mais comuns para um pedido provisório, pode referir-se a apresentação de resumos, seguida da entrega de pedidos completos, de descrições acompanhada por desenhos e, por fim, de pedidos com resumo, descrição e desenhos, mas sem reivindicações. Por outro lado, a entrega apenas de desenhos ou de teses representam os tipos de conteúdos de pedidos menos comuns, bem como a apresentação de artigos científicos.

5.3. Relatórios de pesquisa pedidos e realizados

No n.º 4 do artigo 62.º-A é referido que o requerente pode solicitar uma pesquisa ao estado da técnica associado à sua invenção, antes de expirados os 12 meses para a conversão do pedido provisório. Embora a taxa para a pesquisa seja bastante apelativa, verifica-se que, em apenas 67% dos pedidos, é solicitada a pesquisa ao estado da técnica.

No entanto, o INPI adoptou um procedimento interno de efectuar uma «pré-pesquisa» ao estado da técnica relativa aos pedidos provisórios, que preencham as condições mínimas para que tal procedimento seja viável, a qual permite fazer uma primeira avaliação ao correspondente potencial de patenteabilidade.

5.4. Evolução dos pedidos provisórios

A percentagem dos pedidos provisórios em relação a outros pedidos definitivos de direitos sobre criações técnicas (patentes e modelos de utilidade) tem vindo a aumentar, consistentemente. Em 2013 representou 59%, face a 57% de 2012, 55% de 2011, 48% de 2010 e 41% de 2009. Do total de pedidos de invenções por via nacional (867), submetidos em 2013, 510 foram pedidos provisórios de patente (representando a referida percentagem de 59% do total de pedidos), 149 foram pedidos nacionais definitivos de patente (17%) e 116 foram pedidos de modelo de utilidade (13%).

5.5. Conclusão

Ao todo, desde a sua criação, em final de Outubro de 2008, e até final de 2013, já deram entrada, no INPI, 2039 pedidos provisórios de patente.

Todavia, dos pedidos provisórios, que já ultrapassaram o período de conversão, a percentagem de conversões ainda não é superior a 50%.

Os conteúdos mais comuns na apresentação de um pedido provisório de patente correspondem às descrições e pedidos com reivindicações. Por outro lado, constata-se uma tendência de diminuição para os artigos científicos. As teses e os desenhos continuam a ser os conteúdos menos apresentados. No entanto, os resultados obtidos mostram que estes conteúdos estão a aumentar ao longo dos anos.

Por fim, os resumos registaram uma diminuição significativa, o que representa um factor positivo, visto que este tipo de conteúdo está associado, muitas vezes, a potenciais de patenteabilidade mais reduzidos.

Pode concluir-se que a introdução dos pedidos provisórios tem sido um relativo sucesso, tendo em conta uma perspectiva estatística comparativa com a entrada de pedidos definitivos dos outros direitos de incidência tecnológica e a percentagem de conversão de pedidos[15].

---

[15] Alguns dos dados estatísticos podem ser recolhidos em: http://www.marcasepatentes.pt.

DIREITO DA SOCIEDADE DA INFORMAÇÃO

A INFORMAÇÃO COMO OBJETO DE DIREITOS*

DÁRIO MOURA VICENTE**

> «*The general rule of law is, that the noblest of human productions – knowledge, truths ascertained, conceptions, and ideas – became, after voluntary communication to others, free as the air to common use.*»
>
> Louis Brandeis, J., in *International News Service v. Associated Press*, 248 U.S. 215 (1918)

Abstract: This study examines the issue of whether, and to what extent, information (taken here as the data that are the subject-matter of human knowledge) may constitute the object of subjective rights. The author analyses, in particular, whether information may be appropriated by way of ordinary property rights, copyrights, industrial property rights or *sui generis* rights.

Keywords: information; subjective rights; property; copyright; industrial property rights; *sui generis* rights.

Palavras-chave: informação; direitos subjectivos; propriedade; direito de autor; direitos de propriedade industrial; direitos *sui generis*.

Sumário: I. Posição do problema; II. Alguns casos. Interesses em jogo; III. Direitos de propriedade sobre a informação?; IV. Direitos de autor sobre a informação?; V. Direitos industriais sobre a informação?; VI. Direitos *sui generis* sobre a informação?; VII. Balanço e conclusões.

I – Posição do problema

Vamos ocupar-nos nesta exposição da questão de saber se e em que medida pode a informação constituir objeto de direitos subjetivos. Importa, para este efeito, precisar o conceito de informação[1]. Numa aceção ampla, ele exprime duas

---

* Texto, com pequenas actualizações, da conferência proferida em 12 de julho de 2010 no *IX Curso de Verão Sobre Direito da Sociedade da Informação*, organizado pela Faculdade de Direito da Universidade de Lisboa e pela Associação Portuguesa de Direito Intelectual.
** Professor Catedrático da Faculdade de Direito da Universidade de Lisboa.
[1] Sobre o ponto, *vide* Jean-Christophe Galloux, «Ébauche d'une définition juridique de l'information», *Recueil Dalloz*, 1994, Chroniques, pp. 229 ss.; Ulrich Sieber, «The Emergence of Information Law: Object and Characteristics of a New Legal Area», *in* Eli Lederman/Ron Shapira, *Law, Information and Information*

realidades distintas: os dados ou conteúdos que podem ser objeto do conhecimento humano e o próprio ato ou processo pelo qual a informação é comunicada a outrem. O sentido que aqui nos interessa é tão-somente o primeiro.

É bem sabido que a informação passou nos últimos anos a condicionar as relações sociais de modo mais decisivo do que nunca. Este fenómeno é atribuível, essencialmente, a dois fatores. Por um lado, o advento da tecnologia digital, que trouxe novas possibilidades de processamento, armazenagem e comunicação de informação, ao permitir a conversão daquela em dígitos suscetíveis de serem reconhecidos e interpretados pelos computadores. Por outro, o surgimento da Internet, através da qual a informação pode ser instantaneamente colocada à disposição de um público vastíssimo, cujos membros ficam habilitados a aceder a ela a partir do lugar e no momento em que quiserem.

Em virtude da facilidade e da rapidez do acesso à informação proporcionadas por estas inovações tecnológicas, e da consequente abundância de informação disponível, esta assume hoje um papel nuclear na vida social, tanto no plano económico como no cultural e no político.

Com efeito, a automatização e a simplificação da atividade empresarial associadas ao uso das tecnologias da informação permitem reduzir substancialmente os custos das transações e constituem hoje a principal força motriz do aumento da produtividade. A facilitação do acesso à informação abriu também novas perspetivas ao ensino e à investigação científica, do mesmo passo que constitui um importante fator de aculturação. Além disso, a informação ocupa em vários países uma indústria em rápido crescimento, responsável por parte significativa do produto nacional de muitos países. O acesso à informação condiciona ainda o funcionamento dos sistemas políticos, na medida em que, por um lado, o livre acesso à informação é um dos esteios da «sociedade aberta» mas, por outro, ela constitui um importante instrumento de controlo dos cidadãos pelo Estado.

É este fenómeno, assaz complexo e de contornos não inteiramente definidos, que correntemente se designa através do conceito de *sociedade da informação*.

Ora, o advento da sociedade da informação está na origem de uma multiplicidade de novos problemas jurídicos.

Não sofre dúvida, com efeito, que, na aceção referida, a informação é um *bem*: uma coisa apta a satisfazer necessidades humanas.

Trata-se por outro lado, não raro, de um bem dotado de alto valor económico. Mas este último tem muitas vezes um caráter efémero, pois depende de a

---

Technology, Haia/Londres/Nova Iorque, 2001, pp. 1 ss.; Maria Eduarda Gonçalves, *Direito da Informação*, Coimbra, 2003, pp. 7 ss.; Michael Kloepfer, *Informationsrecht*, Munique, 2002, pp. 23 ss.; e Thomas Hoeren, *Internet- und Kommunikationsrecht*, Colónia, 2008, p. 1.

informação ser conservada em poder do seu criador ou detentor. Se a informação for partilhada com outros, perde o seu valor económico.

A não ser, evidentemente, que a utilização e a exploração económica da informação, ainda que divulgada publicamente, sejam colocadas na dependência do consentimento do seu criador ou detentor.

A questão fundamental que a este respeito se coloca é, pois, a de saber se a informação pode em alguma medida ser objeto de *direitos de exclusivo* sobre a sua utilização e exploração. É deste problema que vamos curar no presente estudo.

Ocupar-nos-emos, porém, aqui apenas da existência de direitos patrimoniais sobre a informação: direitos de propriedade, direitos autorais, direitos industriais ou outros direitos de exclusivo *sui generis*. Fora do âmbito da nossa indagação fica, assim, o problema – só por si merecedor de um estudo autónomo – de saber se a informação, na medida em que consista em dados pessoais, pode ser objeto de direitos de personalidade.

II – Alguns casos. Interesses em jogo

Consideremos, antes de mais, alguns casos em que o problema aludido pode colocar-se.

A, jornalista, faz publicar em determinado órgão de comunicação social uma notícia relativa a um acontecimento recente. Pode opor-se à sua divulgação não autorizada por outro órgão de comunicação social?

B descobre as causas genéticas de certa patologia humana e revela-as num artigo científico. Um laboratório farmacêutico, baseando-se na informação assim divulgada, produz e comercializa um medicamento que visa combatê-la. Pode *B* reclamar do laboratório um pagamento?

C, fabricante de um refrigerante, conserva há muitos anos em segredo a respetiva fórmula química. Um concorrente seu descobre a fórmula. Pode *C* opor-se a que o produto do seu concorrente seja comercializado sem a sua autorização?

D, tendo adquirido um exemplar de um programa de computador, analisa-o e determina o algoritmo que se encontra na sua base. Pretende em seguida utilizá-lo num programa concorrente, que se propõe comercializar. Pode fazê-lo sem autorização do titular do primeiro programa?

E recolhe numa base de dados, ao longo de vários anos, informações que lhe foram sendo gratuitamente fornecidas por diversas Universidades sobre o género, idade e naturalidade dos estudantes de Direito que as frequentam. Um investigador pretende utilizar essas informações num estudo científico. Pode fazê-lo sem autorização de *E*?

Como é bom de ver, a atribuição de direitos de exclusivo sobre a utilização e exploração deste tipo de informações permite recompensar o esforço e os avultados investimentos que a recolha e o tratamento da informação por vezes requerem, os quais em alguma medida pressupõem a existência de estímulos económicos para o efeito.

Mas ela contende inevitavelmente com o livre acesso do público à informação, na medida em que fica assim reservada a alguns a sua utilização. Restringe-se também deste modo a inovação tecnológica, que pressupõe a livre circulação da informação.

Além disso, essa atribuição de direitos constitui um limite à concorrência entre os agentes económicos e à descida dos preços dos produtos e serviços proporcionada pela concorrência entre os respetivos fornecedores.

É este conflito de interesses que o Direito tem de resolver. Vejamos em que termos o faz.

III – Direitos de propriedade sobre a informação?

A primeira questão que pode colocar-se a este respeito consiste em saber se a informação é suscetível de constituir objeto de direitos de propriedade.

É esta a tese sustentada em França por Pierre Catala, que admite inclusivamente a aplicação das regras sobre a acessão às hipóteses de transformação de informação alheia[2].

Segundo aquele autor, «a informação é, em princípio, apropriada desde a sua origem; [...] ela pertence [...] ao seu autor, quer dizer, àquele que lhe dá forma para a tornar comunicável [...]»[3]. «Juridicamente», acrescenta, «não deve existir informação "vaga e sem dono"»[4]. Em suma, no seu entender «o bem informação, em princípio, acede à vida jurídica sob o signo da propriedade do seu autor»[5].

Esta tese depara, no entanto, com sérias dificuldades.

De jure condendo, porque é altamente indesejável a admissão, como princípio geral, de que a informação é suscetível de apropriação individual, tendo em conta

---

[2] Cfr. «Ebauche d'une théorie juridique de l'information», *Recueil Dalloz Sirey*, 1984, pp. 97 ss. Ver ainda, do mesmo autor, «La propriété de l'information», in *Le droit à l'épreuve du numérique. Jus ex Machina*, Paris, 1998, pp. 245 ss. Um ponto de vista distinto é porém sustentado, perante o ordenamento jurídico francês, por Christian Le Stanc, «The rights of the creator of information in France», *European Intellectual Property Review*, 1989, pp. 32 s., e por André Lucas/Jean Devèze/Jean Frayssinet, *Droit de l'informatique et de l'Internet*, Paris, 2001, pp. 271 ss.
[3] Cfr. «Ebauche d'une théorie juridique de l'information», cit., p. 99.
[4] *Ibidem*, p. 103.
[5] *Ibidem, idem*.

que a inovação e o progresso tecnológico sempre dependeram em alguma medida da sua livre disseminação[6].

De jure condito, porque a informação é um *bem incorpóreo*, que não tem, por si só, existência física. Tal como outros bens incorpóreos, não pode, por isso, constituir objeto do direito de propriedade[7].

De resto, a informação pode ser reproduzida, divulgada e utilizada ao mesmo tempo por diversas pessoas e em diversos lugares sem que isso diminua a sua disponibilidade ou utilidade. Nisto se traduz a sua *ubiquidade*. Por este motivo, a informação não é suscetível de posse: a ninguém é dado exercer o domínio físico sobre ela. Uma vez divulgada, não pode ser restituída à respetiva fonte. A reivindicação, por exemplo, seria destituída de sentido quanto a ela.

Faltam, por isso, à informação alguns dos carateres fundamentais dos bens que se encontram sujeitos ao direito de propriedade.

Naturalmente que o Direito pode criar, a favor de certo ou certos sujeitos, exclusivos de outra natureza sobre bens incorpóreos, reservando-lhes, em determinadas condições, a respetiva utilização ou exploração económica. Veremos adiante se, e em que medida, esses outros exclusivos são extensíveis à informação.

Tão-pouco pode extrair-se do direito de propriedade sobre um bem corpóreo um exclusivo de utilização e exploração comercial da informação respeitante a esse bem.

O problema pôs-se recentemente num caso julgado pelo *Oberlandesgericht* de Brandeburgo[8] e pelo *Bundesgerichtshof*[9].

Curava-se, na espécie, de saber se uma fundação alemã, proprietária de diversos parques e jardins sitos em Berlim, podia opor-se validamente à comercialização *online*, pelo titular de um sítio Internet, de fotografias desses imóveis, tiradas sem a sua autorização.

Segundo a fundação, autora numa ação que decorreu nos tribunais alemães, essa prerrogativa compreender-se-ia no seu direito de propriedade sobre os ditos imóveis.

O *Oberlandesgericht* de Brandeburgo rejeitou, porém, essa alegação no acórdão que proferiu sobre o caso.

---

[6] Nesta linha de orientação, veja-se Pamela Samuelson, «Information as Property: Do *Ruckelshaus* and *Carpenter* Signal a Changing Direction in Intellectual Property Law?», *Catholic University Law Review*, 1988-1988, pp. 365 ss.
[7] Haja vista, em Portugal, ao disposto no art. 1302.º do Código Civil.
[8] Cfr. o acórdão de 18 de fevereiro de 2010, reproduzida na *Zeitschrift für Urheber- und Medienrecht*, 2010, pp. 356 ss.
[9] Cfr. o acórdão de 17 de dezembro de 2010, disponível em http://lexetius.com.

A reprodução comercial de fotografias de uma coisa própria não corresponde, no entender do Tribunal, a um direito de exclusivo de que o proprietário dessa coisa seja titular. Os direitos que os §§ 903 e 1004 do Código Civil alemão reconhecem a este último apenas podem ser exercidos quando a utilização da coisa seja afetada, o que não seria o caso.

De outro modo, acrescentou o Tribunal, a possibilidade de fotografar sem correr o risco de lesar direitos alheios ficaria restrita às coisas próprias e ao alto mar.

A pretensão da autora envolveria, além disso, um alargamento do âmbito de proteção da propriedade aos bens imateriais. Ora, este é regulado por disposições legais específicas, nomeadamente as que constam do Direito das Patentes, do Direito das Marcas, do Direito de Autor e do Direito Geral de Personalidade; e não pelas regras atinentes ao direito de propriedade.

O *Bundesgerichtshof* afastou-se, no entanto, parcialmente deste entendimento, considerando que o proprietário de um imóvel pode opor-se, dentro de certas condições, à captação e comercialização de fotografias do mesmo sem a sua autorização prévia.

O referido Tribunal reconheceu, é certo, que a captação de fotografias não afeta a substância do direito de propriedade, pois não impede o desfrute do bem que constitui objecto deste.

Admitiu, além disso, que o proprietário de um imóvel não tem um direito exclusivo à captação e comercialização de fotografias análogo ao dos autores.

Mas do direito aos frutos produzidos pelo imóvel, previsto no § 99, número 3, do BGB, decorreria, segundo o *Bundesgerichtshof*, a faculdade de o proprietário se opor à captação de tais fotografias a partir do interior do mesmo.

Já as fotografias tiradas a partir de sítios públicos ou de outros imóveis seriam lícitas mesmo sem autorização prévia do proprietário.

IV – Direitos de autor sobre a informação?

Vejamos agora se o Direito de Autor atribui direitos de exclusivo sobre a informação.

A resposta a esta questão deve ser em princípio negativa. Na verdade, o Direito de Autor não protege simples informações, mas antes *obras intelectuais*, i. é, criações do espírito humano[10].

---

[10] Ver sobre o ponto, José de Oliveira Ascensão, *Direito de autor e direitos conexos*, Coimbra, 1992, p. 57; *idem*, *Direito Autoral*, 2.ª ed., Rio de Janeiro, 1997, pp. 27 ss.; Gerhard Schricker/Ulrich Loewenheim, *Urheberrecht. Kommentar*, 2.ª ed., Munique, 1999, pp. 57 ss. ; André Lucas/Henri-Jacques Lucas, *Traité de la propriété*

Para tanto, é aliás ainda necessário que tais obras relevem do domínio literário, científico e artístico[11]. Não é obra protegida pelo Direito de Autor, por conseguinte, toda e qualquer criação intelectual. Esta qualificação também se aplica, com efeito, às invenções, aos modelos de utilidade e aos desenhos e modelos industriais; mas estas criações apenas são, quando muito, tuteladas pelo Direito da Propriedade Industrial, não pelo Direito de Autor.

Exige-se, por outro lado, que as referidas criações sejam dotadas de *originalidade*[12]: a obra deve ser fruto de um *esforço criador* do sujeito a quem é atribuída, ou, dito de outro modo, deve representar um contributo intelectual próprio do autor[13], refletindo de alguma sorte a sua personalidade[14].

Finalmente, a proteção pelo Direito de Autor pressupõe que as criações em causa sejam *exteriorizadas* de certa forma (escrita, oral, etc.). Excluem-se, portanto, do âmbito da proteção do Direito de Autor as simples ideias, os processos, os sistemas, os métodos operacionais, os conceitos, os princípios e as descobertas. Na realidade, o que o Direito de Autor tutela é apenas a forma de expressão de uma criação intelectual, e não a substância desta última. O que bem se compreende, pois a concessão de exclusivos sobre simples ideias entravaria irremediavelmente o progresso cultural e científico, que de alguma sorte sempre dependeu da possibilidade de se debaterem e reelaborarem ideias alheias.

A informação que não obedeça a estes requisitos não é, portanto, protegida pelo Direito de Autor.

Nalguns casos, ainda que a informação preencha os requisitos referidos, está subtraída à proteção jusautoral. Tal o caso das «notícias do dia» e dos «relatos de acontecimentos diversos com caráter de simples informações»[15]. A lei confere nestes casos primazia ao interesse público em aceder à informação[16] sobre o interesse particular do autor das simples notícias.

Mas há desvios ao referido princípio.

Estabelecem-se, com efeito, nas leis de diversos países regras especiais para certas categorias de obras. É o que sucede, por exemplo, em matéria de programas

---

littéraire et artistique, 3.ª ed., Paris, 2006, pp. 53 ss.; Manfred Rehbinder, *Urheberrecht*, 14.ª ed., Munique, 2006, pp. 59 ss.; Haimo Schack, *Urheber- und Urhebervertragsrecht*, 4.ª ed., Tubinga, 2007, pp. 93 ss.; e Reto Hilty, *Urheberrecht*, Berna, 2011, pp. 67 ss.

[11] Cfr., em Portugal, o art. 1.º, n.º 1, do Código do Direito de Autor e dos Direitos Conexos (doravante CDADC).

[12] Cfr. Luiz Francisco Rebello, *Introdução ao Direito de Autor*, vol. I, Lisboa, 1994, pp. 87 ss.

[13] Assim Xavier Linant de Bellefonds, *Droits d'auteur et droits voisins*, Paris, 2002, p. 44.

[14] Cfr. Pierre-Yves Gautier, *Propriété littéraire et artistique*, 5.ª ed., Paris, 2004, p. 50 ; André Lucas/Henri-Jacques Lucas, *Traité de la propriété littéraire et artistique*, cit., p. 72.

[15] A que se refere o art. 7.º, n.º 1, alínea *a)*, do CDADC.

[16] Que a Constituição portuguesa protege no art. 37.º, n.º 1.

de computador[17], relativamente aos quais se consagra hoje um regime um tanto diverso do que vale para a generalidade das obras intelectuais[18].

Por um lado, porque se prevê que o «utente legítimo» de um programa de computador – mas só ele – pode, sem autorização do titular do programa, observar, estudar ou ensaiar o funcionamento deste, para determinar as ideias e os princípios que estiverem na base de algum dos seus elementos, quando efetuar qualquer operação de carregamento, visualização, execução transmissão ou armazenamento[19]. O que inevitavelmente implica alguma restrição ao princípio da liberdade de circulação das ideias em que, como dissemos, assenta o Direito de Autor.

Por outro, porque apenas é lícita a «descompilação» (*reverse engineering*) das partes de um programa de computador com certas limitações. Essa operação só é permitida, com efeito, na medida do necessário à *interoperabilidade* (ou seja, à interação funcional) do programa em causa com outros programas e quando for essa a via indispensável para a obtenção de informações necessárias a essa interoperabilidade[20]; não, por exemplo, para a elaboração de um programa concorrente.

Além disso, as informações obtidas através da descompilação não podem ser utilizadas de modo a lesar a exploração normal do programa originário ou a causar um prejuízo injustificado aos interesses legítimos do titular do direito, nem podem ser comunicadas a outrem quando tal não for necessário para a interoperabilidade do programa criado independentemente[21].

Reserva-se assim ao titular do programa a utilização de certas informações que estão na base dele. A própria informação é, deste modo, elevada à condição de objeto de direitos.

V – Direitos industriais sobre a informação?

A questão que colocámos a respeito do Direito de Autor pode também pôr-se quanto ao Direito da Propriedade Industrial. Pergunta-se por isso: concederá este último direitos de exclusivo sobre a informação?

Supomos que também neste caso a resposta deve ser negativa.

---

[17] Cfr., em Portugal, o CDADC, art. 36.º, e o D.L. n.º 252/94, de 20 de outubro.
[18] Ver, sobre esse regime, com particular referência ao Direito português, José Alberto Vieira, *A protecção dos programas de computador pelo Direito de Autor*, Lisboa, 2005.
[19] D.L. n.º 252/94, art. 6.º, n.º 1, alínea *b*).
[20] *Idem*, art. 7.º, n.º 1.
[21] *Idem*, art. 7.º, n.º 4.

De acordo com um princípio universalmente aceite, não são patenteáveis as descobertas, as teorias científicas e os métodos matemáticos[22]. Por descobertas quer-se significar, para este efeito, a revelação de causas, propriedades ou fenómenos existentes na natureza[23].

A informação científica não é, pois, em si mesma patenteável. Só as suas aplicações à resolução de problemas concretos, i.é, as invenções, podem sê-lo, desde que sejam novas (*hoc sensu*, não compreendidas no estado da técnica). Assim, por exemplo, a descoberta de que a introdução de uma mistura de ar e combustível num cilindro, que seja depois comprimida por um pistão, tem um efeito explosivo, ou de ignição, gerando assim energia, é insuscetível de ser patenteada. Mas uma máquina concebida especificamente para este efeito, *v.g.* o motor de um automóvel, pode sê-lo.

Bem se compreende que assim seja. De outro modo, o progresso científico ficaria restringido, pois toda a utilização da informação científica, ainda que para fins desinteressados, teria de ser licenciada.

Aliás, caso se concedessem patentes sobre a informação científica sem se especificar qual ou quais as suas utilizações práticas, os exclusivos a elas inerentes teriam um âmbito potencialmente muito vasto – porventura até indeterminável. O que acarretaria riscos muito graves para a sociedade, que ficaria à mercê do respetivo titular.

Mesmo as invenções, a fim de serem patenteadas, têm de ser reveladas publicamente. A informação subjacente à invenção não é, pois, em si mesma objeto de um exclusivo. Este incide apenas sobre os diferentes modos possíveis de exploração da invenção[24], ou seja, sobre as aplicações práticas da informação em causa. A divulgação da informação científica é, nesta medida, a contrapartida fundamental do direito exclusivo.

Além disso, o titular da patente é obrigado a explorá-la e a comercializar os resultados obtidos, por forma a satisfazer as necessidades do mercado[25], sob pena de ser concedida a terceiro uma licença obrigatória sobre a patente[26].

O interesse público domina, por conseguinte, o regime dos direitos industriais, limitando fortemente a possibilidade de apropriação individual da informação científica.

---

[22] Cfr., em Portugal, o art. 52.º, n.º 1, alínea *a*), do Código da Propriedade Industrial (doravante CPI).
[23] Assim, William Cornish/David Llewelyn, *Intellectual Property: Patents, Copyright, Trade Marks and Allied Rights*, 6.ª ed., Londres, 2007, p. 215.
[24] Cfr. o art. 101.º, n.º 1, do CPI.
[25] Art. 106.º, n.º 1, do CPI.
[26] *Idem*, art. 107.º, n.º 1, alínea *a*).

Claro que o criador ou detentor da informação pode optar por não solicitar uma patente, antes a mantendo em segredo. É o chamado *segredo comercial* ou *segredo de negócio*.

Pergunta-se por isso: haverá neste caso algum direito de exclusivo sobre a informação em causa? O problema é do maior relevo, dado o elevadíssimo valor económico de muitos segredos de negócio.

A matéria foi regulada no Acordo Sobre os Aspetos dos Direitos de Propriedade Intelectual Relacionados com o Comércio (TRIPS ou ADPIC)[27], anexo ao Acordo que instituiu a Organização Mundial de Comércio (OMC), assinado em Marraquexe a 15 de abril de 1994[28].

O art. 39.º, n.º 1, deste Acordo, que integra a secção 7 intitulada «informações não divulgadas» (*undisclosed information, renseignements non divulgués*), dispõe que, ao assegurar uma proteção efetiva contra a concorrência desleal, conforme previsto no artigo 10.º-*bis* da Convenção de Paris para a Proteção da Propriedade Industrial, de 20 de março de 1883[29], os Estados membros do TRIPS protegerão as informações não divulgadas em conformidade com o disposto no n.º 2 e os dados comunicados aos poderes públicos ou organismos públicos em conformidade com o disposto no n.º 3[30].

Acrescenta o n.º 2 da mesma disposição que as pessoas singulares e coletivas terão a possibilidade de impedir que informações legalmente sob o seu controlo sejam divulgadas, adquiridas ou utilizadas por terceiros sem o seu consentimento, de forma contrária às práticas comerciais leais, desde que essas informações sejam *secretas* (no sentido de não serem geralmente conhecidas ou facilmente acessíveis, na sua globalidade ou na configuração e ligação exatas dos seus elementos constitutivos, para pessoas dos círculos que lidam normalmente com o tipo de informações em questão); tenham *valor comercial* pelo facto de serem secretas; e hajam sido objeto de *diligências consideráveis*, atendendo às circunstâncias, por parte da pessoa que detém legalmente o controlo das informações, no sentido de as manter secretas.

---

[27] Aprovado para ratificação, em Portugal, pela Resolução da Assembleia da República n.º 75-B/94, de 15 de dezembro de 1994, *in Diário da República*, I série-A, n.º 298, de 27 de dezembro de 1994, 5.º suplemento.

[28] Sobre o qual podem consultar-se, por muitos, Daniel Gervais, *The TRIPS Agreement: Drafting History and Analysis*, 2.ª ed., Londres, 2003; e Carlos M. Correa, *Trade Related Aspects of Intellectual Property Rights. A Commentary on the TRIPS Agreement*, Oxford, 2007.

[29] Revista por último através do Ato de Estocolmo de 14 de julho de 1967, aprovado para ratificação, em Portugal, pelo Decreto n.º 22/75, de 22 de janeiro. Veja-se, a respeito desta Convenção, o nosso *A Tutela Internacional da Propriedade Intelectual*, Coimbra, 2008, pp. 138 ss., com mais referências.

[30] Ver, sobre essa disposição, François Dessemontet, «Protection of Trade Secrets and Confidential Information», *in* Carlos M. Correa/Abdulqawi A. Yusuf (orgs.), *Intellectual Property and International Trade: The TRIPS Agreement*, 2.ª ed., Austin, etc., 2008, pp. 271 ss.

Submete-se, pois, neste Acordo o segredo comercial ao regime da concorrência desleal, mandando-se aplicar-lhe as correspondentes disposições da Convenção de Paris. Nos termos desta, constitui ato de concorrência desleal qualquer ato de concorrência contrário aos usos honestos em matéria industrial ou comercial[31].

Consagra-se, assim, uma proteção potencialmente muito vasta do segredo comercial, a que estão sujeitos todos os Estados membros da OMC.

No entanto, o Acordo TRIPS, embora classifique o segredo comercial, no art. 1.º, n.º 2, como uma «categoria de propriedade intelectual», não o protege em si mesmo, mas tão-só nas relações entre concorrentes e na medida em que a sua divulgação, aquisição ou utilização se mostrem contrárias às «práticas comerciais leais».

O chamado *reverse engineering*, ou «desmontagem conceptual» do produto, não é, por conseguinte, proibido[32]: qualquer um pode, pelos seus próprios meios, desvendar um segredo comercial – *v.g.* a fórmula química que está na base de certo medicamento – e fazer uso dele, uma vez que o segredo não está protegido contra a respetiva utilização em geral, ao contrário do que sucede nas patentes.

O art. 39.º não cria, pois, um direito de exclusivo sobre o segredo de negócio análogo ao que incide, por exemplo, sobre as invenções patenteadas.

O titular do segredo comercial não pode, por isso, impedir um terceiro de fazer uso das informações em causa se este as tiver obtido por meios lícitos. Assim se procura conciliar no Acordo TRIPS os interesses atrás referidos.

O art. 318.º do Código da Propriedade Industrial português, que tem a epígrafe «informações não divulgadas», transpôs para a ordem jurídica interna a citada disposição do Acordo TRIPS.

Nos termos desse preceito, apenas são proibidos em Portugal os atos de divulgação, obtenção ou utilização das informações em causa sem o consentimento do respetivo titular se houver uma *relação de concorrência*, traduzida na disputa da mesma clientela em certo mercado e desde que esses atos tenham caráter desleal, por serem contrários às *normas e usos honestos* de certo ramo da atividade económica.

Compreendem-se no conceito de «segredo de negócio», utilizado no referido preceito o *segredo industrial*, i. é, os conhecimentos técnicos, patenteáveis ou não, e as técnicas, fórmulas e práticas industriais inovadoras; e o *segredo comercial stricto sensu*, no qual se abrangem os métodos de gestão, de comercialização e de trabalho utilizados pelas empresas.

---

[31] Cfr. o art. 10.º-*bis*, n.º 2.
[32] Ver Denis Borges Barbosa, *Uma introdução à propriedade intelectual*, 2.ª ed., Rio de Janeiro, 2003, p. 655.

Consagra-se, por conseguinte, naquela disposição o segredo comercial em sentido amplo.

Cabem neste conceito invenções (*v.g.* fórmulas para o fabrico de produtos, máquinas, processos), compilações de dados (incluindo listas de clientes e de fornecedores), simples ideias (estratégias empresariais, métodos de publicitação, venda e distribuição, etc.) e outras informações não compreendidas nas categorias anteriores (por exemplo, relativas a atividades de investigação e desenvolvimento).

Em suma, também a lei portuguesa, embora dê proteção aos segredos de negócio, se abstém de atribuir aos seus detentores qualquer direito de exclusivo sobre a respetiva utilização.

VI – Direitos *sui generis* sobre a informação?

Para além dos direitos conferidos pelas normas de Direito de Autor e de Direito Industrial, importa averiguar se existem direitos *sui generis* sobre a informação, que não se reconduzam a qualquer dos tipos de exclusivos concedidos por esses ramos da propriedade intelectual.

O problema põe-se designadamente a propósito das chamadas bases de dados.

Entende-se por base de dados um «conjunto de informações inter-relacionadas organizado segundo um esquema para servir uma ou mais aplicações acessíveis por meio de um programa»[33].

Nos Estados-Membros da União Europeia, os fabricantes de bases de dados beneficiam hoje, na sequência da transposição da Diretiva 96/9/CE, de 11 de março de 1996[34], de um direito, com a duração de 15 anos, de proibir a extração ou a reutilização da totalidade ou de uma parte substancial, avaliada qualitativa ou quantitativamente, do conteúdo da base de dados.

Trata-se, pois, de um direito que incide sobre a utilização do conteúdo da base, i.é, a informação dela constante[35].

Na origem deste novo direito estão, por um lado, a perceção do elevado risco de utilização comercial não autorizada do conteúdo das bases de dados disponíveis eletronicamente, a qual se encontra hoje muito facilitada; e, por outro,

---

[33] Cfr. Academia das Ciências de Lisboa, *Dicionário da língua portuguesa contemporânea*, vol. I, Lisboa, 2001, p. 494.
[34] Publicada no *Jornal Oficial das Comunidades Europeias*, n.º L 77, de 27 de março de 1996, pp. 20 ss. Foi transposta para a ordem jurídica portuguesa pelo D.L. n.º 122/2000, de 4 de julho.
[35] Assim, Oliveira Ascensão, «Direito intelectual, exclusivo e liberdade», *Revista da Ordem dos Advogados*, 2001, pp. 1195 ss. (pp. 1211 s.).

os consideráveis custos que a recolha e ordenação dos dados em causa podem implicar (razão por que aquele risco constituiria, segundo alguns, uma «falha de mercado»).

Ora, o direito do fabricante da base de dados é um exclusivo: um *direito de proibir*, na expressão da Diretiva. Mas qual a sua natureza?

Para que haja proteção nos termos previstos na Diretiva, é necessário, como requisito essencial, que a obtenção, verificação ou apresentação do conteúdo da base de dados represente um «investimento substancial do ponto de vista qualitativo ou quantitativo»[36].

Não se requer, em contrapartida, que tenha ocorrido uma criação intelectual. Qualquer «coletânea de obras, dados ou outros elementos independentes, dispostos de modo sistemático ou metódico e suscetíveis de acesso individual por meios eletrónicos ou outros»[37], por trivial que seja, merece proteção nos termos da Diretiva, desde que tenha implicado o referido investimento.

Daí que o direito do fabricante não possa ser qualificado como um direito de autor, o qual, como dissemos acima, protege a obra enquanto formalização de uma criação intelectual original[38].

Trata-se, por certo, de um direito intelectual; mas a sua finalidade precípua consiste em proteger o investimento realizado pelo fabricante da base de dados na recolha e apresentação destes[39].

O direito do fabricante é, aliás, segundo a própria Diretiva, independente de a base de dados ser protegida pelo direito de autor ou por outros direitos[40].

A Diretiva consagra também – cumpre notá-lo – a proteção jusautoral das bases de dados; mas esta é necessariamente limitada, pois apenas se tutelam desse modo as bases que, «devido à seleção ou disposição das matérias, constituem uma criação intelectual específica do respetivo autor»[41], e não os dados em si mesmos, ainda que a sua recolha tenha exigido avultados recursos económicos.

---

[36] Art. 7.º, n.º 1, da Diretiva.

[37] *Idem*, art. 1.º, n.º 2.

[38] Neste sentido se pronuncia também Alberto Sá e Melo, «Tutela jurídica das bases de dados (A transposição da Diretriz 96/9/CE)», *in* AAVV, *Direito da Sociedade da Informação*, vol. I, Coimbra, 1999, pp. 111 ss. (p. 160).

[39] Reconhece-o expressamente o considerando 40 da Diretiva. Ver ainda, no mesmo sentido, os acórdãos do Tribunal de Justiça da União Europeia de 9 de novembro de 2004, processo C-203/02, *The British Horseracing Board Ltd. e o. contra William Hill Organization Ltd.*, n.os 45 s., e de 9 de outubro de 2008, processo C-304/07, *Directmedia Publishing GmbH contra Albert-Ludwigs-Universität Freiburg*, n.º 33, ambos disponíveis em http://curia.europa.eu.

[40] Art. 7.º, n.º 4. Ver ainda a este respeito, por último, o acórdão do Tribunal de Justiça da União Europeia de 1 de março de 2012, processo C-604/10.

[41] Art. 3.º, n.º 1.

Através do aludido direito do fabricante das bases de dados tem-se em vista prevenir situações de parasitismo: a utilização comercial dos dados constantes da base por quem não investiu na sua recolha ou ordenação.

Ora, o parasitismo, já o vimos, é sancionado em diversos países através das regras que reprimem a concorrência desleal. Como, porém, na União Europeia esse instituto não está harmonizado – pois os sistemas jurídicos do Reino Unido e da Irlanda não lhe conferem autonomia –, criou-se o direito sobre as bases de dados.

Eis por que já se tem visto nele um sucedâneo da concorrência desleal: um direito intelectual estreitamente ligado ao Direito de Autor (ao menos no plano sistemático), mas que visa finalidades próprias do Direito Comercial[42].

Compreende-se, assim, que o direito do fabricante da base de dados seja qualificado pela própria Diretiva como um direito *sui generis*[43]: um direito insuscetível de ser reconduzido a qualquer das categorias até aqui examinadas.

De notar, em todo o caso, que este direito *sui generis* é uma criação do Direito Europeu, até hoje não acolhida nos Estados Unidos da América e no Brasil. Ao que não serão estranhas as fortes críticas que foram dirigidas ao modelo europeu de regulação das bases de dados, pelos riscos de apropriação privada da informação que envolve e pelos elevados custos sociais a ela inerentes[44].

VII – Balanço e conclusões

A atribuição de direitos de exclusivo sobre bens intelectuais, incluindo a informação, tem, à luz de quanto se disse, caráter excecional.

O facto de a informação ser um bem dotado de valor económico não constitui, por si só, fundamento para se admitir a respetiva apropriação individual, a qual inevitavelmente limita o acesso do público à mesma com todos os inconvenientes a isso associados.

Só a informação que se traduza numa *criação intelectual* suscetível de proteção nos termos das regras do Direito de Autor ou do Direito Industrial merece, em

---

[42] Cfr. José de Oliveira Ascensão, «Bases de dados eletrónicas: o estado da questão em Portugal e na Europa», in AAVV, *Direito da Sociedade da Informação*, vol. III, Coimbra, 2002, pp. 9 ss. (p. 17).

[43] Cfr. o considerando 18 da Diretiva e a epígrafe do capítulo III.

[44] Foi, aliás, rejeitada pelo Congresso norte-americano uma proposta de lei no sentido da adoção de um regime análogo ao instituído na Diretiva europeia de 1996. Ver Jane Ginsburg, «Copyright, Common Law, and Sui Generis Protection of Databases in the United States and Abroad», *University of Cincinnati Law Review*, vol. 66 (1997/1998), pp. 151 ss.; J. H. Reichman/Pamela Samuelson, «Intellectual Property Rights in Data?», *Vanderbilt Law Review*, 1997, pp. 49 ss.

princípio, ser objeto de direitos de exclusivo. Qualquer outra solução subverteria o regime desses dois ramos do Direito.

Ainda assim, nenhuma dessas vertentes da denominada propriedade intelectual protege a informação em si mesma, antes se tutelam através delas tão-só a sua *particular expressão*, no caso do Direito de Autor, ou as suas *concretas aplicações práticas*, no caso do Direito Industrial.

O sistema jurídico vigente admite, é certo, direitos *sui generis* sobre a informação, mormente no caso das bases de dados, que escapam aos princípios gerais daqueles dois ramos do Direito. Mas tais direitos apenas existem se e na medida em que a lei os preveja. Os tipos de bens incorpóreos suscetíveis de constituírem objeto de direitos de exclusivo estão, pois, sujeitos a um *numerus clausus*.

Sempre que seja possível conferir proteção ao esforço e ao investimento realizados na recolha e no tratamento da informação sem conceder direitos de exclusivo, *v.g.* fazendo apelo às regras da concorrência desleal, é desnecessário e indesejável sob o ponto de vista da disseminação da informação consagrar tais direitos.

Não existe, por isso, no Direito vigente qualquer princípio geral de apropriação da informação pelo seu criador ou detentor. Ao invés: a utilização da informação deve considerar-se submetida a um *princípio de liberdade*. Só deste modo a sociedade da informação realizará o seu desígnio de contribuir para o progresso do conhecimento.

II
ESTUDOS BREVES

DIREITO DE AUTOR E UNIVERSIDADES: ALGUMAS NOTAS*

CLÁUDIA TRABUCO**

Abstract: The present essay briefly describes the evolution of the rules, which govern the limits to exclusive rights within Copyright related to education and research & development. It takes into account the limits to economic rights (in particular, the rights to copy and communicate works to the public) as foreseen by the European Directive 2001/29/EC and transposed to the Portuguese legislation and reflects about their application to the routine activities of professors and scientific researchers. Through this path, it entails some criticism to insufficiencies of the law in its applicability to a considerable number of common activities and alerts to the need for an articulated thinking on the exceptions to copyright and open access initiatives.

Keywords: copyright; university; scientific research; open acess.

Palavras-chave: direito de autor; universidade; investigação científica; acesso aberto.

Sumário: 1. Introdução e origens da regulação; 2. Origens; 3. Desenvolvimentos subsequentes nos Direitos Estadunidense e da União Europeia; 4. Definição de limites: fins prosseguidos e equilíbrio de interesses; 5. Salvaguarda das atividades universitárias em Portugal; 6. Atividades de investigação & desenvolvimento; 7. Referências conclusivas.

1. Introdução e origens da regulação

O tema que me propus tratar é, evidentemente, muito vasto e tem várias ramificações possíveis. A aproximação destes dois mundos tão amplos, Universidade e Direito de Autor, que aparentemente é natural, não tem sido tema de eleição na nossa doutrina nem, de uma maneira geral, tem sido alvo de uma reflexão profunda e *a se* por escritos de doutrina estrangeira, pelo menos no continente europeu e nos países que nos são mais próximos na configuração das suas normas jus-autorais e nas suas influências.

Na impossibilidade de me referir a todas as questões para que o cruzamento dos termos nos poderia remeter, terei que circunscrever o objeto da minha análise. Não resisto, porém, na medida em que acho que este é um campo fértil

---

* O presente texto serviu de base a um seminário realizado no dia 2 de Maio de 2012 na Faculdade de Direito da Universidade de Lisboa, integrado no Módulo II (Direito da Sociedade da informação e Direito de Autor) do III Curso Pós-Graduado de Direito Intelectual.
** Professora na Faculdade de Direito da Universidade Nova de Lisboa e investigadora do CEDIS (Centro de Estudos em Direito & Sociedade).

de possível produção de trabalhos académicos, para além das questões de que realmente tratarei, passar brevemente em revista algumas hipóteses de reflexão e de produção de trabalhos académicos úteis nesta área. Sem esgotar o leque de opções, poderíamos pensar em temas que vão dos repositórios dos trabalhos académicos das universidades aos projetos de digitalização e disponibilização pública na Internet de grandes bibliotecas digitais, da edição de trabalhos académicos às questões relacionadas com a titularidade de obras que reúnem contributos de vários criadores intelectuais, da utilização de materiais diversos em trabalhos publicados e apresentados em ambiente académico (excertos de textos, imagens, imagens em movimento...) à disponibilização de materiais pelos docentes universitários aos seus alunos pelos diversos meios hoje acessíveis, passando também pelas questões relacionadas com a regulação dos problemas da "cópia privada" em ambiente universitário e para fins científicos, a construção e utilização de redes universitárias baseadas em modelos *peer-to-peer* para intercâmbio de materiais pedagógicos e científicos, a titularidade e exercício de direitos sobre obras criadas no contexto de projetos de investigação, designadamente aquelas que são organizados numa lógica interuniversitária, as traduções de trabalhos académicos, a aferição da originalidade e do plágio de trabalhos científicos, entre muitas outras.

Pensando no eixo que nos permite alinhar todos estes possíveis temas e na sua zona de confluência, parece-me que os mesmos se encontram na própria Universidade, enquanto grupo de pessoas associadas a uma instituição que se dedica a atividades de ensino superior e de investigação científica e que confere graus, ditos académicos, numa variedade de áreas. De resto, se pensarmos nas várias regras e princípios que fundam hoje o Direito de Autor, quer no ordenamento jurídico nacional quer à escala mais extensa do Direito da União Europeia quer mesmo à escala global, facilmente concluímos que a esmagadora maioria dos problemas assume uma configuração específica no ambiente universitário.

Pareceu-me, pois, que um boa forma de começar esta análise, que não é nem pode ser mais do que perfunctória, seria visitar as regras que, no contexto do Direito Autoral, procuram pensar de modo especial a aplicação dos direitos exclusivos dos autores e a utilização das obras intelectuais nas e pelas Universidades. E, sendo vasto o conjunto de matérias que integram o quotidiano destas instituições e das pessoas que as integram ou com elas se relacionam, pareceu-me indicado centrar a análise nas suas atividades principais – o ensino e a investigação. Este estudo não é, porém, mais do que uma tentativa de identificar o modo como a questão se encontra atualmente regulada no contexto da União Europeia, com particular destaque para o Direito português, decifrar as principais ideias subjacentes a essa regulação e, tanto quanto possível, revelar os principais problemas que a mesma origina ou potencia.

2. Origens

A previsão de limites aos direitos de autor com fundamento na preservação de utilizações para fins educacionais, incluindo pois pelo menos parte das atividades académicas, remonta ao projeto de texto da Convenção de Berna, isto é, a 1885. Aquele que viria a tornar-se o artigo 8.º do Ato de Berna estabelecia o seguinte:

No que respeita à liberdade de extrair partes de obras literárias ou artísticas para utilização em publicações destinadas a propósitos educacionais ou científicos ou para colecções, o efeito da legislação dos países da União ou de acordos especiais existente ou a concluir entre estes não será afectado pela presente Convenção.

Foi então acordado que esta reserva se aplicaria apenas a citações e que o termo "educacional" compreenderia quer os níveis elementares quer os níveis mais avançados do ensino. Por outro lado, a expressão "propósitos científicos" visava incluir todas as atividades de investigação mas também de autoaprendizagem[1].

Desde esse momento, a regra permaneceu intocada. Em 1948, a Conferência de Revisão de Bruxelas adicionou-lhe uma qualificação relativa ao uso dos extratos: as legislações nacionais deveriam apenas regular o uso destes excertos na medida em que a sua inclusão em materiais para os fins pedagógicos ou científicos fosse justificado por esses mesmos fins.

Estabelece hoje o artigo 10.º, n.º 2 da Convenção de Berna o seguinte *"Fica reservada à legislação dos países da União e aos acordos particulares existentes ou a estabelecer entre eles, a regulamentação da faculdade de utilização lícita, na medida justificada pelo fim a atingir, das obras literárias ou artísticas, a título de ilustração do ensino por meio de publicações, de emissões de radiodifusão ou de gravações sonoras ou visuais, sob reserva de que uma tal legislação seja conforme aos bons costumes".*

O texto deste dispositivo suscita desde logo alguns comentários iniciais. Em comparação com a exceção prevista pelo número anterior – que consagra o comumente chamado "direito de citação" – o limite relativo às atividades educacionais parece ser mais tolerante. Esta índole aparece sem dúvida justificada pelo seu propósito específico, qual seja o de assegurar utilizações legítimas no contexto da atividade de docência. Com efeito, esta norma procura conciliar a proteção dos direitos exclusivos dos autores com interesses públicos relevantes, como a promoção da educação, da cultura e do desenvolvimento científico.

Não obstante, o n.º 2 do artigo 10.º fixa balizas claras ao tipo de utilização permitida. Tal delimitação resulta da interpretação de cada um dos conceitos que são empregues pelo próprio texto da Convenção.

---

[1] Sam Ricketson, *The Berne Convention for the Protection of Literary and Artistic Works: 1886-1996*, London, 1987, p. 494.

A primeira demarcação respeita à dimensão das reproduções que ficam autorizadas. Apesar de o texto não se referir hoje expressamente a excertos ou reproduções parciais, o que é certo é que é isso que resulta do espírito subjacente ao preceito. Esta conclusão pode ser retirada das seguintes expressões:

- "a título de ilustração", que, apesar de não excluir o uso da obra no seu todo, reduz substancialmente uma tal possibilidade, circunscrevendo-as aos casos em que circunstâncias apropriadas possam justificar uma utilização tão abrangente;
- "sob reserva de que uma tal legislação seja conforme aos bons costumes", o que é uma tradução infeliz da expressão original utilizada noutras versões linguísticas do texto da Convenção: em inglês, por exemplo, a locução da frase é *"provided such utilization is compatible with fair practice"*, o que naturalmente nos remete para um alcance distinto. Na verdade, o sentido que se deve retirar destas expressões é uma remissão para outra regra da Convenção de Berna, prevista no n.º 2 do artigo 9.º, que é a primeira manifestação ao nível da regulação internacional de direitos de autor do "teste dos três passos" e dos seus critérios.

A segunda demarcação do alcance dos usos livres diz respeito à referência às "publicações", "emissões de radiodifusão" e ""gravações sonoras ou visuais". Está em causa uma clara integração no âmbito da norma da utilização de todas as tecnologias e meios de disseminação de informação. Interpretada de forma atualista, e sobretudo em articulação com outros tratados internacionais mais recentes que mandam aplicar regras da Convenção de Berna a contextos tecnológicos modernos, aplicar-se-á a quaisquer meios hoje existentes.

Em terceiro lugar, na medida em que é feita referência à "utilização" da obra, em geral, devemos entender que estão compreendidos quer o direito de reprodução quer o direito de distribuição quer o direito de comunicação ao público das obras, assim "facilmente incluindo o ensino digital à distância bem como o ensino à distância por radiodifusão"[2].

Também não existem quaisquer limitações relativas à natureza das obras em causa. Assim, em quarto lugar, a norma aplica-se a todas as obras protegidas pela Convenção.

Finalmente, não existem barreiras relativas nem à extensão das obras nem ao número de cópias permitido nem mesmo quanto ao público a que se dirigirão as comunicações educacionais em causa, o que tem importância quer nos métodos de

---

[2] Raquel Xalabarder, *Copyright exceptions for teaching purposes in Europe*, New York, 2004, 1.a., disponível em URL: http://www.uoc.edu/in3/dt/eng/20418.html

ensino tradicionais presenciais quer nas diversas modalidades de ensino à distância. Na verdade, a respeito deste último elemento, o que é imperioso é que as utilizações em causa se compreendam dentro dos limites de um uso justo (*fair practice*), resultantes da utilização normal da obra e na medida em que não sejam susceptíveis de causar prejuízo injustificado aos interesses legítimos do autor.

3. Desenvolvimentos subsequentes nos Direitos Estadunidense e da União Europeia

No direito estadunidense foi adotado em 2002 o *Technology, Education, and Copyright Harmonization Act* (vulgarmente identificado como *Teach Act*)[3], com o propósito de isentar da obtenção de consentimento a prática dos atos necessários à instrução e educação através da Internet, procedendo em particular à adaptação dos limites já previstos na secção 110 do *Copyright Act* ao contexto digital.

A imposição destes limites é complementada pelo estabelecimento de um sistema sólido de licenciamento de obras. Na verdade, o Copyright Clearance Center gere um sistema de licenças onerosas simples e por utilização ("pay-per-use") que permite aos utilizadores em geral obter em linha permissão para licitamente usar e divulgar conteúdos, quer em suporte de papel quer em formato digital. Neste sistema, que opera como uma espécie de rede especializada, os autores e editores podem registar-se numa panóplia de distintos serviços CCC, a saber:

- *Serviço de autorizações académicas* – para distribuição de elementos em papel aos alunos das várias turmas ou produção de coleções de elementos de suporte dos programas das disciplinas;
- *Serviço de conteúdos electrónicos dos cursos* – para partilha de conteúdos electrónicos, em *e-reserves*, *e-coursepacks* ou *e-learning*;.
- *Serviço de comunicação de transações* – quando são usados e partilhados conteúdos impressos, tais como os que compõem as coleções das bibliotecas, mediante empréstimo entre bibliotecas ou outras transmissões de documentos;
- *Serviço de autorizações digitais* – para distribuição de conteúdos em formatos (electrónicos) digitais, incluindo por *e-mail* e colocação à disposição através dos serviços Internet, Intranet ou Extranet da instituição;
- *Serviço de licenciamento de republicação* – para efeitos da inclusão de artigos, excertos de livros, etc, alheios em publicações próprias.[4]

---

[3] Public Law 107-273, de 2 de Novembro de 2002.
[4] Cfr. URL:http://www.copyright.com/Services/copyrightoncampus/compliance/solutions.html

Na Europa, foi adotada a Diretiva 2001/29/CE, de 22 de Maio de 2001, relativa à harmonização de certos aspectos do direito de autor e dos direitos conexos na sociedade da informação. A Diretiva em causa, que foi o resultado possível de um longo e difícil processo de negociação, foi adotada tendo em vista, como a sua designação indica, a harmonização dos principais assuntos jurídicos relacionados com a proteção das obras intelectuais e das prestações garantidas por direitos conexos e a utilização das mesmas no ambiente digital e em rede.

No âmbito do catálogo alargado de exceções que voluntariamente podiam ser transpostas pelos Estados membros para as suas respetivas legislações, estavam compreendidas várias que têm particular relevo para as atividades educativas e de investigação científica ou que estão pelo menos indiretamente relacionadas com estas últimas. Estão neste grupo, por se relacionarem com atividades prosseguidas quotidiana ou frequentemente por estudantes, professores ou investigadores, na rotina dos estabelecimentos de ensino ou das suas bibliotecas ou arquivos, as exceções ao direito de reprodução previstas nas alíneas a) e b) do n.º 2, relativas à reprografia e à realização de cópias para uso privado, a alínea c) do n.º 2 quanto às reproduções específicas e não comerciais por bibliotecas e estabelecimentos de ensino, bem como, no respeitante a quaisquer direitos patrimoniais, a alínea n) do n.º 2 relativamente à comunicação ou colocação à disposição do público pelas bibliotecas através de terminais localizados nestas de obras que, embora em formato digital, são consideradas parte integrantes das respectivas coleções.

Também de enorme importância no contexto universitário, embora com um alcance mais geral, é o limite relativo à citação para fins de crítica ou análise, que se encontra prevista na alínea d) do n.º 3 do artigo.

No que diz respeito em particular ao ensino e investigação é especialmente relevante a previsão da alínea s) do n.º 3 que prevê uma exceção relativa aos casos de *"utilização unicamente para fins de ilustração para efeitos de ensino ou investigação científica, desde que seja indicada, sempre que possível a fonte, incluindo o nome do autor, na medida justificada pelo objectivo não comercial que se pretenda atingir"*.

Da análise desta última alínea parece-me poderem ser retiráveis as seguintes conclusões:

1. A Diretiva utiliza o termo "ilustração" acolhendo a influência determinante e visível da Convenção de Berna. No decurso das negociações, verificou-se acesa discussão em torno desta expressão, embora a final a mesma tenha sido mantida. Deste modo, são aplicáveis nesta sede os resultados da interpretação que expus acima.
2. Estão compreendidas tanto a docência quanto a investigação científica. A Diretiva vem, pois, tornar claro um aspeto que era deixado em aberto pela Convenção de Berna. A circunscrição da permissão apenas a estas

finalidades é intensificada pelo uso do advérbio "unicamente", que nos permite concluir que a identificação rigorosa do propósito também resulta numa limitação natural do alcance da autorização legal.

3. Não existe limitação direta quanto à natureza das obras e prestações nem quanto à extensão e número das cópias realizadas (caso seja utilizado o direito de reprodução). Este limite resulta porém, indiretamente, das referências tanto às finalidades "não comerciais" quanto da aparente sobreposição do "teste dos três passos" (n.º 5 do artigo 5.º) ao processo de aplicação desta exceção[5].

Quanto ao "objetivo não comercial", é importante ter em mente a instrução que resulta do Considerando 42 da Diretiva, que esclarece que "o carácter não comercial da atividade em questão deverá ser determinado por essa atividade propriamente dita. A estrutura organizativa e os meios de financiamento do estabelecimento em causa não são factores decisivos a este respeito". Tal significa, no nosso caso, que o mero facto de uma universidade ou instituição de ensino superior ser privada e prosseguir um fim lucrativo é, em princípio, irrelevante para efeitos da apreciação de cada utilização em concreto.

4. Estão compreendidos no âmbito de aplicação deste limite todos os direitos de exploração económica (incluindo, por isso, os direitos de reprodução, de distribuição de cópias tangíveis, de comunicação ao público e mesmo a colocação das obras ao dispor do público através das redes telemáticas). Consequentemente, todos os atos de ensino e investigação, incluindo o *upload* de materiais pedagógicos e/ou científicos na Internet e a transmissão destes pode considerar-se coberto pela exceção na medida em que estejam verificados todos os seus restantes requisitos.

No que respeita a este último elemento, porém, torna-se problemático estabelecer critérios firmes. Supondo que um professor universitário coloca obras protegidas ao dispor dos seus estudantes na sua própria página da Internet ou numa parte da página da Internet da Faculdade, Departamento ou Instituto a que pertence e que gere de modo mais ou menos autónomo, pode porventura argumentar-se que, se essa página for visível por outras pessoas que não aquelas que constituem o público com o qual o docente se relaciona no desenvolvimento da sua atividade de ensino, as barreiras impostas pelo desenho apertado deste limite foram ultrapassadas. Em rigor, embora a intenção original pudesse ser ainda educacional, acaba por se tornar, pelas possibilidades de utilização alargada que potencia, um ato

---

[5] Neste sentido, entre nós, Dário Moura Vicente, *O equilíbrio de interesses no direito de autor*, em APDI, Direito da Sociedade da Informação, Vol. IX, Coimbra, 2011, p. 263.

contrário ao "uso justo" do conteúdo protegido porquanto em princípio conflituará com a exploração normal da obra e poderá causar prejuízos injustificados ao autor da mesma.

Que dizer, porém, dos casos em que o docente utiliza apenas a Intranet ou a Extranet da Universidade ou limita a utilização de tais materiais a um conjunto circunscrito de pessoas, a quem é dada a possibilidade de acesso mediante a inscrição de uma palavra-chave, ou ainda utiliza barreiras tecnológicas que condicionam o acesso aos mesmos?

A resposta a esta última questão deve em princípio resultar de um esforço de comparação, feito em termos razoáveis e equilibrados, entre o ensino presencial e o ensino à distância. Permitimos ou não a realização de cópias tangíveis múltiplas e a sua distribuição aos estudantes? Se e na medida em que esse seja o caso, não haverá razão a opor à criação de um obstáculo ao *download* de obras pelos estudantes que estejam inscritos numa qualquer modalidade de ensino à distância.

A questão está, contudo, em saber se é possível isentar a reprodução múltipla e tangível de uma obra para entrega aos estudantes com finalidades pedagógicas. Alguns autores consideram que, pelo menos se estivermos a referir-nos à reprodução total da obra em causa, tal não é possível porque estão em causa atos não cobertos pela exceção relativa à cópia para uso privado e nem todos os sistemas jurídicos autorizam o uso privado "coletivo" de obras intelectuais. Na verdade, são vários os legisladores europeus que optaram por excluir expressamente a realização de cópias feitas para usos coletivos do leque de limites garantidos legalmente. É, por exemplo, o caso das leis espanhola e francesa[6]. No direito alemão, este tipo de usos é habitualmente integrado na exceção relativa a "outros usos pessoais" ("*sonstigen eigenen Gebrauch*"[7]. Embora a lei portuguesa não exclua expressamente os usos coletivos, a doutrina tem em geral rejeitado a sua licitude[8]. A lei não

---

[6] Art. 31.2 da *Ley de Propiedad Intelectual* e art. L.122-5(2) Code de la Propriété Intellectuelle.

[7] Gerhard Schricker, *Urheberrecht – Kommentar*, 2.ª ed., Münschen, 1999, Loewenheim, § 53, pp. 844-845.

[8] A expressão "uso privado" permite incluir também as utilizações privadas por parte de entes colectivos, nomeadamente por instituições públicas ou no interior de empresas, que sejam úteis ao desempenho da atividade dos seus membros e desde que os exemplares produzidos não sejam objeto de distribuição. A nossa legislação contempla várias situações que podem ser reconduzíveis a este uso privado de entes colectivos, como é o caso das alíneas e) e f) do n.º 1 do artigo 75.º.

Contrariamente ao que sustenta Oliveira Ascensão, não pensamos que a exigência de remuneração que estes limites comportam seja suficiente para afastar a classificação ainda como uso privado. Cfr. José de Oliveira Ascensão, *Direito de autor e direitos conexos*, Coimbra, 1992, p. 223. Contra, Fernando Gómez Pomar, *La función de la propiedad intelectual y el régimen jurídico de la fotocopia*, Revista Crítica de Derecho Inmobiliario, n. 614, 1993, p. 208.

é clara e este é, creio, um dos aspetos em que deveria – mais que não fora por motivos pedagógicos e pacificadores – tê-lo sido.

Não sendo esta possibilidade coberta pela exceção relativa à cópia privada, poderá considerar-se integrada na exceção relativa ao ensino? Tanto no ensino presencial como no ensino à distância, tudo dependerá da análise casuística da utilização em concreto realizada. Se um professor universitário de Literatura faz uso de um poema para identificar uma determinada corrente literária ou ilustrar uma opinião, este uso estará em princípio coberto pela exceção; em contraste, se um professor de Direito disponibiliza integralmente um livro publicado por um colega ou parte substancial do mesmo, esta utilização será com toda a probabilidade considerada inaceitável. Estes são, porém, os casos extremos: algures entre um e outro diversas dúvidas podem legitimamente ser colocadas.

No que concerne, em geral, à delimitação das exceções pela Diretiva europeia, teriam sido bem acolhidas orientações mais claras, que coadjuvassem a tarefa, neste caso inutilmente dificultada, do intérprete-aplicador. Infelizmente, e bem ao invés, este foi um defeito que contaminou os legisladores nacionais que, em alguns casos, na realização das suas tarefas de transposição, pouco souberam a sua margem de autonomia legislativa para aclarar o sentido das normas que introduziram nos respetivos sistemas jus-autorais.

O sistema implementado pela Diretiva na fixação de limites aos direitos autorais de caráter económica dita que a lista de exceções é exaustiva mas a adoção de tais exceções pelos Estados não é obrigatória. Cada país permanece, assim, livre para adotar todas, apenas algumas ou nenhuma das exceções propostas (sendo que, neste último caso, poderíamos questionar que estaria ainda a cumprir o princípio de equilíbrio entre os interesses individuais dos titulares de direitos exclusivos e os interesses dos utilizadores, fundados muitos destes na garantia de interesses públicos protegidos ao mais elevado nível).

O resultado mais evidente da implementação prática desta metodologia parece ter sido a existência de enormes diferenças entre os Direitos europeus no que respeita aos limites fixados ao exercício dos direitos patrimoniais.

No que concerne às atividades prosseguidas pelas instituições académicas europeias, o objetivo inicial de harmonização era especialmente relevante numa conjuntura em que se procura a estabilização de um sistema de livre circulação de pessoas e de um espaço europeu de ensino superior, tal como aquele que era almejado pela Declaração de Bolonha. A existência de diferenças significativas na implementação das normas a que me tenho vindo a referir não pode, pois, trazer benefícios e deve ser, tanto quanto possível, corrigida.

A Comissão Europeia reconheceu no ano de 2011 as desvantagens da inexistência de um verdadeiro quadro jurídico europeu nesta sede. Na sua comunicação "Mercado único para os direitos de propriedade intelectual"[9], além de outros relevantes temas, a Comissão refere-se à possibilidade de vir a lançar o projeto de criação de um Código de Direito de Autor europeu, que poderia, na opinião professam, tornar possível não apenas a consolidação das directivas que hoje vigoram nesta área mas também um exame cauteloso das exceções e limitações com o intuito de apurar quais os casos que carecem de revisão, atualização ou harmonização ao nível da União. Até este momento, porém, não se conhecem mais desenvolvimentos a este respeito.

4. Definição de limites: fins prosseguidos e equilíbrio de interesses

Uma outra questão importante relacionada com a aplicação das exceções para fins de ensino e investigação tem que ver com a aplicação do "teste dos três passos" (*three-step test*). Como se sabe, este "teste" fez a sua primeira aparição no Direito Internacional na Convenção de Berna como meio de guiar os Estados membros da União na introdução de novos limites ao direito de reprodução nas suas respetivas legislações. Com o Acordo sobre os Aspetos dos Direitos de Propriedade Intelectual relacionados com o Comércio (normalmente identificado como ADPIC ou TRIPS), em 1994, e os "Tratados Internet" da OMPI, em 1996, a sua aplicação foi alargada a todos os demais direitos patrimoniais. Também a Diretiva 2001/29/CE incluiu uma referência a este mecanismo, recomendando o n.º 5 do artigo 5.º que as exceções e limites previstas nos números 1 a 4 sejam aplicadas apenas "em certos casos especiais que não entrem em conflito com uma exploração normal da obra ou outro material e não prejudiquem irrazoavelmente os legítimos interesses do titular do direito"

A forma como foi incluída esta referência na Diretiva, e até a sua própria colocação sistemática, parece-me indicar que este tinha o propósito de ser tão somente uma instrução aos Estados membros da EU, a seguir no contexto das suas tarefas legislativas de transposição dos limites do artigo 5.º. Não julgo defensável, ao contrário de muitos, que esta seja uma norma aplicável que tenha por destinatários diretos os titulares de direitos e os utilizadores de obras, o que é o mesmo que dizer que teria considerado preferível que o "teste dos três passos" não tivesse sido transposto para a legislação nacional (como sucedeu em alguns países).

---

[9] COM(2011) 287, p. 11.

Esta foi a política seguida, por exemplo, pelo legislador alemão, pelo legislador holandês, pelo belga e pelo inglês, que não fizeram referência expressa ao teste nos diplomas nacionais de transposição e consideram bastante o funcionamento normal e quando necessário do princípio da interpretação conforme ao Direito da União Europeu para efeitos da circunscrição do âmbito de cada um dos limites consagrados. Outros, como o português, o espanhol e o luxemburguês, incluem tal referência, dando origem, em consequência, a uma interpretação estrita das exceções. Contrariamente ao seu propósito, o teste passa assim a ser considerado uma espécie de "limite aos limites", sendo como tal utilizado pelos tribunais quando aplicam uma exceção.

Qual é o risco desta opção? Como refere Christophe Geiger, "um uso coberto *a priori* pela letra de uma exceção pode assim ser declarado ilícito *a posteriori* pelo juiz por não ter logrado cumprir um dos passos. O resultado para o utilizador poderá ser uma ausência de previsibilidade quanto à utilização que vai ser dada relativamente às margens de liberdade que a lei prevê em seu benefício"[10].

Como orientação de política legislativa, o teste pode, em todo o caso, ter um papel útil. Apenas para referir alguns exemplos, pode ser um elemento relevante da decisão relativamente a questões como as seguintes.

Na aplicação da exceção relativa ao ensino e investigação, deve a lei assegurar que os estabelecimentos de ensino, incluindo as universidades, que promovam modalidades de ensino à distância (*e-learning* ou outras) implementem medidas tecnológicas para condicionar o acesso às obras protegidas, garantindo que a utilização das mesmas não vai além daquele que é autorizado legalmente?

Deve a compensação equitativa prevista para esta exceção ser paga em todos os casos que a mesma potencialmente abarca? Em caso afirmativo, como deve ser calculada essa remuneração – tomando especialmente em conta o tipo de uso, o número de utilizadores, o número de estudantes, a natureza jurídica, pública ou privada, da instituição?

Como pode esta exceção ser articulada com outras exceções, designadamente com aquelas que lhe são mais próximas, como a relativa ao "direito de citação" ou a respeitante à "cópia privada?

---

[10] *The Role of the Three-Step Test in the adaptation of Copyright Law to the Information Society*, e-Copyright Bulletin, January – March 2007, p. 15, disponível em URL: http://portal.unesco.org/culture/en/files/34481/11883823381test_trois_etapes_en.pdf/test_trois_etapes_en.pdf: "*A use covered a priori by the letter of an exception could thus be declared illicit a posteriori by the judge for failing to meet one of the steps. The result for the user could be a lack of foreseeability as to the use of spaces of freedom that the law provides for his benefit.*"

5. Salvaguarda das atividades universitárias em Portugal

Em comparação com a opção que foi tomada noutros países, a lei portuguesa é muito generosa quanto ao número de exceções que prevê.

No que diz respeito às exceções para atividades educacionais e de investigação, estas exceções são relativamente abundantes e amplas quanto ao seu alcance. Quando analisado o catálogo do artigo 75.º do Código de Direito de Autor e Direitos Conexos, identificamos 4 exceções que podem ser diretamente relacionadas com as principais atividades prosseguidas pelas universidades e pelo menos outras 2 exceções que, embora comuns a outras áreas, encontram campo fértil de aplicação na área que ora estudamos. Vejamo-las brevemente:

Alínea *f)* – Trata-se, por excelência, da exceção relativa ao ensino. Permite a reprodução, distribuição e a "disponibilização pública" (incluindo através da Internet) de partes de uma "obra publicada". Este uso é limitado pelo seu propósito de ensino e educação e não pode ter por objetivo a obtenção de uma vantagem económica, direta ou mesmo indireta.

A delimitação desta exceção apresenta algumas particularidades quando comparada com a norma comunitária que lhe deu origem (a referida alínea a) do n.º 3 do artigo 5.º da Diretiva). Com efeito, apenas algumas categorias de obras estão compreendidas no âmbito de aplicação deste limite – apenas as obras publicadas e não quaisquer outras. Por outro lado, o legislador português optou por clarificar que apenas podem server o propósito da exceção os casos de utilização de "partes" de uma obra (recorde-se que, na Diretiva, a questão era tratada através de uma via que permitia, a meu ver, interpretações mais amplas porquanto se referia apenas à "ilustração"). Não creio, porém, que, dada a possibilidade de interpretação extensiva que defendo das exceções previstas, sempre que o justifiquem os fins prosseguidos pelas exceções e o princípio do equilíbrio de interesses que preside a todo o ordenamento jurídico jus-autoral, existam obstáculos a que, mesmo com esta configuração, a norma portuguesa seja usada no sentido que defendi *supra* para a raiz de Direito da União Europeia.

Alínea *h)* – A exceção anterior é de alguma forma completada pela previsão da alínea h), que autoriza expressamente a inclusão de peças curtas ou fragmentos de obras alheias em obras próprias desde que estas últimas se destinem ao ensino.

Em grande medida, relativamente à alínea f), esta alínea h) será, quanto muito, uma aplicação particular na medida em que a sua previsão estava já contida na anterior. Contudo, os contornos são distintos, não se fazendo referência na alínea h) à restrição relativa à obtenção de vantagens económica. Estava-se a pensar seguramente na publicação de livros e na respetiva venda, o que sempre seria inviabilizado pela locução final da alínea f).

Já não se compreende que o legislador não tenha incluído no âmbito da exceção as atividades de investigação, o que, ao nível da atividade dos universitários (docentes, estudantes, investigadores) é sobremaneira relevante. O impacto é fácil de compreender, refletindo-se quer na inexistência de um limite que garanta a publicitação, mormente através de redes universitárias, de trabalhos de investigação científica, quer na aparente inviabilização da publicação de trabalhos científicos que não os destinados ao ensino, que incluam excertos de obras alheias. É verdade que a exceção relativa ao "direito de citação" resolverá parte dos problemas, mas os limites desta última são apertados e, em qualquer caso, não se entende esta separação entre ensino e investigação que, na atividade universitária pelo menos, têm de resto uma relação de natureza umbilical.

Um traço comum às exceções das alíneas f) e h) é o facto de estarem ambas sujeitas ao pagamento de uma compensação equitativa (imposta pelo artigo 76.º, n.º 1, b) do Código).

Uma última nota relativa a estas duas exceções é o facto de o legislador – contrariamente ao que sucede noutras esferas (por exemplo, em Espanha, França e Itália) – não ter curado de garantir a articulação destes limites com o "direito de citação". Este "direito" está também incluído no catálogo de exceções da lei portuguesa (**alínea g**)) e faz inclusivamente uma breve referência à atividade de ensino. Contudo, quando comparados os critérios estabelecidos nas diversas exceções, verifica-se a sua incompatibilidade.

Alínea e) – Transpõe para a lei portuguesa a exceção prevista no artigo 5.º, n.º 1, c) da Diretiva. Trata-se de um caso que não diz diretamente respeito à investigação e ensino mas aparece estreitamente relacionado com o desenvolvimento destas atividades porque respeita aos actos específicos de reprodução que, entre outras entidades, podem ser praticados por bibliotecas e estabelecimentos de ensino (dos diversos níveis de ensino) para server as suas próprias necessidades (nomeadamente de conservação e arquivo mas também, acrescentaria, de disponibilização de cópias de materiais que não se encontram já a ser comercializados).

Alínea o) – É o resultado da transposição da alínea n) do n.º 3 do artigo 5.º da Diretiva, que concerne à colocação à disposição do publico através de computadores localizados nas bibliotecas e instituições educacionais de obras que integram as suas coleções para utilização para fins de estudo ou investigação.

Finalmente, a **alínea a)** do n.º 2 deste artigo 75.º, que se sobrepõe incompreensivelmente à alínea b) do artigo 81.º, é a exceção relativa ao uso privado, cuja utilização tem também uma aplicação prática significativa no contexto das atividades académicas.

Permito-me expressar uma última nota com um comentário geral às opções feitas pelo legislador português. Foi tomada, é certo, uma escolha clara no sentido de integrar na lei português um catálogo abundante e amplo de limites (desde logo, no artigo 75.º, temos um número de exceções correspondente ao que consta do artigo 5.º da Diretiva), oferecendo, assim, aos utilizadores um conjunto significativo de formas de justificação das suas condutas e alguma margem de atuação. Contudo, este catálogo não se encontra cuidadosamente organizado, as redações das normas são confusas e, sobretudo, alguns dos limites conflituam com os demais. Este facto apresenta desvantagens óbvias do ponto de vista da previsibilidade pelos utilizadores das consequências das suas ações. Como já defendi noutra sede, este é, sem dúvida, um dos aspetos da legislação portuguesa que, pelo seu impacto na vida dos consumidores de obras e prestações protegidas, mais pede intervenção urgente por parte do poder legislativo.

6. Atividades de investigação & desenvolvimento

Embora, como defendemos, as exceções relativas ao ensino sejam aplicáveis – pelo menos na interpretação que delas fazemos e com as devidas adaptações – à atividade de investigação e de acesso ao conhecimento, cumpre acrescentar algumas palavras relativamente a particularidades desta última.

À semelhança do que sucede com o ensino, seria possível pôr em evidência várias questões que têm relevância para efeitos da promoção da inovação e do desenvolvimento científico. No contexto europeu, este é um dos aspetos com extrema relevância tem que ver com a necessidade de estabelecimento de soluções de licenciamento que promovam a partilha de informação científica e de materiais culturais, Contudo, este é simultaneamente um dos problemas mais difíceis de resolver porquanto se relaciona intimamente com um problema de espectro mais amplo, que diz respeito à fundação de um sistema de gestão electrónica de direitos de autor e direitos conexos de modo a facilitar o licenciamento transfronteiriço de obras e prestações.

No sector da educação, aqui incluindo o ensino superior universitário, existem ainda outros assuntos de relevo. A Comunicação da Comissão "Mercado único para os direitos de propriedade intelectual", referida anteriormente, inclui todo um número dedicado ao "acesso à herança cultural da Europa", na qual se reconhece algo óbvio: "Facilitar a preservação e disseminação do rico património cultural e intelectual da Europa e incentivar a criação de bibliotecas digitais europeias é fundamental para o desenvolvimento da economia do conhecimento. São necessárias soluções inovadoras de licenciamento para promover uma partilha sem descontinuidades dos conhecimentos e da cultura, que permita às instituições académicas, empresas, investigadores e particulares a utilização legal dos materiais protegidos por direitos de autor, sem deixar de compensar os autores, editores e outros criadores pela utilização das suas obras"[11].

A Comissão refere-se depois à necessidade urgente de promover a digitalização e a colocação à disposição do público das coleções das instituições culturais europeias, promover sistemas de licenciamento coletivo de obras protegidas que se encontram fora do comércio e identificação e disponibilização de obras órfãs. Neste contexto, a União Europeia tem designadamente concentrado esforços na construção e implementação da plataforma *Europeana*[12].

Também relevante é a Recomendação da Comissão de 27 de Outubro de 2011 sobre a digitalização e a acessibilidade em linha de material cultural e a preservação digital[13], no âmbito da qual os Membros da união Europeia são instados a conceder "incentivos ao desenvolvimento de material digitalizado proveniente de bibliotecas, arquivos e museus, para que a Europa mantenha a sua posição de líder internacional no domínio da cultura e dos conteúdos criativos e utilize o seu material cultural da melhor forma possível"[14].

Resta acrescentar algumas últimas palavras sobre os chamados "repositórios universitários". A Comunicação "Uma agenda digital para a Europa" salienta que "[a]s actividades de transferência de conhecimentos devem ser geridas eficazmente e apoiadas por instrumentos financeiros adequados e a investigação financiada com dinheiros públicos deve ser largamente difundida através da publicação em livre acesso de dados e documentos científicos"[15]. De resto, a ideia vinha na sequência do objetivo anteriormente expresso na Recomendação da Comissão de 10 de Abril de 2008, relativa à gestão da propriedade intelectual em atividades de transferência de conhecimentos e ao Código de Práticas destinado às universidades e outras organizações de investigação públicas[16], em que a Comissão tinha já insistido na necessidade de as universidades desenvolverem e tornarem pública "uma política de publicação/difusão que promova a ampla difusão dos resultados da investigação e do desenvolvimento (por exemplo, através de publicações de livre acesso), ainda que sujeita a eventuais atrasos quando se deseja proceder à proteção da propriedade intelectual, embora esses atrasos devam ser reduzidos ao mínimo indispensável".

A utilização de repositórios universitários, cujas vantagens do ponto de vista da difusão do conhecimento e viabilização do acesso à informação científica

---

[11] *Idem*, p. 15.
[12] URL: http://www.europeana.eu/portal/
[13] C(2011) 7579 final.
[14] *Idem*, par. 5.
[15] COM(2010) 245 final, de 19/5/2010, pp. 26-27.
[16] C(2008)1329.

necessária para viabilização da investigação não se discute, envolve um número de questões significativo e que se coloca a diversos níveis.

A acrescentar às questões jurídicas que estas redes suscitam, é essencial à compreensão das mesmas, e dos seus impasses, o facto de nos repositórios não estarem apenas em causa, de um lado, os interesses dos autores e das próprias universidades mas também os interesses económicos dos editores e de outras entidades que aplicaram investimentos na criação e disponibilização de obras originais, por um lado, e, do outro, de indivíduos com interesses legítimos e, do outro, indivíduos com interesses legítimos relativos ao acesso a informações que permitirão, por seu turno, assegurar a continuidade da inovação e do conhecimento científicos. Reconciliar estes diversos interesses não é, como se sabe, uma tarefa fácil de executar.

Em alguns países, como é o caso de Espanha, por via do impulso aos projetos de acesso aberto[17], a lei forçou a reflexão e o debate sobre a articulação entre o acesso em linha a trabalhos universitários e de carácter científico e os direitos de autor de docentes e investigadores[18].

Em Portugal, o legislador não seguiu um caminho tão arrojado. Em todo o caso, recentemente, o Decreto-Lei n.º 115/2013, de 7 de Agosto, que altera o regime jurídico dos graus académicos e diplomas do ensino superiorpassou a prever a obrigação de as universidades procederem ao depósito obrigatório de uma cópia digital de teses de doutoramento, relatórios e trabalhos de doutoramento e dissertações de mestrado num repositório integrante do Repositório Científico de Acesso Aberto de Portugal, operado pela Fundação para a Ciência e Tecnologia, I. P. (artigo 50.º, n.º 1).

Esta medida visa, como expressamente refere a lei, "o tratamento e a preservação dos referidos trabalhos científicos, bem como a difusão, em regime de acesso aberto" destas obras. Contudo, as ações tendentes à implementação do referido acesso aberto não põem em causa o respeito pelos direitos de autor e o exercício livre de tais direitos pelos autores, na medida em que o depósito se refere apenas à "produção que não for objeto de restrições e embargos"[19].

---

[17] Ley 2/2011, de 4/3, sobre economia sustentável e Ley 14/2011, de 1/6 (lei da Ciência, Tecnologia e Inovação).

[18] Para um comentário pormenorizado sobre tais leis e suas implicações, bem como para compreensão de uma das interpretações sustentadas sobre a combinação destes conjuntos normativos com o direito autoral, leia-se José Massaguer, *La protección jurídica de los resultados de la investigación universitaria por médio de propiedad intelectual*, in Ana Tobío Ribas, Ángel Fernández-Albor Baltar, Anxo Tato Plaza (eds), "Estudos de derecho mercantil – Libro homenagem al Prof. Dr. José Antonio Gómez Segade", Madrid, 2013, pp. 743-757.

[19] Isto é, naturalmente, o que resulta diretamente da lei, sendo certo que outras circunstâncias existem que condicionam ou podem condicionar o exercício dos direitos autorais. Assim, por exemplo a Fundação para a Ciência e Tecnologia (FCT), a entidade pública com maior relevo no seu papel de apoio à investigação

Mais difícil é, porventura, a alteração de mentalidades e de atitudes relativamente à divulgação das obras de caráter científico, sendo certo que mesmo a intensificação das vias de disponibilização para utilização livre destes conteúdos não resolve todos os problemas jus-autorais envolvidos na utilização em rede dos mesmos[20].

7. Referências conclusivas

A análise precedente, embora preliminar, revela que não foi ainda alcançado um razoável nível de harmonização no estabelecimento de exceções aos direitos exclusivos autorais para garantir os interesses da edução e da investigação e desenvolvimento científico.

Uma breve aferição do estado da arte nestas matérias é suficiente para deixar transparecer a necessidade de atualização e melhoramento de diversas normas no sentido de se garantir um verdadeiro equilíbrio de interesses como princípio fundamental do Direito de Autor, apresentado como tal pelas diretivas da União Europeia. Os esforços legislativos mais recentes têm estado concentrados na proteção dos direitos exclusivos, quer ao nível substantivo quer ao nível adjetivo, o que, embora essencial à missão deste corpo de normas, não deve fazer perigar o necessário equilíbrio, assegurando, através da previsão de um correto e criterioso desenho dos limites, o interesse público de acesso a informação cultural relevante.

Em simultâneo, é relevante que todos os projetos de promoção de um acesso generalizado e fácil a obras de carácter científico (incluindo todos aqueles que se incluem no movimento a que se vulgarizou chamar "de acesso aberto) sejam pensados em articulação com esta melhoria das normas de delimitação positiva negativa dos direitos autorais e de definição das respetivas exceções, de modo a evitar que o Direito de Autor seja forçado a reagir tarde e com dificuldade aos avanços legislativos nas áreas de divulgação do conhecimento.

---

científica em Portugal, divulgou recentemente o seu projeto de política sobre acesso aberto a publicações de resultados de projetos de investigação e desenvolvimento e, em tal contexto, considerou ser dever do investigador que seja autor de uma tese de doutoramento financiada pela FCT ou integrada num projeto financiado por esta entidadr, não colocar quaisquer entraves ao acesso aberto aos resultados da investigação realizada. Cfr. o projeto em http://www.fct.pt/dsi/docs/Proposta_FCT_OpenAccess_Artigos.pdf (consultado em 15/12/2013).

[20] Concordamos, pois com Patricia Akester, *The new challenges of striking the right balance between copyright protection and access to knowledge, information and culture, report request by UNESCO*, IGC(1971)XIV/4, Paris, 8/3/2010, III, disponível em URL: http://unesdoc.unesco.org/images/0018/001876/187683e.pdf.

A POSIÇÃO DO EDITOR NA CÓPIA PRIVADA

JOSÉ ALBERTO VIEIRA*

Abstract: In this article we make the argument against the legal distribution of the income generated by the private copy tax in favour of the editor. The editor has no right granted by the copyright system. Nevertheless, is now under legislative consideration to share in equal terms with the author the revenue of the private copy tax.

Keywords: author; copyright; publisher; private use.

Palavras-chave: autor; direito de autor; editor; uso privado.

Sumário: 1. O problema; 2. O uso privado como justificação do direito à compensação pela cópia privada. Enquadramento do problema; 3. O uso privado como limite ao direito de autor; 4. A posição legal do editor no sistema de Direito de Autor; 5. A posição contratual do editor; 6. O aresto do Landgericht München I, de 24.05.2012; 7. Considerações finais sobre o direito do editor a participar nas receitas da cópia privada.

1. O problema

Recentemente foram colocados à discussão pública dois anteprojectos de lei sobre a cópia privada, numa movimentação tendente à revogação do diploma em vigor sobre a matéria, a Lei n.º 62/98, de 1 de Setembro.

Enquanto a lei em vigor não contempla a atribuição directa de uma remuneração aos editores, estando apenas prevista a participação de uma entidade representativa dos mesmos na pessoa colectiva que procede à cobrança e gestão dos montantes pagos, a qual, por sua vez, deverá distribuir os montantes recebidos de acordo com os critérios definidos (art. 5.º, n.º 1 e n.º 2 da Lei n.º 62/98), os anteprojectos conhecidos atribuem ao editor o direito a uma percentagem da quantia a cobrar pela reprografia, que varia entre os 50% e os 40% segundo os projectos, sendo a parte restante atribuída ao autor.

A mudança projectada tem um alcance de fundo, exprimindo inclusive uma diferente concepção da posição do editor no sistema de Direito de Autor, uma vez que se passa de uma situação em que o editor participa indirectamente nas receitas da reprografia, mas sem ver determinada uma posição jurídica (um direito) quanto a essa participação, nomeadamente, quanto ao montante a receber, para outra em que se lhe reconhece um direito a uma percentagem das receitas em concorrência com o autor.

* Professor da Faculdade de Direito da Universidade de Lisboa.

Na verdade, conquanto a Lei n.º 62/98 haja integrado o editor no sistema de remuneração pela cópia privada, não o fez de modo a reconhecer-lhe um direito aos montantes cobrados pela cópia privada. Essa orientação muda na discussão actual da futura lei da cópia privada. Nos anteprojectos apresentados a discussão pública, o editor adquire o direito a auferir uma parcela muito significativa das receitas cobradas como contrapartida da cópia privada, sendo mesmo posto, num deles, em paridade com o autor da obra reproduzida, 50% das receitas da reprografia, e noutro numa posição quase idêntica (40% para o editor, 60% para o autor).

A atribuição de um direito ao editor, como compensação pela cópia privada, encontra grandes dificuldades de justificação no sistema de Direito de Autor. O editor não recebe um direito de autor[1], que cabe ao escritor da obra literária, nem tão-pouco um direito conexo. A sua protecção no sistema de Direito de Autor funda-se unicamente no contrato de edição e repousa exclusivamente numa lógica contratual e não autoral (legal). No entanto, nos anteprojectos mencionados, o editor vem colocado ao lado do autor da obra editada na percepção dos rendimentos da cópia privada, como se a sua posição fosse substancialmente semelhante.

Pode, por esta razão, questionar-se a solução legislativa proposta, que parece ignorar a falta de estatuto jusautoral do editor, colocando-o em posição idêntica ao autor, quando a lei portuguesa não lhe reconhece qualquer direito de autor ou mesmo um direito conexo. E essa solução causa tanto mais estranheza, quanto é certo que ela se faz em manifesto detrimento do autor da obra literária cuja obra vem a ser copiada, o qual tem, assim, de partilhar os resultados de um esquema que visa compensá-lo pela perda de rendimentos que a consagração legal de um limite ao direito de autor comporta necessariamente.

2. O uso privado como justificação do direito à compensação pela cópia privada. Enquadramento do problema

I. A remuneração do autor pela cópia privada desenvolveu-se na Alemanha durante os anos sessenta do século passado, quando o fenómeno da reprografia se tornou numa verdadeira ameaça à exploração económica da obra literária em virtude do aparecimento das primeiras máquinas de fotocópias.

Na medida em que se decidiu manter a liberdade de reprodução da obra protegida com fundamento no uso privado, o regime jurídico da cópia privada

---

[1] A aquisição desse direito por atribuição originária, com fundamento no art. 14.º, n.º 1 do CDADC, ou por transmissão do direito de autor não altera o que s diz no texto.

teve por objectivo compensar o autor pela diminuição esperada ou potencial da venda das suas obras, agora tornada possível a uma escala sem precedentes, como efeito do limite legal estabelecido. Desta forma, procurou assegurar-se ao autor um montante que, ao menos, mitigasse a perda de rendimentos.

O fundamento da cópia privada foi encontrado no próprio direito de autor. Afinal, a permissão de reprodução não autorizada da obra afectava aquele que detinha o exclusivo legal de exploração económica e não qualquer outro terceiro, mesmo que titular de uma licença contratual de exploração (um contrato de edição ou outro qualquer), porquanto não apenas não possuía à partida uma posição jurídica tutelada pelo Direito de Autor, como estava naturalmente sujeito à incidência dos limites legais ao direito de autor.

II. O Direito português consagra o uso privado em dois locais distintos: no art. 75.º, n.º 2 alínea a) e no art. 81.º, alínea b), ambos do CDADC. A previsão respeitante à reprografia consta do primeiro desses artigos. Qualquer pessoa pode levar a cabo a reprodução de obra literária, contando que o faça para seu uso pessoal, excluindo, pois, utilizações comerciais ou profissionais.

A permissão genérica da reprografia para uso privado vem acompanhada da atribuição ao autor e ao editor de uma "remuneração equitativa". Dispõe-se, com efeito, no art. 76.º, n.º 1 alínea b) do CDADC, que a utilização livre deve ser acompanhada "nos casos das alíneas a) e e) do n.º 2 do artigo anterior, de uma remuneração equitativa a atribuir ao autor e, no âmbito analógico, ao editor pela entidade que tiver procedido à reprodução".

A formulação do preceito é equívoca e não pode ser tomada ao pé da letra. Se assim fosse, sempre que alguém realizasse uma cópia da obra estaria investido no dever de pagar uma indemnização ao autor e ao editor da obra copiada. Ora, o que se pretendeu consagrar não foi isso. O legislador limita-se a fazer neste contexto uma referência ao sistema de cópia privada, como contrapartida do uso privado, e não a estabelecer uma obrigação de pagamento ao autor e ao editor por quem procede à reprodução, total ou parcial, de obra protegida no quadro do uso privado.

Deste modo, a pessoa que faz uma cópia de obra protegida actua ao abrigo da permissão normativa do uso privado e não tem qualquer dever específico de pagar uma indemnização ao autor e ao editor da obra. Simplesmente, em ordem a compensar o autor pelo impacto da reprografia na exploração comercial da obra, a lei assegura uma forma de quer o autor quer o editor da obra receberem uma contrapartida pecuniária, que reside justamente na cópia privada. É ela o objecto a referência no art. 76.º, n.º 1 alínea b) do CDADC.

A razão pela qual o editor é inserido nesse dispositivo compensatório é o que se pretende discutir neste trabalho.

3. O uso privado como limite ao direito de autor

Tem-se discutido a natureza do uso privado. Para uns, ele encontra-se fora do domínio do Direito de Autor, para outros, ao invés, ele constitui tecnicamente um limite ao direito de autor. No primeiro campo deparamos em Portugal com a opinião de Oliveira Ascensão[2]; no pólo oposto, eu venho defendendo de que se trata de um verdadeiro limite ao direito de autor.

Os limites a um direito subjectivo diminuem a extensão da protecção concedida, constituindo o denominado conteúdo negativo do mesmo. Actos de aproveitamento do bem que cairiam normalmente no âmbito da protecção são retirados do conteúdo do direito, reduzindo, assim, a sua extensão. Por isso, para se aferir o conteúdo real do direito de autor, como de qualquer outro direito subjectivo, há que ponderar sempre o alcance da delimitação negativa (os limites) sobre os poderes de aproveitamento concedidos relativamente ao bem objecto desse direito.

A previsão de limites ao direito de autor, como o uso privado, retira ao titular do direito o poder de autorizar ou recusar actos de exploração económica da obra, que de outro modo recairiam na soberania da sua vontade. Simultaneamente cria uma permissão genérica de aproveitamento a favor de terceiro, que passa a poder levar a cabo licitamente esse aproveitamento sem necessitar da autorização do titular do direito ou de quem quer que seja.

Assim, o poder de reprodução que integra o núcleo da exploração económica da obra está reservado ao titular do direito – patrimonial – de autor (art. 68.º, n.º 2 alínea i) do CDADC). A ele cabe, pois, reproduzir a sua obra e autorizar ou recusar a reprodução por qualquer outra pessoa.

A permissão da cópia para uso privado, porém, subtrai ao titular do direito de autor o aproveitamento exclusivo da obra e o poder de autorizar ou de se opor a que outrem reproduza licitamente a obra por sua vontade. O limite importa um conteúdo negativo do direito, um corte na sua extensão, que fica diminuído no exacto alcance com que a lei conforma esse limite.

Os limites ao direito – patrimonial – de autor funcionam como instrumentos ao dispor do legislador para a implementação de políticas gerais, de índole cultural, científica, pedagógica ou outras. Neste contexto, não faltam referências ao conflito de interesses entre o interesse do autor na realização de proventos financeiros com a obra e os interesses públicos, que serviriam como contrapartida da protecção conferida ao primeiro.

---

[2] Direito de Autor e Direitos Conexos, cit., págs. 200 e segs.

Pela potencial distorção que a criação de limites pode acarretar para espaços jurídicos que se pretendem harmonizados, ou uniformizados, a União Europeia fixou uma lista taxativa de limites que os Estados-membros podem consagrar nas suas ordens internas (Directiva 2001/29/CE, de 22 de Maio, art. 5.º, n.º 2). Fora desse catálogo, os Estados-membros não os podem prever normativamente sem violação do Direito comunitário.

4. A posição legal do editor no sistema de Direito de Autor

I. O editor não é um autor. Como tal, ele não beneficia da atribuição do direito de autor segundo o critério legal geral, que reside na criação da obra (artigos 11.º e 27.º, n.º 1 do CDADC).

A solução não se altera mesmo em caso de encomenda de obra feita pelo editor com cláusula de atribuição originária do direito de autor, algo que o Direito de Autor português admite (art. 14.º, n.º 1 do CDADC). Na verdade, não se trata aqui de nenhuma posição relativa ao editor, mas simplesmente ao encomendante da obra, que naturalmente pode não ser um editor.

O mesmo se diga no caso da obra colectiva, em que o editor pode estar na posição da pessoa a quem a lei portuguesa atribui o direito patrimonial de autor (art. 19.º, n.º 1 do CDADC). Qualquer pessoa, singular ou colectiva, pode vir a encontrar-se nesta posição, resultando, por isso, claro que não se trata de proteger o editor de obra colectiva.

Portanto, a lei portuguesa nunca reconhece ao editor um direito de autor e os casos em que ele pode vir a ficar investido originariamente nesse direito não são específicos dele, compreendendo qualquer pessoa.

II. De todas as pessoas a quem o Direito português reconhece um direito conexo, a figura do editor não é decerto uma delas. Ele não figura em nenhuma das categorias de pessoas com que a lei portuguesa agracia com a concessão de um direito conexo e que são a dos artistas, intérpretes, executantes, produtores de fonogramas e videogramas e organismos de radiodifusão.

Portanto, nem ao nível dos direitos conexos encontramos qualquer laivo de protecção do editor.

III. Quando se olha para o quadro de protecção instituído pelo CDADC, quer do lado do criador intelectual e da obra, quer do lado dos titulares de direitos conexos, constata-se sem dificuldade que ele não contempla o editor.

Esta constatação afigura-se importante, porquanto evidencia a falta de lógica na equiparação entre aquele que cria a obra e recebe protecção por via de um direito de autor em virtude desse facto e alguém que aparece simplesmente mediante a celebração de um contrato de edição na exploração económica da obra e que, não fora isso, não teria qualquer papel no sistema normativo.

Colocar, lado a lado, autor e editor na percepção de receitas da cópia privada, sendo esta um limite ao direito do autor e não à posição legal do editor, que não a tem, só pode ser desastrado, uma lamentável confusão entre a posição comercial do editor, que se funda na autorização dada pelo titular do direito de autor, e este último, cuja posição o sistema jurídico tutela.

5. A posição contratual do editor

A posição contratual do editor advém naturalmente da celebração de um contrato de edição. Através dele, o editor fica autorizado a reproduzir a obra e distribuir os exemplares, vendendo-os a terceiros (art. 83.º do CDADC).

O contrato de edição não envolve a constituição de qualquer direito de utilização, não resultando dele a oneração do direito patrimonial de autor. O editor fica apenas contratualmente autorizado a reproduzir e a distribuir os exemplares editados da obra, sem com isso onerar aquele direito.

Por outro lado, a edição da obra não implica também a transmissão do direito patrimonial de autor. E se isto é claro quanto a este direito, o art. 88.º, n.º 1 do CDADC dispõe que o contrato de edição não determina a transmissão para o editor dos poderes patrimoniais envolvidos na edição (reprodução e distribuição). Quer dizer, nem sequer os poderes envolvidos se consideram transmitidos a favor do editor (transmissão parcial), permanecendo com o titular do direito de autor.

Assim, do contrato de edição resulta para o editor uma mera autorização contratual de exploração da obra, vulgo licença, envolvendo simplesmente os poderes de reprodução e distribuição dos exemplares da obra nas condições acordadas no contrato, poderes esses que permanecem, repete-se, no conteúdo do direito de autor e, por conseguinte, na titularidade daquele a quem pertencer esse direito.

Constatamos, deste modo, que, para além da circunstância de a celebração do contrato de edição ser meramente eventual, o editor não ascende por meio deste contrato à titularidade de qualquer direito ancorado no sistema de Direito de Autor. Nem o direito patrimonial de autor, nem tão-pouco um direito de utilização são envolvidos a favor do editor pela eficácia própria do contrato de edição. Deste provém simplesmente uma licença contratual de exploração da obra protegida, que não lhe confere a titularidade dos poderes envolvidos.

6. O aresto do Landgericht München I, de 24.05.2012

Num processo judicial instaurado no tribunal de 1.ª instância de Munique, discutiu-se se o editor de obras pode beneficiar da compensação financeira prevista para a cópia privada juntamente com o autor. Este alegou que o editor não tinha direito a ela, o que foi naturalmente contrariado pelo segundo.

O caso tem particularidades que não interessam no contexto do presente artigo. Para aquilo que importa, no ponto 5) do aresto o Landgericht de Munique analisa a posição do editor, concluindo pela falta de direito à participação financeira, porquanto o editor não detém sequer um direito conexo, nem tal direito decorre do contrato de edição.

A decisão final favorece, assim, o autor contra o editor, apoiando-se, para além do dado sistemático da ausência de protecção do editor, em considerações de justiça material.

7. Considerações finais sobre o direito do editor a participar nas receitas da cópia privada

Contrariamente ao autor de obra literária, cuja protecção legal se faz por um direito de autor em atenção ao facto de criação da obra, o editor tem uma posição meramente decorrente da eventualidade da celebração de um contrato de edição. Sem este, o editor não existe para o Direito de Autor.

Este facto dá que pensar, pois se pretende, em qualquer dos anteprojectos legislativos conhecidos, forjar um esquema de distribuição de rendimentos cobrados a título de cópia privada a favor de alguém que, à partida, não tem nenhum direito outorgado pelo sistema de Direito de Autor, contrariamente ao que se passa com o autor, e que só a eventualmente passa a ter, e mesmo quando isso sucede, unicamente com base contratual, não legal.

Mais ponderoso do que isso, no entanto, é que se coloca o editor em posição de paridade ou de quase paridade com o autor, assumindo-se dessa forma que alguém cuja posição depende da mera celebração eventual de um contrato de edição merece tanto ser compensado pela cópia privada como aquele cujo direito é restringido na sua extensão por um limite (o uso privado) e afectado nas receitas decorrentes da exploração económica da obra por força da sua consagração legal.

Não se pondera no texto dos anteprojectos divulgados, por exemplo, se existe contrato de edição em vigor, se os exemplares editados foram ou não todos vendidos, como se a mera profissão de editor fosse um estatuto por si só relevante para se participar no bolo das receitas e qualquer um pudesse, pois, ter direito a ele, independentemente de se saber por quem foram editadas as obras copiadas no âmbito do uso privado, se as edições estão esgotadas e, assim, o editor fez todo o lucro que poderá fazer, etc.

A isto acresce, que fazer participar o editor numa larga percentagem das receitas da cópia privada equivale a dar como assente que a cópia para uso privado se faz sempre a partir de um exemplar editado, ou seja, reproduzido em cumprimento de contrato de edição.

Numa altura em que a digitalização fez a sua aparição em grande força, nem sempre a cópia da obra editada provém do exemplar editado. E essa circunstância, só por si, basta para questionar a colocação do editor lado a lado com o autor na percepção de rendimentos da cópia privada.

Há ainda as múltiplas situações em que o autor realiza a sua própria edição ou custeia inclusivamente a mesma. Nestes casos, falecem de todo razões para atribuir ao editor qualquer percentagem das receitas da cópia privada, porquanto somente o autor fica prejudicado por ela.

O argumento final, e quanto a nós decisivo, é, porém, outro. O contrato de edição é celebrado pelas partes, e, portanto, com o editor, com a conformação legal do direito de autor. Este direito sofre a incidência do limite legal do uso privado, como não pode deixar de ser. O editor sabe à partida com o que conta, dado que o limite legal é prévio, ainda que a cópia se faça à custa da venda de exemplares editados. O lucro do editor, e o seu risco financeiro, está nas vendas dos exemplares da obra por si editados.

Deste modo, conferir ao editor o direito a uma parte dos rendimentos da cópia privada equivale a beneficiá-lo com um bónus que a sua posição no sistema do Direito do Autor não justifica e que não decorre sequer do contrato de edição.

Sem um direito de autor e sem um direito conexo, com a sua posição inteiramente dependente da eventualidade da celebração de um contrato de edição, que ademais não só não é requerido para a exploração económica da obra como nem sempre vem a ser celebrado, nada justifica que o editor apareça a ombrear com o autor na distribuição das receitas da cópia privada ou sequer nelas participe.

Tendo em atenção ao exposto, que fundamento ou razão explicativa pode ser avançado para alicerçar o mérito das soluções constantes dos anteprojectos legislativos postos à discussão?

Do ponto de vista do sistema de Direito de Autor, nenhum. Na verdade, a explicação para a solução proposta deve buscar-se no movimento progressivo de espoliação do criador intelectual dos lucros da exploração económica. A pressão gigantesca dos grandes agentes económicos envolvidos nessa exploração sobre os legisladores das vária ordens jurídicas tem resultado no esvaziamento progressivo dos rendimentos do autor. Os lucros são apetecíveis e o apetite incontrolável.

Entalados entre a ganância corporativa dos lucros das empresas cujo negócio é a comercialização de obras literárias e artísticas e os interesses próprios das entidades de gestão colectiva, só na aparência exercidos em nome dos autores, estes têm assistido à apropriação incessante do que deveriam ser os rendimentos do seu trabalho expressivo.

Quando o ponto de equilíbrio deveria ser achado pela acção legislativa, eis que o legislador se move obscuramente contra aqueles que deveria tutelar dentro da teleologia do sistema de Direito de Autor, desamparando os autores, que são os únicos prejudicados com a consagração legal do limite ao uso privado, em favor de quem não tem qualquer posição jurídica outorgada por ele.

Numa altura em que nenhuma acção final foi tomada, discutindo-se meramente as soluções propostas, conviria olhar-se de novo para os fundamentos do sistema normativo, para se compreender que a outorga ao editor de uma participação financeira, para mais igualitária ou quase, na distribuição dos proventos da cópia privada não se encontra em harmonia, provavelmente até está em contradição, com eles.

Se o esquema da cópia privada tem por objectivo mitigar a perda de receitas que o limite do uso privado importa, então será de supor que justamente aquele que sofre a incidência da política legislativa beneficie integralmente dele e não o partilhe com estranhos ao Direito de Autor, como o editor.

Escusado será dizer que a única solução correcta em face dos dados normativos é a que mantém o editor de fora da cópia privada e atribui as receitas aos autores, que são o centro do sistema.

III
LEGISLAÇÃO E JURISPRUDÊNCIA COMENTADAS

GOOGLE BOOKS, BIBLIOTECAS DIGITAIS E DIREITOS DE AUTOR

ALEXANDRE L. DIAS PEREIRA*

Abstract: There are several projects and initiatives of digital archives and libraries. What is the role of copyright in this process of mass digitization and making available to the public of copyrighted works? A US Judge has ruled that the project Google Books is lawful as fair use due to the social benefits that it produces as an essential tool of research and access to books, despite he had previously denied validity to an agreement between Google and the Authors Guild notably for reasons of separation of powers and judicial restraint as well as protection of competition in the market of online search. Meanwhile the European Union has adopted a Directive which allows for, under circumstances, the use of orphan works, after the works of the Commission on copyright in the knowledge society have underlined the strict and closed nature of exceptions and limitations to copyright in the digital online environment.

Keywords: copyright; Google Books; libraries; digitization; orphan works; fair use.

Palavras-chave: direitos de autor; Google; bibliotecas; digitalização; obras órfãs; fair use.

Sumário: Introdução – Projetos e iniciativas de arquivos e bibliotecas digitais. I. O Processo «Google Books». 1. Factos e antecedentes. 1.1. Síntese dos termos do ASA. 1.2. Objeções ao ASA. 2. A argumentação do Juiz. 2.1. Separação de poderes e contenção judicial. 2.2. Âmbito da controvérsia. 2.3. Os interesses dos membros da classe e questões específicas de direitos de autor. 2.4. Direito da concorrência. 2.5. Aspetos de proteção da privacidade. 2.6. Direito internacional. 3. «Fair use» do Google Books: a decisão de novembro de 2013 («all society benefits»). II. Arquivos e bibliotecas digitais e direitos autorais na União Europeia. 1. O Livro Verde sobre O Direito de Autor na Economia do Conhecimento. 2. Diretiva 2012/28/EU sobre determinadas utilizações permitidas de obras órfãs. 3. Digitalização e disponibilização pública de acervos de arquivos e bibliotecas públicas. 3.1. Utilização de conteúdos próprios ou não protegidos. 3.2. Utilização livre de conteúdos protegidos de terceiros. Conclusão e perspetivas.

Introdução – Projetos e iniciativas de arquivos e bibliotecas digitais

A digitalização e a convergência tecnológica abriram novas perspetivas para a preservação de, e o acesso a, bens culturais, designadamente obras artísticas, literárias ou científicas, estando em curso diversas iniciativas, nacionais e internacionais, de digitalização e disponibilização em linha do património cultural e

---

* Professor da Faculdade de Direito da Universidade de Coimbra.

científico. É o caso, por exemplo, da *World Digital Library*[1], que interliga acervos digitais de dezenas de bibliotecas mundiais com o apoio da UNESCO, e a colaboração da Biblioteca do Congresso dos EUA e de outras instituições científicas e culturais[2]. Na Europa destaca-se o projeto *Europeana*, financiado sobretudo pela Comissão Europeia[3], enquanto ponto único de acesso a milhões de livros, pinturas, filmes, objetos de museu e registros de arquivo que foram digitalizados em toda a Europa, e fonte autorizada de informações provenientes de instituições europeias culturais e científicas[4]. Em termos de iniciativas nacionais, veja-se por ex. a *Gallica* digital, da Biblioteca nacional de França[5], a *Brasiliana*[6] na Universidade de São Paulo, e em Portugal, a *Biblioteca Nacional digital*[7] e, com ligações para outras, as *Bibliotecas Digitais da Universidade de Coimbra*[8-9].

Paralelamente desenvolveram-se outros projetos de digitalização e de disponibilização em linha de obras literárias ou artísticas, tais como o *Projeto Gutenberg*, que se apresenta como a primeira, única e maior coleção de livros eletrónicos, fundado por Michael Hart, inventor em 1971 dos *e-Books*[10]. Quanto a iniciativas privadas, destacam-se nos EUA o projeto *Internet Archive*, que estabeleceu uma parceria com a *Biblioteca Alexandrina digital*[11], e, com vocação mais comercial, o *Google Books*, anteriormente conhecido como *Google Print* e *Google Book Search*[12].

Estas iniciativas tornam possível o acesso sem precedentes a bens culturais digitalizados, em especial obras literárias e científicas, a promoção da democratização do conhecimento e da cultura, e a concretização do princípio do Estado

---

[1] http://www.wdl.org/pt
[2] http://www.loc.gov/wdl/
[3] O projeto "Biblioteca Europeia", Recomendação da Comissão 2006/585/CE, de 24 de Agosto de 2006, sobre a digitalização e a acessibilidade em linha de material cultural e a preservação digital (JOUE L 236/28, 31.8.2006) incentivou parcerias entre o sector público e o sector privado (considerando 7): "O patrocínio da digitalização pelo sector privado ou a criação de parcerias entre o sector público e o privado podem levar à participação de entidades privadas nos esforços de digitalização, pelo que devem ser incentivados". Esta Recomendação foi adotada na sequência de iniciativas das instâncias da EU, com destaque para a Comunicação «i2010: Bibliotecas Digitais», de 30 de Setembro de 2005 [COM(2005) 465 final], na qual a Comissão definiu a sua estratégia para a digitalização, a acessibilidade em linha e a preservação digital da memória coletiva da Europa, incluindo diverso 'material cultural', nomeadamente material impresso (livros, periódicos, jornais), fotografias, objetos de museu, documentos de arquivos e material audiovisual.
[4] http://europeana.eu/portal/
[5] http://gallica.bnf.fr/
[6] http://www.brasiliana.usp.br/
[7] http://purl.pt/index/geral/PT/index.html
[8] http://www.uc.pt/sibuc/PesquisaGeral/Biblioteca_Digital
[9] Para uma lista de projetos de bibliotecas digitais ver http://en.wikipedia.org/wiki/List_of_digital_library_projects
[10] http://www.gutenberg.org
[11] http://archive.org/about/bibalex_p_r.php
[12] http://books.google.com/

Cultural[13]. Não obstante o seu interesse, estas iniciativas deparam com alguns obstáculos legais à sua concretização, aparecendo os direitos de autor como a *bête noire* de um sonho tornado possível pelas novas tecnologias da informação e da comunicação (TIC)[14].

Com efeito, um pouco por toda a parte as bibliotecas e organizações afins são confrontadas com a possibilidade de digitalizarem e disponibilizarem ao público os seus acervos, otimizando desse modo o acesso à informação e à cultura. Todavia, levantam-se diversos obstáculos legais, em especial no domínio dos direitos de autor. Um certo anacronismo dos direitos de autor (*copyright*) leva alguns a defenderem inclusivamente uma substituição do instituto[15]. Uma corrente mais moderada sustenta a substituição das exceções ao direito de autor por uma lei de direitos dos utilizadores[16].

Na Europa estão em curso diversos projetos de arquivos e bibliotecas digitais, com destaque para iniciativas lançadas e financiadas pelo Estado. Em contraste, nos EUA surgem empresas que encontram nos depósitos de conteúdos arquivísticos e bibliotecários matéria-prima para exploração económica, direta ou indiretamente. Destaca-se o projeto Google, pela sua magnitude e, em especial, por ter exigido ao *Copyright Law* resposta, por via judicial, para uma nova problemática.

Na primeira parte deste trabalho fazemos uma análise do processo «Google Books», com destaque para as decisões do Juiz Chin de 22 de março de 2011 e de 14 de novembro de 2013. Na segunda parte, abordamos o quadro jurídico no

---

[13] Frank Fechner, *Geistiges Eigentum und Verfassung (Schöpferische Leistungen unter dem Schutz des Grundgesetzes)*, Mohr Siebeck, Tübingen, 1999, pp. 359-60, p. 515 (*Kulturstaatsprinzip*).

[14] Neil Weinstock Netanel, *Copyright's Paradox*, Oxford University Press, 2008, p. 23-29 (descrevendo o Google Book Search Project e o Google News e concluindo que "as the Google cases make clear, today's proprietary copyright threatens to stand as an obstacle to the Internet's realization of our First Amendment ideals." – p. 28). Sobre o anacronismo do copyright na Era da Internet, James Boyle, *Shamans, Software & Spleens: Law and the Construction of the Information Society*, Cambridge, Harvard University Press, 1997. Sobre o tema, Anupam Chander, «Googling Freedom», *California Law Review* 99 (2011), pp. 1-45; Emily Anne Proskine, «Google's Technicolor Dreamcoat: A Copyright Analysis of the Google Book Search Library Project», *Berkeley Technology Law Journal* 21 (2006), p. 213; Mathew Sag, «The Google Book Settlement & the Fair Use Counterfactual», *New York Law School Law Review* 55 (2010), p. 19; Jennifer Howard, *Research Libraries See Google Decision as Just a Bump on the Road to Widespread Digital Access* - http://chronicle.com/article/Google-Decision-Spurs-Research/126878/.

[15] Joost Smiers, «Creative Improper Property: Copyright and the Non-Western World», in *New Directions in Copyright Law*, ed. Fiona Macmillan, Vol. I, Edward Elgar, Cheltenham, Northampton, 2005, pp. 3-23 (mostra como o copyright é contestado no Ocidente e estranho em muitas outras culturas, e defende: "to replace the present old-fashioned copyright system."). Sobre os fundamentos do copyright, Oren Bracha, «The Ideology of Authorship Revisited: Authors, Markets, and Liberal Values in Early American Copyright», *The Yale Law Journal* 118 (2008), pp. 186-271.

[16] V., por ex., Giuseppe Mazziotti, *EU Digital Copyright Law and the End-User*, Springer, Berlin, 2008, p. 287.

âmbito da União Europeia e, em especial, a situação do direito de autor vigente em Portugal no que respeita às utilizações por arquivos e bibliotecas[17].

I – O Processo «Google Books»

1. Factos e antecedentes

No dia 22 de março de 2011 o Juiz Chin proferiu sentença relativa à ação coletiva («*class action*») intentada pela "The Authors Guild et al." contra a "Google Inc.", para apreciar a validade dos termos estipulados no seu acordo modificado de transação ("Amended Settlement Agreement" – doravante ASA), em especial para saber se são justos, adequados e razoáveis (*fair, adequate, and reasonable*)[18].

Na opinião do Juiz Denny Chin (*United States District Court of Southern District of New York*), reconhecendo embora os benefícios generalizados da digitalização de livros e da criação de uma biblioteca digital universal[19], os termos do ASA seriam excessivos, em termos de concorrência, ao conceder à empresa Google o direito exclusivo de explorar obras completas sem prévia autorização dos respetivos titulares de direitos de autor.

Em 2004 a empresa Google anunciou que tinha chegado a acordo com algumas das maiores bibliotecas de investigação para reproduzir digitalmente os seus acervos bibliográficos. Desde então a Google digitalizou mais de 12 milhões de obras literárias (*brevis causa*, livros). Entregou cópias digitais às livrarias envolvidas, criou uma base de dados eletrónica de livros, e colocou o texto à disposição para pesquisa em linha. Os utilizadores do Google podiam pesquisar a sua biblioteca digital e visualizar excertos (*snippets*) dos livros na sua coleção digital.

São vários os benefícios reconhecidos ao projeto *Google Book Search*: a) possibilita um maior acesso aos livros, em especial para bibliotecas, escolas, investigadores e populações menos favorecidas; b) facilita a tradução dos livros para Braille e formatos áudio, aumentando o acesso para pessoas com necessidades

---

[17] Seguimos de perto o nosso «Arquivos e bibliotecas digitais - Os direitos autorais e a sentença Google», *Revel - Revista do INPI* n.º 7 (2012), pp. 337-356.

[18] http://pt.scribd.com/doc/51331062/Google-Settlement-Rejection-Filing. Na Europa, as atividades do *Google* têm sido objeto de frequente escrutínio judicial em matéria de direitos de autor. Em especial, num caso relativo a digitalização e divulgação de obras, o Tribunal de Grande Instância de Paris decidiu que ao digitalizar e disseminar pela Internet obras, ainda que raras, de autores franceses sem prévia autorização dos titulares de direitos, a Google estaria a infringir os direitos autorais (TGI Paris, 18/12/2009).

[19] Saudando o Acordo Google por dar um "passo decisivo no caminho da imaterialização dos suportes culturais", José de Oliveira Ascensão, «Digitalização, preservação e acesso ao património cultural imaterial», *Direito da Sociedade da Informação*, vol. IX, Coimbra Editora, 2011, pp. 9-30, 13.

especiais; c) gera novas audiências e novas formas de receita para autores e editores; d) permite preservar e dar nova vida aos livros mais antigos, em especial edições esgotadas ou obras fora do comércio que jazem em arquivos e depósitos de bibliotecas.

Milhões de livros digitalizados pela empresa Google encontravam-se ainda protegidos por direito de autor, e a Google não obteve autorização para os digitalizar. Em consequência, em 2005 alguns autores e editores processaram a Google por violação de direitos de autor, reclamando indemnização por danos. A empresa Google defendeu-se principalmente com base na figura *do fair use* (§ 107 US Copyright Act).

Em 2006, as partes deram início a negociações com vista a um acordo, cujos termos apresentaram em 2008. O acordo foi provisoriamente aprovado por decisão do Juiz John E. Sprizzo com efeitos a partir de 17 de novembro de 2008. Todavia, o acordo proposto deu origem a centenas de objeções, levando as partes a modificarem-no. O que, todavia, não satisfez as pretensões dos objetores. Seguiram-se outros passos processuais, com audição das partes interessadas.

1.1. Síntese dos termos do ASA

O acordo (ASA) autoriza a Google a continuar a digitalizar os livros (1), comercializar subscrições de uma base de dados eletrónica de livros (2), comercializar o acesso em linha a livros individuais (3), vender publicidade em páginas de livros (4) e a fazer outras utilizações (5).

Os direitos da empresa Google não são exclusivos, conservando os titulares de direitos de autor o direito de autorizar terceiros, incluindo concorrentes da Google, a utilizar os seus livros por qualquer modo (ASA §§ 2.4, 3.1(a)). Quanto à *remuneração*, prevê-se que a Google pagaria aos titulares de direitos 63% de todas as receitas que resultem das utilizações autorizadas, e as receitas seriam distribuídas de acordo com o chamado Plano de Afetação e Procedimentos Autor/Editor.

Além disso, o ASA estabelece um Registo de direitos livreiros, que se destina a manter uma base de dados de titulares de direitos e administrar a distribuição das receitas. A empresa Google seria responsável por financiar o estabelecimento e as operações iniciais do Registo mediante o pagamento de 34.5 milhões de dólares.

Além disso, o ASA também cria um agente independente para representar os autores de obras anónimas e gerir os direitos de autor em causa. Aos titulares de direitos é ainda reservado o direito de excluir os seus livros de algum ou de todos os usos acima referidos, e de remover todos os seus livros da base de dados (*opt-out*). Em qualquer momento os titulares de direitos poderiam pedir à Google para não digitalizar quaisquer livros ainda não digitalizados e a Google comprometia-se a fazer esforços razoáveis para não digitalizar qualquer desses livros. Um titular de direitos podia também requerer a remoção do registo de qualquer livro já digitalizado e a Google ficava obrigada a proceder à remoção tão depressa quanto possível mas nunca mais tarde do que 30 dias (ASA § 3.5(a)(i)).

Quanto a livros digitalizados antes de 5 de maio de 2009, a Google pagaria 45 milhões de dólares através de um Fundo aos titulares de direitos, comprometendo-se a fornecer fundos adicionais em caso de insuficiência dessa quantia. São ainda previstas outras regras quanto à distribuição das receitas. Relativamente a livros abrangidos pelo ASA, a Google pagaria ao Registo, em nome dos titulares de direitos, 70% das receitas líquidas de vendas e publicidade, descontados 10% para custos de operação da empresa Google. Previa-se ainda a possibilidade de renegociação individual de distribuição de receitas.

O ASA obrigava o Registo a fazer esforços comercialmente razoáveis para localizar titulares de direitos. O Registo receberia pagamentos da empresa Google em nome dos titulares de direitos e em contrapartida distribui-los-ia aos titulares de direitos registados. Fundos não reclamados após 5 anos poderiam ser usados, em parte, para cobrir despesas de localização de titulares de direitos. Após 10 anos, os fundos não reclamados poderiam ser distribuídos a instituições de beneficência no domínio da literatura.

Por outro lado, o ASA distinguia entre livros disponíveis no comércio (*in-print*) e edições esgotadas (*out-of-print*), estabelecendo que a empresa Google não poderia em caso algum apresentar (*display*) os primeiros a menos que obtivesse autorização prévia dos respetivos titulares de direitos de autor. Teria todavia o direito de efetuar usos Non-Display.

Quanto aos livros fora do comércio ou edições esgotadas, a Google poderia apresentá-los sem autorização prévia dos respetivos titulares de direitos, cessando o seu direito quando e se o titular de direitos se opusesse.

1.2. Objeções ao ASA

O acordo ASA recebeu cerca de 500 objeções. Concorrentes da empresa Google, como a Amazon.com e a Microsoft, suscitaram objeções específicas por razões de direitos de autor. Alegaram, em especial, que a aprovação judicial do acordo seria contrária à reserva de lei (Congresso) a que esta matéria está sujeita. Além disso, em matéria de obras órfãs, o ASA violaria disposições da lei do Copyright, uma vez que as obras seriam licenciadas sem autorização do titular de direitos, instituindo-se uma espécie de licença obrigatória por via de um acordo judicialmente validado.

Foram também levantadas objeções por razões de direito da concorrência. Argumentou-se, em especial, que certos esquemas de preços constituiriam acordos horizontais para efeitos da lei Sherman (1), que o ASA concederia um monopólio à empresa Google sobre livros digitais, sobretudo no que respeita aos livros órfãos (2), e que esse monopólio reforçaria a sua posição dominante no negócio da pesquisa em linha (3).

Destaque, ainda, para as objeções de privacidade. Alguns, como o Centro para a Democracia e Tecnologia e o Centro da Informação de Privacidade Eletrónica, alegaram que a digitalização de livros permitiria à Google recolher uma enorme quantidade de informação, incluindo informação privada sobre utilizadores identificáveis, sem fornecer proteções adequadas relativamente ao uso dessa informação.

2. A argumentação do Juiz

Entrando na apreciação do acordo, o Juiz Chin começa por atender aos requisitos da sua aprovação. Enquanto acordo vinculativo numa ação coletiva, exigiria aprovação judicial, a qual, segundo a jurisprudência (*Joel A. v. Giuliani*, 2000), dependeria da apreciação do acordo como "justo (fair), adequado e razoável, e não um produto de colusão".

Tendo em conta os fatores elaborados pela jurisprudência para determinar a referida cláusula geral, em especial os termos do acordo e o processo negocial, o Juiz concluiu que a generalidade desses fatores apontava no sentido da validade do acordo, por resultar de uma negociação duradoura e combativa, cujo prolongamento seria dispendioso tanto temporal como financeiramente. Não obstante, o Juiz entendeu que a reação da classe era problemática, tendo em conta que 6800 autores/editores teriam optado por ficar de fora.

Na sua apreciação, o Juiz divide o ASA em duas partes. A primeira é um acordo sobre a conduta passada e destina-se a excluir a responsabilidade pretérita da empresa Google por violação de direitos de autor. A segunda transfere à empresa Google certos direitos em troca por acordos pendentes e futuros e exclui a sua responsabilidade por determinados atos futuros. O que leva o Juiz a concluir que esta parte do ASA excede o que o Tribunal pode permitir nos termos da Regra 23 do Processo. Tal como alegado nas objeções (*U.S. Department of Justice Statement*), o ASA seria "uma tentativa de usar o mecanismo de 'class action' para implementar acordos negociais prospetivos que exorbitam a disputa perante o Tribunal neste litígio" (tradução livre).

O Juiz considerou que, embora estivesse convencido de que as partes procuraram de boa-fé usar esta 'class action' para criar um mercado efetivo e benéfico para os livros digitais, o acordo apresentava vários pontos sensíveis, em matéria de separação de poderes (1), âmbito do litígio (2), interesses dos autores e dos editores (3), questões específicas de direitos de autor (4), direito da concorrência (5), aspetos de privacidade (6), e questões de direito internacional (7).

2.1. Separação de poderes e contenção judicial

Para começar, o Juiz recorda a jurisprudência no sentido de que o estabelecimento de um mecanismo para explorar livros órfãos é uma matéria mais apropriada para o Congresso do que para este Tribunal. Segundo o *Supreme Court* (*Eldred v. Ashcroft*, 2003), "it is generally for Congress, not the courts, to decide how best to pursue the Copyright Clause's objectives." Num outro caso, o Supreme Court tinha afirmado: "Repeatedly, as new developments have occurred in this country, it has been the Congress that has fashioned new rules that new technology made necessary. [...] Sound policy, as well as history, supports our consistent deference to Congress when major technological innovations alter the market for copyrighted materials.'" (*Sony Corp. of Am. v. Universal City Studios, Inc.*, 1984). Ora justamente diversas propostas de lei tinham sido apresentadas ao Congresso sobre o problema das obras órfãs, pelo que o respeito devido à separação de poderes imporia contenção judicial.

2.2. Âmbito da controvérsia

Para o Juiz Chin, o ASA extravasaria o âmbito da matéria controvertida na petição inicial. Esta limitava-se ao facto de se alegar que a digitalização pela empresa Google de livros e a apresentação de excertos para pesquisa em linha violarem o copyright. A empresa Google defendeu-se com a figura do *fair use*, sustentando que permitia a utilização de pequenas porções da obra em resposta a pedidos de pesquisa de informação. Ou seja, não havia qualquer alegação sobre acesso e utilização de obras completas protegidas. Estava em causa apenas a utilização de um instrumento de pesquisa e indexação, e não a venda de obras completas protegidas por direitos de autor.

Todavia, agora o ASA passaria a dar à Google o controlo, nomeadamente, da comercialização digital de milhões de livros, incluindo obras órfãs e anónimas, sem que a Google tivesse começado por obter autorização para utilizar tais obras, e ao contrário das empresas concorrentes que procuraram obter as necessárias licenças respeitando os direitos de autor. Um dos objetores disse inclusivamente que "Google is trying to legalize piracy."

2.3. Os interesses dos membros da classe e questões específicas de direitos de autor

Foi apontado o conflito de interesse entre os autores, em geral, na máxima divulgação possível das obras, e dos editores, em particular, na maximização dos lucros resultantes da exploração comercial das obras. Na opinião do Juiz Chin, através do ASA os membros da classe estariam a dar certos direitos exclusivos relativamente às suas obras criativas, tal como, pelo seu silêncio, teriam concedido à empresa Google uma licença para uso futuro das suas obras protegidas por direitos de autor.

Todavia, o Juiz recordou a primazia do Congresso no estabelecimento do equilíbrio entre o direito exclusivo e a liberdade de utilização (*Sony Corp. v. Universal City*), e mostrou-se sensível aos argumentos dos que objetaram que as cláusulas de escolha negativa (*opt-out*) do ASA dariam à Google a capacidade de se apropriar dos direitos dos titulares de copyright que não concordaram em transferir esses direitos, de forma contrária à § 201(e) do Copyright Act, e à própria natureza exclusiva do copyright. Numa palavra, o copyright passaria a ter que ser acionado; o silêncio ou inação significaria consentimento. Nas palavras do Juiz Chin, "it is incongruous with the purpose of the copyright laws to place the onus on copyright owners to come forward to protect their rights when Google copied their works without first seeking their permission."

2.4. Direito da concorrência

Especial relevo assumiu igualmente o argumento tirado do direito da concorrência. O ASA daria à empresa Google um monopólio de facto sobre a comercialização digital de obras órfãs e reforçaria a sua posição dominante no mercado da pesquisa em linha. Por ex., os concorrentes só poderiam apresentar excertos de livros digitalizados pela empresa Google se chegassem a acordo com esta (ASA§ 3.9); de igual modo, os concorrentes só poderiam pesquisar e indexar livros digitalizados se fossem entidades não comerciais ou se obtivessem o prévio acordo por escrito da Google (ASA §§ 1.123, 1.93(e), 7.2(b)). Na prática, o copyright sobre tais obras pertenceria à empresa Google, permitindo-lhe alavancar e reforçar a sua posição dominante no mercado da pesquisa em linha.

2.5. Aspetos de proteção da privacidade

O argumento do baixo nível de proteção da privacidade dos utilizadores do Google Search Books garantido pelo ASA não foi considerado decisivo Juiz Chin ('users' search queries, the identity of books a particular user reads, how long that reader spends on each book, and even what particular pages were read'). Aceitando embora a importância destas preocupações, o Juiz entendeu que, só por si, não seriam suficientes para invalidar o ASA, o qual previa que a informação de contato fornecida pelos autores e editores ao Registo não seria divulgada à empresa Google nem ao público se assim o requeressem, e estabelecia que a empresa Google manteria em sigilo qualquer informação pessoal identificável, relativamente a qualquer titular de direitos, recebida em conexão com o Acordo. O Juiz parece aceitar a validade do consentimento implícito em matéria de dados pessoais dos autores e editores, embora não releve a privacidade dos utilizadores.

2.6. Direito internacional

Quanto às preocupações de direito internacional, o Juiz tem em conta que muitos autores estrangeiros, designadamente alemães, registaram as suas obras no US Copyright Office, o que levou muitos autores e sociedades de gestão de direitos de autor a enviar objeções ao Acordo, alegando que o ASA implicaria violação dos direitos de autor mínimos garantidos pela Convenção de Berna, vigente nos EUA desde 1989, e pelo Acordo ADPIC. A argumentação do *Memorandum* germânico é especialmente significativa:

> "The [ASA] still rewards Google -- a serial scanning infringer -- with a de facto exclusive license regarding copyrights held by authors for books published in the United States, Canada, Australia, and United Kingdom, as well as over German and other international authors whose books have been registered in the United States. Competing digital libraries in Germany ('Deutsche Digitale Bibliothek') and throughout the world do not enjoy rights to such authors or 'Orphan Works' because Germany requires licensing of rights prior to the usage of Orphan Works. Such a sweeping de facto compulsory license system would require legislative action (equivalent to Congressional action) in Germany."

Tendo em conta as referidas objeções, o Juiz decidiu não aceitar o Acordo. Sugere, em alternativa, um mecanismo de *opt-in*, através de uma espécie de entidade de gestão coletiva de direitos com competência especializada neste âmbito (em especial para as obras órfãs).

3. «Fair use» do Google Books: a decisão de novembro de 2013 («all society benefits»)

A recusa de validar a transação das partes foi objeto de recurso para o *Second Circuit*, o qual se pronunciou pela reconsideração da existência de *fair use* nos termos da § 107 da Lei do Direito de Autor (*Copyright Act*).[20] O que levaria o Juiz Chin a pronunciar-se na decisão de 14 de novembro de 2013 pela improcedência da ação intentada pela *Authors Guild* contra a Google relativamente ao seu projeto *Google Books*, com fundamento na existência de fair use em função de toda a sociedade beneficiar com este projeto.[21]

O Juiz aponta cinco benefícios relevantes do projeto Google Books para a sociedade, a saber: enquanto ferramenta essencial de pesquisa, o projeto aumenta da eficiência da investigação (1); possibilita a análise em massa de milhões de textos (2); alarga o acesso a livros, tanto para o público em geral como para pessoas e instituições menos favorecidas (3); promove a preservação dos livros e dá-lhes nova vida, em especial tornando acessíveis livros antigos e fora do comércio (4); beneficia os autores e os editores, facilitando a identificação dos livros e dos seus autores e fornecendo ligações para os livreiros (5).

Tendo em conta estes benefícios, o Juiz Chin procede seguidamente à caraterização do Google Books, acentuando a sua natureza de uso transformativo para efeitos do teste de fair use, tendo em conta os seus quatro fatores, a saber:

Primeiro, quanto à finalidade e natureza (*purpose and character*) do *Google Books*, o Juiz Chin acentua a sua índole transformativa de converter textos em ficheiros pesquisáveis, relevando que o Google não comercializa os textos digitalizados nem os excertos que apresenta como resultados de pesquisa, nem coloca publicidade na página com a ficha do livro.

Segundo, quanto à natureza das obras protegidas pelo copyright, o Juiz tem em conta que a larga maioria (cerca de 93%) das obras incluídas no Google Books não são de ficção, as quais teriam menos proteção do que as de natureza criativa ou ficcional.

Terceiro, quanto à quantidade e substancialidade da porção da obra utilizada, apesar de a reprodução integral dos livros praticada pelo Google não favorecer o fair use, o Juiz teve em conta que este fator não era eliminatório, uma vez que o Google limita a quantidade de texto que apresenta em resposta a pesquisas efetuadas pelos utilizadores.

Quarto, quanto ao fator do efeito económico da utilização sobre o mercado ou valor potencial, o Juiz considerou que as digitalizações do Google não serviriam como sucedâneos de mercado aos livros nem o sistema Google facilitaria acesso

---

[20] Sobre o fair use norte-americano, com mais referências, Alexandre Dias Pereira, «Fair use e direitos de autor (entre a regra e a excepção)», *Estudos em Honra do Professor Doutor José de Oliveira Ascensão*, org. António Menezes Cordeiro, Pedro Pais de Vasconcelos e Paula Costa e Silva, Vol. I, Almedina, Coimbra, 2008, pp. 853-869.

[21] «Opinion in Authors Guild v. Google», Circuit Judge Chin, Case 1:05-cv-08136-DC Document 1088, November 14, 2013.

gratuito e total a qualquer texto procurado. Pelo contrário, o Juiz destaca que o *Google Books* tem tido o efeito contrário, aumentando as vendas dos livros em benefício dos titulares de copyright.

Em suma, o fair use não era afastado por nenhum dos quatro fatores, antes pelo contrário todos lhe seriam favoráveis, em especial este quarto que pesaria fortemente a favor do fair use. Nas palavras do Juiz Chin:

> "*In my view, Google Books provides significant public benefits. It advances the progress of the arts and sciences, while maintaining respectful consideration for the rights of authors and other creative individuals, and without adversely impacting the rights of copyright holders. It has become an invaluable research tool that permits students, teachers, librarians, and others to more efficiently identify and locate books. It has given scholars the ability, for the first time, to conduct full-text searches of tens of millions of books. It preserves books, in particular out-of-print and old books that have been forgotten in the bowels of libraries, and it gives them new life. It facilitates access to books for print-disabled and remote or underserved populations. It generates new audiences and creates new sources of income for authors and publishers. Indeed, all society benefits.*"[22]

II – Arquivos e bibliotecas digitais e direitos autorais na União Europeia

1. O Livro Verde sobre O Direito de Autor na Economia do Conhecimento

A Comissão das Comunidades Europeias lançou, através do Livro Verde *O direito de autor na economia do conhecimento*[23], um debate sobre a melhor forma de difusão dos conhecimentos no ambiente em linha para fins científicos, pedagógicos e de investigação. Tendo em consideração a perspetiva dos editores, bibliotecas, estabelecimentos de ensino, museus, arquivos, investigadores, pessoas portadoras de deficiências e público em geral, o Livro Verde procura saber as possibilidades de difusão digital de obras e prestações protegidas tendo em conta as exceções e limitações mais relevantes para a difusão dos conhecimentos de acordo com a harmonização estabelecida pela Diretiva 2001/29/CE sobre aspetos do direito de autor e dos direitos conexos na sociedade da informação[24].

Assim, lê-se no Livro Verde que: "A legislação em matéria de direitos de autor em vigor tem tradicionalmente procurado o equilíbrio entre a recompensa

---

[22] http://www.wired.com/images_blogs/threatlevel/2013/11/chindecision.pdf
[23] COM(2008) 466 final, Bruxelas, 16.7.2008.
[24] Diretiva 2001/29/CE do Parlamento Europeu e do Conselho, de 22 de Maio de 2001, relativa à harmonização de certos aspetos do direito de autor e dos direitos conexos na sociedade da informação, JO L 167 de 22.6.2001, p. 10-19.

pela criação e pelos investimentos do passado e a difusão futura de produtos do conhecimento mediante a adopção de uma lista de excepções e limitações a fim de permitir determinadas actividades específicas no âmbito da investigação científica, das actividades das bibliotecas e das pessoas portadoras de deficiências. Quanto a este aspecto, a Directiva definiu uma lista exaustiva de excepções e limitações. Todavia essas excepções não são de cumprimento obrigatório pelos Estados-Membros e, visto que as excepções são adoptadas a nível nacional, os Estados-Membros estabeleceram frequentemente excepções mais limitadas que as permitidas na Directiva.'

Em vista disto, o Livro Verde centra-se nas excepções ao direito de autor que considera mais relevantes para a difusão dos conhecimentos, nomeadamente: exceção a favor de bibliotecas e arquivos (a); exceção que permite a difusão de obras para efeitos de ensino e investigação (b); exceção a favor de pessoas portadoras de deficiências (c); e uma possível exceção para conteúdos criados pelos utilizadores (d).

Ora, no essencial, o Livro Verde recorda o regime apertado em matéria de exceções ao direito de autor, realçando os considerandos restritivos do preâmbulo da Diretiva 2001/29 que assinalam maiores prejuízos para os titulares de direitos resultantes da digitalização.[25] Destaca-se, em especial, o não alargamento ao fornecimento em linha de materiais protegidos (considerando 40) e o devido respeito pelos direitos de autor nas obras órfãs (ou fora do comércio). Vai ao ponto de limitar a pouca liberdade que a Diretiva ainda consentia no que respeita à utilização de obras com fins de ilustração para efeitos de ensino e investigação.

Com efeito, apesar de o preâmbulo da Diretiva 2001/29/CE prever no considerando 42 a possibilidade de incluir nesta exceção o ensino à distância, o Livro Verde aponta em sentido contrário, ao afirmar que "esta noção [ensino à distância] não se reflecte depois na redacção do n.º 3, alínea a), do artigo 5.º em si mesmo, dado que este não inclui a definição dos conceitos de 'ensino', 'investigação científica' ou 'ilustração', nem qualquer outro esclarecimento quanto ao âmbito da excepção"...

Na sequência do Livro Verde, a Comissão publicou posteriormente a Comunicação *O direito de autor na economia do conhecimento*[26], que sintetiza a problemática em termos particularmente felizes:

«As bibliotecas estão interessadas em projectos de digitalização em massa para preservar os seus arquivos e/ou difundi-los em linha, incluindo a utilização das obras órfãs (obras para as quais não é possível identificar ou localizar os

---

[25] Robert Burrell, Allison Coleman, *Copyright Exceptions: The Digital Impact*, Cambridge University Press, 2005.
[26] COM(2009)532 final, Bruxelas, 19.10.2009.

titulares dos direitos). Os estabelecimentos de investigação e ensino desejam maior flexibilidade na difusão dos diversos materiais, nomeadamente no ensino à distância transfronteiras. As pessoas com deficiência continuam a defrontar-se com obstáculos no acesso aos produtos da informação ou do conhecimento. Em especial, as pessoas com deficiência visual estão a exigir que seja resolvido o seu problema de falta de livros - apenas 5 % das publicações europeias estão disponíveis em formatos acessíveis, situação esta agravada pelas restrições à distribuição transfronteiras, mesmo entre países que partilham a mesma língua./Os editores e autores receiam que os projectos de digitalização em massa patrocinados pelas bibliotecas ou outros e a difusão em linha das suas obras sem uma busca adequadamente diligente violem os seus direitos de autor e reduzam as suas receitas. Os editores alegam que já disponibilizam em linha cerca de 90% das publicações periódicas académicas, estão a investir em novos e inovadores modelos de entrega electrónica de conteúdos (por exemplo, livros electrónicos), nomeadamente para o ensino à distância, e oferecem às pessoas com deficiência visual acesso a muitas obras./[...] O surgimento da cultura em linha de partilha e troca, de prospecção de dados e de aprendizagem interactiva revelou diferenças de opinião entre os que desejam avançar para um sistema de direitos de autor mais permissivo e os que desejam preservar o statu quo'.»

Quanto à produção de cópias digitais de material conservado nas *coleções das bibliotecas*, tendo em vista a sua preservação, e a difusão electrónica dessas cópias junto dos utilizadores, a Comissão conclui que, segundo o "actual quadro jurídico, as bibliotecas e os arquivos não gozam de uma excepção geral que lhes permita digitalizar integralmente as suas colecções (digitalização em massa)", existindo apenas "uma excepção, que se limita a actos de reprodução específicos para fins não comerciais" (Diretiva 2001/29, artigo 5.º/2-c), e devendo as bibliotecas limitar "as excepções à disponibilização das obras em linha nas suas instalações". Para superar estas dificuldades, a Comissão parece inclinada para favorecer um sistema de licenciamento coletivo, complementado por gestão coletiva de direitos de terceiros externos.

Quanto ao *ensino e investigação*, a Comissão destaca que "Para evitar a duplicação desnecessária de actividades de investigação, os resultados publicados de trabalhos que beneficiaram de financiamento público devem estar disponíveis para toda a comunidade científica e mesmo para o público, dado que toda a investigação se baseia em investigação anterior. Nestas circunstâncias, as edições de acesso aberto e os repositórios abertos de artigos publicados oferecem soluções para o problema."

A Comunicação sobre o direito de autor na economia do conhecimento sintetiza ainda as respostas obtidas para as questões das obras órfãs, das pessoas com deficiências e dos conteúdos criados pelos utilizadores (CCU), e aponta como principal conclusão que "a política do direito de autor deve procurar responder aos desafios da economia do conhecimento assente na Internet", sendo imperioso "conciliar cuidadosamente os diferentes interesses em jogo"[27].

2. Diretiva 2012/28/EU sobre determinadas utilizações permitidas de obras órfãs

Na sequência dos trabalhos suscitados pelo Livro Verde, foi aprovada a Diretiva 2012/28/EU sobre determinadas utilizações permitidas de obras órfãs[28].

O regime é instituído em favor de instituições com missão de interesse público e para a realização dos objetivos com ela relacionados, incluindo de bibliotecas, estabelecimentos de ensino e museus acessíveis ao público, bem como arquivos, instituições responsáveis pelo património cinematográfico ou sonoro e organizações de radiodifusão de serviço público estabelecidos nos Estados-Membros (artigo 1.º/1).

Consideram-se órfãs as obras ou fonogramas[29] se nenhum dos titulares dos direitos sobre essas obras ou fonogramas estiver identificado ou se, apesar de um ou mais desses titulares estarem identificados, nenhum deles tiver sido localizado após ter sido realizada e registada uma pesquisa diligente desses titulares (artigo 2.º/1). Por pesquisa diligente entende-se a que se realiza antes da utilização das obras ou fonogramas e mediante a consulta das fontes adequadas para a categoria das obras ou dos outros materiais protegidos em questão, cabendo a sua determinação aos Estados-Membros, em consulta com os titulares de direitos e com os utilizadores, mas incluem pelo menos as fontes relevantes indicadas no anexo, que prevê, por ex., relativamente a livros publicados: o depósito legal, catálogos de biblioteca e ficheiros de autoridade mantidos pelas bibliotecas e

---

[27] Para um balanço de interesses em vários aspetos do direito de autor, Dário Moura Vicente, «O equilíbrio de interesses no direito de autor», *Direito da Sociedade da Informação*, vol. IX, Coimbra Editora, 2011, pp. 249-275.

[28] Diretiva 2012/28/UE, do Parlamento Europeu e do Conselho, de 25 de outubro, relativa a determinadas utilizações permitidas de obras órfãs, JO L 299/5, 27.10.2012.

[29] São abrangidas, nos termos do artigo 1.º/2: obras publicadas sob a forma de livros, folhetos, jornais, revistas ou outros escritos, contidas nas coleções de bibliotecas, estabelecimentos de ensino ou museus acessíveis ao público, bem como nas coleções de arquivos ou instituições responsáveis pelo património cinematográfico ou sonoro (a); obras cinematográficas ou audiovisuais e fonogramas contidos nas coleções de bibliotecas, estabelecimentos de ensino ou museus acessíveis ao público, bem como nas coleções de arquivos ou de instituições responsáveis pelo património cinematográfico ou sonoro (b); e obras cinematográficas ou audiovisuais e fonogramas produzidos por organismos de radiodifusão de serviço público até 31 de dezembro de 2002, inclusive, contidos nos seus arquivos, protegidos por direitos de autor ou por direitos conexos e publicados pela primeira vez num Estado-Membro ou, na falta de publicação, difundidos pela primeira vez num Estado-Membro (c).

outras instituições (a), as associações de editores e de autores no respetivo país (b), as bases de dados e registos existentes, o registo de Escritores, Artistas e respetivos Titulares de Direitos de Autor (Writers, Artists and their Copyright Holders – WATCH), a Numeração Internacional Normalizada de Livros (International Standard Book Number – ISBN) e as bases de dados de livros impressos (c), as bases de dados das sociedades de gestão coletiva de direitos relevantes, em especial organizações de titulares de direitos de reprodução (d) e as fontes que integrem bases de dados e registos múltiplos, incluindo o VIAF (Virtual International Authority Files) e os Registos Acessíveis de Informações sobre Direitos e Obras Órfãs (Accessible Registries of Rights Information and Orphan Works – ARROW) (Artigo 3.º/1-2).

Se existirem provas que levem a crer que podem ser encontradas informações relevantes sobre os titulares dos direitos noutros países, as fontes de informação disponíveis nesses países são também consultadas (artigo 3.º/4).

As obras ou fonogramas considerados obras órfãs num Estado-Membro são considerados obras órfãs em todos os Estados-Membros (artigo 4.º), sem prejuízo de o titular de direitos relativos a uma obra ou a um fonograma considerado obra órfã poder, em qualquer momento, pôr termo ao estatuto de obra órfã no que se refere aos seus direitos (artigo 5.º), tendo nesse caso direito a receber uma compensação equitativa pela utilização que as beneficiárias do regime tenham feito (artigo 6.º/4).

As entidades beneficiárias deste regime têm autorização legal para, relativamente às obras órfãs que integram as suas coleções, praticar atos de colocação à disposição do público, para acesso a partir do local e do momento individualmente escolhos, ou atos de reprodução para fins de digitalização, colocação à disposição do público, indexação, catalogação, preservação ou restauro (artigo 6.º/1). As entidades beneficiárias só podem praticar os referidos atos para atingir os objetivos relacionados com a sua missão de interesse público, nomeadamente a preservação e o restauro das obras e fonogramas contidos nas suas coleções e a oferta de acesso cultural e educativo a essas obras e fonogramas, e só podem gerar receitas com essas utilizações para cobrir os custos incorridos com a digitalização das obras órfãs e com a sua colocação à disposição do público (artigo 6.º/2). Além disso, deverão indicar o nome dos autores e de outros titulares de direitos identificados em todas as utilizações de uma obra órfã (artigo 6.º/3). O regime das obras órfãs aplica-se a partir de 29 de outubro de 2014 abrangendo todas as obras ou fonogramas que sejam protegidos a essa data (artigo 8.º).

3. Digitalização e disponibilização pública de acervos de arquivos e bibliotecas públicas

Enquanto não for transposta a Diretiva, não será de esperar progressos significativos, em virtude do quadro legal restritivo em vigor no domínio dos direitos de autor[30], que nos parece adverso a uma exceção geral para *open access*[31].

Enquanto criações intelectuais do domínio literário, científico ou artístico, as obras que integram o acervo de bibliotecas públicas e instituições afins podem ser protegidas ao abrigo do direito de autor, nos termos do Código do Direito de Autor e dos Direitos Conexos (CDADC)[32] e legislação especial, que recebe diversos instrumentos internacionais (nomeadamente as Convenções de Berna e de Roma) e transpõe Diretivas da União Europeia.

O direito de autor protege obras literárias ou artísticas *originais* por qualquer modo exteriorizadas, incluindo monografias, capítulos de livros, artigos, revistas ou coletâneas. O direito de autor confere o *direito exclusivo* disponível de exploração económica da obra, abrangendo nomeadamente os atos de reprodução, distribuição (venda, aluguer e comodato público de exemplares tangíveis), comunicação ao público presencial ou por meio de telecomunicações, incluindo a retransmissão por cabo, ou disponibilização em servidor para acesso no momento e no local individualmente escolhidos pelos membros do público.

Em determinados grupos de casos a utilização de obra protegida sem consentimento do autor é *livre*: as chamadas exceções ao direito exclusivo, permitidas pela Convenção de Berna e instrumentos internacionais subsequentes, nomeadamente o acordo ADPIC. O atual regime de utilização livre previsto no CDADC é marcado pela transposição da Diretiva 2001/29 sobre direitos de autor na sociedade da informação, aprovada na sequência dos Tratados da OMPI relativos à adaptação do direito de autor à Internet. O preâmbulo da Diretiva 2001/29 realça o maior impacto da tecnologia digital na exploração económica das obras (considerando 44), realçando que a utilização livre a favor de certos estabelecimentos sem fins lucrativos, tais como bibliotecas acessíveis ao público "não deve abranger utilizações no contexto do fornecimento em linha de obras ou outro material protegido" (considerando 40). A análise subsequente limita-se

---

[30] Alexandre Dias Pereira, *Direitos de Autor e Liberdade de Informação*, Almedina/Coimbra, 2008, p. 552-4.
[31] Sobre uma licença legal para «open access», Christophe Caron, *Droit d'auteur et droits voisins*, 2.ª ed., Litec, Paris, 2009, p. 321.
[32] Doravante, salvo indicação em contrário, os artigos referidos são do Código do Direito de Autor e dos Direitos Conexos, aprovado pelo Decreto-Lei n.º 63/85, de 14 de março e alterado pelas Leis n.º 45/85, de 17 de setembro e 114/91, de 3 de setembro, pelos Decretos-Leis n.º 332/97 e 334/97, ambos de 27 de novembro, e pelas Leis n.º 50/2004, de 24 de agosto, 24/2006, de 30 de junho, 16/2008, de 1 de abril, e 82/2013, de 6 de dezembro.

às publicações impressas de livros e periódicos, não abordando outras obras que integrem os acervos bibliotecários, nomeadamente bases de dados em CD-ROM[33].

O acervo de uma biblioteca pública apresenta diversas situações no que respeita à digitalização e disponibilização em linha, cuja intensidade variam em função de diversos fatores, nomeadamente sua antiguidade, dimensão e diversidade.

3.1. Utilização de conteúdos próprios ou não protegidos

Em termos gerais, tendo em conta os princípios e as normas de direitos de autor, uma biblioteca poderá livremente reproduzir em servidor e tornar acessível ao público:

a) Obras caídas no domínio público[34] (em regra geral, a proteção termina 70 anos após a morte do criador intelectual – artigo 31.º);

b) Obras não protegidas (por ex., leis, regulamentos, decisões judiciais e administrativas, relatórios de organismos públicos – artigos 3.º/1-c, 7.º e 8.º);

c) Obras protegidas pertencendo os direitos de autor à entidade de que faz parte a biblioteca (artigos 9.º/2 e 40.º), tais como:

- Obras coletivas organizadas e publicadas por essa entidade, sem prejuízo dos direitos individuais sobre contribuições discrimináveis (por ex. publicações periódicas – artigo 19.º/1 e 3);
- Obras adquiridas ou encomendadas por essa entidade com transmissão contratual dos direitos (artigo 14.º/1) ou publicadas sem menção ao nome do criador (artigo 14.º/3);
- Obras inéditas no domínio público publicadas ou divulgadas pela biblioteca (artigo 39.º/1);
- Outras obras cujos direitos de autor tenham sido adquiridos por essa entidade tanto por ato *inter vivos* como *mortis causa*.

3.2. Utilização livre de conteúdos protegidos de terceiros

Relativamente a obras protegidas e cujos direitos de autor pertençam a terceiros, são permitidas, sem consentimento do titular de direitos, diversas utilizações,

---

[33] Para uma análise do quadro legal português dos direitos de autor no domínio das bibliotecas, Maria do Carmo B.F. Dias, *Las bibliotecas públicas y universitarias ante el derecho de autor: el caso de Portugal*. Granada, 2011; Idem, Juan Carlos Fernández-Molina, Maria Manuel Borges, «As exceções aos direitos de autor em benefício das bibliotecas: análise comparativa entre a União Europeia e a América Latina», *Perspectivas em Ciência da Informação* vol. 16, n.º 1 (2011), pp. 5-20.

[34] Sobre o domínio público no direito autoral brasileiro, Denis Borges Barbosa, *Direito de Autor – Questoes fundamentais de direito de autor*, Lumen Juris, Rio de Janeiro, 2013, p. 541-622.

com destaque para, no domínio da digitalização e disponibilização em linha, e pese embora o "empirismo"[35] da nossa lei:

a) *Reprodução, total ou parcial,* para as suas atividades próprias, de obra que tenha sido previamente tornada acessível ao público; a reprodução não pode destinar-se ao público nem ter por objetivo a obtenção de uma vantagem económica ou comercial, direta ou indireta, mas é admitida expressamente para *fins de preservação e arquivo* de quaisquer obras (artigo 75.º/2-e; ver também artigo 5.º/2-c Diretiva 2001/29). Esta exceção parece justificar o armazenamento de obras em suporte informático para impressão na biblioteca, nas condições em que esta é permitida, de modo a prevenir a degradação resultante do manuseio massificado e por vezes indevido dos exemplares existentes de livros e revistas[36];

b) Reprodução, distribuição e disponibilização pública para fins de *ensino e educação*, de *partes* de uma obra publicada, por estabelecimento de ensino, sem visar a obtenção de vantagem económica ou comercial, direta ou indireta (artigo 75.º/2-f).[37] A utilização permitida por esta exceção abrangerá a utilização das obras em plataformas de ensino à distância embora seja limitada a *partes* de obras publicadas[38] e observando a chamada regra da «tripla condição», dos «três passos» ou dos "três degraus"[39] (ver artigo 75.º/4) e as condições previstas no artigo 76.º/1-2;

c) Reprodução, comunicação pública e colocação à disposição do público a favor de *pessoas com deficiência* de obra que esteja diretamente relacionada e na medida estritamente exigida por essas específicas deficiências e desde que não tenham, direta ou indiretamente, fins lucrativos (artigo 75.º/2-i). Trata-se de uma exceção geral a favor de pessoas com deficiências, embora seja restrita a obras que estejam diretamente relacionadas e na medida estritamente exigida por essas específicas deficiências. De alcance mais geral é a liberdade de utilização sem

---

[35] J. Oliveira Ascensão, *Direito civil - Direito de autor e direitos conexos*, Coimbra Editora, 1992, p. 224. Para um catálogo de utilizações livres, Luís M. de Teles Menezes Leitão, *Direito de Autor*, Almedina, Coimbra, 2011.

[36] Neste sentido, dispõe o artigo 31.º/2 da Lei Japonesa do Direito de Autor que é permitido à Biblioteca do Parlamento (*National Diet*) guardar em memória uma obra incluída no seu acervo, na medida do necessário, no caso de uma gravação eletromagnética ser feita para uso público como substituto do original pertencente ao acervo, para efeitos de evitar a destruição, o dano ou a degradação desse original devido ao uso público.

[37] Na chamada *libraries exception*, admite-se a reprodução de um artigo de revista mas já não a reprodução de extratos substanciais de obras protegidas – vide William Cornish, David Llewelyn, Tanya Aplin, *Intellectual Property: Patents, Copyright, Trade Marks and Allied Rights*, 7.ª ed., Sweet & Maxwell, London, 2010, p. 572. Sobre o *fair dealing* no copyright britânico, Lionel Bently e Brad Sherman, *Intellectual Property Law*, 3.ª ed., Oxford UP, 2009, p. 202 e ss., Paul Torremans, *Holyoak & Torremans Intellectual Property Law*, 6.ª ed., Oxford University Press, 2010, p. 270 ss.

[38] Silke von Lewinski, Michel M. Walter, «Information Society Directive», *European Copyright Law: A Commentary*, ed. Michel Walter, Silke von Lewinski Oxford, Oxford University Press, 2010, p. 1043.

[39] António Menezes Cordeiro, «O clipping e o Direito de Autor», *O Direito* 144.º (2012) V, pp. 739-788, 774.

intuito lucrativo por *processo Braille* ou outro destinado a invisuais, que é prevista no artigo 80.º, e que poderá justificar a digitalização e disponibilização em linha a favor de estudantes invisuais (por ex. ficheiros áudio)[40];

d) Comunicação ou colocação à disposição do público, para efeitos de investigação ou de estudos pessoais, a membros individuais do público por *terminais destinados* para o efeito nas *instalações de bibliotecas*, museus, arquivos públicos e escolas, de obras protegidas não sujeitas a condições de compra ou licenciamento, e que integrem as suas coleções ou acervos de bens (artigo 75.º/2-o). Esta utilização livre corresponde ao artigo 5.º/3-n) da Diretiva 2001/29, que prevê como exceção ou limitação ao direito exclusivo a utilização (apenas) por *comunicação ou colocação à disposição*, para efeitos de investigação ou estudos privados, a membros individuais do público por terminais destinados para o efeito nas instalações dos estabelecimentos referidos na alínea c) do n.º 2, de obras e outros materiais não sujeitos a condições de compra ou licenciamento que fazem parte das suas coleções.

O preâmbulo da Diretiva aponta o *maior impacto* da tecnologia digital na exploração económica das obras no sentido de limitar o âmbito da utilização livre no ambiente digital (considerando 44). Este entendimento restritivo é reforçado pelo considerando 40, nos termos do qual a utilização livre a favor de certos estabelecimentos sem fins lucrativos, tais como bibliotecas acessíveis ao público, deve ser limitada a certos casos especiais abrangidos pelo direito de reprodução e *"não deve abranger utilizações no contexto do fornecimento em linha de obras ou outro material protegido"* (itálico nosso).

Isto significa que só é permitida a disponibilização para consulta (*display*) em terminais dedicados situados nas instalações da biblioteca (1), sem possibilidade de reprodução (2) e apenas relativamente a material não disponível no mercado[41] (3). Acresce que, ao contrário da reprodução para uso privado em papel ou suporte análogo através de reprografia, a cópia digital privada só pode ser realizada pelo próprio 'copista' (pessoa singular) e para uso exclusivamente privado (artigo 75.º/2-a).

---

[40] No direito italiano, art. 71*bis* da lei do direito de autor (legge 22 de abril de 1941), Luigi Carlo Ubertazzi (dir.), *Diritto d'autore - Commentario breve alle leggi su proprietà intellettuale e concorrenza*, 4.ª ed., Cedam, Milão, 2007, p. 210-1.
[41] Silke von Lewinski, Michel M Walter, «Information Society Directive», *European Copyright Law: A Commentary*, cit., p. 1056 ("Only material that is not available on the market may be used under lit (n)."; "only on-the-spot consultation is permissible"). Na sentença de 24 de novembro de 2009, o Tribunal de Recurso de Frankfurt a.M. entendeu que o facto de o editor ter oferecido à biblioteca pública o licenciamento da disponibilização das suas obras não impedia a biblioteca de a realizar ao abrigo da exceção legal.

Neste sentido restritivo aponta, no direito francês, o novo artigo L. 122-5-8.º do código da propriedade intelectual[42], que determina a licitude da reprodução de uma obra e da sua representação efetuadas para fins de conservação ou destinadas a preservar as condições da sua consulta para fins de investigação ou de estudos privados por pessoas singulares, dentro dos locais do estabelecimento e a partir de terminais dedicados por bibliotecas abertas ao público, por museus ou por serviços de arquivos, na medida em que visem qualquer vantagem económica ou comercial. De igual modo, a lei espanhola da propriedade intelectual – LPI[43], segundo as alterações introduzidas pela Lei 23/2006 em transposição igualmente da Diretiva 2001/29, limita a disponibilização para consulta através de terminais dedicados em determinados estabelecimentos (artigo 37.º – '[...] mediante red cerrada e interna a través de terminales especializados instalados a tal efecto en los locales de los establecimientos citados [...]').

Na Alemanha, o tribunal de recurso de Munique (*Oberlandesgericht München*), na sentença *Elektronischer Kopienversand* (2007), decidiu que, tendo em conta a alteração do direito autoral germânico resultante da transposição da Diretiva 2001/29, uma biblioteca pública que presta um serviço de entrega de documentos, incluindo distribuição por correio eletrónico ou FTP a solicitação individual dos seus utilizadores de artigos protegidos, infringe os direitos de autor, não sendo essa utilização abrangida pelo § 53 da lei do direito de autor relativo à cópia privada. Anteriormente, ainda no ambiente analógico, o Tribunal Federal de Justiça (*Bundesgerichtshof*) decidira que uma biblioteca pública que fotocopia e distribui artigos protegidos, por correio postal ou por faxe, a pedido individual do utilizador, não viola o direito de autor em se tratando de reprodução para uso privado (§ 53/4a UrhG). Este limite ao direito de reprodução permitiria às bibliotecas públicas oferecerem serviços de entrega de documentos embora tivessem que pagar uma remuneração equitativa à competente entidade de gestão coletiva (BGH 25/2/99). Mais recentemente, o Tribunal de Recurso de Frankfurt a.M. decidiu que é permitido às bibliotecas públicas digitalizarem obras publicadas e disponibilizar os ficheiros em terminais dedicados situados nas suas instalações, mas já não podem facultar ao utilizador a realização de cópia digital dos materiais protegidos (OLG Frankfurt 24/11/2009).[44]

e) É ainda previsto como uso livre a reprodução em exemplar único, para fins de *interesse exclusivamente científico ou humanitário*, de obras ainda não disponíveis no comércio ou de obtenção impossível, pelo tempo necessário à sua utilização

---

[42] http://www.legifrance.gouv.fr/affichCode.do?cidTexte=LEGITEXT000006069414.
[43] Ley de Propriedad Intelectual - https://www.boe.es/buscar/act.php?id=BOE-A-1996-8930.
[44] http://openjur.de/u/31831.html . Sobre esta matéria, com mais referências, Ulrich Loewenheim (ed.), *Handbuch des Urheberrechts*, 2.ª ed., Beck, Munique, 2010, p. 505-9.

(artigo 81.º). Trata-se todavia de uma utilização bastante limitada, uma vez que se refere a exemplar único, não alargando as possibilidades de disponibilização em linha de obras protegidas.

f) O exercício das utilizações livres não deve atingir a exploração normal da obra nem causar prejuízo injustificado dos interesses legítimos do autor (artigo 75.º/4). A tripla-condição formulada como *cláusula geral* destina-se a aferir, no caso concreto, se a utilização livre foi desvirtuada pelo seu exercício com prejuízo para os interesses do titular de direitos. Para alguns constituirá uma orientação no sentido da interpretação restritiva das exceções aos direitos de autor. De todo o modo, o exercício normal das utilizações livres é imperativo, sendo nula toda e qualquer cláusula contratual que o vise eliminar ou impedir o seu beneficiário de o realizar (artigo 75.º/5), incluindo os chamados avisos de direitos de autor habituais nos livros e outras publicações proibindo toda e qualquer reprodução ou utilização da obra sem consentimento do editor.

g) Não obstante livre, a utilização deve ser acompanhada da identificação completa do autor e do editor, do título da obra e demais circunstâncias que os identifiquem, e de uma remuneração equitativa ao autor. A utilização deve permitir distinguir a obra e não prejudicar o interesse nela (artigo 76.º/1-a/b-2).

Conclusão e perspetivas

Se a partilha em rede de ficheiros é um pesadelo para os editores, produtores e outros titulares de direitos de autor e/ou conexos, a digitalização e disponibilização pública em rede de conteúdos de arquivos e bibliotecas afeta os modelos tradicionais de negócio (a obra encapsulada em um suporte corpóreo – papel, disco, etc.) e coloca em risco a subsistência de largos setores tradicionais de atividades económicas ligadas aos direitos autorais e artísticos. Que papel será desempenhado por arquivos e bibliotecas num mundo em que a informação se quer acessível à distância de um clique? Ficarão como uma espécie de 'reservas' do mundo analógico, impedidas de migrar para o ambiente das redes eletrónicas por causa dos direitos autorais e artísticos?

Se as indústrias da cultura devem ver acautelados os seus interesses, tendo em conta a necessidade de amortização de investimentos realizados na modernização do processo económico e a manutenção de postos de trabalho neste setor, corre-se todavia o risco de os direitos de autor introduzirem uma distorção significativa no funcionamento do mercado, protegendo de forma excessiva um modelo de negócio contra as investidas das novas tecnologias. Ao mesmo tempo, porém, os direitos de autor poderão servir de escudo protetor do mercado contra práticas predatórias que permitem a certos agentes conquistar os novos continentes da informação, colonizando-os e gerando aí tributos em seu proveito.

A Diretiva 2012/28 sobre obras órfãs abre novas perspetivas para as instituições que prestam serviço público. Institui uma licença legal para fins de digitalização e disponibilização, dentro dos limites das suas funções, relativamente a obras órfãs, sem prejuízo de os autores poderem a todo o tempo por termo a esse estatuto, que só se obtém depois de realizada uma pesquisa diligente. Todavia, enquanto a Diretiva não for transposta, não será de esperar, nos tempos mais próximos, senão um equilíbrio de interesses instável no seio dos direitos de autor.

Nos EUA, o Juiz Chin, depois de não ter validado o acordo entre a Google e representantes dos autores, considerou que o projeto Google Books constitui fair use para efeitos do copyright. Na balança equitativa do fair use, pesaram mais os benefícios que o projeto traz para a sociedade enquanto ferramenta essencial de pesquisa: aumenta a eficiência da investigação, possibilita a análise em massa de milhões de textos, alarga o acesso a livros, tanto para o público em geral como para pessoas e instituições menos favorecidas, promove a preservação dos livros e dá-lhes nova vida (em especial tornando acessíveis livros antigos e fora do comércio), e, além disso, beneficia os autores e os editores por via de identificação dos titulares de direitos e de fornecimento de ligações para os livreiros.

Salvo o *fair dealing* do Reino Unido, uma figura semelhante ao fair use não é prevista na legislação da generalidade dos Estados-Membros da União Europeia. Os tribunais decidem com base em listas taxativas de exceções e limites, que interpretam de modo tendencialmente restritivo enquanto compressões ao direito exclusivo. Mas quiçá se um dia o Tribunal de Justiça da União Europeia não dirá que a sujeição do exercício em concreto das exceções e limites à regra dos três passos vale como dispositivo de flexibilização dessas exceções, permitindo um balanço em sentido favorável não apenas aos interesses dos titulares de direitos mas também aos benefícios sociais que daí possam resultar.

APÊNDICE

United States District Court Southern District of New York, *The Authors Guild, Inc. et al., v. Google Inc.* – Decisão de 14 de novembro de 2013

```
UNITED STATES DISTRICT COURT
SOUTHERN DISTRICT OF NEW YORK
- - - - - - - - - - - - - - - - -x

THE AUTHORS GUILD, INC., and      :
BETTY MILES, JOSEPH GOULDEN,
and JIM BOUTON, on behalf of      :
themselves and all others
similarly situated,               :       OPINION

                Plaintiffs,       :       05 Civ. 8136 (DC)

        - against -               :

GOOGLE INC.,                      :

                Defendant.        :

- - - - - - - - - - - - - - - - -x
```

APPEARANCES: (See last page)

CHIN, Circuit Judge

Since 2004, when it announced agreements with several major research libraries to digitally copy books in their collections, defendant Google Inc. ("Google") has scanned more than twenty million books. It has delivered digital copies to participating libraries, created an electronic database of books, and made text available for online searching through the use of "snippets." Many of the books scanned by Google, however, were under copyright, and Google did not obtain permission from the copyright holders for these usages of their copyrighted works. As a consequence, in 2005, plaintiffs brought this class action charging Google with copyright infringement.

Before the Court are the parties' cross-motions for summary judgment with respect to Google's defense of fair use under § 107 of the Copyright Act, 17 U.S.C. § 107. For the reasons set forth below, Goggle's motion for summary judgment is granted and plaintiffs' motion for partial summary judgment is denied. Accordingly, judgment will be entered in favor of Google dismissing the case.

BACKGROUND

A. The Facts

For purposes of this motion, the facts are not in dispute. (See 9/23/13 Tr. 10-11, 15, 25-28 (Doc. No. 1086)).[1] They are summarized as follows:

1. The Parties

Plaintiff Jim Bouton, the former pitcher for the New York Yankees, is the legal or beneficial owner of the U.S. copyright in the book Ball Four. Plaintiff Betty Miles is the legal or beneficial owner of the U.S. copyright in the book The Trouble with Thirteen. Plaintiff Joseph Goulden is the legal or beneficial owner of the U.S. copyright in the book The

---

[1] When pressed at oral argument to identify any factual issues that would preclude the award of summary judgment, plaintiffs' counsel was unable to do so. (Id. at 25-26).

<u>Superlawyers: The Small and Powerful World of the Great Washington Law Firms</u>. (Google Resp. ¶¶ 1-3).² All three books have been scanned by Google and are available for search on Google's website, without plaintiffs' permission. (Google Resp. ¶ 4). Plaintiff The Authors Guild, Inc., is the nation's largest organization of published authors and it advocates for and supports the copyright and contractual interests of published writers. (Google Resp. ¶¶ 7-8).

Google owns and operates the largest Internet search engine in the world. (Google Resp. ¶ 9). Each day, millions of people use Google's search engine free of charge; commercial and other entities pay to display ads on Google's websites and on other websites that contain Google ads. (Google Resp. ¶ 10). Google is a for-profit entity, and for the year ended December 31, 2011, it reported over $36.5 billion in advertising revenues. (Google Resp. ¶ 11).

---

² "Google Resp." refers to Google's Responses and Objections to plaintiffs' Statement of Undisputed Facts in Support of Their Motion for Partial Summary Judgment (Doc. No. 1077). "Pl. Resp." refers to plaintiffs' Response to Google's Local Rule 56.1 Statement (Doc. No. 1071). I have relied on the parties' responses to the statements of undisputed facts only to the extent that factual statements were not controverted.

2. The Google Books Project

In 2004, Google announced two digital books programs. The first, initially called "Google Print" and later renamed the "Partner Program," involved the "hosting" and display of material provided by book publishers or other rights holders. (Google Resp. ¶¶ 13, 14). The second became known as the "Library Project," and over time it involved the digital scanning of books in the collections of the New York Public Library, the Library of Congress, and a number of university libraries. (Clancy Decl. ¶ 5 (Doc. No. 1035); Google Resp. ¶¶ 25, 26, 27; Pl. Resp. ¶ 14).

The Partner Program and the Library Project together comprise the Google Books program ("Google Books"). (Google Resp. ¶ 15). All types of books are encompassed, including novels, biographies, children's books, reference works, textbooks, instruction manuals, treatises, dictionaries, cookbooks, poetry books, and memoirs. (Pl. Resp. ¶ 6; Jaskiewicz Decl. ¶ 4 (Doc. No. 1041)). Some 93% of the books are non-fiction while approximately 7% are fiction.[3] Both in-print

---

[3] These estimates are based on studies of the contents of the libraries involved. (Def. Mem. at 7 (Doc. No. 1032) (citing Brian Lavoie and Lorcan Dempsey, Beyond 1923: Characteristics of Potentially In-Copyright Print Books in Library Collections, 15-D-Lib 11/12 (2009), available at http://www.dlib.org/dlib/november09/lavoie/11lavoie.html (last visited November 12,

and out-of-print books are included, although the great majority are out-of-print. (Jaskiewicz Decl. ¶ 4).

In the Partner Program, works are displayed with permission of the rights holders. (Google Resp. ¶ 16). The Partner Program is aimed at helping publishers sell books and helping books become discovered. (Google Resp. ¶ 18). Initially, Google shared revenues from ads with publishers or other rights holders in certain circumstances. In 2011, however, Google stopped displaying ads in connection with all books. (Google Resp. ¶¶ 17, 21; Dougall Decl. ¶¶ 5-8 (Doc. No. 1076)). Partners provide Google with a printed copy of their books for scanning, or a digital copy if one already exists. (Google Resp. ¶ 19). Partners decide how much of their books -- from a few sample pages to the entire book -- are browsable. (Google Resp. ¶ 20). As of early 2012, the Partner Program included approximately 2.5 million books, with the consent of some 45,000 rights holders. (Google Resp. ¶ 24).

As for the Library Project, Google has scanned more than twenty million books, in their entirety, using newly-developed scanning technology. (Google Resp. ¶¶ 28, 29).

2013)). The numbers are not disputed. (See 9/23/2013 Tr. at 26).

Pursuant to their agreement with Google, participating libraries can download a digital copy of each book scanned from their collections. (Google Resp. ¶ 30). Google has provided digital copies of millions of these books to the libraries, in accordance with these agreements. (Google Resp. ¶ 85). Some libraries agreed to allow Google to scan only public domain works, while others allowed Google to scan in-copyright works as well. (Google Resp. ¶ 36).

Google creates more than one copy of each book it scans from the library collections, and it maintains digital copies of each book on its servers and back-up tapes. (Google Resp. ¶¶ 40, 41). Participating libraries have downloaded digital copies of in-copyright books scanned from their collections. (Google Resp. ¶¶ 53, 54). They may not obtain a digital copy created from another library's book. (Jaskiewicz Decl. ¶¶ 6, 8). The libraries agree to abide by the copyright laws with respect to the copies they make. (Clancy Decl. ¶ 5).

Google did not seek or obtain permission from the copyright holders to digitally copy or display verbatim expressions from in-copyright books. (Google Resp. ¶¶ 53, 54). Google has not compensated copyright holders for its copying of or displaying of verbatim expression from in-copyright books or its making available to libraries for downloading of digital copies of in-copyright books scanned from their collections. (Google Resp. ¶ 55).

3. Google Books

In scanning books for its Library Project, including in-copyright books, Google uses optical character recognition technology to generate machine-readable text, compiling a digital copy of each book. (Google Resp. ¶ 62; Pl. Resp. ¶ 18; Jaskiewicz Decl. ¶ 3). Google analyzes each scan and creates an overall index of all scanned books. The index links each word or phrase appearing in each book with all of the locations in all of the books in which that word or phrase is found. The index allows a search for a particular word or phrase to return a result that includes the most relevant books in which the word or phrase is found. (Clancy Decl. ¶ 6; Pl. Resp. ¶¶ 22-26). Because the full texts of books are digitized, a user can search the full text of all the books in the Google Books corpus. (Clancy Decl. ¶ 7; Google Resp. ¶ 42).

Users of Google's search engine may conduct searches, using queries of their own design. (Pl. Resp. ¶ 10). In response to inquiries, Google returns a list of books in which the search term appears. (Clancy Decl. ¶ 8). A user can click on a particular result to be directed to an "About the Book" page, which will provide the user with information about the book in question. The page includes links to sellers of the books and/or libraries that list the book as part of their collections. No advertisements have ever appeared on any About the Book page that is part of the Library Project. (Clancy Decl. ¶ 9).

For books in "snippet view" (in contrast to "full view" books), Google divides each page into eighths -- each of which is a "snippet," a verbatim excerpt. (Google Resp. ¶¶ 43, 44). Each search generates three snippets, but by performing multiple searches using different search terms, a single user may view far more than three snippets, as different searches can return different snippets. (Google Resp. ¶ 45). For example, by making a series of consecutive, slightly different searches of the book Ball Four, a single user can view many different snippets from the book. (Google Resp. ¶¶ 46, 47).

Google takes security measures to prevent users from viewing a complete copy of a snippet-view book. For example, a user cannot cause the system to return different sets of snippets for the same search query; the position of each snippet is fixed within the page and does not "slide" around the search term; only the first responsive snippet available on any given page will be returned in response to a query; one of the snippets on each page is "black-listed," meaning it will not be shown; and at least one out of ten entire pages in each book is black-listed. (Google Resp. ¶¶ 48-50; Pl. Resp. ¶¶ 35, 37-40). An "attacker" who tries to obtain an entire book by using a physical copy of the book to string together words appearing in successive passages would be able to obtain at best a patchwork of snippets that would be missing at least one snippet from every page and 10% of all pages. (Pl. Resp. ¶ 41). In addition, works with text organized in short "chunks," such as dictionaries, cookbooks, and books of haiku, are excluded from snippet view. (Pl. Resp. ¶ 42).

4. The Benefits of the Library Project and Google Books

The benefits of the Library Project are many. First, Google Books provides a new and efficient way for readers and researchers to find books. (See, e.g., Clancy Decl. Ex. G). It makes tens of millions of books searchable by words and phrases. It provides a searchable index linking each word in any book to all books in which that word appears. (Clancy Decl. ¶ 7). Google Books has become an essential research tool, as it helps librarians identify and find research sources, it makes the process of interlibrary lending more efficient, and it facilitates finding and checking citations. (Br. of Amici Curiae American Library Ass'n et al. at 4-7 (Doc. No. 1048)). Indeed, Google Books has become such an important tool for researchers and librarians that it has been integrated into the educational system -- it is taught as part of the information literacy curriculum to students at all levels. (Id. at 7).

Second, in addition to being an important reference tool, Google Books greatly promotes a type of research referred to as "data mining" or "text mining." (Br. of Digital Humanities and Law Scholars as Amici Curiae at 1 (Doc. No. 1052)). Google Books permits humanities scholars to analyze massive amounts of data -- the literary record created by a collection of tens of millions of books. Researchers can examine word frequencies, syntactic patterns, and thematic markers to consider how literary style has changed over time. (Id. at 8-9; Clancy Decl. ¶ 15). Using Google Books, for example, researchers can track the frequency of references to the United States as a single entity ("the United States is") versus references to the United States in the plural ("the United States are") and how that usage has changed over time. (Id. at 7). The ability to determine how often different words or phrases appear in books at different times "can provide insights about fields as diverse as lexicography, the evolution of grammar, collective memory, the adoption of technology, the pursuit of fame, censorship, and historical epidemiology." Jean-Baptiste Michel et al., Quantitative Analysis of Culture Using Millions of Digitized Books, 331 Science 176, 176 (2011) (Clancy Decl. Ex. H).

Third, Google Books expands access to books. In particular, traditionally underserved populations will benefit as they gain knowledge of and access to far more books. Google Books provides print-disabled individuals with the potential to search for books and read them in a format that is compatible with text enlargement software, text-to-speech screen access software, and Braille devices. Digitization facilitates the conversion of books to audio and tactile formats, increasing access for individuals with disabilities. (Letter from Marc Maurer, President of the National Federation for the Blind, to J. Michael McMahon, Office of the Clerk (Jan. 19, 2010) (Doc. No. 858)). Google Books facilitates the identification and access of materials for remote and underfunded libraries that need to make efficient decisions as to which resources to procure for their own collections or through interlibrary loans. (Br. of Amici Curiae American Library Ass'n at 5-6).

Fourth, Google Books helps to preserve books and give them new life. Older books, many of which are out-of-print books that are falling apart buried in library stacks, are being scanned and saved. See Authors Guild v. Google Inc., 770 F. Supp. 2d 666, 670 (S.D.N.Y. 2011). These books will now be available, at least for search, and potential readers will be alerted to their existence.

Finally, by helping readers and researchers identify books, Google Books benefits authors and publishers. When a user clicks on a search result and is directed to an "About the Book" page, the page will offer links to sellers of the book and/or libraries listing the book as part of their collections. (Clancy Decl. ¶ 9). The About the Book page for Ball Four, for example, provides links to Amazon.com, Barnes&Noble.com, Books-A-Million, and IndieBound. (See Def. Mem. at 9). A user could simply click on any of these links to be directed to a website where she could purchase the book. Hence, Google Books will generate new audiences and create new sources of income.

As amici observe: "Thanks to . . . [Google Books], librarians can identify and efficiently sift through possible research sources, amateur historians have access to a wealth of previously obscure material, and everyday readers and researchers can find books that were once buried in research library archives." (Br. of <u>Amici Curiae</u> American Library Ass'n at 3).

B. Procedural History

Plaintiffs commenced this action on September 20, 2005, alleging, <u>inter alia</u>, that Google committed copyright infringement by scanning copyrighted books and making them available for search without permission of the copyright holders. From the outset, Google's principal defense was fair use under § 107 of the Copyright Act, 17 U.S.C. § 107.

After extensive negotiations, the parties entered into a proposed settlement resolving plaintiffs' claims on a class-wide basis. On March 22, 2011, I issued an opinion rejecting the proposed settlement on the grounds that it was not fair, adequate, and reasonable. <u>Authors Guild v. Google Inc.</u>, 770 F. Supp. 2d 666 (S.D.N.Y. 2011).

Thereafter, the parties engaged in further settlement discussions, but they were unable to reach agreement. The parties proposed and I accepted a schedule that called for the filing of plaintiffs' class certification motion, the completion of discovery, and then the filing of summary judgment motions. (<u>See</u> 9/16/11 Order (Doc. No. 982)). Plaintiffs filed a fourth amended class action complaint (the "Complaint") on October 14,

2011. (Doc. No. 985). While the dates in the schedule were subsequently extended, the sequence of events was retained, with the class certification motion to precede the summary judgment motions, and adding dates for Google's filing of a motion to dismiss the Authors Guild's claims. (See, e.g., 1/17/12 Order (Doc. No. 996); 3/28/12 Order (Doc. No. 1007)).

Plaintiffs filed their class certification motion and Google filed its motion to dismiss the Authors Guild's claims. On May 31, 2012, I issued an opinion denying Google's motion to dismiss and granting the individual plaintiffs' motion for class certification. Authors Guild v. Google Inc., 282 F.R.D. 384 (S.D.N.Y. 2012).

On June 9, 2012, I issued an order re-setting the briefing schedule for the summary judgment motions. (6/19/12 Order (Doc. No. 1028)). The parties thereafter filed the instant cross-motions for summary judgment. Before the motions were fully submitted, however, the Second Circuit issued an order on September 17, 2012, staying these proceedings pending an interlocutory appeal by Google from my decision granting class certification. (9/17/12 Order (Doc. No. 1063)).

On July 1, 2013, without deciding the merits of the appeal, the Second Circuit vacated my class certification decision, concluding that "resolution of Google's fair use defense in the first instance will necessarily inform and perhaps moot our analysis of many class certification issues." Authors Guild, Inc. v. Google Inc., 721 F.3d 132, 134 (2d Cir. 2013). The Second Circuit remanded the case "for consideration of the fair use issues." Id. at 135.

On remand, the parties completed the briefing of the summary judgment motions. I heard oral argument on September 23, 2013. I now rule on the motions.

DISCUSSION

For purposes of these motions, I assume that plaintiffs have established a prima facie case of copyright infringement against Google under 17 U.S.C. § 106. See Feist Publ'ns, Inc. v. Rural Tel. Serv. Co., 499 U.S. 340, 361 (1991). Google has digitally reproduced millions of copyrighted books, including the individual plaintiffs' books, maintaining copies for itself on its servers and backup tapes. See 17 U.S.C. § 106(1) (prohibiting unauthorized reproduction). Google has made digital copies available for its Library Project partners to download. See 17 U.S.C. § 106(3) (prohibiting unauthorized distribution). Google has displayed snippets from the books to the public. See 17 U.S.C. § 106(5) (prohibiting unauthorized display). Google has done all of this, with respect to in-copyright books in the Library Project, without license or permission from the copyright owners. The sole issue now before the Court is whether Google's use of the copyrighted works is "fair use" under the copyright laws. For the reasons set forth below, I conclude that it is.

A. Applicable Law

Fair use is a defense to a claim of copyright infringement. The doctrine permits the fair use of copyrighted works "to fulfill copyright's very purpose, '[t]o promote the Progress of Science and useful Arts.'" Campbell v. Acuff-Rose Music, Inc., 510 U.S. 569, 575 (1994) (quoting U.S. Const., Art. I, § 8, cl. 8)); accord Cariou v. Prince, 714 F.3d 694, 705 (2d Cir. 2013). Copyright law seeks to achieve that purpose by providing sufficient protection to authors and inventors to stimulate creative activity, while at the same time permitting others to utilize protected works to advance the progress of the arts and sciences. See Eldred v. Ashcroft, 537 U.S. 186, 212 (2003); Blanch v. Koons, 467 F.3d 244, 250 (2d Cir. 2006); Hon. Pierre N. Leval, Toward a Fair Use Standard, 103 Harv. L. Rev. 1105, 1107-08 (1990). As the Supreme Court has held, "[f]rom the infancy of copyright protection, some opportunity for fair use of copyrighted materials has been thought necessary to fulfill copyright's very purpose." Campbell, 510 U.S. at 575; see also Harper & Row Publishers, Inc. v. Nation Enters., 471 U.S. 539, 560 (1985) (recognizing "the latitude for scholarship and comment traditionally afforded by fair use").

The fair use doctrine is codified in § 107 of the Copyright Act, which provides in relevant part as follows:

> [T]he fair use of a copyrighted work, . . . for purposes such as criticism, comment, news reporting, teaching (including multiple copies for classroom use), scholarship, or research, is not an infringement of copyright. In determining whether the use made of a work in any particular case is a fair use the factors to be considered shall include --
>
> (1) the purpose and character of the use, including whether such use is of a commercial nature or is for nonprofit educational purposes;
>
> (2) the nature of the copyrighted work;
>
> (3) the amount and substantiality of the portion used in relation to the copyrighted work as a whole; and
>
> (4) the effect of the use upon the potential market for or value of the copyrighted work.

17 U.S.C. § 107.

The determination of fair use is "an open-ended and context-sensitive inquiry," Blanch v. Koons, 467 F.3d at 251, and thus the fair use doctrine calls for "case-by-case analysis," Campbell, 510 U.S. at 577; see also Harper & Row, 471 U.S. at 553. The four factors enumerated in the statute are non-exclusive and provide only "general guidance"; they are to be explored and weighed together, "in light of the purposes of copyright." Campbell, 510 U.S. at 578-79; Harper & Row, 471 U.S. at 560-61. As fair use is an affirmative defense to a claim of copyright infringement, the proponent carries the burden of proof as to all issues in dispute. Am. Geophysical Union v. Texaco Inc., 60 F.3d 913, 918 (2d Cir. 1994); see also Campbell, 510 U.S. at 590.

A key consideration is whether, as part of the inquiry into the first factor, the use of the copyrighted work is "transformative," that is, whether the new work merely "supersedes" or "supplants" the original creation, or whether it:

> instead adds something new, with a further purpose or different character, altering the first with new expression, meaning, or message; it asks, in other words, whether and to what extent the new work is "transformative."

Campbell, 510 U.S. at 579 (quoting Leval, Toward a Fair Use Standard, 103 Harv. L. Rev. at 1111); accord Bill Graham Archives v. Dorling Kindersley Ltd., 448 F.3d 605, 608 (2d Cir. 2006)

("Most important to the court's analysis of the first factor is 'transformative' nature of the work."); Am. Geophysical Union, 60 F.3d at 923. Although transformative use is not "absolutely necessary" to a finding of fair use, "the goal of copyright, to promote science and the arts, is generally furthered by the creation of transformative works." Campbell, 510 U.S. at 579.

B. Application

I discuss each of the four factors separately, and I then weigh them together.

1. **Purpose and Character of Use**

The first factor is "the purpose and character of the use, including whether such use is of a commercial nature or is for nonprofit educational purposes." 17 U.S.C. § 107(1).

Google's use of the copyrighted works is highly transformative. Google Books digitizes books and transforms expressive text into a comprehensive word index that helps readers, scholars, researchers, and others find books. Google Books has become an important tool for libraries and librarians and cite-checkers as it helps to identify and find books. The use of book text to facilitate search through the display of snippets is transformative. See Perfect 10, Inc. v. Amazon.com, Inc., 508 F.3d 1146, 1168 (9th Cir. 2007) (holding that use of works -- "thumbnail images," including copyrighted photographs -- to facilitate search was "transformative"); Kelly v. Arriba Soft Corp., 336 F.3d 811 (9th Cir. 2003) (same); see also Bill Graham Archives, 448 F.3d at 609-11 (holding that display of images of posters in 480-page cultural history of the Grateful Dead was transformative, explaining that "[w]hile the small size [of the images of the posters] is sufficient to permit readers to recognize the historial significance of the posters, it is inadequate to offer more than a glimpse of their expressive value"). The display of snippets of text for search is similar to the display of thumbnail images of photographs for search or small images of concert posters for reference to past events, as the snippets help users locate books and determine whether they may be of interest. Google Books thus uses words for a different purpose -- it uses snippets of text to act as pointers directing users to a broad selection of books.

Similarly, Google Books is also transformative in the sense that it has transformed book text into data for purposes of substantive research, including data mining and text mining in new areas, thereby opening up new fields of research. Words in books are being used in a way they have not been used before. Google Books has created something new in the use of book text -- the frequency of words and trends in their usage provide substantive information.

Google Books does not supersede or supplant books because it is not a tool to be used to read books. Instead, it "adds value to the original" and allows for "the creation of new information, new aesthetics, new insights and understandings." Leval, Toward a Fair Use Standard, 103 Harv. L. Rev. at 1111. Hence, the use is transformative.

It is true, of course, as plaintiffs argue, that Google is a for-profit entity and Google Books is largely a commercial enterprise. The fact that a use is commercial "tends to weigh against a finding of fair use." Harper & Row, 471 U.S. at 562; accord Campbell, 510 U.S. at 585. On the other hand, fair use has been found even where a defendant benefitted commercially from the unlicensed use of copyrighted works. See, e.g., Blanch, 467 F.3d at 253; Bill Graham Archives, 448 F.3d at 612. See also Castle Rock Entm't, Inc. v. Carol Publ'g Grp., Inc., 150 F.3d 132, 142 (2d Cir. 1998) (observing that Second Circuit does "not give much weight to the fact that the secondary use was for commercial gain"). Here, Google does not sell the scans it has made of books for Google Books; it does not sell the snippets that it displays; and it does not run ads on the About the Book pages that contain snippets. It does not engage in the direct commercialization of copyrighted works. See 17 U.S.C. § 107(1). Google does, of course, benefit commercially in the sense that users are drawn to the Google websites by the ability to search Google Books. While this is a consideration to be acknowledged in weighing all the factors, even assuming Google's principal motivation is profit, the fact is that Google Books serves several important educational purposes.

Accordingly, I conclude that the first factor strongly favors a finding of fair use.

2. Nature of Copyrighted Works

The second factor is "the nature of the copyrighted work." 17 U.S.C. § 107(2).[4] Here, the works are books -- all types of published books, fiction and non-fiction, in-print and out-of-print. While works of fiction are entitled to greater copyright protection, Stewart v. Abend, 495 U.S. 207, 237 (1990), here the vast majority of the books in Google Books are non-fiction. Further, the books at issue are published and

---

[4] The parties agree that the second factor plays little role in the ultimate fair use determination. (Pl. Mem. at 36 n.18 (Doc. No. 1050); Def. Mem. at 25). See On Davis v. Gap, Inc., 246 F.3d 152, 175 (2d Cir. 2001) ("The second statutory factor, the nature of the copyrighted work, is rarely found to be determinative.") (internal citation omitted).

available to the public. These considerations favor a finding of fair use. See Arica Inst., Inc. v. Palmer, 970 F.2d 1067, 1078 (2d Cir. 1992) ("Whether or not a work is published is critical to its nature under factor two because the scope of fair use is narrower with respect to unpublished works.") (quoting New Era Publ'ns Intern., ApS v. Carol Publ'q Grp., 904 F.2d 152, 157 (2d Cir. 1990) (internal quotation marks ommitted)).

3. Amount and Substantiality of Portion Used

The third factor is "the amount and substantiality of the portion used in relation to the copyrighted work as a whole." 17 U.S.C. § 107(3). Google scans the full text of books -- the entire books -- and it copies verbatim expression. On the other hand, courts have held that copying the entirety of a work may still be fair use. See, e.g., Sony Corp. of Am. v. Universal City Studios, Inc., 464 U.S. 417, 449-50 (1984); Bill Graham Archives, 448 F.3d at 613 ("copying the entirety of a work is sometimes necessary to make a fair use of the image"). Here, as one of the keys to Google Books is its offering of full-text search of books, full-work reproduction is critical to the functioning of Google Books. Significantly, Google limits the amount of text it displays in response to a search.

On balance, I conclude that the third factor weighs slightly against a finding of fair use.

4. **Effect of Use Upon Potential Market or Value**

The fourth factor is "the effect of the use upon the potential market for or value of the copyrighted work." 17 U.S.C. § 107(4). Here, plaintiffs argue that Google Books will negatively impact the market for books and that Google's scans will serve as a "market replacement" for books. (Pl. Mem. at 41). It also argues that users could put in multiple searches, varying slightly the search terms, to access an entire book. (9/23/13 Tr. at 6).

Neither suggestion makes sense. Google does not sell its scans, and the scans do not replace the books. While partner libraries have the ability to download a scan of a book from their collections, they owned the books already -- they provided the original book to Google to scan. Nor is it likely that someone would take the time and energy to input countless searches to try and get enough snippets to comprise an entire book. Not only is that not possible as certain pages and snippets are blacklisted, the individual would have to have a copy of the book in his possession already to be able to piece the different snippets together in coherent fashion.

To the contrary, a reasonable factfinder could only find that Google Books enhances the sales of books to the benefit of copyright holders. An important factor in the success of an individual title is whether it is discovered -- whether potential readers learn of its existence. (Harris Decl. ¶ 7 (Doc. No. 1039)). Google Books provides a way for authors' works to become noticed, much like traditional in-store book displays. (Id. at ¶¶ 14-15). Indeed, both librarians and their patrons use Google Books to identify books to purchase. (Br. of Amici Curiae American Library Ass'n at 8). Many authors have noted that online browsing in general and Google Books in particular helps readers find their work, thus increasing their audiences. Further, Google provides convenient links to booksellers to make it easy for a reader to order a book. In this day and age of on-line shopping, there can be no doubt but that Google Books improves books sales.

Hence, I conclude that the fourth factor weighs strongly in favor of a finding of fair use.

5. Overall Assessment

Finally, the various non-exclusive statutory factors are to be weighed together, along with any other relevant considerations, in light of the purposes of the copyright laws.

In my view, Google Books provides significant public benefits. It advances the progress of the arts and sciences, while maintaining respectful consideration for the rights of authors and other creative individuals, and without adversely impacting the rights of copyright holders. It has become an invaluable research tool that permits students, teachers, librarians, and others to more efficiently identify and locate books. It has given scholars the ability, for the first time, to conduct full-text searches of tens of millions of books. It preserves books, in particular out-of-print and old books that have been forgotten in the bowels of libraries, and it gives them new life. It facilitates access to books for print-disabled and remote or underserved populations. It generates new audiences and creates new sources of income for authors and publishers. Indeed, all society benefits.

Similarly, Google is entitled to summary judgment with respect to plaintiffs' claims based on the copies of scanned books made available to libraries. Even assuming plaintiffs have demonstrated a prima facie case of copyright infringement, Google's actions constitute fair use here as well. Google provides the libraries with the technological means to make digital copies of books that they already own. The purpose of the library copies is to advance the libraries' lawful uses of the digitized books consistent with the copyright law. The libraries then use these digital copies in transformative ways. They create their own full-text searchable indices of books, maintain copies for purposes of preservation, and make copies available to print-disabled individuals, expanding access for them in unprecedented ways. Google's actions in providing the libraries with the ability to engage in activities that advance the arts and sciences constitute fair use.

To the extent plaintiffs are asserting a theory of secondary liability against Google, the theory fails because the libraries' actions are protected by the fair use doctrine. Indeed, in the HathiTrust case, Judge Baer held that the libraries' conduct was fair use. See Authors Guild, Inc. v. HathiTrust, 902 F. Supp. 2d 445, 460-61, 464 (S.D.N.Y. 2012) ("I cannot imagine a definition of fair use that would not encompass the transformative uses made by Defendants' [Mass Digitization Project] and would require that I terminate this invaluable contribution to the progress of science and cultivation of the arts that at the same time effectuates the ideals espoused by the [Americans with Disabilities Act]."). The fair use analysis set forth above with respect to Google Books applies here as well to the libraries' use of their scans, and if there is no liability for copyright infringement on the libraries' part, there can be no liability on Google's part.

CONCLUSION

For the reasons set forth above, plaintiffs' motion for partial summary judgment is denied and Google's motion for summary judgment is granted. Judgment will be entered in favor of Google dismissing the Complaint. Google shall submit a proposed judgment, on notice, within five business days hereof.

SO ORDERED.

Dated: November 14, 2013
         New York, New York

DENNY CHIN
United States Circuit Judge
Sitting By Designation

APPEARANCES

For Plaintiffs:

    BONI & ZACK LLC
        By: Michael J. Boni, Esq,
             Joshua D. Snyder, Esq.
             John E. Sindoni, Esq.
        15 St. Asaphs Road
        Bala Cynwyd, PA 19004

    FRANKFURT KURNIT KLEIN & SELZ P.C.
        By: Edward H. Rosenthal, Esq.
             Jeremy S. Goldman, Esq.
        488 Madison Avenue
        New York, NY 10022

    MILBERG LLP
        By: Sanford P. Dumain, Esq.
        1 Pennsylvania Plaza
        New York, NY 10119

For Defendant Google, Inc.

    DURIE TANGRI LLP
        By: Daralyn J. Durie, Esq.
             Joseph C. Gratz, Esq.
             David McGowan, Esq.
             Genevieve P. Rosloff, Esq.
        217 Leidesdorff Street
        San Francisco, CA 94111

For Amicus Curiae Digital
 Humanities and Law Scholars:

>   SAMUELSON LAW, TECHNOLOGY & PUBLIC POLICY CLINIC
>   By: Jennifer M. Urban, Esq.
>   Babak Siavoshy, Esq.
>   Jason Schultz, Esq.
>   University of California, Berkeley,
>   School of Law
>   396 Simon Hall
>   Berkeley, CA   94720
>   - and -
>   Matthew Sag, Esq.
>   Loyola University of Chicago School of Law
>   25 East Pearson Street
>   Chicago, IL   60611

For Amicus Curiae American Library
 Association, Association of
 College and Research Libraries,
 Association of Research Libraries,
 and Electronic Frontier Foundation:

>   JONATHAN BAND PLLC
>   By: Jonathan Band, Esq.
>   21 Dupont Circle, NW
>   Washington, DC   20036

OS CERTIFICADOS COMPLEMENTARES DE PROTECÇÃO (CCP) PARA MEDICAMENTOS À LUZ DA JURISPRUDÊNCIA RECENTE DO TJUE

MANUEL OEHEN MENDES*

Abstract: The European Court of Justice has worked intensely over the last 4 years in interpreting various crucial provisions of Regulation 469/2009, of 6th May 2009, relating to the granting of Supplementary Protection Certificates (SPC) for medical products. Emphasis is given to an important shift in the Court's stance regarding the possible subject matter of an SPC: replacing its prior infringement approach with a more restrictive disclosure doctrine, which limits the grant of an SPC to the active ingredients described in the claims contained in the basic patents (even if only by means of mere functional claims). The aim is to provide a general overview of the principle aspects of the legal regime governing SPC (nature, justification, subject-matter, scope, effects and duration) in the light of the most recent case law of the European Court of Justice and Portuguese courts.

Keywords: Patents. Supplementary Protection Certificates. SPC. Medical Products. Authorisation to place products on the market. Accessory character of SPC. Formal autonomy of SPC. Product protected by basic patent. Subject-matter of SPC. Active ingredient. Infringement test. Disclosure test. Functional claims. Multivalent vaccines. Effects of SPC. Process patents. Burden of proof. Paediatric extension. Maximum duration of exclusive right.

Palavras-chave: Patentes. Certificados Complementares de Protecção. CCP. Medicamentos. Autorização de Introdução no Mercado. AIM. Justificação dos CCP. Carácter assessório do CCP. Autonomia formal do CCP. Produto protegido por uma patente de base. Objecto do CCP. Princípio activo. *Infringement test*. *Disclosure test*. Reivindicações funcionais. Vacinas multivalentes. Efeitos do CCP. Patentes de processo. Ónus da prova. Extensão pediátrica. Duração máxima do exclusivo.

Sumário: I – Introdução. Autorização de Introdução no Mercado (AIM). Justificação e importância dos CCP. II – Natureza jurídica dos CCP. III – Objecto e âmbito dos CCP. IV – Duração. V – Conteúdo do direito conferido pelos CCP.

I – Introdução. Autorização de Introdução no Mercado (AIM). Justificação e importância dos CCP

Como é sabido, as patentes são direitos de exclusivo sobre uma categoria de bens imateriais, as invenções técnicas, que se caracterizam pelo facto de serem

---

* Advogado especialista em Propriedade Intelectual (OA). Docente da Univ. Católica (Porto). O presente trabalho foi elaborado para integrar, numa versão mais sintética, uma obra em homenagem ao Senhor Professor Doutor José António Gómez Segade, Catedrático da Universidade de Santiago de Compostela, publicada em 2013. Tomamos agora em consideração a jurisprudência do TJUE disponibilizada no site www.curia.europa.eu até ao final de Fevereiro de 2014.

concedidas para valer apenas durante um período de tempo limitado. Na generalidade das legislações modernas, as patentes de invenção são atribuídas por um prazo de 20 anos, contados da data do respectivo pedido.

Presentemente, o Acordo TRIPS, celebrado no âmbito da Organização Mundial do Comércio (OMC /WTO), impõe este prazo como um *prazo mínimo* aos Estados-Membros no seu art. 33.º: *"A duração da protecção oferecida não terminará antes do termo de um período de 20 anos calculado a partir da data de depósito"*. Em sintonia, o art. 63.º da Convenção sobre a Patente Europeia (CPE)[1] e o art. 99.º do Código da Propriedade Industrial (CPI) português de 2003[2] consagram um prazo idêntico para a duração das patentes[3].

O processo que se inicia com a solicitação e culmina com a concessão da patente envolve toda uma tramitação administrativa que, não obstante depender de legislação para legislação, tem de cumprir com certas formalidades, prazos, publicações, etc. Este processo é especialmente demorado nos sistemas que fazem depender a concessão do direito de um exame prévio da verificação dos requisitos materiais de patenteabilidade e/ou de um regime de oposições de terceiros, anteriores à concessão da patente. No caso da Patente Europeia, por exemplo, mesmo com um regime de oposições diferido para depois da atribuição da patente (art. 99.º ss. CPE), o período de tempo médio que se verifica entre o pedido e a concessão da patente é de cerca de 3 a 5 anos[4].

A generalidade dos países consagra, por isso, hoje em dia, uma *protecção provisória* para os *pedidos* de patente após a respectiva *publicação*[5]. Esta protecção está,

---

[1] *"1. A duração da patente europeia é de vinte anos, contados da data do depósito do pedido.*
2. O disposto no número 1 não obsta ao direito de um Estado contraente prorrogar a duração de uma patente europeia ou de lhe conceder uma protecção equivalente a partir do termo da validade da patente, nas mesmas condições aplicáveis às suas patentes nacionais,
a) a fim de ter em conta um estado de guerra ou estado de crise compatível que afecte o Estado em causa;
b) se o objecto da patente europeia for um produto ou um processo de fabrico ou de utilização de um produto que, antes da respectiva introdução no mercado no dito Estado, esteja sujeito a um processo administrativo de autorização estabelecido por lei.
3. As disposições do número 2 aplicam-se também às patentes europeias concedidas conjuntamente para um grupo de Estados de acordo com o artº 142º.
4. O Estado contraente que preveja uma prorrogação da duração da patente ou uma protecção equivalente nos termos do número 2, alínea b), pode, na base de um acordo estabelecido com a Organização, transferir para o Instituto Europeu de Patentes as tarefas relativas à aplicação dessas disposições."
[2] *"A duração da patente é de 20 anos contados da data do respectivo pedido."*
[3] Até à entrada em vigor do CPI de 1995, as patentes de invenção eram concedidas em Portugal pelo prazo de 15 anos, contados da data da sua concessão. Ainda existem actualmente patentes, ou CCP derivados dessas patentes, sujeitas a esse regime adoptado pelo CPI de 1940.
[4] De acordo com as estimativas fornecidas pelo próprio IEP em http://www.epo.org/service-support/faq/own-filc.html#faq-274.
[5] Cfr., p. ex., art. 5.º CPI.

todavia, dependente da concessão da patente e traduz-se apenas num direito do futuro titular da patente a ser *indemnizado* pelos prejuízos causados por actos de terceiro que possam vir a ser qualificados como actos de violação dos direitos conferidos pela patente. Um *direito de exclusivo*, propriamente dito, só é atribuído ao inventor/solicitante com a *concessão* da patente.

Durante o período que medeia entre a publicação do pedido e a concessão da patente, o titular não pode opor-se à utilização do invento por terceiros não autorizados. Terá de aguardar pela concessão da patente para poder exercer esse *jus prohibendi*. E também só após o acto de concessão (que funciona aqui como uma condição legal) poderá exigir uma indemnização pelos prejuízos que a exploração não autorizada do invento patenteado lhe haja provocado (cfr. arts. 5.º e 78.º, 1 CPI).

A ausência de um *exclusivo* de exploração económica – industrial e comercial – do invento durante o período de tempo que medeia entre a data da apresentação do pedido e a data da concessão da patente, cuja exacta medida depende de caso para caso, é assumida pelo solicitante da patente, não obstante o reconhecimento de eventuais direitos de cariz *indemnizatório*, em sede de protecção provisória, nos termos que deixámos explicitados.

A ordem jurídica não possui instrumentos para "igualizar" os requerentes, conferindo as patentes, em regra, direitos de exclusivo com prazos de vigência diferentes de patente para patente. Não é, portanto, estranho ao sistema o facto de uma patente atribuir ao inventor uma duração efectiva do seu direito de exclusivo distinta daquela que é concedida a outro inventor, titular de uma patente que pode ser até do mesmo domínio tecnológico.

Por outro lado, o facto de um invento só se encontrar "maduro" para ser explorado industrialmente, o mais das vezes, bastantes anos após o pedido ou a concessão da patente, ou mesmo já depois de ter expirado o seu período de validade (situação que ocorre, aliás, com alguma frequência em relação às chamadas invenções pioneiras), é completamente indiferente para o sistema de patentes. O direito de patentes não prevê qualquer mecanismo jurídico destinado a obstar ou sequer a minimizar os efeitos desta imponderabilidade. Tudo isto são riscos que correm exclusivamente por conta do inventor/solicitante da patente.

O sistema de patentes é um instrumento de *política de inovação e desenvolvimento* de um Estado ou de uma comunidade de Estados e não um meio de influenciar a sua política industrial ou comercial. Para estes fins existem outros mecanismos e outras políticas mais adequadas, *maxime* de natureza fiscal, incentivos financeiros, subsídios às empresas, etc.

Sucede, porém, que existe ainda uma terceira situação muito particular. Há, na verdade, casos em que os obstáculos a tirar partido do *exclusivo* atribuído pela patente não são, de forma alguma, imputáveis ao requerente, nem aos trâmites da concessão, aos normais riscos do negócio, à conjuntura económica, tecnológica, etc., mas sim ao facto de certos produtos estarem sujeitos a exigentes intervenções regulatórias e a *autorizações administrativas* como condição para poderem ser introduzidos no mercado pelo titular da patente ou por alguém com o seu consentimento (*e. g.* um licenciado). Autorizações administrativas estas (AIM) que podem demorar vários anos a ser obtidas, em razão da sua complexidade, dos requisitos técnicos e científicos que devem ser observados, impostos pela natureza dos produtos em causa e pela defesa dos bens e valores que com aquela tramitação se pretendem salvaguardar.

É o caso, entre outros [6], dos produtos químico-farmacêuticos (medicamentos)[7].

O carácter *objectivo* e *absoluto* do requisito da *novidade*, ao serviço da divulgação, tão célere quanto possível, dos conhecimentos técnicos inovadores, obriga a indústria farmacêutica a solicitar as patentes de invenção relativas aos seus produtos e processos novos o mais rapidamente possível, desencadeando, assim, o início da contagem do prazo de validade – que é de 20 anos – das patentes que venham a ser atribuídas a esses mesmos produtos ou processos.

Por outro lado, os trâmites administrativos de obtenção da autorização para introduzir no mercado uma nova especialidade farmacêutica (AIM), cuja apresentação será normalmente posterior à data do pedido da patente correspondente, nomeadamente para não tornar questionável o requisito da novidade, podem tardar – e tardam de facto – muitos anos até serem concluídos, reduzindo drasticamente o período de *vigência efectiva* do direito de *exclusivo* concedido pelas patentes para os novos medicamentos.

Para além dos aspectos burocráticos, um pedido de autorização de comercialização de uma nova especialidade farmacêutica está sujeito à prévia realização de diversos estudos analíticos, ensaios farmacológicos e toxicológicos, bem como a testes clínicos muito complexos e exigentes e, por isso, bastante demorados.

Esta circunstância não é devida a qualquer facto – acção ou omissão – do inventor/titular da patente, nem é de imputar aos riscos normais da actividade económica ou empresarial deste sector industrial, ainda que resulte, em parte, da especial natureza destes produtos e da sua finalidade. No essencial, esta demora é resultado das exigências, aliás compreensíveis e até louváveis, do Estado e da sua máquina administrativa do sector da saúde, com vista a garantir níveis elevados de fiabilidade e segurança para os consumidores na utilização dos medicamentos.

---

[6] Por exemplo, os produtos fitofarmacêuticos, a que se refere o Regulamento (CE) n.º 1610/96 do Parlamento Europeu e do Conselho, de 23 de Julho de 1996, com ulteriores alterações.

[7] Cfr. Regulamento (CE) n.º 469/2009, de 06 de Maio de 2009, que codifica o anterior Regulamento (CEE) n.º 1768/92, de 18 de Junho de 1992, que instituiu os CCP na ordem jurídica comunitária.

No fim e ao cabo, uma dificuldade suscitada, no essencial, por justificadas razões de saúde pública e de bem-estar dos cidadãos.

Mas ainda assim, o que é facto é que a redução substancial do tempo de duração efectiva das patentes de medicamentos, em virtude da necessidade destas autorizações, há muito que era considerada como um factor intolerável de desencorajamento do investimento neste sector vital da actividade industrial e, por consequência, uma causa de retracção séria da investigação e desenvolvimento (I&D) de novos medicamentos e produtos afins.

Sobretudo sendo certo que a indústria farmacêutica é, como todos reconhecem, uma área da actividade económica especialmente sensível. Dela depende, em grande medida, a saúde e o bem-estar de todos nós[8] e, por outro lado, trata-se de um sector industrial caracterizado pela necessidade de capitais intensivos e onde o sucesso está continuamente à mercê da álea dos resultados da actividade de investigação e desenvolvimento de novos produtos e de novos processos.

Para quantificarmos, com dados da época em que os CCP foram introduzidos na Europa, a indústria farmacêutica é uma indústria que investe permanentemente em I&D cerca de 10 a 15% do total do seu volume de negócios[9] e onde cada novo medicamento custava, no início dos anos 90, cerca de 250 milhões de marcos alemães (um pouco menos de 128 milhões de euros) a desenvolver![10]

Estudos elaborados nessa mesma altura davam conta de que o tempo médio para a obtenção das autorizações para comercialização de uma nova especialidade farmacêutica era de cerca de *doze* anos[11]. Tendo por consequência que o titular da

---

[8] Bastando referir, p. ex., que nos EUA, entre 1981 e 1990, 92% dos novos medicamentos aprovados para comercialização (*"new chemical entity (NCE) drugs"*) eram provenientes de empresas farmacêuticas privadas. O "mito" da importância do investimento público (Universidades, Institutos públicos de investigação, etc.) nesta área foi há muito reduzido à sua verdadeira dimensão pela frieza dos números. Cfr. Grubb, *Patents for Chemicals, Pharmaceuticals and Biotechnology*, 5.ª ed., Oxford, 2010, p. 426.

[9] Cfr. o estudo da Comissão Europeia, *Ursprünglicher Veordnungsvorschlag: Begründung der Kommission*, COM (90) 101 Final – SYN 255, de 11 de Abril de 1990 (daqui por diante citado abreviadamente "COM (90) 101 Final"), do qual não conseguimos localizar uma versão em português, n.º 5.

[10] Montantes referenciados, p. ex., em Mühlens, *Das Ergänzende Schutzzertifikat für Arzneimittel*, Mitteilungen der deutschen Patentanwälte, 1993, p. 213, e em Schennen, *Die Verlängerung der Patentlaufzeit für Arzneimittel im Gemeinsamen Markt*, Colónia, 1993, p. 13.

Se fizermos, todavia, as contas a tudo quanto esta indústria investe, num determinado período de tempo, em I&D e dividirmos esse montante pelo número de produtos que acabam por ser realmente comercializados – os quais representam apenas 1 em cada 5.000 produtos (*"chemical entities"*) desenvolvidos e testados –, chegamos ao extraordinário valor de 600 milhões USD por cada novo produto posto à venda como medicamento. Estas cifras podem ver-se referidas, p. ex., em Grubb, *ob.cit.*, p. 425 s.

[11] Cfr. COM (90) 101 Final, n.º 2.

patente via reduzidos, em média, a *oito* anos[12] o período de tempo em que poderia explorar o novo medicamento no mercado com a vantagem competitiva que lhe atribui o direito de *exclusivo* da patente.

Estes trabalhos davam igualmente notícia de que o espaço de tempo médio necessário para conseguir estas autorizações tem aumentado ao longo dos últimos anos, não sendo de prever, pelas mais variadas razões, que esta tendência venha a inverter-se nos tempos mais próximos.

As vantagens competitivas conferidas pelas patentes, que poucas vezes conduzem a uma situação de verdadeiro monopólio – em virtude dos produtos alternativos ou de substituição que ora já existem, ora surgem no mercado em simultâneo ou pouco tempo depois do aparecimento do novo produto patenteado –, são consideradas, ainda assim, como *vitais* para a amortização dos gigantescos investimentos necessários à produção de cada novo medicamento e à remuneração atractiva dos capitais para tal indispensáveis, os quais, de outra forma, deslocar-se-iam céleres para outras áreas da actividade económica, onde o risco seja bem mais reduzido do que aquele que se verifica numa indústria altamente dependente do factor aleatório e contingente da inovação.

Foi, por isso, facilmente reconhecido por todos que o sistema vigente de autorizações administrativas para a comercialização de novos medicamentos punha em causa as bases do sistema de patentes, colocando em crise a sua própria justificação, o que, por sua vez, em nada contribuía para atrair os capitais imprescindíveis à concretização dos projectos de I&D de que depende, em absoluto, a indústria farmacêutica moderna e, ao fim e ao cabo, a própria saúde pública e o crescente bem-estar de todos nós.

O sistema de patentes tem por finalidade primeira incentivar e incrementar as actividades de inovação, através da remuneração atractiva do investimento em I&D. Para tanto, os resultados dessa I&D – a inovação – têm de ser adequadamente protegidos, de forma a assegurar o *retorno* do investimento que foi realizado e a proporcionar uma *remuneração* compensadora do capital, face ao elevado risco assumido. Ora, isso só se consegue através das vantagens competitivas conferidas pelo *exclusivo* da patente, durante um *número suficiente de anos*.

Este prazo de tempo deve ser o bastante para alcançar aquele desiderato, mas não deve ser superior ao estritamente indispensável para esse efeito. Se ultrapassar o necessário, deixa de se justificar e passa a constituir um mero entrave artificial à introdução no mercado dos mesmos produtos com outras procedências empresariais, obstando à regra de ouro da livre concorrência, que enforma a constituição

---

[12] Alguns autores mais optimistas, citando estudos da própria indústria farmacêutica, falam de um prazo de duração *médio* das patentes químico-farmacêuticas de nove anos e meio (Cfr. Mühlens, *ob. cit.*, p. 213).

económica das nossas sociedades, alicerçadas no princípio da liberdade de iniciativa económica, a benefício do melhor preço e do melhor produto para satisfazer as necessidades do consumidor. No caso concreto dos medicamentos, criando um obstáculo injustificado ao surgimento de genéricos no mercado e provocando custos acrescidos aos cuidados públicos e privados de saúde.

Os CCP visam repor a normalidade das coisas quanto à duração efectiva do exclusivo conferido pelas patentes dos produtos químico-farmacêuticos. Admitir os CCP significa, pois, aceitar, necessariamente, a prorrogação da vida útil destas patentes para lá do prazo ordinário de 20 anos, contados da data do pedido, aplicável à generalidade das patentes.

Como o escopo não é o de favorecer este ou aquele sector industrial, mas sim o de repor o prazo de validade médio em relação às patentes sujeitas a este tipo de controlos prévios, especialmente demorados, em razão da sua tramitação e natureza, é aceitável que patentes noutros domínios da tecnologia, em que as mesmas limitações se coloquem, beneficiem ou venham a beneficiar igualmente de um estatuto idêntico aos dos produtos químico-farmacêuticos. Por isso, em 1996, como já atrás se fez referência, foi aprovado um regime de CCP, em tudo idêntico ao dos medicamentos, para os *produtos fitofarmacêuticos*, através do Regulamento (CE) n.º 1610/96, de 23 de Julho[13].

"El objetivo del Reglamento es establecer un mecanismo de prolongación de la duración de las patentes que permita compensar los efectos reductores que el procedimiento sanitario de autorización provoca en la duración de la vida útil de las patentes. A estos fines, se pretende prolongar la vida real de las patentes. Dicho objetivo se cumple a través de la creación de un Certificado complementario de protección, que produce sus efectos a partir de la extinción de la patente, y cuya duración está vinculada hasta ciertos limites al retraso en la comercialización que la autorización administrativa haya comportado para aquellos productos farmacéuticos cubiertos por la patente"[14].

Os CCP vieram a mostrar-se, com o decorrer dos anos, de enorme utilidade para a indústria farmacêutica de medicamentos de referência, uma vez que muitos destes medicamentos atingem precisamente o seu pico de vendas durante a vigência e sob a tutela destes direitos[15]. Mesmo tendo em atenção que, sendo

---

[13] Outros inventos, p. ex., no domínio da indústria alimentar ou da manipulação genética, poderão vir a usufruir, no futuro, de CCP. A formulação genérica adoptada pela revisão do art. 63.º CPE de 1991 (em vigor desde 04.07.1997) teve isto mesmo em consideração.

[14] Casado Cerviño, *Reglamento comunitario relativo a la creación de un Certificado Complementario de Protección para los medicamentos*, ADI, Vol. XIV, 1991-92, p. 788.

[15] Cfr. Remédio Marques, *O objecto e o âmbito de protecção do Certificado Complementar de Protecção para medicamentos de uso humano: jurisprudência e tendências recentes*, ADI, Vol. 32, 2011-2012, p. 295, nota 20.

autorizadas apenas entre 20 a 40 novas moléculas por ano na UE, o número de possíveis CCP será forçosamente limitado.

Estes certificados têm um carácter territorial *nacional* e são conferidos pelas autoridades competentes para atribuir, nos Estados-Membros, as patentes de invenção, mas os seus requisitos e seu regime jurídico são *uniformes* e estabelecidos por uma fonte de direito comunitário. Os Estados-Membros como que delegaram na Comunidade a competência para regular esta matéria. Não existe propriamente um CCP comunitário, mas os CCP nacionais estão sujeitos a uma disciplina jurídica única e de natureza supranacional.

Isto significa, desde logo, que, preenchidos os respectivos requisitos, fixados pelo Regulamento comunitário, nenhum Estado-Membro pode recusar-se a concedê-los. E uma vez concedidos, o seu regime jurídico será exclusivamente aquele que resultar do direito comunitário. Se este regime, por hipótese, entrar em colisão com alguma disposição de direito interno, é óbvio que terá de ser este último a ceder face ao disposto no Regulamento, dado o princípio da prevalência do direito comunitário sobre o direito interno dos Estados-Membros[16].

Por esta razão, observou Kolker[17] que, uma vez que os CCP foram introduzidos por um Regulamento comunitário, não seria necessário qualquer acto legislativo nacional para os reconhecer e implementar.

Contudo, isto não obstou a que os legisladores nacionais – como sucedeu em Portugal[18] – tivessem tomado algumas medidas legislativas relativas aos formalismos, trâmites processuais e taxas a que devem obedecer a solicitação e a concessão (nacional) destes certificados.

Seja como for, o regime legal substantivo dos CCP goza de autonomia e tem como única fonte o ordenamento jurídico comunitário[19].

Acolher os CCP na nossa ordem jurídica implica, assim, interpretar o disposto no art. 99.º CPI 2003 – *"A duração da patente é de 20 anos contados da data do respectivo pedido"* – sem prejuízo do *prazo mais longo* a que estes CCP *necessariamente* nos conduzem, no que toca às patentes químico-farmacêuticas e às de produtos fitofarmacêuticos. Qualquer outra interpretação (restritiva) da conjugação do preceito do art. 99.º CPI com o disposto nos Regulamentos n.ºs 469/2009 e 1610/96,

---

[16] Cfr., na literatura portuguesa, Mota de Campos, J./Mota de Campos, J. L., *Manual de Direito Europeu*, 6.ª ed., Coimbra, 2010, pp. 387 ss.; Herdegen, *Europarecht* 15.ª ed., Munique, 2013, pp. 219 ss.

[17] *The Supplementary Protection Certificate: The European Solution to Patent Term Restoration*, Intellectual Property Quarterly, 1997, p. 250.

[18] Cfr. arts. 115.º e 116.º CPI.

[19] Um comentário de conjunto ao Regulamento (CE) n.º 469/2009, de 6 de Maio (que codifica o Regulamento (CEE) n.º 1768/92, de 18 de Junho, com as suas posteriores alterações) pode ver-se em Brückner, *Ergänzenden Schutzzertifikate mit pädiatrischer Laufzeitverlängerung/Supplementary Protection Certificates with Paediatric Extension of Duration*, edição bilingue, Colónia, 2011.

resultaria numa violação clara e directa do direito comunitário prevalente e teria como consequência, pura e simplesmente, o não reconhecimento dos CCP no nosso país.

A Constituição Portuguesa (ConstR.), no seu art. 8.º, n.º 4[20], consagra expressamente o princípio da aplicação *directa e imediata* na ordem jurídica interna das normas de direito comunitário que tenham essa apetência. Por outro lado, remete para o ordenamento da União o critério da decisão sobre a questão de saber qual a ordem jurídica prevalente em caso de conflito de normas.

Ora, desde a histórica decisão conhecida por *"Costa ./. E.N.E.L."*, de 1964, que o Tribunal de Justiça das Comunidades tem mantido uma jurisprudência firme e constante no sentido de que, em caso de contradição entre disposições ou regimes jurídicos de direito interno dos Estados-Membros e normas de direito comunitário, primário ou secundário, a aplicação destas últimas prevalece sobre as primeiras.

Quer o direito comunitário primário (Tratados constitutivos das Comunidades, Tratados de adesão de novos Estados-Membros, Tratados a que as Comunidades hajam aderido), quer o direito comunitário secundário ou derivado (*e.g.* Regulamentos, Directivas, Recomendações da Comissão) sobrepõem-se ao direito interno dos Estados-Membros, em consequência da necessidade de implementação da ordem jurídica comunitária.

Esta hierarquia de normas é particularmente evidente no caso específico dos Regulamentos, uma vez que estes se destinam a ser aplicados directa e imediatamente em todo o espaço comunitário[21]. Como escrevia Lukes[22], a validade geral dos Regulamentos implica ainda que, em virtude do seu carácter geral e abstracto e da sua eficácia em todo o território da União, tenham de ter um predomínio sobre as disposições legais do direito interno dos Estados-Membros, porque, se assim não fosse, não seria possível garantir-lhes uma validade geral.

Para além disso, nas palavras de Herdegen[23], a regra da prevalência do direito comunitário inclui também o corolário lógico de que os tribunais nacionais garantirão uma protecção efectiva contra as disposições do direito nacional que contrariem o direito comunitário. Isto é sobremaneira importante, uma vez que, por regra, a questão de saber se existe ou não uma contradição entre o direito interno de um determinado Estado-Membro e as disposições do direito

---

[20] *"4. As disposições dos tratados que regem a União Europeia e as normas emanadas das suas instituições, no exercício das respectivas competências, são aplicáveis na ordem interna, nos termos definidos pelo direito da União, com respeito pelos princípios fundamentais do Estado de direito democrático."* Este n.º 4 do art. 8.º ConstR. foi introduzido pela revisão constitucional de 2004 (LC n.º 1/2004, de 24 de Julho).

[21] Cfr. art. 288.º TFUE.

[22] In Dauses, *Handbuch des EU-Wirtschaftsrechts*, Munique, 2006, Vol. II, anot. 52.

[23] *Europarecht*, cit., p. 233.

comunitário não pode ser respondida através do recurso ao reenvio prejudicial para o Tribunal de Justiça da União Europeia (TJUE), nos termos do art. 267.º do Tratado sobre o Funcionamento da União Europeia (TFUE)[24]. De facto, o TJUE não tem competência para interpretar, por esta via, o direito nacional dos Estados-Membros, missão que cabe, em exclusivo, aos tribunais nacionais desses Estados ou, melhor dito, ao juiz do respectivo processo, que igualmente decidirá, em caso de conflito, pela não aplicação do direito interno, em favor do direito comunitário, que lhe é hierarquicamente superior[25].

A competência do TJUE em sede de reenvio prejudicial, de acordo com o teor do art. 267.º TFUE, limita-se, com efeito, à *interpretação* e *validade* do direito comunitário, primário e secundário.

II – Natureza jurídica dos CCP

O tema da natureza jurídica dos CCP traduz-se na questão de saber se estes certificados constituem um direito privativo industrial *novo* e *autónomo*, a acrescentar aos demais direitos privativos previstos no CPI e na legislação da UE, ou se, pelo contrário, se trata apenas de um regime jurídico, de fonte comunitária, que *prorroga o prazo* de duração de certo tipo de patentes, para além do seu prazo de validade normal.

O problema já teve verdadeira importância, em virtude da redacção original do art. 63.º CPE, mas, hoje em dia, alterado que foi o art. 63.º CPE, assume apenas uma importância doutrinária.

Na verdade, com a nova redacção do art. 63.º CPE, que na alínea b) do seu n.º 2 passou a contemplar a existência *excepcional* dos CCP, o problema deixou de ter qualquer interesse prático visível, para passar a ser, na melhor das hipóteses, uma "interessante" questão dogmática ou, como diz Schennen[26], uma mera questão de semântica...

A necessidade do prolongamento do prazo de validade das patentes de medicamentos – ditada por uma adequada política de incentivos à inovação – foi

---

[24] Cfr., por todos, Dauses, *Das Vorabentscheidungsverfahren nach Artikel 177 EG-Vertrag*, 2.ª ed., Munique, 1995, pp. 71 ss. („*Ebensowenig kann die Vereinbarkeit nationalen Rechts mit dem vorrangigen Gemeinschaftsrecht zum Gegenstand eines Vorabentscheidungsverfahrens gemacht werden.*").

[25] Cfr. Herdegen, ob. cit., p. 211 („*Hierüber haben die nationalen Gerichte selbst (...) zu befinden.*").

[26] *Die Verlaengerung ...*, cit., p. 35 („*Der Unterschied zwischen einer echten Patentlaufzeitverlaengerung und einen Schutzzertifikat liegt nur in der Frage der Bezeichnung.*").

inicialmente reconhecida nos EUA[27] e, pouco depois, no Japão[28]. Na Europa, a França[29] e a Itália[30] tomaram a iniciativa e seguiram os exemplos norte-americano e japonês. A União Europeia acolheu esta reivindicação da indústria farmacêutica, entendendo ser indispensável uma harmonização desta matéria em todo o seu território, por forma a evitar discrepâncias de tratamento das patentes envolvidas de país para país, atendendo sobretudo ao facto de muitas delas serem patentes europeias, obtidas ao abrigo da CPE. Por razões várias, designadamente em virtude da iniciativa tomada pela França e pela Itália, a então Comunidade Europeia entendeu por bem que o assunto se tornara particularmente urgente[31].

Os países citados adoptaram a solução simples de estabelecer uma prorrogação do prazo de validade das patentes para medicamentos que produzissem efeitos nos seus territórios. A Comunidade Europeia pensou, de início, fazer algo de semelhante, através de uma directiva de harmonização, que obrigasse todos os Estados-Membros a tomar medidas legislativas idênticas às promulgadas em França e em Itália, mas obedecendo a critérios europeus uniformes.

A via de uma eventual directiva de harmonização podia, porém, suscitar dúvidas sobre se não ficaria de fora um importante número de patentes de medicamentos válidas no espaço europeu, a saber: as patentes concedidas pelo Instituto Europeu de Patentes (IEP) ao abrigo da Convenção de Munique (CPE), cujo prazo de validade era expressamente fixado pelo seu art. 63.º. De facto, como é sabido, a CPE não é um instrumento de direito comunitário, mas sim uma convenção de direito internacional totalmente autónoma das instituições comunitárias. Uma directiva comunitária não vincularia, nem directa nem indirectamente, a CPE e os seus órgãos, que não integram o ordenamento jurídico comunitário. A patente europeia, na opinião de alguns, ficaria absolutamente intocada com uma iniciativa desse género.

Por outro lado, pensava-se que uma alteração ao artigo 63.º CPE, indispensável para harmonizar a Convenção com os desígnios da prorrogação do prazo das patentes de medicamentos, seria um processo complexo e necessariamente moroso, incompatível com a urgência definida pelas instituições comunitárias para resolver o assunto.

---

[27] Primeiro com as Leis n.ºs 97-414 e 98-127, de 1983, prevendo certos casos especiais, e mais tarde com o *"Patent Term Restoration Act"*, de 24.09.1984, que veio alterar a lei de patentes norte-americana, de forma a permitir a prorrogação do prazo de validade das patentes relativas aos medicamentos para uso humano, aos aparelhos para fins médicos e aos aditivos e corantes destinados a produtos alimentares. Em 1988, esta prorrogação da duração das patentes passou a abranger também os medicamentos para uso veterinário.
[28] Em 1 de Janeiro de 1988.
[29] Lei n.º 90-510, de 25 de Junho de 1990.
[30] Lei n.º 349/1991, de 19 de Outubro de 1991.
[31] Posteriormente, outros países (Coreia, Israel, Austrália, etc.) adoptaram idênticas soluções legislativas.

Neste contexto, foi decidido que seria melhor trilhar outros caminhos, tendo-se optado pela adopção de um regulamento comunitário – em vez de uma simples directiva – que criasse, pelo menos formalmente, um novo e autónomo direito privativo industrial a adicionar a todos os outros já conhecidos das legislações nacionais. Um direito privativo industrial – o primeiro, aliás – de origem comunitária, sujeito a uma disciplina própria e de aplicação uniforme, não obstante a sua concessão ser da competência das administrações nacionais dos Estados-Membros e os seus efeitos terem carácter territorial (nacional).

Este novo direito privativo mantinha, todavia, estreitíssimas relações com os direitos de patentes nacionais e com o regime resultante da CPE, para as patentes europeias. A íntima relação deste direito *sui generis*, criado pelo Regulamento (CEE) n.º 1768/92, com as patentes nacionais e europeias era evidente, continuando a subsistir muitas dúvidas acerca da sua compatibilidade com a redacção original do art. 63.º CPE, uma vez que o Regulamento comunitário, que obrigava os Estados-Membros, sobrepondo-se às suas ordens jurídicas internas sobre a matéria, *não vinculava*, de forma alguma, a CPE, que é um instrumento de direito internacional totalmente alheio às instituições e ao direito comunitários.

O problema viria a ser, todavia, rapidamente ultrapassado porque, entretanto, o art. 63.º CPE foi alterado[32], através de um processo que, pelo consenso gerado entre os Estados-Membros quanto à necessidade de tomar medidas urgentes nesta área, surpreendeu pela sua celeridade.

Hoje em dia, uma vez que o direito comunitário secundário afasta e tem prevalência sobre o direito interno dos Estados-Membros que o contrarie, e uma vez que o art. 63.º, 2 CPE passou a admitir a possibilidade de *"um Estado contraente prorrogar a duração de uma patente europeia ou de lhe conceder uma protecção equivalente a partir do termo da validade da patente, nas mesmas condições aplicáveis às suas patentes nacionais (...)"*, o problema da natureza jurídica dos CCP deixou, como já se disse, de ter qualquer significado prático, para passar a assumir um mero interesse académico.

Mesmo assim, não deixaremos de abordar de seguida, em breves linhas, o problema da natureza jurídica dos CCP comunitários, bem como de referir a sua posição na hierarquia das normas e a sua relação com o direito interno de patentes dos Estados-Membros.

Muitos autores sustentam que, se os CCP correspondem, formalmente, a um novo direito privativo *sui generis*, materialmente consistem num simples regime jurídico de *prorrogação do prazo* de validade normal de uma certa categoria de patentes. De um ponto de vista *substantivo*, temos de concordar que estamos, de facto, em presença de um mero prolongamento do prazo ordinário de vigência

---

[32] Acta de revisão do art. 63.º CPE, de 17.12.1991.

de determinadas patentes, ainda que haja sido adoptada uma construção jurídica diferente para a concretização desta finalidade[33].

A proposta da Comissão Europeia partiu, desde o início, da ideia da criação de um certificado complementar de protecção como um direito privativo novo e autónomo, que deveria entrar em acção imediatamente a seguir ao termo do prazo de validade normal da patente de base, de que está dependente. Esta opção da Comissão ficou a dever-se, no fundamental, à urgência de encontrar uma solução para a situação com que se debatiam as patentes químico-farmacêuticas e para as dificuldades levantadas pela CPE, instrumento de direito internacional convencional completamente exterior ao ordenamento jurídico comunitário. A extensão do prazo de vigência destas patentes, através da alteração das leis nacionais, na sequência de uma directiva de harmonização, foi preterida em favor de um regulamento que teve a virtualidade de instituir, a breve trecho, um novo e autónomo direito privativo industrial de origem comunitária. Trata-se, portanto, de um direito privativo industrial que é atribuído pelas administrações nacionais dos Estados-Membros, para valer nos respectivos países, mas que está sujeito a uma disciplina jurídica *uniforme*, instituída por uma fonte de direito supranacional, no caso, um regulamento comunitário.

Esta qualificação resulta dos próprios termos do art. 2.º dos Regulamentos n.º 1768/92 e 469/2009: *"Os produtos protegidos por uma patente no território de um Estado-Membro e sujeitos, enquanto medicamentos, antes da sua colocação no mercado, a um processo de autorização administrativa (...), podem ser objecto de um certificado, nas condições e segundo as regras previstas no presente regulamento".*

A *autonomia* da disciplina jurídica deste certificado é evidente, quando se estabelece que será concedido e regulado à luz das disposições do Regulamento, isto é, pelo direito comunitário.

Mas isto só será assim, como já foi dito, de um ponto de vista formal. Numa perspectiva substantiva ou material, os CCP têm uma conexão muito forte com as patentes nacionais ou europeias que estão na origem da sua concessão e a que ficam, por assim dizer, indelevelmente associados, funcionando como um verdadeiro mecanismo de extensão do prazo de validade dessas patentes, nos termos e condições que mais adiante se verão.

---

[33] Cfr., p. ex., Kühnen, in Schulte, *Patentgesetz mit EPÜ*, 8.ª ed., Colónia, 2008, anot. 6 ao § 16a PatG („*Das ergänzende Shutzzertifikat (...) ist zwar formell als eigenes Schutzrecht ausgestaltet, bezweckt aber lediglich eine Verlängerung der Patentlaufzeit für zulassungspflichtige Produkte (...).*"); Mühlens, *loc. cit.*, p. 215 („*Der Sache nach handelt es sich daher um eine Verlängerung der Patentlaufzeit, auch wenn eine andere juristische Konstruktion gewählt wurde.*"); Krasser, *Patentrecht – Ein Lehr- und Handbuch*, 6.ª ed., Munique, 2009, p. 580 („*Der Sache nach handelt es sich um eine Verlängerung des Patenschutzes.*").

Alguns autores falam, de facto, do carácter *acessório* dos CCP em relação às patentes de base a que estão ligados, ainda que esta acessoriedade não seja total, uma vez que a sua natureza de direitos privativos industriais *autónomos*, de acordo com o artigo 5.º do Regulamento[34], admitiria, por exemplo, que a patente fosse cedida a um terceiro sem que esta cessão fosse acompanhada, obrigatoriamente, do CCP correspondente. Igualmente seria possível o licenciamento dos CCP com independência das respectivas patentes de base e vice-versa[35].

Nesta encruzilhada, se uns vêem, por exemplo, no facto da nulidade da patente de base implicar automaticamente a nulidade do CCP correspondente (art. 15.º, 1 c) do Regulamento) um traço indelével do carácter *acessório* destes direitos[36]. Outros lêem na possibilidade de invocação da nulidade dos CCP, tomados isoladamente (art. 15.º, 2 do Regulamento), um sinal contrário da *autonomia* dos mesmos...[37]

Quanto à legitimidade da Comunidade Europeia para legislar sobre esta matéria, instituindo um novo direito privativo industrial *sui generis*, destinado a beneficiar uma determinada categoria de invenções, encontrava-se fundada no art. 100.º do Tratado que instituiu a CE (mais tarde art. 95.º) e foi plenamente confirmada por uma decisão do Tribunal de Justiça, de 13 de Julho de 1995, numa acção movida contra a Comissão Europeia pelo Reino de Espanha[38], a qual veio pôr um ponto final nas dúvidas que pudessem subsistir sobre esta questão.

Sendo o Regulamento (CE) n.º 469/2009 direito comunitário secundário ou derivado, sobrepõe-se a qualquer disposição de direito interno que possa contrariar o regime jurídico que veio instituir. Por esta razão, o disposto no art. 99.º CPI, relativo à duração das patentes de invenção, deverá ser lido sem prejuízo de outro prazo mais longo que possa resultar da aplicação das regras deste Regulamento. A previsão desta eventualidade no texto do art. 99.º CPI teria sido aconselhável, mas não pode considerar-se, de forma alguma, indispensável para se aceitar os resultados da aplicação do Regulamento, a qual terá sempre como consequência a prorrogação do prazo de validade das patentes a que se reporta, para lá do prazo ordinário de 20 anos contados da data do pedido.

O argumento da incompatibilidade do disposto no Regulamento com o prazo previsto para a duração da generalidade das patentes, poderia ter sido oportuno

---

[34] *"Sem prejuízo do disposto no art. 4.º, o certificado confere os mesmos direitos que os conferidos pela patente de base e está sujeito às mesmas limitações e obrigações."*
[35] Esta posição, que encontra apoio no direito interno alemão, é sustentada, p. ex., por Brändel, *Offene Fragen zum „ergänzenden Schutzzertifikat"*, GRUR 2001, pp. 876 ss.; Schennen, *Die Verlängerung...*, cit., p. 60.
[36] Gómez Segade, *Tecnología y Derecho*, Madrid, 2001, p. 512.
[37] Cfr. Grabinski, *in* Benkard, *Patentgesetz*, 10.ª ed., Munique, 2006, anot. 9 ao § 16a PatG.
[38] Caso C-350/92.

em relação às patentes europeias, anteriormente à alteração operada no art. 63.º CPE, uma vez que a CPE nunca foi, como se disse, uma convenção integrada na ordem jurídica comunitária.

O problema foi, todavia, rapidamente ultrapassado, com a alteração, em conformidade, do art. 63.º, 2 b) CPE, que ocorreu em 17 de Dezembro de 1991, tendo entrado em vigor em 4 de Julho de 1997.

Em relação às patentes nacionais dos Estados-Membros, a questão resolve-se com recurso à regra constitucional, já analisada, da prevalência do direito internacional, no caso, do direito comunitário secundário, sobre o direito interno que com ele possa estar em contradição.

Quanto ao facto do CPI de 2003 ser posterior ao Regulamento n.º 1768/92, sempre se dirá que a disposição do art. 99.º CPI consagra uma *regra geral* que não tem, por esse facto, a virtualidade de revogar o *regime especial* instituído para os CCP pelo citado Regulamento comunitário, de acordo com o princípio vertido no brocardo latino segundo o qual *"lex posterior generalis non derogat priori speciali"*.

Bem vistas as coisas, pode concluir-se, portanto, que a questão da natureza jurídica do direito *sui generis* atribuído pelos CCP, para além do interesse dogmático que possa continuar a suscitar, é, na prática, bem mais aparente do que real. Isto é, seja qual for a resposta que se lhe dê, as consequências práticas mais importantes serão sempre as mesmas.

III – Objecto e âmbito dos CCP

A determinação do objecto e do alcance da protecção conferida pelos CCP é um tema complexo, uma vez que irão resultar da intersecção do objecto e do âmbito de protecção de dois diferentes direitos, a saber: da patente de base e da autorização administrativa de introdução no mercado do medicamento, vulgo AIM.

Como veremos *infra* com mais detalhe, os CCP produzem os *mesmos efeitos* da patente de base em que se alicerça a sua concessão (art. 5.º do Regulamento). Sucede, porém, que os CCP não abrangem, necessariamente, todo o *objecto* protegido pela respectiva patente de base. De acordo com o art. 4.º do Regulamento, *"a protecção conferida pelo certificado abrange apenas o produto coberto pela autorização de colocação no mercado do medicamento"*. Aqui começam as dificuldades...

As patentes químico-farmacêuticas cobrem, frequentemente, numerosos compostos, ao passo que as autorizações de comercialização (AIM) dizem sempre respeito a um *produto* ou ao *princípio activo* desse produto em concreto. Assim, o *objecto da protecção* da patente de base pode ser reduzido substancialmente pelo

CCP, passando este a abranger "apenas" o que é essencial e mais valioso naquela patente, isto é, o *medicamento* (*rectius* o "produto" enquanto medicamento) objecto da autorização administrativa para introdução no mercado (art. 4.º do Regulamento)[39].

Por outra parte, sendo certo que uma patente que proteja apenas um único produto só poderá dar lugar a um CCP[40] (o mesmo acontecendo em relação ao produto eventualmente abrangido por mais do que uma patente, em que cada uma destas patentes só poderá dar origem a um CCP[41]), nada obstará à concessão de *vários CCP* ancorados numa *única patente* de base, desde que esta mesma patente *proteja mais do que um produto*, como recentemente foi reconhecido pelo TJUE, na esteira do que vinha já sendo preconizado pela melhor doutrina alemã[42].

Com efeito, se, por exemplo, uma única patente de base protege uma determinada *composição de princípios activos* (produto A) e, ao mesmo tempo, *um desses princípios activos* (produto B) considerado individualmente, nada obsta a que, obtidas as respectivas AIM para os medicamentos *a)* contendo aquela composição e *b)* contendo este princípio activo isoladamente, possam vir a ser conferidos dois CCP, isto é, um para cada medicamento cuja comercialização haja sido autorizada. A tal não se opondo o disposto na al. c) do art. 3.º do Reg. n.º 469/2009, quando proíbe a emissão de certificados para produtos que já tenham beneficiado deles. De facto, no nosso exemplo, não se pode dizer que o produto B haja beneficiado do certificado anteriormente concedido para o produto A[43].

[39] Cfr. Hansen/Hirsch, *Protecting Inventions in Chemistry*, Weinheim, 1997, p. 298; Berwal, *Articles 3(a) and 3(b) of the SPC Regulation: An Analysis*, EIPR, 2014, pp. 29 ss. (p. 30: "The protection provided by the certificate only extends to the product covered by the marketing authorisation of the corresponding medical product (...) and not [to] the medicinal product as such.").

[40] Cfr. Ac. TJUE *Medeva BV* (C-322/10), de 24.11.2011, n.º 41.

[41] Quando um mesmo produto, na acepção do art. 1.º do Reg. n.º 469/2009, está protegido por várias patentes de base, detidas por titulares diferentes, quer se trate de patentes desse produto, de patentes para processos de obtenção do mesmo ou de patentes relativas a uma aplicação do referido produto, cada uma dessas patentes é susceptível de conferir o direito a um CCP, mas não pode ser emitido mais do que um certificado por cada patente de base (cfr. Ac. TJ *Biogen*, de 23.01.1997 (C-181/95), n.º 28)., A concessão de mais do que um CPP ao titular de várias patentes sobre o mesmo produto está interdita pelo teor literal da primeira parte do n.º 2 do art. 3.º do Regulamento n.º 1610/96 (relativo aos CCP para produtos fitofarmacêuticos), aplicável aos CCP para medicamentos por força do disposto no Considerando décimo sétimo deste último Regulamento (cfr. Ac. TJ *AHP Manufacturing*, de 03.09.2009 (C-482/07), n.º 25).

[42] Assim, p. ex., Brückner, *Patent- und zulassungsrechtliche Voraussetzung der Erteilung ergänzender Schutzzertifikate für Arzneimittel*, GRUR Int., 2012, p. 303. Parecendo hesitar entre as duas soluções possíveis, cfr., entre nós, Remédio Marques, quando, por um lado, afirma que *"este regime não parece, igualmente, obstar à emissão de vários certificados complementares de protecção baseados em patentes que protegem vários produtos"* (*O objecto e o âmbito...*, *cit.*, p. 312), e, por outro, é peremptório em dizer que *"Tão pouco é permitido (...) a emissão de mais do que um certificado complementar por cada patente de base."* (*loc. cit.*, p. 299, nota 37).

[43] Cfr. Ac. TJUE *Georgetown University II*, de 12.12.2013 (C-484/12): "Em circunstâncias como as do processo principal em que, com fundamento numa patente de base e numa autorização de introdução no mercado de um

Diferentemente se passando as coisas naqueles casos em que, estando apenas reivindicada na patente de base uma composição de princípios activos, nenhum desses princípios activos, considerados isoladamente, está protegido, enquanto tal, pela mesma patente de invenção. Ou na hipótese inversa, isto é, naquelas situações em que a patente prevê a protecção de um determinado princípio activo, *per se*, e o CCP é solicitado para uma associação de princípios activos em que, nem o(s) outro(s) princípio(s) activo(s) que a compõe(m), nem a própria associação desses princípios activos são contemplados pela mesma patente de base, e ainda que essa associação de princípios activos haja sido objecto de uma AIM para o respectivo medicamento. A razão de ser desta última limitação é evidente: o CCP concedido para o princípio activo mencionado na patente permite ao respectivo titular opor-se à sua utilização isolada ou em associação com outros princípios activos e nada justificaria a concessão de novos CCP para cada associação ulterior daquele princípio activo com outros princípios activos que não se encontram protegidos, enquanto tais, pela patente de base[44].

Seja como for, este "produto" – substância activa ou combinação de substâncias activas[45] – tem de estar, simultaneamente, incluído no objecto da protecção da

---

medicamento que consiste numa composição de vários princípios ativos, o titular da patente já obteve um certificado complementar de proteção para esta composição de princípios ativos, protegidos por esta patente na aceção do art. 3.º, alínea a), do Regulamento (CE) n.º 469/2009 do Parlamento Europeu e do Conselho, de 6 de maio de 2009, relativo ao certificado complementar de proteção para os medicamentos, o art. 3.º, alínea c), deste regulamento deve ser interpretado no sentido de que não se opõe a que esse titular obtenha igualmente um certificado complementar de proteção para um desses princípios ativos, que, considerado individualmente, está também protegido como tal pela referida patente."

[44] Cfr. Ac. TJUE *Actavis Group PTC EHF*, de 12-12-2013 (C-443/12): *"Em circunstâncias como as do processo principal, em que, com fundamento numa patente que protege um princípio activo inovador e numa autorização de introdução no mercado de um medicamento que o contém como princípio activo único, o titular desta patente já tenha obtido, para este princípio activo, um certificado complementar de protecção que lhe permite opor-se à utilização do referido princípio activo, isolado ou em associação com outros princípios activos, o art. 3.º, alínea c), do Regulamento (...) deve ser interpretado no sentido de que se opõe a que, com fundamento na mesma patente, mas numa autorização de introdução no mercado posterior de um medicamento diferente que contém o referido princípio activo em associação com outro princípio activo que, enquanto tal, não está protegido pela referida patente, o titular dessa mesma patente obtenha um segundo certificado complementar de protecção para esta associação de princípios activos."*

[45] De acordo com a definição constante da al. b) do art. 1.º do Regulamento (CE) n.º 469/2009, de 06.05.2009: *"Produto [é] o princípio activo ou associação de princípios activos contidos num medicamento."* Por *princípio activo* entende-se toda substância susceptível de exercer uma acção geral ou específica sobre o organismo humano ou animal, produzindo sobre ele *efeitos terapêuticos próprios* (cfr. Ac. TJ *Massachusetts Institut of Technology*, de 04.05.2006 (C-431/04)). Assim, não se podem considerar "princípios activos" e, *a fortiori*, associações de princípios activos, as substâncias que não exerçam uma *acção própria* sobre o organismo humano ou animal, produzindo sobre ele efeitos terapêuticos que possam ser directamente imputáveis à substância, ainda que esta se mostre necessária para obter, p. ex., uma determinada forma farmacêutica do medicamento que contribui decisivamente para a eficácia terapêutica da substância que produz os efeitos terapêuticos próprios, ou quando aumenta o efeito terapêutico do medicamento a que está associada. São exemplos destas substâncias, os adjuvantes, estabilizantes, conservantes,

patente de base, tal como definido pelas respectivas *reivindicações*[46], e no objecto da autorização para a comercialização do medicamento (*"Identitätsprüfung"*[47]), mas só este último – o objecto da autorização – será protegido pelo CCP. Este objecto não terá de abranger, portanto, toda a *"subject matter"* coberta pela patente, mas, para além disso, de acordo com a chamada *"Disclosure Theorie" ou "Disclosure test"*, que parece ter sido adoptada pelo TJUE depois do Ac. *Medeva BV*, de 24.11.2011 (C-322/10)[48], o CCP não poderá ser concedido para proteger princípios activos que não estejam *expressamente mencionados* nas reivindicações da patente de base, invocada em apoio do respectivo pedido[49].

A forma de *mencionar* o princípio activo nas reivindicações da patente não está, porém, limitada à sua identificação através do recurso a fórmulas de descrição *estrutural* do produto em causa (composição química ou formulação), sendo igualmente admissível lançar mão de fórmulas que apenas se limitam a descrever as *funções* que o princípio activo desempenha (*reivindicações funcionais*) ou a ensinar o *modo de o obter* (as chamadas *product-by-process claims*), desde que seja possível, designadamente com recurso à *descrição da patente*, caracterizá-lo suficientemente, de forma a poder concluir-se com segurança que o mesmo princípio activo é visado, ainda que só de forma implícita, pelas reivindicações da patente. Esta identificação ou descrição do princípio activo através da utilização exclusiva das chamadas *reivindicações funcionais* foi expressamente admitida pelo Ac. TJUE *Eli Lilly and Company Ltd*, de 12.12.2013 (C-493/12)[50].

---

emulsionantes, espessantes e outros excipientes que entram normalmente na composição das formulações farmacêuticas. Esta *interpretação estrita* da noção de "princípio activo" e, portanto, de "produto", para efeitos do Regulamento n.º 469/2009, acaba de ser reafirmada pelo Despacho TJUE *Glaxosmithkline Biologicals SA*, de 14.11.2013 (C-210/13), em que se aprecia com algum detalhe o caso particular dos *adjuvantes* nas associações de princípios activos que compõem um medicamento.

[46] Cfr., entre outros, Ac. TJUE *Daiichi Sankyo Company*, de 25.11.2011 (C-6/11): os CCP não podem ser concedidos para „*princípios activos que não estão mencionados no texto das reivindicações da patente de base invocada em apoio do respectivo pedido*."

[47] Cfr. Schennen, *Auf dem Weg zum Schutzzertifikat für Pflanzenschutzmittel*, GRUR 1996, p. 111.

[48] Sobre o Ac. *Medeva BV*, cfr. o comentário de Brückner *in* GRUR Int., 2012, pp. 300 ss.

[49] Cfr. Brückner, *Ergänzende Schutzzertifikate für Arzneimittel in der neueren Rechtsprechung des EuGH*, GRUR Int. 2012, p. 1099.

[50] "*O artigo 3.º, alínea a), do Regulamento (CE) n.º 469/2009 (...) deve ser interpretado no sentido de que, para se poder considerar que um princípio ativo está 'protegido por uma patente de base em vigor' na aceção desta disposição, não é necessário que o princípio ativo esteja mencionado nas reivindicações desta patente, através de uma fórmula estrutural. Quando este princípio ativo estiver coberto por uma fórmula funcional contida nas reivindicações de uma patente concedida pelo Instituto Europeu de Patentes, o mesmo artigo 3.º, alínea a), não se opõe, em princípio, à emissão de um certificado complementar de proteção para este princípio ativo, na condição, porém, de que, com base nessas reivindicações, interpretadas designadamente à luz da descrição da invenção, conforme previsto no art. 69.º da Convenção sobre a concessão de patentes europeias e no protocolo interpretativo do mesmo, seja possível concluir que essas reivindicações visavam, implícita mas necessariamente, o princípio ativo em causa, de forma específica, o que compete ao órgão jurisdicional de reenvio verificar.*" Em sentido contrário, na nossa doutrina, Remédio Marques, sustentando

Partindo dos pressupostos que ficaram enunciados, o TJUE considerou, por exemplo, que, de acordo com o art. 3.º a) do Regulamento, uma patente que reivindica uma associação de dois princípios activos, mas que não contém qualquer reivindicação relativa a um qualquer desses princípios activos considerado de per si, não pode dar origem a um CCP cujo medicamento consista apenas num desses princípios activos considerado isoladamente[51].

Afastando-se da sua orientação anterior[52], segundo a qual todos os produtos/princípios activos que pudessem infringir a patente podiam ser protegidos (*"Infringement Theorie" ou "Infringement test"*) e, assim, ser objecto de um certificado, o TJUE optou agora por uma concepção mais restritiva da determinação do escopo de protecção das patentes de base, saudada por uns[53] e criticada por outros[54], mas que trará seguramente consigo um efeito bastante negativo para o desenvolvimento de novas combinações multiterapêuticas de princípios activos, destinadas sobretudo ao combate das patologias mais graves e complexas[55].

Mas, por outro lado, o mesmo Tribunal entendeu que nada obsta, nos termos do art. 3.º b) do Regulamento 469/2009, à concessão de um CCP para uma *"associação de dois princípios activos, correspondente à que figura no texto das reivindicações da patente de base invocada, quando o medicamento cuja autorização de introdução no mercado é apresentada em apoio do pedido de certificado complementar de protecção compreende, não apenas esta associação dos dois princípios activos, mas igualmente outros princípios activos"*[56].

Em dois outros importantes arestos, decididos na mesma ocasião, relativos a CCP para *vacinas multivalentes*, o TJUE teve oportunidade de concretizar e desenvolver esta doutrina. O primeiro caso (C-422/10) deu origem ao Acórdão normalmente citado por *Georgetown University*, de 24.11.2011, e o segundo (C-630/10) foi decidido pelo Despacho[57] que ficou conhecido por *University of Queensland*, de 25.11.2011. Em ambos os casos os CCP solicitados correspondiam a medicamentos que incluíam mais componentes ou princípios activos do que aqueles que constavam das reivindicações das respectivas patentes de base, alcançando,

---

que, no caso em que o produto é definido na patente exclusivamente através de reivindicações funcionais, *"será difícil, senão mesmo impossível, considerar que o 'produto' (substância activa) objecto de AIM se encontra protegido pela patente de base."* (*O objecto e o âmbito..., cit.*, p. 307). Seja como for, resulta evidente desta decisão que *"The degree to which the product has to find support in the patent claim is still disputed"* (Berwal, *loc. cit.*, p. 36).

[51] Cfr., para além do já cit. Ac. *Medeva BV*, o Despacho do TJUE *Yeda Research and Development Company Ltd*, de 25.11.2011 (C-518/10).
[52] Cfr. Ac. TJ *Farmitalia*, de 16.09.1999 (C-392/97).
[53] Cfr. Remédio Marques, *O objecto e o âmbito..., cit.*, pp. 302 ss. (p. 316).
[54] Cfr., p. ex., Brückner, *Patent- und zulassungsrechtliche Voraussetzung..., cit.*, pp. 301 ss.
[55] Cfr. Brückner, *Ergänzende Schutzzertifikate..., cit.*, p. 1099.
[56] Cfr. Ac. *Medeva BV*, de 24.11.2011.
[57] Nos termos do actual art. 99.º do Regulamento de Processo do Tribunal de Justiça, uma vez que apenas se confirma jurisprudência anterior deste Tribunal.

assim, esses medicamentos um espectro de aplicações terapêuticas muito superior ao previsto na patente. Com este fundamento, o *Comptroller General of Patentes, Designs and Trade Marks*, do Reino Unido, havia recusado a concessão dos CCP em causa, dando origem a litígios que culminaram com a apreciação do tema, a título prejudicial, pelo TJUE.

Após uma análise cuidada do objectivo fundamental do Regulamento n.º 469/2009, que *"consiste em garantir uma protecção suficiente para incentivar a investigação no domínio farmacêutico, a qual contribui de forma decisiva para a melhoria contínua da saúde pública"*, e da incongruência que seria fomentar vacinas *monovalentes*, destinadas a combater *um único tipo de vírus*, quando são as próprias autoridades de saúde dos Estados-Membros quem recomenda à indústria a produção de vacinas *multivalentes*, o TJUE fixou jurisprudência inequívoca no sentido de que o art. 3.º b) do Regulamento não se opõe à concessão de *"um certificado complementar de protecção para um princípio activo, que figura no texto das reivindicações da patente de base invocada, quando o medicamento cuja autorização de introdução no mercado é apresentada em apoio do pedido de certificado complementar de protecção compreende não apenas este princípio activo, mas igualmente outros princípios activos"*[58]. O que vai de encontro à necessidade de estimular a indústria a criar vacinas que combinem vários tipos de antigénios num único medicamento. Permitindo que uma AIM que tenha por objecto dois ou mais princípios activos (A+B) possa ser invocada para a obtenção de um CCP que cubra um número inferior de princípios activos (p. ex., apenas A).

Estas decisões do TJUE são tanto mais importantes quanto é certo que o Tribunal da Relação de Lisboa (TRLxa.) havia decidido, pouco tempo antes, sobre dois casos em tudo semelhantes aos apreciados pelo TJUE. Em ambos os processos estava em causa a admissibilidade da concessão de um CCP para uma *vacina multivalente*, em que a AIM invocada respeitava a um medicamento que continha *mais princípios activos*, destinados a combater outros tipos de vírus, do que aqueles que estavam contemplados pelas reivindicações da patente de base. Em Acórdãos que não admitiam recurso, por se tratar de processos em que se recorria de decisões do INPI[59], o TRLxa. julgou estas questões, confirmando as decisões do INPI e do tribunal de primeira instância, que denegaram a concessão de CCP para as *vacinas multivalentes* em causa. Com o argumento de que nem todos os princípios activos contidos nas vacinas (objecto das AIM) constavam expressamente das reivindicações das patentes de base. O que, na opinião do Tribunal, seria indispensável se não se quisesses conferir, através da atribuição

---

[58] Despacho TJUE *University of Queensland, cit.*
[59] Cfr. art. 46.º, 2 CPI.

dos CCP, um âmbito de protecção mais alargado do que aquele que resultava das patentes[60]. Curiosamente, estas decisões foram proferidas, em última instância, sem que o TRLxa. tivesse suscitado qualquer questão prejudicial ao TJUE, nos termos do art. 267.º TFUE.

Mais tarde, num outro caso, em que estava em discussão a recusa da concessão de um CCP para um produto fitofarmacêutico que consistia na combinação de dois princípios activos (A+B) e que se apoiava numa patente de base onde apenas um desses princípios activos era reivindicado isoladamente (A), o mesmo TRLxa., recorrendo ao *"infringement approach"* do anterior Ac. *Farmitalia* do TJ, de 16.09.1999[61], veio considerar que nada haveria a opor à referida concessão, uma vez que o CCP *"é susceptível de cobrir o produto enquanto medicamento sob todas as formas abrangidas pela patente de base"*[62]. De facto, se o princípio activo A estava patenteado, a sua utilização na combinação A+B violaria directamente a patente.

O esforço para alcançar uma solução satisfatória face ao escopo do Regulamento parece-nos de louvar, mas não deixa de ser questionável se, neste caso concreto, poderia chegar-se ao mesmo resultado aplicando a *"Disclosure Theorie"*, aparentemente sufragada, entre outros, pelo Ac. *Medeva BV* do TJUE, uma vez que a combinação A+B do certificado *não está reivindicada*, enquanto tal, na respectiva patente de base. No entanto, como escreve Brückner, não resulta totalmente claro das respostas às questões 1 a 5 do Ac. *Medeva BV* se pode ou não ser concedido um

---

[60] Ac. do TRLxa. de 20.10.2009 (Proc. n.º 107/08.6TYLSB.L1-7), onde pode ler-se, nomeadamente, que *"perante uma patente destinada a garantir direitos inerentes a uma vacina destinada ao Papilomavírus Humano tipo 18 (HPV18), não é possível, através de um CCP, tutelar do mesmo modo e com a mesma amplitude temporal medicamentos que, além do HPV8, também protegem os tipos HPV6, HPV11 e HPV16. Por outras palavras, (...), não pode ser conferido o CCP relativamente a um medicamento (vacina) que combate os HPV6, 11, 16 e 18, quando se verifica que a patente base apenas a protege, em termos de exclusividade, relativamente ao HPV18."*; e Ac. do TRLxa. de 07.04.2011 (Proc. n.º 108/08.4TYLSB.L1-8), louvando-se no anterior e adoptando o seguinte sumário: *"I. Os direitos conferidos por uma patente não podem exceder o seu âmbito essencialmente determinado pelas respectivas reivindicações (arts. 97.º, n.º 1, e 101.º, n.º 4, do CPI); II. A patente de uma vacina com reivindicações relativas a um tipo de vírus não abarca outros tipos do mesmo vírus; III. A concessão do certificado complementar de protecção relativamente a medicamentos, ao abrigo do Regulamento (CEE) n.º 1786/92, de 18-6-92, e dos arts. 115.º e 116.º do CPI, está delimitada pela patente de base do produto, ou seja, do princípio activo ou composição de princípios activos contidos no medicamento; IV. A autorização de colocação no mercado dos medicamentos tem uma incidência mais alargada e distintas finalidades, sendo que o carácter focado e específico das reivindicações, não necessariamente coincidente com as características estruturais e abrangentes de tais medicamentos, não permite a concessão de certificado complementar de protecção com amplitude alargada à custa de mecanismos interpretativos artificiais que reconduzam uma realidade a outra, desde logo porque o certificado não pode exceder o alcance da protecção conferida pela patente de base."* In www.dgsi.pt.

[61] Caso C-392/97, onde se sustenta que o art. 3.º, alínea b), do Regulamento *"deve ser interpretado no sentido de que, quando um produto está protegido por uma patente de base em vigor, o CCP é susceptível de cobrir o produto enquanto medicamento, sob todas as formas abrangidas pela protecção da patente de base."*

[62] Ac. do TRLxa., de 22.09.2011, Colectânea de Jurisprudência, 2011, Tomo IV, pp. 94 ss., decidindo no âmbito do Regulamento (CE) n.º 1610/96, de 23.07.1996, relativo aos produtos fitofarmacêuticos.

certificado para uma combinação de princípios activos, quando apenas um princípio activo dessa combinação está protegido pelas reivindicações da patente de base[63].

Por outra banda, como não podia deixar de ser, a alteração de sentido da jurisprudência do TJUE, a que nos vimos a referir, deu origem a uma profunda renovação das práticas de concessão dos CCP por parte do INPI, como resulta evidente da Deliberação n.º 2/2012, de 30 de Março, entretanto tomada pelo Conselho Directivo deste Instituto[64].

A justificação dogmática da jurisprudência do TJUE colhe-se, sobretudo, do Acórdão *Medeva BV*, de 24.11.2011. Aí se diz, designadamente, e com toda a razão, que se um CCP devesse ser recusado *"ao titular de uma patente de base desse tipo para um princípio activo inovador ou uma associação de princípios activos inovadora pela razão de que, na versão comercial do medicamento colocado no mercado pela primeira vez com este princípio activo ou esta associação, o referido princípio activo ou a referida associação coexiste no medicamento com outros princípios activos ou composições, prosseguindo outros objectivos terapêuticos e estando ou não protegidos por outra patente de base em vigor, poderia ser comprometido o objectivo fundamental do referido regulamento, que consiste em garantir uma protecção suficiente para encorajar a investigação no domínio farmacêutico e contribuir de forma decisiva para a melhoria contínua da saúde pública."* (n.º 34).

Na verdade, *"esta abordagem pode favorecer, eventualmente contra os interesses dos pacientes e das autoridades nacionais de saúde pública, o desenvolvimento de medicamentos monovalentes, designadamente de vacinas. Com efeito, nessa situação, os titulares de tais patentes seriam obrigados e desenvolver comercialmente, e a manter no mercado, medicamentos contendo unicamente os princípios activos reivindicados como tais na patente de base, e isso para dispor de uma AIM para um medicamento cobrindo exactamente esses princípios activos e susceptível enquanto tal de dar direito, com certeza, a um CCP."* (n.º 35).

Ora, *"impõe-se reconhecer que esse resultado não pode ser compatível com os objectivos fundamentais prosseguidos pelo Regulamento n.º 469/2009 com a criação de um CCP para os medicamentos."* (n.º 36).

Este último segmento da jurisprudência do TJUE não põe em causa, naturalmente, o *âmbito de protecção* dos CCP, que fica intocado e que é, à partida, um tema distinto da determinação do *objecto* dos mesmos CCP. *"Nos termos do art. 5.º do Regulamento n.º 469/2009* – continua o Ac. *Medeva BV* –*, um CCP concedido deste modo em ligação com esse produto confere, ao expirar a patente, os mesmos direitos que os conferidos pela patente de base relativamente a este produto, nos limites da protecção conferida por patentes de base como os enunciados no artigo 4.º deste regulamento. Assim,*

---

[63] *Patent- und zulassungsrechtliche Voraussetzung..., cit.*, pp. 301 s., onde este Autor, comentando o Ac. *Medeva BV*, se interroga sobre se o mesmo pretende realmente romper de vez com a *"Infringement Theorie"*, adoptada pela jurisprudência anterior do Tribunal de Justiça e pelos tribunais alemães.
[64] *In www.inpi.pt.*

se o titular da patente podia, durante o período de validade desta, opor-se, invocando a sua patente, a qualquer utilização ou a certas utilizações do seu produto sob a forma de um medicamento consistindo nesse produto ou contendo-o, o CCP concedido para esse mesmo produto conferir-lhe-á os mesmos direitos para qualquer utilização do produto, como medicamento, que tenha sido autorizada antes de o certificado expirar." (n.º 39).

Assim sendo, o que continua a ser crucial é a determinação do objecto da patente de base, delimitado pelo conteúdo das respectivas reivindicações[65]. Este objecto (invento/princípio activo) irá *constituir ou fazer parte* do produto a que se refere a autorização de introdução no mercado do medicamento correspondente (art. 4.º Regulamento 469/2009). O CCP, incidindo sobre este medicamento, não conferirá, porém, ao seu titular, mais direitos do que aqueles que resultam da respectiva patente de base (art. 5.º Regulamento 469/2009)[66]. O CCP protege o princípio activo coberto pela AIM e pela patente de base, não o medicamento como tal[67].

Sais, ésteres e outros derivados de um princípio activo podem também ser objecto de um CCP sempre e quando a patente de base proteja, para além do princípio activo propriamente dito, os sais e ésteres dele derivados e a AIM respectiva se refira ao medicamento sob a forma de um sal. De facto, *se um princípio activo sob a forma de um sal é referido na AIM em questão e está protegido por uma patente de base em vigor, o certificado é susceptível de cobrir o princípio activo como tal e as suas diferentes formas derivadas, tais como sais e ésteres, enquanto medicamentos, na medida em que sejam abrangidos pela protecção da patente de base"*[68].

---

[65] Sobre os critérios de interpretação das reivindicações, por forma a determinar o escopo da patente, cfr., p ex., o extenso comentário ao art. 69.º CPE feito por Scharen, *in* Benkard, *Europäisches Patentübereinkommen*, 2.ª ed., Munique, 2012, pp. 726 ss.; Pagenberg/Cornish, *Interpretation of Patents in Europe – Application of Article 69 EPC*, Colonia, 2006; Kieff/Newman/Schwartz/Smith, *Principles of Patent Law – Cases and Materials*, 4.ª ed., Nova Iorque, 2008, pp. 871 ss.

[66] Uma certa confusão entre o *medicamento* beneficiário, simultaneamente, da AIM e do CCP, por um lado, e o *objecto* e *âmbito de protecção* material da patente e do CCP, por outro, parece estar na base das duas primeiras decisões do TRLxa. acima mencionadas. De facto, pode ler-se, p. ex., no Ac. do TRLxa. de 20.10.2009, o mais doutrinário dos dois, que *"o CCP não pode extravasar os limites da patente base definidos pelas reivindicações. (...) Neste contexto, perante uma patente destinada a garantir direitos inerentes a uma vacina destinada ao Papilomavírus Humano tipo 18 (HPV18), não é possível, através de um CCP tutelar do mesmo modo e com a mesma amplitude temporal medicamentos que, além do HPV18, também protegem os tipos HPV6, HPV11 e HPV16. (...) Se nenhum obstáculo haveria a que fosse concedido o CCP relativamente aos referidos medicamentos na justa medida em que se destinassem a combater o HPV-18, nada autoriza a que, a partir da referida patente base, em cuja reivindicação apenas se refere este tipo de vírus, se conceda uma protecção complementar abarcando as mesmas partículas, mas de outros tipos de vírus que nela não foram discriminados ('reivindicados')."* O que, tendo em conta o disposto no art. 5.º do Regulamento n.º 469/2009 (conjugado com o art. 4.º), nunca poderia suceder.

[67] Cfr. Remédio Marques, *O objecto e o âmbito..., cit.*, p. 309, nota 75.

[68] Ac. TJ *Farmitalia ("Idarubicina"), cit.*, n.º 21. Independentemente da questão do critério mais adequado para determinar o objecto de protecção da patente. Cfr., em particular, n.ºs 18 a 20, sobre a justificação da decisão.

Em casos excepcionais, em que estes *derivados* dos princípios activos possam ser qualificados como "produtos" *per se*, para efeitos do art. 3.º do Regulamento, poderão ser atribuídos CCP *autónomos* para os mesmos, desde que objecto de uma patente que os reivindique enquanto tais e desde que façam parte de um medicamento cuja introdução no mercado haja sido autorizada[69].

Por outro lado, o produto ou princípio activo, que *constitui ou integra* o medicamento a que se reporta o CCP, tanto pode estar coberto por uma patente de produto, como resultar de uma simples *patente de processo*. Na verdade, as patentes de processo protegem também os *produtos directamente obtidos* pelo processo patenteado. É o que estabelece o art. 97.º, 2 CPI: *"Se o objecto da patente disser respeito a um processo, os direitos conferidos por essa patente abrangem os produtos obtidos directamente pelo processo patenteado".* E a tutela concedida pelo CCP será a mesma que é atribuída pela patente de base (art. 5.º do Regulamento).

O produto tem de estar mencionado na patente – a patente de base – e, além disso, a sua venda tem de estar autorizada pelas autoridades de saúde competentes. Os efeitos próprios da patente incidem quer sobre os processos que são objecto da patente, quer sobre os produtos que resultem directamente dos processos patenteados[70].

Que as patentes de base – que estão na origem dos CCP – tanto podem ser patentes de produto, como patentes de processo, resulta expressamente do art. 1, alínea c) do Regulamento: por *"patente de base* [entende-se]: *a patente que protege um produto como tal, um processo de obtenção de um produto ou uma aplicação de um produto e que tenha sido designado pelo seu titular para efeitos do processo de obtenção de um certificado."*

Em consequência, existe unanimidade na doutrina quanto ao facto de que a patente de base tanto pode consistir numa patente de produto, como numa patente de processo ou até de *aplicação nova* de um produto novo ou conhecido[71]. Nesta última hipótese, o objecto da protecção do CCP consistirá apenas na *nova utilização* do princípio activo conhecido. Como se diz no Ac. *Neurim Pharmaceuticals*

---

[69] Cfr. Grabinski, *ob. cit.*, anot. 12 e 13 ao § 16a PatG, onde se dá conta da variada casuística que a definição de "produto", para este efeito, tem originado.

[70] Cfr. Schennen, *Die Verlängerung...*, *cit.*, p. 34. Para a *atribuição* do CCP é, no entanto, indiferente averiguar se o produto é ou não realmente resultado directo do processo patenteado, uma vez que só esse produto, que conste das reivindicações da patente de base, poderá ser objecto do CCP. Neste sentido, cfr. Ac. TJUE *University of Queensland*, de 25.11.2011 (C-630/10).

[71] Cfr. Kühnen, in Schulte, *ob. cit.*, anot. 10 ao § 16a *PatG* („*Der Patentschutz kann sich aus einem Sach-, Verfahrens- oder Verwendungspatent ergeben (Art 1 lit c EG-V)*"); Schennen, in Singer/Stauder, *The European Patent Convention – A Commentary*, 3.ª ed., Vol. I, Colónia, 2003, anot. 7 ao art. 63.º CPE *("The authorisation must relate to a product but the possibility of extension also applies to process patents that protect this product.")*; Krasser, *ob. cit.*, p. 581 *("Das* **Grundpatent** *kann sich nach Art. 1 Buchst. c (...) auf Erzeugnis als solches, ein Verfahren zur Herstellung oder eine Verwendung eines Erzeugnisses beziehen.").*

do TJUE, de 19.07.2012 (C-130/11), *"se uma patente protege uma aplicação terapêutica nova de um princípio activo conhecido e que já foi comercializado sob a forma de medicamento (...) com outras indicações terapêuticas (...), a colocação no mercado de um medicamento novo que explora comercialmente a nova aplicação terapêutica do mesmo princípio activo, tal como protegido pela nova patente, pode permitir ao seu titular a obtenção de um CCP cujo âmbito de protecção, em qualquer caso, poderá cobrir, não o princípio activo enquanto tal, mas apenas a nova utilização desse produto."* (n.º 25).

Por outra parte, *"em tal situação, só a AIM do primeiro medicamento, contendo o produto autorizado para uma utilização terapêutica correspondente à protegida pela patente invocada em apoio do pedido de CCP, poderá ser considerada como primeira AIM 'deste produto' como medicamento que explora essa nova utilização na acepção do art. 3.º, alínea d) do Regulamento CCP."* (n.º 26).

No caso das patentes de processo, como é natural, o *jus prohibendi* resultante do CCP estende-se apenas à obtenção do produto que haja utilizado o *mesmo processo* que se encontra patenteado[72]. Se o processo utilizado pelo fabricante do genérico for outro (e não equivalente), não haverá infracção ao CCP, cuja patente de base haja sido uma patente de processo. Sob este ponto de vista, o *âmbito de protecção* da patente de base, enquanto patente de processo, é absolutamente coincidente com o âmbito de protecção do respectivo CCP.

Quanto ao *âmbito da protecção*, diga-se ainda que o que caracteriza os CCP é o facto de estes direitos protegerem "apenas" o produto objecto, à uma, da *patente* e da *autorização* para distribuição comercial, contra a utilização desse produto enquanto *medicamento*. Uma utilização desse mesmo produto, por exemplo, como cosmético ou como ingrediente ou suplemento alimentar não violará com certeza o direito de exclusivo conferido pelo CCP[73].

Para além disso, a protecção atribuída pelos CCP só permite ao seu titular proibir a utilização do medicamento objecto da protecção para os *fins terapêuticos* que hajam sido autorizados pelas autoridades administrativas de saúde competentes até ao termo da data de validade do certificado. Neste sentido, os CCP estão vinculados ao *fim* a que o medicamento autorizado se destina, delimitando também este fim ou fins terapêuticos o *âmbito da protecção* dos CCP. É o que os autores alemães designam pela *"zweckgebundener* Schutz" dos CCP[74].

De facto, os CCP não prorrogam a protecção com independência da finalidade de utilização do produto objecto da patente de base[75]. O âmbito da protecção

---

[72] Cfr. Schennen, *Die Verlängerung...*, *cit.*, pp. 35 e 57.
[73] Com efeito, não se justificaria qualquer prorrogação do prazo de validade da patente, quando estão em causa formas de exploração do invento que não carecem de especial autorização de introdução no mercado.
[74] Cfr. Krasser, *ob. cit.*, p. 586.
[75] Cfr. Brändel, *loc. cit.*, p. 877.

dos CCP é *mais restrito* do que o âmbito da protecção conferida pela patente de base correspondente. O certificado concede-se apenas para o produto enquanto medicamento e em relação aos usos terapêuticos que tenham sido autorizados durante o prazo de validade da patente ou do certificado[76].

Esta conclusão resulta, aliás, clara da parte final do art. 4.º do Regulamento: *"(...) a protecção conferida pelo certificado abrange apenas o produto coberto pela autorização de colocação no mercado do medicamento correspondente para qualquer utilização do produto, como medicamento, que tenha sido autorizada antes do termo da validade do certificado".*

À parte as indicadas limitações – que se compreendem face ao escopo dos CCP, o qual se cinge à prorrogação do prazo de protecção do invento que *não pôde ser explorado* comercialmente pelo titular da patente *antes da indispensável autorização administrativa* –, estes direitos gozam do mesmo âmbito de tutela da respectiva patente de base. Assim, são protegidas, por exemplo, as diferentes formas possíveis do medicamento objecto da autorização e os respectivos equivalentes[77].

IV – Duração

A criação dos CCP justifica-se, como acima se disse, pelo facto de ter sido considerado manifestamente insuficiente, e comparativamente injusto, do ponto de vista da *ratio (policy)* e dos fundamentos do sistema de patentes, o prazo de *vigência efectivo* das patentes químico-farmacêuticas que resultava da aplicação das regras gerais, em virtude do diferimento obrigatório (por razões alheias à indústria e ao mercado) da exploração económica dos respectivos inventos, causada, em exclusivo, pelos procedimentos de aprovação dos medicamentos para comercialização, por parte das autoridades administrativas de saúde.

Este facto não é imputável ao inventor/titular da patente, nem resulta do funcionamento das regras e condições gerais do mercado, não podendo, por isso, ser reconduzido ao risco normal do negócio ou da empresa. O problema foi "criado" pela Administração, em benefício da saúde pública e das naturais cautelas que o sector exige, e, assim sendo, deveria ser resolvido pelo legislador, repondo as coisas nos seus devidos termos, sem desvantagens excessivas para a indústria farmacêutica, a quem não compete assumir, pelo menos por inteiro, o ónus da segurança e da prevenção da saúde dos cidadãos.

---

[76] Casado Cerviño, *loc. cit.*, p. 788.
[77] Cfr. Krasser, *ob. cit.*, pp. 566 s.; Mühlens, *loc. cit.*, p. 216 („Im übrigen bemisst sich der Schutzumfang nach den üblichen patentrechtlichen Kriterien; er schuetzt also auch gegen Äquivalente."); Grabinski, *ob. cit.*, anot. 33 a 8 ao §16a PatG.

Assim, a *finalidade exclusiva* dos CCP é a *prorrogação do prazo* de validade das patentes químico-farmacêuticas, tendo em consideração os resultados intoleráveis que decorreriam da aplicação das regras gerais dos ordenamentos jurídicos nacionais e da Convenção sobre a Patente Europeia (CPE) em matéria de prazos, restituindo às patentes deste domínio tecnológico um período de protecção equiparável ao das patentes dos demais sectores tecnológicos, cujos produtos e processos não estão sujeitos a procedimentos de autorização de introdução no mercado idênticos aos que são obrigatórios para os medicamentos.

Os CCP devem ser solicitados no prazo de 6 meses a contar da data da primeira autorização de introdução do produto no mercado europeu. Se a autorização de introdução no mercado for dada antes da concessão da patente de base, o pedido de certificado deverá ser apresentado no prazo de 6 meses a contar da data da concessão da patente (art. 7.º, n.ºˢ 1 e 2 do Regulamento n.º 469/2009). Extinta a patente, por qualquer razão, à data da solicitação do CCP[78], ou na falta de uma AIM válida nessa mesma data[79], não poderá haver lugar à obtenção do correspondente CCP[80].

De acordo com o disposto no art. 13.º do mesmo Regulamento, os certificados produzem os seus efeitos no termo legal da validade da patente. Isto é, os direitos decorrentes do certificado só podem ser invocados pelo titular depois de transcorrido o prazo de 20 anos previsto no art. 99.º CPI 2003 e no art. 63.º CPE, consoante de trate de uma patente nacional ou de uma patente europeia[81]. Antes de decorrido esse prazo, os certificados que hajam sido entretanto concedidos estão como que "adormecidos", não produzindo quaisquer efeitos. O termo da validade da patente de base é *condição de eficácia* do respectivo CCP.

Os certificados são atribuídos para valerem por um determinado período de tempo, contado a partir da data de expiração do prazo de validade ordinário da patente de base a que respeitam. Este período é igual ao espaço de tempo que decorreu entre a data do *pedido da patente* de base e a data da *primeira autorização* comunitária[82] para introdução do produto patenteado no mercado

---

[78] Art. 3.º a) do Regulamento 469/2009. A "*restitutio in integrum*" da patente, neste caso, também não parece admissível (cfr. Grabinski, *ob. cit.*, anot. 16 ao § 16a PatG).
[79] Art. 7.º do Regulamento (cfr. Grabinski, *ob. cit.*, anot. 26 ao § 16a PatG).
[80] No mesmo sentido, Remédio Marques, *O objecto e o âmbito...*, *cit.*, p. 299, nota 39.
[81] Se a patente de base expirar antes do prazo de 20 anos, contados da data do pedido, por qualquer motivo, o CCP já concedido será anulável, nos termos do art. 15.º, 1 b) do Regulamento n.º 469/2009.
[82] Sobre o que deva entender-se por *primeira autorização* de introdução no mercado, no caso particular dos CCP relativos a *segundas indicações médicas* de produtos conhecidos, cfr. o recente Ac. do TJUE *Neurim Pharmaceuticals*, de 19.07.2012 (C-130/11), acima transcrito. Sobre o mesmo tema, cfr. ainda Brückner, *Ergänzende Schutzzertifikate...*, *cit.*, pp. 1101 s.

europeu[83], deduzidos cinco anos. Por outro lado, o prazo de validade do certificado nunca poderá exceder cinco anos, contados da data em que passou a produzir efeitos, o mesmo é dizer, da data em que se cumpriu o prazo normal de validade da patente de base.

Partindo do princípio de que a autorização para a introdução dos medicamentos no mercado tarda, em média, 10 anos a ser obtida, deduzindo 5 anos a este período de tempo, temos uma prorrogação da patente que poderá ir até aos 25 anos, contados da data do pedido da patente de base, prazo máximo que nunca poderá ser ultrapassado.

Uma vez que o medicamento só pode ser comercializado com a autorização administrativa, isto é, em média, cerca de 10 anos depois da respectiva patente ter sido solicitada, isto significa que o CCP poderá assegurar às invenções do sector químico-farmacêutico um *exclusivo* de exploração económica com uma duração efectiva de *até um máximo de 15 anos*.

Conforme reza o Considerando 9 do Regulamento n.º 469/2009: *"(...) o titular de uma patente e de um certificado deve poder beneficiar no total de um período máximo de quinze anos de exclusividade, a partir da primeira autorização de introdução no mercado (...)"*[84]. A *exclusividade* só existirá, no entanto, após a *concessão* da patente[85], pelo que no caso menos comum em que a primeira AIM com efeitos no EEE é *anterior* à data da concessão da patente de base, este *período máximo* de *exploração exclusiva* do medicamento objecto do CCP só poderá começar a contar-se a partir da atribuição da patente[86]. Esta observação poderá ter alguma pertinência no caso português, onde se verifica a particularidade de, nalgumas situações, em que estão em causa patentes cuja duração ainda é de *15 anos contados da data da sua concessão*[87] e em que a primeira AIM no EEE é *anterior* à data da concessão da

---

[83] Actualmente, a primeira autorização num país membro do EEE vale como primeira autorização para a União Europeia (cfr. Schennen, in Singer/Stauder, *Europäisches Patentübereinkommen - Kommentar*, 5.ª ed., Colónia, 2010, anot. 6 ao art. 63.º CPE). No caso do Listenstaine, Estado membro do EEE, este princípio não é afastado pelo simples facto das AIM que vigoram no seu território serem concedidas pelas autoridades competentes de um Estado terceiro, no caso, pela Suíça (cfr. Despacho TJUE *Astrazeneca AB*, de 14.11.2003 (C-617/12)).

[84] No mesmo sentido, Gómez Segade, *loc. cit.*, p. 512: *"(...) de suerte que el titular de una patente farmacéutica, siempre que la autorización sanitaria se demore más de cinco años, podrá explotar su derecho de exclusiva por un máximo de quince años, sumando la vida efectiva de la patente y el período complementario otorgado por CCPM"*. Ao que haverá que acrescentar, como se verá, os 6 meses da "extensão pediátrica", posteriormente introduzida pelo Regulamento n.º 1901/2006, de 12.12.2006.

[85] Como escreve impressivamente Mueller, *Patent Law*, 4.ª ed., Nova Iorque, 2013, p. 21, *"The term, or enforceable life, of a patent does not begin until date the patent is issued (...). A patent is entirely a creature of statute."*

[86] Em sentido contrário, argumentando que os CCP não visam compensar atrasos na concessão das patentes e, por isso, não se justificam quando a AIM é anterior à concessão da patente, Grabinski, *ob. cit.*, anot. 32 ao § 16a PatG.

[87] Cfr. *supra* nota 4.

patente, a contagem dos prazos, a partir unicamente das regras do art. 13.º do Regulamento 469/2009, pode resultar num prazo de vigência da patente + CCP (*rectius*, do *exclusivo* de exploração) superior a 15 anos[88].

A questão foi suscitada a título prejudicial (art. 267.º TFUE) ao TJUE no âmbito de uma arbitragem necessária realizada ao abrigo da Lei n.º 62/2011, de 12 de Dezembro, que remete para esta forma alternativa de resolução de litígios os conflitos suscitados entre patentes farmacêuticas e os respectivos medicamentos genéricos. Em resposta à questão levantada por este Tribunal Arbitral português, o TJUE decidiu, por Despacho de 13.02.2014 (C-555/13), que, efectivamente, a interpretação do art. 13.º do Regulamento n.º 469/2009 não pode deixar de levar em consideração os limites impostos pelo Considerando 9 do mesmo Regulamento. Assim, o art. 13.º do Regulamento, lido em conjugação (obrigatória) com o Considerando 9 do mesmo Regulamento, *"deve ser interpretado no sentido de que se opõe a que um titular de uma patente e de um certificado complementar de protecção possa invocar a totalidade da duração da validade de tal certificado calculada em aplicação desse art. 13.º numa situação em que, devido a essa duração, beneficiaria de um período de exclusividade, respeitante a um princípio activo, superior a quinze anos a partir da primeira autorização de introdução no mercado, na União Europeia, do medicamento que consiste nesse princípio ativo ou que o contém"*[89].

Se o titular estiver em condições de invocar um *plano de investigação pediátrico aprovado* do medicamento, nos termos do art. 36.º do Regulamento (CE) n.º 1901/2006, de 12 de Dezembro de 2006, poderá prevalecer-se ainda de uma *prorrogação adicional* de *6 meses* da validade do CCP (art. 13.º, 3 do Regulamento 469/2009). A duração *máxima* do CCP será, nestas circunstâncias ("extensão pediátrica"), de *15 anos e 6 meses*[90]. Este horizonte temporal está de acordo com o prazo médio de vida útil da generalidade das patentes, pelo que não será por esta via que a indústria químico-farmacêutica poderá ser considerada favorecida pelo direito de patentes. Os CCP limitam-se a repor, de uma forma justa e equilibrada,

---

[88] O tema é particularmente discutível, uma vez que, por outro lado, é inquestionável que *"o prazo do certificado calcula-se uniformemente a partir da data da primeira autorização de introdução no mercado da Comunidade."* Isto é, a partir das regras do art. 13.º do Regulamento (cfr. Grabinski, ob. cit., anot. 28 ao § 16a PatG). A chave do problema parece, pois, residir no valor normativo a atribuir ao Considerando 9 do Regulamento e aos limites máximos que dele constam, uma vez que é segura a prevalência do critério da *interpretação teleológica* no direito europeu (sobre este último aspecto, cfr. Bleckmann/Pieper, in Dauses, *Handbuch des EU-Wirtschaftsrechts*, Munique, 2012, Vol.I, anot. 5 ss.).

[89] Por Ac. de 19.09.2013, o TRLxa. já havia antecipado, de algum modo, esta doutrina, ao confirmar, em via de recurso, uma decisão arbitral (proferida no âmbito da Lei n.º 62/2011, de 12 de Dezembro) no mesmo sentido e com os mesmos fundamentos que ora constam do Despacho do TJUE a que acabámos de fazer referência.

[90] Cfr. Ac. TJUE *Merck Sharp & Dohme Corp.* (C-125/10), n.ºs 35 e 38.

a igualdade e a não discriminação das patentes de medicamentos em relação às demais patentes de invenção[91].

Este prazo máximo de 15 anos de protecção do *exclusivo* de exploração comercial do invento não será, no entanto, atingido sempre que a autorização de comercialização tardar mais de 10 anos a ser obtida. Ao invés, na hipótese da autorização demorar 5 ou menos anos a ser outorgada, não deveria haver lugar, logicamente, à concessão de qualquer certificado, uma vez que a sua duração, nesse caso, seria nula ou mesmo negativa. O TJUE considerou, todavia, no Ac. *Merck Sharp & Dohme Corp.* (C-125/10), de 08.12.2011 – em virtude da possibilidade de prorrogação por 6 meses a que nos conduz a chamada "extensão pediátrica", consagrada no Regulamento (CE) n.º 1901/2006, de 12.12.2006 –, que se é certo que *"um CCP com uma duração negativa ou nula não apresenta nenhuma utilidade em si mesmo, a verdade é que desde a adopção do Regulamento 1901/2006, esse CCP pode ter utilidade para o titular de uma patente de base que pretende obter a prorrogação pediátrica."* (n.º 35).

Destarte, *"o art. 13.º do Regulamento n.º 1768/92, lido em conjugação com o art. 36.º do Regulamento n.º 1901/2006, deve ser interpretado no sentido de que pode ser concedido um CCP para medicamentos, quando o período de tempo que decorreu entre a data da apresentação do pedido da patente de base e a data da primeira AIM na União for inferior a cinco anos."* (n.º 45).

Neste caso, porém, o prazo da prorrogação pediátrica do CCP (6 meses) não começará a contar-se da data da caducidade da patente de base, ainda que só produza efeitos a partir dessa data. Na verdade, *"Quando a duração de um CCP é negativa, não pode ser arredondada para zero. O prazo de prorrogação pediátrica previsto no Regulamento n.º 1901/2006 começa a correr a partir da data determinada deduzindo da data da caducidade da patente a diferença entre cinco anos e a duração do período decorrido entre a apresentação do pedido de patente e a obtenção da primeira AIM."* (n.º 42).

Aceitar os CCP significa, pois, por definição, reconhecer que as patentes a que eles se referem gozarão, de um ponto de vista formal, de um prazo de validade *necessariamente superior* ao prazo previsto para a generalidade das patentes – 20 anos contados da data do respectivo pedido – em todos os países da União. Tal é, de facto, o *objectivo único* dos CCP, que não pretendem atribuir quaisquer *outros direitos* ("complementares") aos seus beneficiários.

---

[91] Neste sentido, cfr. Schennen, *Die Verlängerung...*, *cit.*, pp. 77 ss. Não deixando de formular algumas objecções, cfr. Krasser, *ob. cit.*, p. 584.

V – Conteúdo do direito conferido pelos CCP

Definir o conteúdo do direito atribuído pelos CCP é o mesmo que averiguar quais os *poderes* conferidos ao seu titular por esta "nova forma" de propriedade industrial.

A reposta a esta questão é-nos dada directamente pelo art. 5 do Regulamento n.º 469/2009: *"Sem prejuízo do disposto no art. 4.º, o certificado confere os memos direitos que os conferidos pela patente de base e está sujeito às mesmas limitações e obrigações."*

Isto significa, como afirma Krasser[92], que os CCP atribuem ao seu titular *os mesmos poderes e produzem os mesmos efeitos* da patente de base de que são acessório.

Ou, como escreve Schennen[93], os CCP não são apenas uma extensão do *prazo de validade* da patente, mas também uma extensão da respectiva *protecção*. O direito conferido pelos CCP não tem um conteúdo próprio, resultante do Regulamento. O seu conteúdo será o mesmo que já era atribuído ao titular pela patente de base.

Os CCP produzem os efeitos de uma patente, ainda que sujeitos às limitações impostas pela utilização ou utilizações terapêuticas do medicamento objecto da autorização administrativa[94]. Do ponto de vista do conteúdo do direito, o art. 5.º do Regulamento faz pura e simplesmente uma *equiparação* dos CCP às respectivas patentes de base. As faculdades e poderes jurídicos conferidos pelos CCP são em tudo idênticos aos que resultam das correspondentes patentes de base[95].

Assim, se o titular da patente podia, durante o seu prazo de validade, opor-se a *qualquer utilização* do produto coberto pela patente sob a forma de um medicamento, que consista nesse produto ou que o contenha, o CCP concedido para esse mesmo produto conferir-lhe-á os mesmos direitos em relação a *qualquer utilização* desse produto, enquanto *medicamento*, que tenha sido *autorizada* antes do certificado expirar[96]. Incluindo a *combinação* desse produto com outros princípios activos[97].

Como mais recentemente julgou o TJUE, *"Aricles 4 and 5 of Regulation 469/2009 (...) must be interpreted as meaning that, where a 'product' consisting of an active ingredient was protected by a basic patent and the holder of that patent was able to rely on the protection conferred by that patent for that 'product' in order to oppose the marketing of a*

---

[92] *Ob. cit.*, pp. 602 e 607.
[93] In Singer/Stauder, *The European..., cit.*, anot. 7 ao art. 63.º CPE („Art. 63 (2) revised version permits not only an extension of the patent term but also corresponding protection.").
[94] Cfr. Brändel, *loc. cit.*, pp. 876 s.; Schennen, *Auf dem Weg..., cit.*, p. 110; Idem, *Die Verlängerung..., cit.*, pp. 57 s.
[95] Assim, p. ex., Mühlens, *loc. cit.*, p. 216 („Diese zentrale Vorschrift bedeutet, was die Wirkungen des Patents anbetrifft, die Gleichstellung von Patent und Zertifikat.").
[96] Cfr. Acórdãos do TJUE *Medeva BV*, n.º 39, *Georgetown University*, n.º 32, e *University of Queensland*, n.º 34.
[97] Cfr. Brückner, *Patent- und zulassungsrechtliche Voraussetzungen..., cit.*, p. 303; Idem, *Ergänzende Schutzzertifikate..., cit.*, p. 1099.

medicinal product containing that active ingredient in combination with one or more other active ingredients, a supplementary protection certificate granted for that 'product' enables its holder, after the basic patent has expired, to oppose the marketing by a third party of a medicinal product containing that product for a use of the 'product', as a medicinal product, which was authorised before that certificate expired."[98] Assim, a venda da combinação dos produtos A + B infringirá um CCP obtido simplesmente para o produto A.

Por outra parte, o titular de um CCP poderá opor-se à infração do seu direito de exclusivo levada a cabo por *meios equivalentes* aos reivindicados na patente de base, como o poderia fazer em relação a esta[99].

Chegados aqui, teremos igualmente de concluir pela aplicação aos CCP de todos os preceitos do direito de patentes que visam garantir, de forma adequada, o *enforcement* do *jus prohibendi* em que se traduz o direito de exclusivo conferido pela patente.

Podendo a patente de base consistir tanto numa patente de produto como numa patente de processo, destaca-se aqui o regime de *inversão do ónus* da prova consagrado no art. 98.º CPI[100] para as patentes de processo, o qual é absolutamente decisivo para o respeito efectivo deste tipo de patentes[101].

A questão da determinação de qual o processo efectivamente utilizado pelo alegado contrafactor assume a *mesma importância* e suscita as mesmas *dificuldades* tanto nas patentes de processo, como nos CCP que tenham por base uma patente de processo.

De facto, não é possível fazer valer as patentes de processo – as quais continuam a ter uma enorme importância prática, não obstante, entretanto, terem passado a ser protegidos os próprios produtos químico-farmacêuticos e não apenas os processos de os obter – sem recurso ao dispositivo do art. 98.º CPI. Estas patentes de processo, nunca é demais recordar, continuam a ter um grande valor económico para a indústria farmacêutica, uma vez que muitas delas, concedidas numa época em que não era todavia possível aceder às patentes de produto, como hoje em dia acontece, ainda estão em vigor. Por outro lado, as patentes de processo continuam a ser uma forma privilegiada de protecção de inventos noutros domínios da tecnologia, tais como, por exemplo, na biotecnologia ou na informática.

---

[98] Despacho TJUE *Novartis*, de 09.02.2012 (C-442/11).

[99] Sobre a infracção por meios equivalentes, cfr. na doutrina portuguesa a excelente exposição de Couto Gonçalves, *Manual de Direito Industrial*, 3.ª ed., Coimbra, 2012, pp. 91 ss.; para as patentes químico--farmacêuticas em particular, cfr. Hansen/Hirsch, *Protecting Inventions, cit.*, pp. 305 ss.

[100] *"Se uma patente tiver por objecto um processo de fabrico de um produto novo, o mesmo produto fabricado por um terceiro será, salvo prova em contrário, considerado como fabricado pelo processo patenteado."*

[101] Para mais desenvolvimentos quanto à finalidade e justificação da presunção estabelecida no art. 98.º CPI, cfr. o nosso *A inversão do ónus da prova na violação das patentes de processo*, in Juris Et De Jure – Nos vinte anos da Faculdade de Direito da Universidade Católica Portuguesa-Porto, Porto, 1998, pp. 1091 ss.

Em boa verdade, apesar do CCP, a *patente de processo* deixaria de ser eficazmente protegida quando terminasse o seu prazo de validade de 20 anos, contados da data do pedido. A concessão de um CCP fundado numa patente desta natureza deixaria de gozar de uma *protecção efectiva* se não lhe fosse aplicável o regime do art. 98.º CPI, podendo falar-se então de tudo menos da *prorrogação*, por mais algum tempo, da *mesma protecção* atribuída ao titular pela patente de base. A protecção conferida pelo CCP seria, nesta hipótese, muito diferente (inferior) da tutela atribuída pelo sistema de patentes à patente de base. Toda a construção dogmática dos CCP que deixámos exposta cairia por terra. Os seus objectivos deixariam de poder ser alcançados com um mínimo de eficácia.

As patentes de processo – e o mesmo é dizer, os CCP – não atribuem ao seu titular um verdadeiro e efectivo *direito de exclusivo* se esse titular não tiver à sua disposição um mecanismo legal de inversão do ónus da prova do tipo do prevista no art. 98.º CPI.

A explicação para este fenómeno é simples. Algumas substâncias químicas permitem que se averigue a sua composição. Outras, porém, nem sequer isso admitem. Mas quase todas excluem a possibilidade de um terceiro determinar por si qual o *método* ou o *processo* pelo qual elas foram efectivamente obtidas.

Por outro lado, muitos produtos neste domínio tecnológico apenas são susceptíveis de ser identificados pelos próprios processos de os produzir: são os chamados *"product-by-process"*. A análise química pouco ou nada adianta para a sua caracterização. Por outra parte, o processo de fabrico é absolutamente "insondável" para alguém que não seja o próprio fabricante. Só o domínio do processo permite, o mais das vezes, responder à questão de saber se um determinado produto é ou não diferente de outro produto da mesma natureza e com efeitos semelhantes.

Ora, o titular da patente, por norma, não tem acesso às instalações fabris dos concorrentes, nem aos seus processos e métodos de produção, a qual, frequentemente, tem lugar no estrangeiro, fora de qualquer controlo ou possibilidade prática de inspecção. Tendo em consideração que a patente de processo protege também os próprios produtos directamente obtidos pelo processo patenteado (art. 97.º, 2 CPI), esta última hipótese – da produção no estrangeiro – acaba mesmo por ter um enorme significado prático e mostra bem a *importância vital* da presunção legal estabelecida pelo art. 98.º CPI[102]. Sendo certo que o fabricante não terá qualquer dificuldade em mostrar a forma como o obtém.

Como acertadamente conclui Justino Cruz, *"a patente de processo, sem a inversão do ónus da prova, é um puro engano que não dá quaisquer garantias a quem a possui: como*

---

[102] Para mais desenvolvimentos, cfr. Oehen Mendes, *loc. cit.*, pp. 1112 s., com referências bibliográficas.

pode o titular da patente fazer prova convincente de que um produto apresentado no mercado – e que, à partida, deverá ter as mesmas características do seu próprio produto – foi obtido pelo processo que está patenteado?"[103].

Todas estas razões são igualmente válidas para os pertinentes CCP.

Nada, de facto, justificaria que se afastasse a norma do art. 98.º CPI do sistema de protecção conferida pelos CCP aos medicamentos, quando aqueles se fundem em patentes de processo.

Na realidade, o titular do CCP, cuja patente de base é uma patente de processo, para fazer valer o certificado contra aquele que explore o produto objecto da autorização e do certificado sem a sua autorização, tem de provar que esse produto foi obtido pelo processo que se encontra patenteado. Razão pela qual, também ele tem absoluta necessidade de se socorrer da presunção legal do art. 98.º CPI, para garantir a efectividade do efeito *erga omnes* do direito de *exclusivo* que o certificado é suposto produzir.

Algumas legislações, que optaram por fazer uma lista, ainda que meramente exemplificativa[104], dos preceitos *aplicáveis* aos CCP, em resultado do disposto no art. 5.º do Regulamento, como é o caso da lei alemã de patentes, remetem expressamente para a disposição que prevê este regime auxiliar de prova privativo das patentes de processo, em benefício dos correspondentes CCP[105].

A lei francesa de patentes (art. L. 611-2, 3.º), ao invés, enumera com a mesma finalidade quais as disposições legais que *não se aplicam* aos CCP e, como é óbvio, não inclui entre essas disposições o art. L. 615-5-1, que consagra a inversão do ónus da prova em relação às patentes de processo.

Por fim, deve ainda dizer-se que o recurso às vantagens probatórias conferidas pelo art. 98.º CPI pressupõe que se encontrem reunidos todos os requisitos previstos no próprio preceito. Assim, o CCP deverá dizer respeito a uma patente de processo e o produto objecto da autorização administrativa (medicamento ou princípio activo) deverá ser, necessariamente, um produto *novo*. Novidade essa que deverá ser aferida, como é óbvio, à *data da solicitação* da patente de base (ou da prioridade invocada, se for o caso) e não a qualquer outro momento posterior, *e.g.* o da data do pedido do respectivo CCP[106].

---

[103] *Código da Propriedade Industrial Anotado*, Coimbra, 2003, anot. ao art. 98.º, p. 418.

[104] Sobre o carácter enunciativo deste tipo de remissões, cfr., p. ex., Kühnen, in Schulte, *ob. cit.*, anot. 20 ao § 16a PatG („Der Gesetzgeber hat sich für eine enumerative Aufzählung der ergänzend anwendbaren Vorschriften entschieden, die aber nicht abschliessend ist.").

[105] Cfr. § 16a, 2 PatG.

[106] Sobre o requisito da novidade no direito de patentes e sobre o momento em relação ao qual ele deverá ser aferido, cfr. o importante Ac. STJ de 26 de Janeiro de 2006 (Proc. n.º 05B4206), in www.dgsi.pt

AS FUNÇÕES DA MARCA E A JURISPRUDÊNCIA DO TJUE*

MARIA MIGUEL CARVALHO**

Abstract: This study critically appreciates the European Union Court of Justice case-law concerning the legally protected functions of the trade mark. In fact, the views that this Court has held in this matter have not been consistent, since after a prolonged phase in which the origin function of the trade mark was considered its essential function, starting from a certain point – more specifically, from the judgment on June 18, 2009, in case «L'Oréal/Bellure» – and without being forward any grounding, it seems to have experienced a significant change, referring to «other functions such as in particular that of guaranteeing the quality of the goods or services, or those of communication, investment or advertising».

Keywords: trade marks; trade marks functions; ECJ case-law.

Palavras-chave: marcas; funções da marca; jurisprudência do TJUE.

Sumário: Introdução. I – Breve referência à teoria das funções da marca. II – A teoria das funções da marca na jurisprudência do TJUE. 1. A teoria das funções da marca à luz da jurisprudência comunitária anterior à Directiva de Marcas e ao Regulamento sobre a Marca Comunitária. 2. A teoria das funções da marca à luz da jurisprudência comunitária a partir da Directiva de Marcas e do Regulamento sobre a Marca Comunitária. 2.1. O entendimento do TJ até ao Acórdão «L'Oréal/Bellure». 2.2. A jurisprudência fixada no Acórdão «L'Oréal/Bellure». 2.3. Os desenvolvimentos jurisprudenciais posteriores ao Acórdão «L'Oréal/Bellure». Referência especial ao Acórdão «Interflora». 3. Apreciação crítica da jurisprudência do TJUE. III – Reflexões finais: as implicações da possível aprovação da proposta de Directiva de Marcas e de Regulamento sobre a marca comunitária.

Introdução

Imagine-se que pretendemos adquirir uma viatura automóvel que integre a categoria de ligeiros de passageiros. Depois de decidir qual o segmento e o modelo (aqui incluindo características como o número de portas/lugares, a cilindrada, o tipo de combustível, etc.) pretendidos e o preço que nos dispomos a pagar, deparamos com uma enorme oferta no mercado[1].

---

* O presente estudo corresponde à nossa intervenção, no VI Curso Intensivo de Verão de Propriedade Industrial (organizado pela APDI e pela FDUL), realizada, nesta faculdade, em 2 de Julho de 2013.
** Professora Auxiliar da Escola de Direito da Universidade do Minho.
[1] O leque de escolha abrange mais de 400 carros, cfr. JARED GALL, «What's the Right New Vehicle for Me?», in: *Car and Driver*, March, 2009, <http://www.caranddriver.com/features/whats-the-right-new-vehicle-for-me>.

A nossa escolha em concreto pode ser determinada por inúmeros factores, mas um desses (e a prática demonstra a sua enorme relevância) poderá ser a marca que assinala aquele produto[2].

Efectivamente, poderemos escolher uma viatura de determinada marca por entender que a mesma provêm de uma empresa que nos suscita uma impressão positiva (p.e., de fiabilidade e segurança, de desempenho, etc.), quer por já a termos experimentado positivamente em momentos anteriores, quer pela imagem que a mesma nos suscita por efeito da publicidade.

Atendendo à explosão da oferta de produtos e serviços, à crescente complexidade de aspectos técnicos, ao incremento da publicidade comercial e das novas técnicas de marketing, entre outros factores, o exemplo usado poderia referir-se a qualquer outra situação em que deparamos com a aquisição de produtos ou serviços. Em todo o caso, para o efeito do presente estudo, o que importa reter é que a marca é um sinal que permite ao consumidor identificar, e distinguir de outros, os produtos ou serviços que deseja adquirir, seja por referência à empresa titular da marca, seja por referência a experiências anteriores que o cativaram pela qualidade dos produtos ou serviços assinalados com aquela marca, ou pela imagem suscitada pela publicidade. E, de facto, no plano económico, a marca desenvolve, a maior parte das vezes, não apenas uma função distintiva com referência à origem empresarial do produto ou serviço, mas também uma função indicadora da qualidade e uma função publicitária (ou atractiva) dos referidos produtos ou serviços[3].

Todavia, para se determinar qual é ou quais são a(s) função(ões) *juridicamente* protegidas é necessário, como Vanzetti refere, "verificar (...) se a lei tutela, pela atribuição em determinadas condições de um direito absoluto ao uso de uma marca", o exercício de alguma ou algumas dessas ou até de todas[4], sem esquecer que essa eventual protecção é justificada por razões de política-legislativa[5]. Daqui decorrem relevantes implicações quanto aos interesses tutelados pelo Direito de

---

[2] Para muitos consumidores, na aquisição de um automóvel (tal como de outros bens), a «emoção» ultrapassa frequentemente a «razão», existindo várias marcas que suscitam «fidelidade para além da razão», as chamadas «Love Marks», referidas por Kevin Roberts, *Lovemarks – O futuro além das marcas* (trad. Mónica Rosemberg), M. Books do Brasil Editora Ltda., S. Paulo, 2005.

[3] A formulação referida deve-se, fundamentalmente, a Hermann Isay, «Die SelbständigkeitdesRechsan der Marke», in: *GRUR*, 1929, pp.26 e ss.

Alguma doutrina refere ainda a função condensadora do *goodwill*, cfr., por todos, Carlos Fernández--Nóvoa, «Marcas», in:*Manual de la Propiedad Industrial* (Carlos Fernández-Nóvoa/José Manuel Otero Lastres/Manuel Botana Agra), Marcial Pons, Madrid/Barcelona/Buenos Aires, 2009, p. 490 e s.

[4] Adriano Vanzetti, «Funzione e natura giuridica del marchio», in: *RDComm.*, anno LIXM, 1961, Parte Prima, p.22.

[5] Antonio Roncero Sanchez, *El contrato de licencia de marca*, Civitas, Madrid, 1999, pp. 34 e ss.

Marcas e, por conseguinte, não se estranha que esta seja uma questão estrutural e estruturante, abordada de forma intensa pela doutrina e objecto de atenção especial no âmbito da jurisprudência do Tribunal de Justiça da União Europeia[TJUE].

Por razões que se prendem com o tema que nos foi confiado vamos debruçar-nos essencialmente sobre a jurisprudência do TJUE nesta matéria, não podendo, contudo, dispensar uma brevíssima referência à teoria das funções da marca.

I - Breve referência à teoria das funções da marca[6]

1. Função distintiva da marca

A doutrina maioritariamente tem defendido que a marca desempenha uma função distintiva de produtos ou serviços (*Untersheidungsfunktion*), apesar de o referente dessa distinção suscitar controvérsia: a marca distingue os produtos ou serviços *in se* ou distingue-os por referência à sua origem?[7]

A coincidência[8] tradicionalmente afirmada entre a função distintiva da marca – *Untersheidungsfunktion* – e a função distintiva indicadora de origem ou proveniência (*Herkunftsfunktion*) afastou não só a tese da função distintiva dos produtos ou serviços em si mesmos, mas também, e inicialmente, o reconhecimento jurídico da função de garantia de qualidade da marca.

Como Vanzetti afirmava, distinguir consiste em separar com a mente um objecto de um outro, estabelecendo a diferença entre eles, o que pressupõe a subsistência de constantes elementos de identidade do produto marcado.

Assim, e ainda segundo o referido autor, existem duas possibilidades teóricas: ou a marca distingue indicando que os produtos ou serviços marcados apresentam

---

[6] Seguimos de perto o que já referimos noutros estudos, embora com algumas actualizações. Cfr.Maria Miguel Carvalho, *Merchandising de Marcas (A comercialização do valor sugestivo das marcas)*, Almedina, Coimbra, 2003, pp. 207 e ss. e *A marca enganosa*, Almedina, Coimbra, 2010, pp. 460 e ss.

[7] Defendendo que a marca é um sinal distintivo do produto ou serviço em si mesmo, cfr., entre outros, Remo Franceschelli, *Sui marchi di Impresa*, 4.ª ed., Giuffrè Editore, Milano, 1988, pp. 247 e ss.
Entre nós, defendem esta posição José de Oliveira Ascensão, *Direito Comercial*,Vol. II (Direito Industrial), Lisboa, 1994, p. 141 e «As funções da marca e os descritos (*metatags*) na Internet», in: AaVv., *Direito Industrial*, Vol.III, APDI/Almedina, Coimbra, 2003, pp. 7 e ss.; e A.Ferrer Correia, *Lições de Direito Comercial*,Vol.I, Universidade de Coimbra, 1973, pp.312 e ss.
A tese prevalecente, não obstante as críticas a que tem sido sujeita, é a da função de indicação de origem. Cfr., entre nós e por todos, Luís M. Couto Gonçalves, *Função Distintiva*, Almedina, Coimbra, 1999, *passim*.

[8] Parecendo defender uma diferenciação entre ambas, cfr., entre outros, Illanah Simon, «The Functions of Trade Marks and their Role in Parallel Importation Cases - What Can the EU and Japan Learn from each Other's Experiences?», in: *IIP Bulletin*/2007, p.3, disponível no sítio<http://www.iip.or.jp/e/e_summary/pdf/detail2006/e18_16.pdf>.

sempre a mesma qualidade (seja boa ou má); ou a marca distingue indicando que os produtos ou serviços assinalados com a mesma marca são provenientes (têm origem) de uma mesma empresa (que é titular da marca)[9], podendo inclusivamente desconhecer-se a sua identidade[10].

A opção favorável à *Herkunftsfunktion* esteve presente desde as primeiras leis de marcas no século XIX, fundada na tutela conferida à marca contra o risco de confusão. Embora, como é sabido, praticamente desde esse momento, a mesma tenha deparado com obstáculos a um entendimento estrito, impondo-se, por conseguinte, sucessivas re-interpretações do seu significado.

Com efeito, a função distintiva entendida como indicação aos consumidores que os produtos ou serviços de um mesmo género, assinalados com uma mesma marca, provêm do mesmo produtor, i.e., a garantia de que os produtos ou serviços marcados têm a mesma origem, qualquer que ela seja, apesar de ultrapassar a questão do anonimato para o público da maioria das marcas[11-12], deparou com outros obstáculos.

Esses obstáculos respeitavam, nomeadamente, à transmissão desvinculada da marca e à admissibilidade do uso simultâneo de uma marca por mais de uma pessoa[13], conduzindo à re-interpretação por parte da doutrina da função indicadora de origem de modo a referir-se a "(...) elementos consideráveis de continuidade

---

[9] VANZETTI optou pela segunda hipótese invocando, por um lado, o não reconhecimento *jurídico* da função de garantia de qualidade da marca, já que a lei não previa nenhuma obrigação a cargo do titular da marca de uniformizar toda a sua produção e de manter idênticos padrões de qualidade e, por outro, a análise das normas do ordenamento jurídico italiano que demonstravam a ligação da marca à empresa de que provinha o produto ou o serviço marcado nos principais momentos da vida da marca e que constituíam os «pilares normativos» da função de indicação de origem da marca que resumimos em M*erchandising de marcas*, cit., pp. 212 e s.

[10] Afastando o pressuposto da distinção «substancial» (i.e., identificação e diferenciação) e propondo a sua substituição pela distinção «formal» (i.e., indicação e diversificação), cfr. entre outros, FERDINANDO CIONTI, *La funzione propria del marchio*, Giuffrè Editore, Milano, 2004, p. IX e, do mesmo autor, *La funzione del marchio*, Giuffrè Editore, Milano, 1988, p. 96. O autor citado afirma que a marca distingue formalmente a unidade do produto e substancialmente o produto, já que a distinção formal comporta a distinção substancial.

[11] O "anonimato" do produtor parecia tornar impossível falar de uma função distintiva da *indicação de origem* ou de *proveniência*. No entanto, este obstáculo foi ultrapassado, esclarecendo-se que a marca garante aos consumidores que os produtos ou serviços, de um mesmo género, assinalados com uma mesma marca, provêm do *mesmo* produtor, qualquer que ele seja. Cfr. VANZETTI, «Funzione e natura...», cit., pp. 37 e ss.

[12] Note-se que, entretanto, o problema deixou de estar tanto no possível anonimato, mas cada vez mais no facto de os titulares das marcas deixarem de produzir quaisquer bens, limitando-se a gerir a aposição dessa marca, VITO MANGINI, «Logo, no logo?... Ovvero la perduta innocenza della proprietà intellettuale», in: *Studi di Diritto Industriale in onore di Adriano Vanzetti – Proprietà Intellettuale e Concorrenza*, Tomo II, Giuffrè Editore, Milano, 2004, p. 935 e ainda ADRIANO VANZETTI, «I marchio nel mercato globale», in: *RDI*, 2002, I, n.º 3, p. 95.

[13] Para maiores desenvolvimentos, cfr. MARIA MIGUEL CARVALHO, *A marca enganosa*, cit., pp. 359 e ss. e 389 e ss.

com a empresa de origem ou ainda que com esta tenha ligações actuais de natureza contratual ou *económica*"[14].

A função de indicação de origem referida, como veremos, encontrou forte apoio ao nível comunitário, não apenas nos textos normativos (nomeadamente no preâmbulo da Directiva de Marcas [DM][15]),mas também na actuação do TJUE, inclusivamente anterior à DM.

Todavia, o protagonismo e a subsistência do significado da função de indicação de origem foi também posto em causa pela existência de normas que protegem ultramerceologicamente as marcas de prestígio e pela possibilidade de se licenciar marcas não usadas. Com efeito, e para além da abertura à protecção jurídica da função publicitária de algumas marcas (como *infra* referiremos), no que respeita à função distintiva os dados referidos impossibilitam continuar a falar de garantia de origem *empresarial*[16].

A solução, proposta por alguma doutrina, para resgatar a função distintiva consistiu em referi-la à garantia de origem *pessoal* justificando-a, fundamentalmente, com a norma que prevê a caducidade por deceptividade superveniente da marca (art. 12.º, n.º 2, al. b) da DM)[17]. Assim, "*a marca, para além de indicar, em grande parte dos casos, que os produtos ou serviços provêm sempre de uma empresa ou de uma empresa sucessiva que tenha elementos consideráveis de continuidade com a primeira (no caso da transmissão desvinculada) ou ainda que mantenha com ela relações actuais de natureza contratual e económica (nas hipóteses de licença de marca registada usada ou da marca de grupo, respectivamente), também indica, sempre, que os produtos ou serviços se reportam a um sujeito que assume em relação aos mesmos o ónus pelo seu uso não enganoso*"[18].

Outros autores integraram a função distintiva na chamada função comunicativa da marca, salientando a especial importância da referida previsão de caducidade da marca.

Desta perspectiva, a marca opera, essencialmente, como um instrumento de comunicação, sendo o veículo para transmitir uma mensagem. As diversas funções

---

[14] ADRIANO VANZETTI, *Marque et droit économique*, p. 89 *apud* LUIS COUTO GONÇALVES, *Função Distintiva...*, p. 216.
[15] V. o 11.º Considerando da Directiva 2008/95/CE, do Parlamento Europeu e do Conselho, de 22 de Outubro de 2008, que codificou a Primeira Directiva do Conselho, de 21 de Dezembro de 1988, que harmoniza as legislações dos Estados-membros em matéria de marcas, n.º 89/104/CE e o 8.º Considerando do Reg. (CE) n.º 20772009, do Conselho, de 26 de Fevereiro de 2009, sobre a marca comunitária (versão codificada). Criticamente sobre a referência em especial no âmbito do RMC, cfr. GIUSEPPE SENA, «Confondibilità in astratto e in concreto», in: *Il Diritto Industriale*, n.º 1/2007, p.58.
[16] Assim, entre nós, LUÍS M. COUTO GONÇALVES, *Função distintiva*, cit., p. 224 e LUÍS MIGUEL PEDRO DOMINGUES, «A função da marca e o princípio da especialidade», in: AA. Vv., *Direito Industrial*, Vol. IV, APDI/Almedina, Coimbra, 2005, p. 487.
[17] Já analisamos desenvolvidamente esta norma em *A marca enganosa*, cit., pp. 317 e ss.
[18] LUÍS M. COUTO GONÇALVES, *Função distintiva*, cit., p. 224.

que a marca pode, de facto, desenvolver, correspondem aos diversos possíveis componentes de tal mensagem, incluindo a indicação de origem[19].

Segundo GALLI, "a noção de origem (...) configura-se essencialmente como uma *posição de responsabilidade* que o titular da marca assume para os produtos ou serviços que sejam colocados em circulação com a marca em questão em relação ao conteúdo de tal mensagem"[20]e as alterações legais introduzidas no direito de marcas italiano faz com que o «elemento cardeal» do sistema passe a ser a proibição de engano do público que pode originar a caducidade[21], donde conclui que as normas que proíbem o engano constituem uma forma de garantia directa de conformidade ao conteúdo da mensagem associada à marca[22].

Todavia, e como já tivemos oportunidade de afirmar noutro contexto, não nos parece que a norma que prevê a caducidade do registo da marca por caducidade superveniente tenha o alcance que os mencionados autores lhe pretendem conferir, já que a referida disposição legal só poderá ter serventia para as chamadas marcas *significativas*, dado que, na nossa opinião, o preceito em questão respeita apenas à deceptividade que resulte *intrinsecamente* da marca[23]. Há, não obstante, um ponto em que o regime jurídico da marca enganosa pode apoiar a tese da função de indicação de origem[24]: quando a invocação das normas que proíbem

---

[19] Neste sentido, cfr., por todos, CESARE GALLI, *Funzionedelmarchio...*, cit., pp. 150 e s. No mesmo sentido, cfr., entre nós, JORGE MANUEL COUTINHO DE ABREU, *Curso de Direito Comercial*, Vol. I, 8.ª ed., Almedina, Coimbra, 2011, p. 374 e J. P. REMÉDIO MARQUES, *op. cit.*, pp. 424 e s.

[20] CESARE GALLI, *Funzione.*, cit., p.151 [= «Protezione del marchio e interessi del mercato», in: *Studi di Diritto Industriale in onore di Adriano Vanzetti – Proprietà Intellettuale e Concorrenza*, Tomo I, Giuffrè Editore, Milano, 2004, p.665]. No mesmo sentido, cfr, já anteriormente, e entre outros, ANSELM KAMPERMAN SANDERS/SPYROS MANIATIS, «A consumer trade mark: protection based in origin and quality», in: *EIPR*, 1993, 11, p. 411.

Em sentido próximo, cfr., entre nós, J. P. REMÉDIO MARQUES (*op. cit.*, p. 424) que afirma: "*a função indicadora de proveniência ou de origem* assume, hoje, um outro protagonismo: uma vez que o legislador conferiu uma especial importância às *marcas deceptivas* (art. 269.º /2, alínea b), do CPI), a *função distintiva* volve-se numa função cujo conteúdo é o de garantir a *conformidade do produto com as mensagens que o sinal comunica ao público*, por isso mesmo que é suposto pensar-se que todos os produtos marcados identicamente promanam de um único *sujeito* (ainda que este não coincida com o fabricante ou com as entidades licenciadas que comercializam os produtos ou prestam os serviços) que desfruta de um qualquer *poder jurídico* (contratual) de ingerência quanto ao *controlo* da qualidade, características, natureza ou origem geográfica dos produtos ou serviços.

Se o sinal comunica uma proveniência ou origem constantes (...), a lei garante a *manutenção dessa constância*; se o sinal comunica outras mensagens, ele não deixa de garantir a substancial constância e homogeneidade técnica, merceológica e qualitativa do produto onde o sinal foi aposto, pois a lei garante que estas mensagens sejam verídicas e se mantenham como tal durante o tempo de vida do sinal (...)".

[21] CESARE GALLI, *Funzione...*, cit., pp. 152 e s. [= «Protezione...», cit., p.669].

[22] CESARE GALLI, *Funzione...*, cit., p. 158 [= «Protezione...», cit., p. 674].

[23] MARIA MIGUEL CARVALHO, *A marca enganosa*, cit., pp. 333 e ss.

[24] No mesmo sentido, GUSTAVO GHIDINI, *Profilievolutivi...*, pp. 156 e 157.

o engano puder servir para evitar a coexistência no mercado de duas marcas expressivas confundíveis para produtos semelhantes ou afins[25].

2. Função de garantia de qualidade da marca

Por outro lado, a maioria da doutrina europeia tem recusado o reconhecimento de uma função jurídica directa e autónoma de garantia de qualidade da marca[26].

Exceptuado o caso das marcas colectivas de certificação[27], cremos que não existe uma obrigação de o titular da marca manter a qualidade dos produtos ou serviços assinalados pela marca[28-29], mesmo que esta seja matizada referindo-se a uma constância relativa, nem existe uma proibição, *no âmbito do direito de marcas*, de diminuir a qualidade dos produtos ou serviços assinalados com uma marca.

Como já referimos noutro local[30], a existência de uma obrigação de manutenção qualitativa merceológica implicaria um sistema completamente diferente do que vigora entre nós e na generalidade dos ordenamentos jurídicos[31]. Designadamente, porque pressuporia uma entidade competente para avaliar a qualidade e as características dos produtos ou serviços marcados relativamente

---

[25] A possibilidade de coexistirem marcas confundíveis para assinalar produtos ou serviços iguais ou idênticos constitui um golpe profundo na tese da função de indicação de origem. Nesse sentido, cfr., entre outros, Adriano Vanzetti, «La funzione distintiva del marchio oggi», in: *Segni e Forme Distintive – La nuova disciplina – Atti del Convegno* (Dir. Adriano Vanzetti/Giuseppe Sena), Giuffrè Editore, Milano, 2001, pp. 3 e ss.

[26] No caso dos Estados-Unidos a posição da doutrina e jurisprudência maioritárias é a inversa, cfr., por todos, J. Thomas McCarthyy, *Trademarks and Unfair Competition*, 4.ª ed., Vol.I, West Group, 1997, § 3:10, pp. 3-18 e ss.

Entre nós, defende-a Jorge Manuel Coutinho de Abreu (Curso..., cit., p. 378), invocando relativamente às marcas individuais a previsão da caducidade com fundamento em deceptividade superveniente.

[27] Neste caso concordamos com Jorge M. Coutinho de Abreu quanto ao reconhecimento jus-normativo da função de garantia de qualidade, como já o referimos em Maria Miguel Carvalho, «Marcas colectivas- Breves considerações», in: Aa. Vv., *Direito Industrial*, Vol. V, APDI/Almedina, Coimbra, 2008, p. 223.

[28] Giovanni Massa, Funzione attrativa e autonomia del marchio, Jovene Editore, Napoli, 1994, p. 146, refere que mesmo que esta existisse não seria suficiente para a transformar em garantia sobre a qualidade do produto, pois "(...) a tutela do consumidor deve considerar-se como elemento extrínseco da função do sinal, colocado pelo legislador como limite externo à utilização da marca, limite que, em extrema síntese, é sempre dirigido a impedir que o titular da marca abuse do seu direito causando dano ao público".

[29] Sobre a intencionalidade desta omissão, cfr. Maria Miguel Carvalho, *A marca enganosa*, cit., p. 468.

[30] *A marca enganosa*, cit., pp.468 e ss.

[31] Neste sentido, cfr. Luís M. Couto Gonçalves que sublinha que, desde logo, os interesses a proteger, em primeira linha, teriam de ser os dos consumidores, o direito de marca deixaria de ter natureza privada e de ser livre e exclusivo e os produtos e serviços deveriam sujeitar-se ao controlo de qualidade (*Função Distintiva*, cit., p.109).

à qual não é feita qualquer referência no direito de marcas[32] e essa entidade não será, seguramente, nem o INPI, nem o IHMI, não só porque tal incumbência não parece susceptível de ser integrada no âmbito das suas atribuições, mas sobretudo porque do registo não constam quaisquer dados relativamente às características merceológicas e muito menos à qualidade dos produtos ou serviços marcados[33].

Assim, pensamos que, apesar do interesse, cada vez maior, na certificação de produtos e serviços, a verdade é que essa certificação não tem lugar no domínio do *direito de marcas* no que tange à marca individual: o que existe aqui é um *ónus* de não introduzir alterações pejorativas significativas nos produtos ou serviços marcados, sem que seja dado conhecimento desse facto ao público, quando a marca, pelo seu significado, evoque uma determinada qualidade *lato sensu*. O mesmo não afirmamos relativamente a outros domínios jurídicos[34], nem ao plano económico. Em especial no que a este último respeita, se ocorrer uma deterioração qualitativa significativa dos produtos ou serviços assinalados com uma marca (independentemente de esta ser, ou não, significativa), os consumidores deixarão de confiar na marca e, desiludidos, deixarão de adquirir os produtos ou serviços assinalados com a mesma, pelo que este facto funcionará como um incentivo para que o titular da marca se abstenha de diminuir a qualidade dos produtos ou serviços assinalados com a marca.

3. A função publicitária (ou atractiva) da marca

A função publicitária da marca pode ocorrer como consequência de outras funções da marca ou autonomamente[35].

---

[32] Ao contrário do que sucede relativamente às marcas de certificação de cujo regime jurídico resulta uma separação *permanente* e *institucional* entre o titular da marca e os seus usuários, justificada precisamente pela função de garantia de qualidade destas marcas.
Referindo-se às marcas de garantia, cfr. RITA LARGO GIL, *Las marcas de garantia*, Editorial Civitas, Madrid, 1993, p .99 que destaca ainda o controlo em relação ao uso da marca que a lei impõe ao titular de uma marca desta índole.
Relativamente ao significado da omissão desta obrigação de controlo do uso da marca individual, em sentido diferente, cfr. GIORGIO FLORIDIA, «Il marchio e le sue funzioni nella legge di riforma», in: *Il Diritto Industriale*, n.º 4/1994, p. 327.

[33] No mesmo sentido, cfr. CARLOS FERREIRA DE ALMEIDA (*Contratos* II, 2.ª ed., Almedina, Coimbra, 2011, pp. 87 e s.) que sublinha que "do registo das marcas individuais apenas consta a classe dos produtos ou serviços que a marca se destina a marcar, não havendo lugar para a menção de características ou qualidades específicas desses produtos ou serviços".

[34] Pensamos, em especial, no domínio dos contratos de consumo.

[35] Seguimos, neste ponto, o que escrevemos em *Merchandising...*, cit., pp. 217 e ss.

A função publicitária autónoma surge na senda da teoria económica da diferenciação dos produtos.

Como refere Aréan Lalín, "no actual mercado de concorrência imperfeita existe um elevado número de produtos ou serviços que, objectivamente, são capazes de proporcionar idênticas satisfações aos seus compradores ou usuários. Por tal motivo, as empresas tratam de diferenciar as suas mercadorias através de factores intangíveis que gerem e perpetuem uma determinada procura[36].

As causas que possibilitam à marca a realização da função publicitária autónoma são variadas: pode assentar numa força sugestiva intrínseca do sinal; pode ter origem na associação a uma personagem famosa ou a qualquer outro bem muito conhecido ou pode derivar das acções publicitárias exercidas sobre o sinal.

A questão que se coloca é a de saber se a função publicitária reveste alguma tutela jurídica?

Isay reivindicou a protecção jurídica autónoma desta função, acabando por ser seguido por vários autores e criticado por muitos outros[37]. Actualmente, há que reconhecer que existem várias disposições legais que representam afloramentos da função publicitária da marca (v., em especial, a tutela ultramerceológica das marcas de prestígio[38]).

Atendendo ao quadro exposto, parece-nos impossível continuar a referir uma única função jurídica da marca: a lei tutela a função de indicação de origem e, em certos casos, confere também protecção jurídica a valores próprios da função publicitária (ou atractiva) da marca. Mas qual é a relação entre ambas?

Pensamos que a tutela jurídica autónoma da função publicitária da marca só existirá nos casos das marcas de prestígio e nas hipóteses de licença de marca não usada, e nestes funcionará como um complemento à tutela que lhes é reservada pela função de indicação de origem. Quanto às marcas ordinárias, juridicamente a função que lhes é reconhecida é a de indicação de origem e desta decorrerá a protecção (derivada) da função publicitária da marca.

---

[36] Aréan Lalín, «En torno a la función publicitaria de la marca», in: *ADI*, 8, 1982, pp. 59 e s.
[37] Isay, «Die Selbständigkeit des Rechts an der Marke», in: *GRUR*, 1929, pp. 26 e ss.
Criticamente sobre este entendimento, cfr., por todos, Adriano Vanzetti, «La funzione del marchio in un regime di libera cessione», in: *RDI*, anno XLVII, 1998, I, pp. 72 e ss. Refira-se, no entanto, que este autor acabou por reconhecer, posteriormente, a sua tutela jurídica (cfr. *ult. op.cit.* e ainda «I marchi nel mercato globale», in: *RDI*, anno LI, 2003, pp. 91 e ss.).
[38] Abordamos esta temática em «A marca de prestígio à luz da jurisprudência comunitária», in: *ADI* 33 (2012-2013) 357-372.

II – A teoria das funções da marca na jurisprudência do TJUE

1. A teoria das funções da marca à luz da jurisprudência comunitária anterior à Directiva de Marcas e ao Regulamento sobre a Marca Comunitária

Atenta a já referida relevância da marca no âmbito da concorrência, não se estranha que, desde cedo, tenham surgido no domínio comunitário conflitos que tinham de ser resolvidos[39].

De facto, os conceitos de mercado único, de livre concorrência (arts. 81.º e 82.º TCE) e o princípio da liberdade de circulação de mercadorias (arts. 28.º e 30.º TCE, correspondentes aos artigos 30.º e 36.º então em vigor), caracterizadores da então CEE, seriam postos em causa pela aplicação de diferentes legislações respeitantes ao direito de marcas[40].

Isto mesmo foi evidenciado num número considerável de acórdãos decididos pelo TJUE anteriormente à intervenção legislativa comunitária nesta matéria, apesar de, num primeiro momento, aquele tribunal ter considerado que o direito de marca apresenta um interesse e valor inferiores a outros direitos privativos industriais[41] e que, ao contrário desses, não se encontra sujeito a limitações de ordem temporal[42].

Esta perspetiva conduziu a uma posição inicial muito restritiva relativamente ao objeto específico do direito à marca, que foi criticada pela doutrina[43] e, nos anos seguintes, alterada no sentido de se entender o objeto específico deste direito de forma mais ampla[44] (consistindo "em assegurar ao titular da marca o direito exclusivo de a utilizar, para a primeira colocação em circulação de um produto, e protegê-lo assim contra os concorrentes que pretendessem abusar da posição e da reputação da marca, vendendo produtos indevidamente assinalados

---

[39] Seguimos de perto o que escrevemos no capítulo relativo ao Direito Europeu da Propriedade Intelectual (em co-autoria com Cláudia Trabuco e Luís Couto Gonçalves), no *Manual de Direito da União Europeia* (edits. Alessandra Silveira/Mariana Canotilho), no prelo.

[40] Para maiores desenvolvimentos, cfr., por todos, Carlos Fernández-Nóvoa, *Fundamentos de Derecho de marcas*, Editorial Montecorvo, Madrid, 1984, pp. 515 ess.

[41] V. o n.º 7 do Acórdão, de 18 de Fevereiro de 1971, proferido no proc. C-40/70, entre Sirena S.r.l. contra Eda S.r.l. e outros, in: *Col.*, 1971, p. 18.

[42] V. o n.º 11 do Acórdão, de 3 de Julho de 1974, proferido no proc. C-192/73, no âmbito do caso «Hag», entre Van ZuylenFrères e Hag AG, in: Col., 1974, p. 381

[43] Para uma súmula dessas críticas, cfr., entre outros, Carlos Fernández-Nóvoa, *Fundamentos...*, cit., pp. 523 e s.

[44] Sobre essa evolução, cfr., entre nós, Pedro Sousa e Silva, *Direito comunitário e propriedade industrial – O princípio do esgotamento dos direitos*, Coimbra Editora, Coimbra, 1996, pp.147 e ss. e M. Nogueira Serens, «Aspectos do princípio da verdade da marca», in: BFDUC, Volume Comemorativo, Coimbra, 2003, pp. 640 e ss., nota 48.

com essa marca"[45]) e de se reconsiderar a desconfiança inicial relativamente às marcas, afirmando que este direito constitui um *elemento essencial* do sistema de concorrência leal que o Tratado pretende criar e manter[46].

Neste contexto surge a referência à função de origem da marca como *a função essencial* da marca, como sucedeu no n.º 6 do acórdão proferido, em 22 de Junho de 1976, no proc. C-119/75, que opôs a SociétéTerrapin (Overseas) Ltd. à Société Terranova Industrie CA Kapferer& Co.[47]. E esta menção viria a ser completada sucessivamente.

No Acórdão proferido no caso «Valium» afirmou-se que "a função essencial da marca (...) é a de garantir ao consumidor ou ao utilizador final a identidade de origem do produto marcado, permitindo-lhe distinguir sem confusão possível esse produto dos que têm uma outra proveniência", acrescentando que "essa garantia de proveniência implica que o consumidor ou o utilizador final possa ter a certeza que um produto marcado que lhe é oferecido não foi objecto, num estádio anterior à comercialização, de uma intervenção, operada por um terceiro sem autorização do titular da marca, que tenha atingido o produto no seu estado originário"[48].

Mais tarde, no n.º 13 do Acórdão proferido, em 17 de Outubro de 1990, no caso «Hag II» esclareceu-se que a marca deve "constituir a garantia que todos os produtos que a têm aposta foram fabricados sob o controlo de uma empresa à qual pode ser atribuída a responsabilidade pela sua qualidade"[49]. E, no n.º 37 do Acórdão proferido, no caso «IHT/Ideal Standard», em 22 de Junho de 1994[50], densificando a jurisprudência anterior, explicitou-se que existe um controlo por *uma mesma entidade* nos casos de produtos lançados em circulação no âmbito de um grupo de sociedades; fabricantes que comercializem os seus produtos recorrendo a concessionários e licenciantes se se tratar de produtos distribuídos por

---

[45] V. o acórdão proferido no caso «Centrafarm», em 31 de Outubro de 1974, in: *Col.*, 1974, pp. 499 e ss.

[46] V. n.º 13 do acórdão proferido no caso «Hag II», em 17 de Outubro de 1990, no âmbito do proc. C-10/89, entre SA CNL-SUCAL NV contre HAG GF AG (in: *Col.*, 1990-9, p. 3758 e ss.).

De resto, após a DM, como referiremos mais adiante, o Tribunal tem mantido esta linha, v., por todos, o n.º 48 do acórdão, de 12.11.2001, proferido no proc. C-206/01, que opôs o Arsenal Football Club plc a Matthew Reed, no caso «Arsenal», in: *Col.*, 2002-11 (A), pp.I-10316.

[47] Rec. 1976, pp. 1039 e ss.

[48] V. o n.º 7 do Acórdão citado, proferido no proc. C-102/77, no âmbito do litígio que opôs a Hoffmann-La Roche, in: *Col.*1978-12, p. 396.

[49] *Col.* 1990-9, pp. I-3758.

[50] A DM entrou em vigor em 31 de Dezembro de 1992 (v. o art. 1.º da Decisão 92/101/CEE, do Conselho, de 19/12/1991, in: *JO L* 1992, n.º 6, p.35). Apesar de este acórdão ter sido proferido quando a DM já estava em vigor, é aqui referido porque, como o próprio TJUE referiu, os factos do litígio ocorreram em momento anterior.

O Acórdão proferido no proc.C-9/93, relativo ao caso «IHT/Ideal-Standard», pode ser consultado em <http://curia.europa.eu/juris/recherche.jsf?language=pt>.

um licenciado. Nestes casos, "a proveniência que a marca se destina a garantir é a mesma: não é definida pelo fabricante mas pelo centro de onde a fabricação é dirigida".

2. A teoria das funções da marca à luz da jurisprudência comunitária a partir da Directiva de Marcas e do Regulamento sobre a Marca Comunitária

Tanto a DM, como o RMC assumem que a função essencial da marca é a função de indicação de origem – Considerandos 11 e 8, respectivamente da DM e RMC.

Todavia, e após uma fase prolongada em que a linha jurisprudencial que acabámos de referir se manteve, pelo menos de forma explícita, a partir de certa altura – mais concretamente, do Acórdão proferido, em 18 de Junho de 2009, no caso «L'Oréal/Bellure», aquela parece ter sofrido uma mudança e muito significativa.

2.1. O entendimento do TJ até ao Acórdão «L'Oréal/Bellure»

2.1.1. A função essencial da marca

Com efeito, até ao Acórdão «L'Oréal/Bellure», o TJ continuou a referir-se à *função essencial* da marca, identificando-a com a função de indicação de origem. Todavia, este posicionamento inicial parece ter sofrido alterações, começando-se a abrir, progressivamente e de forma algo sub-reptícia, o leque das funções da marca[51], já que, mantendo-se a referência à função essencial da marca, é usada a expressão no plural («funções da marca»). Veja-se, por exemplo, os n.os 42, 51, 52 e 54 do Acórdão, de 12 de Novembro de 2001, proferido no caso «Arsenal»[52]; o n.º 59 do Acórdão, de 16 de Novembro de 2004, no caso «Anheuser-Busch»[53] e o n.º 37 do Acórdão, de 25 de Janeiro de 2007, proferido no caso «Adam-Opel»[54].

A mencionada referência às «funções da marca» ocorre sem qualquer concretização, suscitando dúvidas quanto ao seu significado.

O Advogado-Geral PAOLO MENGOZZI, nas conclusões que apresentou no âmbito do caso «L'Oréal-Bellure», em 10 de Fevereiro de 2009, aventou a hipótese

---

[51] Seguimos de perto, mas com desenvolvimentos, o que afirmámos em «A protecção jurídica da marca segundo o Acórdão «L'Oréal» [Comentário do Acórdão do TJCE (1.ª S.) de 18 de Junho de 2009, caso «L'Oréal-Bellure»], in: *ADI* 30 (2009-2010), pp. 653 e ss.

[52] V. n.º 48 do Acórdão, de 12 de Novembro de 2001, proferido no proc. C-206/01, que opôs o Arsenal Football Club plc a Matthew Reed, no caso «Arsenal», in: Col. 2002-11 (A), pp. I-10316).

[53] V. proc. C-245/02, in: *Col.* 2004 I-10989 e ss.

[54] V. proc. C-48/05, in: *Col.* 2007 I-1017 e ss.

de o TJUE ter "apenas a intenção de não excluir, sem no entanto reconhecer, a protecção, (...) com base na referida norma, de funções da marca diferentes da função essencial, deixando, definitivamente, a questão ainda em aberto"[55].

Outra hipótese (pouco plausível[56]) é a referência às «funções» da marca ser motivada pela consideração, noutros acórdãos, de outra(s) função(ões) da marca.

2.1.2. «Outras funções» da marca

Efectivamente, no âmbito da jurisprudência respeitante ao esgotamento do direito surgem referências não explícitas à função publicitária (ou atractiva) da marca.

O legislador comunitário prevê uma excepção ao esgotamento do direito de marca quando existirem *motivos legítimos* que justifiquem que o titular se oponha à comercialização posterior dos produtos (v. art. 7.º DM).

Um desses casos, exemplificativamente referido na própria norma[57], respeita à modificação ou alteração do estado dos produtos após a sua colocação no mercado[58]. Outro, desenvolvido pela jurisprudência comunitária, respeita aos actos de um terceiro, sem o consentimento do titular, que possam lesar a reputação ou o prestígio da sua marca.

No Acórdão, de 4 de Novembro de 1997, proferido no âmbito do caso «Dior», o Tribunal declarou que o titular de uma marca não pode opor-se, ao abrigo do art. 7.º, n.º 2, da directiva, a que um revendedor, que comercializa habitualmente artigos da mesma natureza, mas não necessariamente da mesma qualidade que os produtos da marca, a utilize, com os meios habituais no seu ramo de actividade, para anunciar ao público a comercialização posterior dos seus produtos, salvo se se provar que, tendo em conta as circunstâncias específicas do caso, o uso da marca na publicidade do revendedor afecta seriamente a reputação da marca[59].

---

[55] V. o n.º 45 das Conclusões, cit.

[56] Isto porque, como veremos já em seguida, nesses acórdãos o TJUE não assume expressamente tal posição.

[57] O carácter exemplificativo é abertamente defendido pelo TJ. V. o n.º 39 do acórdão, de 11 de Julho de 1996, proferido no caso «Bristol-Meyers-Squibb» (in: *Col.* 1996-7, pp. I-3530 e s.) e, entre outros, o n.º 42 do Acórdão, de 4 de Novembro de 1997, proferido no proc.C-337/95, entre Parfums Christian Dior SA e Parfums Christian Dior BV e Evora BV, relativo ao caso «Dior» (in: *Col.* 1997-11, pp.I-6048).

[58] Para alguns autores também decorre desta jurisprudência a tutela jurídica da função de garantia de qualidade da marca. É o caso, entre outros, de ILLANAH SIMON, *op. cit.*, p. 10. Todavia, cremos que tal entendimento não é exacto, já que, também nestes casos, está sobretudo em causa a função distintiva da marca. No mesmo sentido, cfr. COUTINHO DE ABREU, *op. cit.*, p. 379, nota 72.

[59] V. o n.º 48 do Acórdão proferido no caso «Dior», cit.

O litígio subjacente a este caso assentou na seguinte factualidade: a Parfums Christian Dior S.A. produz e comercializa perfumes (e outros produtos cosméticos) de luxo. Para as vendas nos Países Baixos a Dior

Refira-se ainda que, desde então, esta função tem sido aflorada, também implicitamente, noutros acórdãos. Foi, p.e., o que sucedeu, em 23 de Abril de 2008, no caso «Copad», em que se afirmou que "quando a comercialização pelo licenciado de produtos de prestígio, em violação de uma cláusula do contrato de licença deva, não obstante, ser considerada feita com o consentimento do titular da marca, este último só pode invocar essa cláusula para se opor a uma revenda dos produtos, baseando-se no artigo 7.º, n.º 2, da Directiva 89/104, (...), caso se demonstre, tendo em conta as circunstâncias particulares do caso concreto, que essa revenda lesa o prestígio da marca"[60].

2.2. A jurisprudência fixada no Acórdão «L'Oréal/Bellure»

No acórdão relativo ao caso «L'Oréal/Bellure»[61], depois de se reafirmar a jurisprudência anterior – referindo-se que "o Tribunal já teve ocasião de declarar

---

nomeou representantes exclusivos que distribuem os perfumes através de um sistema de distribuição selectiva. A Evora BV é uma importante cadeia de drogarias e, não obstante não serem distribuidores autorizados, vendiam produtos Dior (obtidos através de importações paralelas).
No âmbito de uma campanha promocional, a Kruidvat (filial da Evora, BV) incluiu em prospectos publicitários a reprodução das embalagens e dos frascos de alguns dos perfumes da Dior. Esta, considerando que tal publicidade não correspondia à imagem de luxo e de prestígio das suas marcas, instaurou uma acção judicial contra a Evora, requerendo, entre outras, a proibição de uso das suas marcas figurativas em catálogos, anúncios ou de qualquer outro modo.
[60] V. o n.º 59 do Acórdão, de 23 de Abril de 2009, proferido no proc. C-59/08, entre a Copad S.A. e a Christian Dior Couture, SA/VicentGladel, SIL.
Neste caso estava em causa a violação de uma cláusula do contrato de licença celebrado entre a Dior e a SIL para o fabrico e distribuição de produtos de «corsetterie» de prestígio sob a marca Christian Dior que preceituava que «a fim de manter a notoriedade e o prestígio da marca, o licenciado compromete-se a não vender a grossistas, colectividades, negociantes de saldos, sociedades de venda por correspondência ou ao domicílio, salvo se isso for previamente e por escrito autorizado pelo titular da marca, e tomará todas as medidas para que esta regra seja respeitada pelos seus distribuidores ou retalhistas».
A certa altura, e não obstante a recusa do consentimento pela Dior, a SIL vendeu à Copad (negociante de saldos) produtos com a marca Christian Dior. A Dior reagiu invocando que a SIL e a Copad tinha violado o seu direito de marca.
Para uma visão crítica (embora sucinta) deste caso, cfr. MARIA MIGUEL CARVALHO, A marca enganosa, cit., p. 403, nota 1051.
[61] As sociedades L'Oréal, S.A., Lancôme Parfums et Beauté & Cie. e Laboratoire Garnier & Cie. («L'Oréal e o.) fabricam e comercializam perfumes finos e, no Reino Unido, são titulares das marcas de prestígio «Trésor» (marcas nominativas e figurativas), «Miracle» (marcas nominativas e figurativas), «Anaïs-Anaïs» (marca nominativa) e «Noa» (marcas nominativas e figurativa), registadas para perfumes e outros produtos perfumados (classe 3.ª).
A Malaika InvestmentsLtd., agindo sob a denominação comercial «Honeypot cosmetics & Perfumery Sales» («Malaika») e a Starion International Ltd. («Starion») comercializam no Reino Unido «imitações» de perfumes finos da gama «Creation Lamis». A Starion comercializa também «imitações» [as aspas destinam-se a chamar a atenção para o facto de a expressão utilizada nas decisões judiciais relativas a este

que o direito exclusivo previsto no artigo 5.º, n.º 1, alínea a), da Directiva 89/104 foi concedido com o objectivo de permitir ao titular da marca proteger os seus interesses específicos como titular dessa marca, ou seja, assegurar que esta possa cumprir as suas funções próprias, e que, assim, o exercício deste direito deve ser reservado aos casos em que o uso do sinal por um terceiro prejudica ou é susceptível de prejudicar as funções da marca (...)" –, acrescenta-se que "entre essas funções incluem–se não só a função essencial da marca, que é garantir aos consumidores a proveniência do produto ou do serviço, *mas também as suas outras funções, como, nomeadamente, a que consiste em garantir a qualidade desse produto ou desse serviço, ou as de comunicação, de investimento ou de publicidade*" (itálicos nossos)[62].

Esta explicitação ocorre sem que seja avançado qualquer fundamento, nem qualquer concretização, parecendo limitar-se a seguir a tese sustentada pela «L'Oréal» e pelo governo francês[63].

2.3. Os desenvolvimentos jurisprudenciais posteriores ao Acórdão «L'Oréal/Bellure». Referência especial ao Acórdão «Interflora»

A linha traçada no Acórdão «l'Oréal/Bellure» manteve-se em acórdãos posteriores. Foi o caso do Acórdão proferido pela Grande Secção do TJUE, em 23 de

---

caso implicar uma conotação pejorativa, inculcando a ideia de que se trata de produtos fabricados/comercializados ilegalmente. Todavia, este facto nunca esteve em discussão, sendo dado por assente que os produtos comercializados são perfeitamente legais, sucedendo que a sua principal característica – o cheiro – é semelhante à dos produtos assinalados com a marca dos queixosos, o chamado *smellalike*] de perfumes finos das gamas «Dorall» e «Sticht».
As gamas «Creation Lamis» e «Dorall» são produzidas pela Bellure NV («Bellure»).
A primeira gama («Creation Lamis») inclui, nomeadamente, os perfumes «La Valeur» (*smellalike* «Trésor») e «Pink Wonder» (*smellalike* «Miracle»), cujos frascos e embalagens apresentam uma semelhança geral com as marcas referidas da L'Oréal. Todavia, ficou assente que tal semelhança não é susceptível de enganar os profissionais ou o público.
A gama «Dorall» inclui, nomeadamente, o perfume «Coffret d'Or» (*smellalike* «Trésor»), cujos frascos e embalagem apresentam uma semelhança ligeira com a marca registada da L'Oréal.
No âmbito da comercialização dos perfumes das gamas referidas, a Malaika e a Starion utilizam listas comparativas – transmitidas aos retalhistas – que indicam a marca nominativa do perfume fino correspondente à fragrância comercializada.
A L'Oréal e o. intentaram uma acção judicial contra a Bellure e o., com fundamento na violação dos seus direitos relativamente às marcas registadas.

[62] V. o n.º 58 do Acórdão do TJUE, de 18 de Junho de 2009, proferido no proc. C-487/07, no caso «L'Oréal/Bellure», in: *Col.* 2009 I-5185.
[63] V. o n.º 34 das Conclusões apresentadas, neste caso, pelo Advogado-Geral Paolo Mengozzi.

Março de 2010, no âmbito do caso «Google France»[64] e, de forma mais ostensiva, no Acórdão, de 22 de Setembro de 2011, no caso «Interflora»[65].

Neste último o TJUE procedeu a importantes desenvolvimentos, sustentando que "é certo que uma marca deve, em princípio, cumprir sempre a sua função de indicação de origem, ao passo que apenas assegura as suas outras funções na medida em que o seu titular a explore nesse sentido, nomeadamente para fins de publicidade e investimento. Todavia, esta diferença entre a função essencial da marca e as suas outras funções não podem de forma alguma justificar que, quando uma marca cumpre uma ou mais das suas outras funções, as violações destas sejam excluídas do campo de aplicação (...) [do art. 5.º, n.º 1, al. a) DM]". Além disso, afirma abertamente que "do mesmo modo, não se pode considerar que apenas as marcas que gozam de prestígio podem ter funções diferentes da indicação de origem"[66].

Ora, no caso – e estávamos perante uma situação no âmbito dos chamados casos «AdWords»[67] –, para além da consideração da função de indicação de origem, o TJUE deteve-se sobre as funções de publicidade e de investimento e sobre a relação entre ambas.

Neste contexto, refere que, apesar da sobreposição que se pode verificar entre ambas, aquelas são autónomas uma vez que "a utilização da marca para adquirir ou conservar uma reputação efectua-se não apenas através da publicidade, mas também através de diversas técnicas comerciais" (n.º 61), diferenciação que não nos parecer ajudar muito...[68]

---

[64] Nos Processos apensos C-236/08 a C-238/08. V. o n.º 77 do Acórdão cit., in: *Col*. 2010, pp. I-2417 e ss.

[65] V. Acórdão, de 22 de Setembro de 2011, proferido no proc. C-323/09, no caso que opôs a Interflora Inc./Interflora British Unit à Marks & Spencer plc e à Flowers Direct Online, Ltd.
Subjacente a este litígio estavam os seguintes factos: a Interflora Inc., titular de uma marca de prestígio no Reino Unido e de uma marca comunitária «INTERFLORA» para distinguir um serviço de entrega de flores, licenciada à Interflora British Unit, intentou uma acção com fundamento na utilização do sinal «Interflora», bem como variantes compostas por este termo com pequenos erros e expressões contendo a palavra «Interflora», como palavras-chave no âmbito do serviço de referenciamento «AdWords» do motor de busca da Google, que faziam com que fosse exibido um anúncio da Marks & Spencer sob a rubrica «hiperligações patrocinadas», quando um internauta introduzia a palavra «Interflora» ou uma das referidas variantes ou expressões como termo de pesquisa no referido motor de busca.

[66] V. o n.º 40 do Acórdão proferido no caso «Interflora», cit.

[67] Para maiores desenvolvimentos sobre esta temática, cfr., entre outros, ADELAIDE MENEZES LEITÃO, «Palavras-chave, publicidade, uso da marca e concorrência desleal», in: *Direito Industrial*, Vol.VIII, APDI/Almedina, 2012, pp.9 e ss.; N. VAN DER LAAN, «The use of trade marks in keyword advertising. Developments in ECJ and national jurisprudence», in: <http://papers.ssrn.com/sol3/papers.cfm?abstract_id=2041936> e LASSI JYRKKIÖ, «Recognizing an Internet Renaissance for the European Court of Justice: the Quest for Certainty in the preliminary rulings on keyword use of competitor's trademark», in: <http://papers.ssrn.com/sol3/papers.cfm?abstract_id=1969899>.

[68] No mesmo sentido, cfr. o n.º 271 da decisão final do caso [2013] EWHC 1291 (Ch), proferida no High Court of Justice, Chancery Division, por Mr. Justice Arnold (disponível para consulta no sítio: <http://www.bailii.org/ew/cases/EWHC/Ch/2013/1291.html>).

Além disso, visando a função de publicidade, acrescenta que, apesar de a marca constituir um elemento essencial do sistema de concorrência não falseada que o direito da União pretende criar, não tem como objectivo proteger o seu titular contra práticas inerentes ao jogo da concorrência. Por isso, a publicidade na Internet a partir de palavras-chave correspondentes a marcas é admissível (n.os 57 e ss.)[69].

Detendo-se especificamente sobre a função de investimento – que se assemelha à função condensadora de *goodwill* ou boa reputação identificada por alguma doutrina[70], já que, como referimos, remete para a "utilização de uma marca para adquirir ou conservar uma reputação susceptível de atrair e fidelizar consumidores" –, afirma que "quando o uso por um terceiro (...) de um sinal idêntico a essa marca para produtos ou serviços idênticos àqueles para os quais esta está registada perturba de maneira substancial a utilização, pelo referido titular, da sua marca para adquirir ou conservar uma reputação susceptível de atrair e de fidelizar consumidores, deve considerar-se que esse uso prejudica a função de investimento da marca", ficando o seu titular habilitado a proibir esse uso ao abrigo do artigo 5.º, n.º 1, alínea a), da DM[71].

Em contrapartida, refere o tribunal que não se pode admitir que o titular de uma marca se possa opor a que um concorrente faça uso, em condições de concorrência leal e respeitadora da função de indicação de origem da marca, de um sinal idêntico a essa marca para produtos ou serviços idênticos àqueles para os quais esta está registada, se esse uso tiver como única consequência obrigar o titular dessa marca a adaptar os seus esforços para adquirir ou conservar uma reputação susceptível de atrair e de fidelizar os consumidores. Da mesma forma, a circunstância de o referido uso conduzir certos consumidores a afastarem-se dos produtos ou serviços provenientes da referida marca não pode ser utilmente invocada pelo titular desta" (v. n.º 64).

3. Apreciação crítica da jurisprudência do TJUE[72]

Sendo a temática das funções jurídicas da marca, como referimos, uma questão estrutural deste domínio jurídico, impõe-se a consideração das razões de política-

---

[69] Mantém, assim, a jurisprudência seguida no caso «Google France», cit., esp. n.º 98.
[70] V., por todos, CARLOS FERNÁNDEZ-NÓVOA, «Marcas», cit., pp. 490 e s.
[71] V. o n.º 62 do Acórdão proferido no caso «Interflora», cit.
Sobre o possível significado desta referência, cfr. a decisão [2013] EWHC 1291 (Ch), cit, esp. o n.º 274, onde se defende que o que o TJUE está a afirmar é que se o uso da palavra-chave na publicidade por terceiro afecta adversamente a reputação da marca, como por exemplo quando a imagem que a marca veicula, então há uma afectação adversa da função de investimento".
[72] Apoiamo-nos, em boa medida, num outro estudo que realizámos, cfr. «A protecção jurídica da marca segundo o acórdão «L'Oréal»», cit., pp. 655 e ss.

-legislativa que lhe subjazem, não sendo compaginável com declarações vagas, imprecisas e não fundamentadas, susceptíveis de criar uma enorme incerteza jurídica quanto ao alcance da tutela do direito de marca.

A decisão de proteger legalmente a marca, através de um direito exclusivo, destina-se a satisfazer sobretudo o interesse do seu titular. Todavia, os custos inerentes a essa tutela impõem-lhe limites na medida em que possam afectar o interesse público geral, o interesse dos concorrentes e os interesses dos consumidores[73].

Com efeito, não devemos perder de vista que o reconhecimento de um direito exclusivo ao titular da marca significa admitir um monopólio sobre aquele sinal e que as marcas podem criar barreiras à entrada de outros empresários no mercado. Por isso, têm de existir limites à tutela jurídica daquele sinal que minimizem os possíveis danos causados à livre concorrência e que afectem os interesses referidos.

O monopólio concedido ao titular da marca (ou, se se preferir, o direito de exclusão da liberdade dos outros no que respeita à utilização de determinado sinal) só encontra justificação na medida em que seja necessário para permitir que a marca realize a(s) sua(s) função(ões).

Ora, a função essencial para toda e qualquer marca, na medida em que integra o próprio conceito de marca, é a função distintiva por referência à origem dos produtos ou serviços assinalados com a marca[74]. Além desta, no que respeita às marcas de prestígio, e com fundamentação[75], também relevará a função publicitária (ou atractiva) da marca.

---

[73] Adriano Vanzetti, «Equilibrio d'interessi e diritto al marchio», in: *RDComm.*, 1960, parte prima, pp. 258 e ss. Em sentido próximo, sublinhando a necessidade de o direito de marcas precisar de reconhecer e de agir na sua capacidade de construir o mercado, cfr. Graeme Dinwoodie, «The rational limits of trademark law (2000)», in: *U.S. Intellectual Property: law and policy (2002), plus 2005 postscript* (ed. H. Hausen), Edward Elgar Publishing, 2006, consultado no sítio:<http://works.bepress.com/cgi/viewcontent.cgi?article=1027&context=graeme_dinwoodie>.

[74] Daí termos, sobretudo, referido jurisprudência do TJUE relativa à interpretação do art. 5.º, n.º 1 DM e, em especial, à questão do risco de confusão. A opção de não incluirmos mais referências jurisprudenciais e respeitante a outros aspectos deveu-se às limitações de tempo inerentes à exposição para a qual foi preparado este texto. Sobre a interpretação do uso relevante no domínio das referidas normas, cfr. o que escrevemos em «A protecção jurídica da marca segundo o Acórdão «L'Oréal», cit. e, sobre a tutela ultramerceológica das marcas de prestígio em «O risco de confusão e o risco de associação na proposta de directiva de marcas (reformulada): o regresso à origem», in: AA. VV., Estudios de Derecho Mercantil – Libro homenaje al Prof. Dr. h.c. António Gómez Segade (eds. Ana Maria TobioRivas/Ángel Fernández-Albor Baltar/Anxo Tato Plaza), Madrid, Barcelona, Buenos Aires, São Paulo, Marcial Pons, 2013, pp. 769 e ss., esp. pp. 772 e ss.
Com uma análise jurisprudencial mais abrangente, cfr.Pier Luigi Roncaglia/Giulio Enrique Sironi, «Trademark functions and protected interests in the decisions of the European Court of Justice», in: *TMR*, vol. 101, pp. 147 e ss.

[75] Cfr. Maria Miguel Carvalho, *Merchandising...*, cit., p.656.

Não podemos, por isso, aceitar a referência, nos termos expostos, a «outras funções, como, nomeadamente, a que consiste em garantir a qualidade desse produto ou desse serviço, ou as de comunicação, de investimento ou de publicidade», sem qualquer justificação, sem uma delimitação exacta daquelas e ficando ainda aberta a porta a outras funções, quaisquer que elas sejam.

A não ser assim, e recorrendo à sugestiva imagem de Martin Senftleben, aceita-se que a marca seja transformada, pelo TJUE, num «buraco negro» que absorve toda a comunicação que a mesma veicula[76], jurisprudência que é paradoxal com a consideração da marca pelo mesmo tribunal nos casos que inicialmente lhe foram apresentados e que já referimos.

III – Reflexões finais: as implicações da possível aprovação da proposta de Directiva de Marcas e de Regulamento sobre a marca comunitária

No sentido que vimos defendendo apresenta-se a Proposta de reformulação da Directiva do Parlamento Europeu e do Conselho que aproxima as legislações dos Estados-Membros em matéria de marcas[77].

Como aí é referido, "o reconhecimento de funções adicionais da marca no artigo 5.º, n.º 1, alínea a) da directiva tem criado insegurança jurídica. Em especial, a relação entre os casos de dupla identidade e a protecção ampliada prevista no artigo 5.º, n.º 2, às marcas que gozam de prestígio tornou-se pouco clara". Assim, para aumentar a segurança jurídica e clarificar os direitos conferidos pelas marcas no que respeita ao âmbito e às limitações, refere-se expressamente que, para a aplicação das al. a) e b) do actual n.º 1 do art. 5.º da DM (que correspondem às mesmas alíneas do n.º 1 do art. 10.º na Proposta citada), é apenas a função de origem que conta, mantendo-se o considerando correspondente ao actual 11.º (que, na proposta, é o 16), acrescentando-se aquela menção no 19.º Considerando[78].

---

[76] MARTIN SENFTLEBEN, «Trade Mark Protection – A BlackHole in the Intellectual Property Galaxy?», in: 42 *IIC*, 2011, pp. 383 e ss., que considera, na mesma imagem, que o acórdão proferido no caso «L'Oréal/Bellure» seria a «supernova» que originou esse «buraco negro».

[77] Proposta de 27.3.2013, COM(2013) 162 final 2013/0089 (COD), disponível para consulta em <http://eur-lex.europa.eu/LexUriServ/LexUriServ.do?uri=COM:2013:0162:FIN:PT:PDF>.
V também o Considerando 15 e o art. 9.º da Proposta de Regulamento do Parlamento Europeu e do Conselho, que altera o Regulamento (CE) n.º 207/2009 do Conselho sobre a marca comunitária, de 27.3.2013, COM(2013) 161 final2013/0088 (COD), disponível para consulta em <http://eur-lex.europa.eu/LexUriServ/LexUriServ.do?uri=COM:2013:0162:FIN:PT:PDF>.

[78] O 19.º Considerando da Proposta citada estabelece que "para garantir a segurança jurídica, é necessário clarificar que não só nos casos de semelhança mas também nos casos em que um sinal idêntico é utilizado

As clarificações introduzidas desviam-se (e bem) da jurisprudência comunitária «mais recente», parecendo promover um «regresso às origens», isto é, aproximando-se de posições anteriores, sobretudo no que respeita à função distintiva da marca, por referência à origem, que volta a ocupar o papel principal nos casos de risco de confusão e de associação[79].

Se e quando esta alteração se concretizar, parece deixar de existir margem de manobra para que o TJUE continue a aplicar a «sua» teoria das funções jurídicas da marca nos termos expostos.

Para terminar, importa também dar conta de um reforço da função publicitária da marca por via da imperatividade da tutela ampliada que está prevista na proposta da DM para as marcas de prestígio nacionais[80].

---

para produtos ou serviços idênticos, deve ser conferida proteção à marca só se e na medida em que a função principal da marca, que consiste em garantir a origem comercial dos produtos ou serviços, seja afetada".
O art. 10.º, n.º 2 prevê que "sem prejuízo dos direitos adquiridos pelos titulares antes da data de depósito ou da data de prioridade da marca registada, o titular de uma marca registada fica habilitado a proibir que terceiros, sem o seu consentimento, façam uso na vida comercial de qualquer sinal relativo aos produtos e serviços se: a) o sinal for idêntico à marca e for utilizado para produtos ou serviços idênticos àqueles para os quais a marca foi registada e se esta utilização afetar ou for suscetível de afetar a função da marca de garantir aos consumidores a origem dos produtos ou serviços; b) o sinal for idêntico ou semelhante à marca e for utilizado para produtos ou serviços idênticos ou semelhantes aos produtos ou serviços para os quais a marca foi registada e se existir um risco de confusão no espírito do público; o risco de confusão compreende o risco de associação entre o sinal e a marca; (...)".

[79] MARIA MIGUEL CARVALHO, «O risco de confusão e o risco de associação na proposta de directiva de marcas (reformulada): o regresso à origem», cit., p. 776.

[80] MARIA MIGUEL CARVALHO, «O risco de confusão e o risco de associação...», cit., p.777.

IV
NOTÍCIAS

O TRIBUNAL UNIFICADO DE PATENTES

PEDRO SOUSA E SILVA*

Abstract: This article briefly describes the Unitary patent package, focussing on the novel Unified Patent Court. The new kind of patent shall be granted by the European Patent Office and may be an attractive option besides already-existent national patents and classical European patents.

Key-words: patents; unitary patent; patent with unitary effect; Unified Patent Court; Intellectual Property; EU Law.

Palavras-chave: patentes; patente unitária, patente de efeito unitário; Tribunal Unificado de Patentes; Propriedade Intelectual; Direito da União Europeia.

Sumário: 1. Introdução; 2. O Modelo; 2.1. As várias patentes; 2.2. A disciplina da patente europeia com efeito unitário; 3. O Tribunal Unificado de Patentes; 3.1. Estrutura e localização; 3.2. Competência; 3.3. Composição; 3.4. Regras gerais do processo; 3.5. Instalação do tribunal; 3.6. O período de transição; 4. Algumas dificuldades de coexistência; 5. Apreciação Geral.

1. Introdução

O TUP (ou TPU? [1]) surge no culminar de um processo extremamente longo e atribulado, que ainda não terminou, e cujas origens podem situar-se em 1975, na Convenção de Luxemburgo, que visava criar uma patente europeia para o mercado comum, à semelhança do que foi feito no domínio das marcas e dos

---

* Advogado especialista em Direito da Propriedade Intelectual; professor-coordenador do ISCA da Universidade de Aveiro. O texto corresponde, com alterações e actualizações, à intervenção do autor na Jornada de Propriedade Industrial realizada na Faculdade de Farmácia da Universidade de Lisboa em 8.02.2013, promovida pela APDI, pela FFUL e pela APIFARMA. Na actualização do texto e na análise desta matéria, o autor contou com significativos contributos de NUNO SOUSA E SILVA, que aqui se registam e (publicamente) se agradecem.

[1] A designação portuguesa deste tribunal varia consoante os textos (ou traduções) a considerar. Por exemplo, no Regulamento (UE) N.º 1257/2012 do Parlamento e do Conselho de 17 de Dezembro de 2013 que regulamenta a cooperação reforçada no domínio da criação da proteção unitária de patentes (JO L 361, de 31.12.2012), é referido o "Tribunal Unificado de Patentes". Mas, na resolução do Parlamento Europeu, de 11 de Dezembro de 2012, sobre "um sistema jurisdicional de resolução de litígios em matéria de patentes" (2011/2176(INI)), essa instituição era designada por "Tribunal de Patentes Unificado". A designação que entretanto se estabilizou foi a de Tribunal Unificado de Patentes.

desenhos ou modelos[2]. Esta convenção pressupunha e articulava-se com a Convenção de Munique, de 1973, que instituiu a patente europeia, que hoje conhecemos[3]. Mas, ao contrário da Convenção de Munique, que está em vigor, a Convenção do Luxemburgo nunca chegou a vigorar[4], tendo sido substituída por outra convenção, em 1989 (com idêntico fracasso) e por um projecto de regulamento comunitário em 2000, alterado em 2004 e substituído por novo projecto em 2009, que também não vingou[5].

O objectivo dessas iniciativas era e continua a ser obviar à fragmentação do mercado interno causado pelo princípio da territorialidade. Estes projectos de regulação do direito de patentes "pós-concessão", apesar de nunca se terem traduzido em direito vigente, foram tendo algum efeito harmonizador. No entanto, subsistem diferenças consideráveis, nomeadamente em matéria de procedimento, regras de titularidade, meios de defesa e direitos de uso prévio.

Em Março de 2011, o Conselho da União Europeia autorizou uma "cooperação reforçada no domínio da criação da protecção de patente unitária", em que participariam 25 Estados-membros da União, incluindo Portugal, mas excluindo a Espanha e a Itália[6]. A recusa destes dois países prendeu-se sobretudo com o regime linguístico previsto para o novo sistema de protecção, que apenas terá como línguas oficiais o alemão, o inglês e o francês (à semelhança do que já sucede com o sistema da patente europeia, no Instituto Europeu de Patentes, "IEP")[7].

---

[2] Para uma descrição do estado actual do direito europeu da propriedade intelectual cfr. ANNETTE KUR e THOMAS DREIER, *European Intellectual Property Law* (Edward Elgar 2013).

[3] Com a redacção que lhe foi dada pelas alterações de 17 de Dezembro de 1991 e 29 de Novembro de 2000 (adiante "CPE").

[4] A razão para a existência de duas convenções prendia-se com o facto de existirem Membros da Convenção de Munique que não eram parte da União Europeia.

[5] Para mais detalhes sobre o desenvolvimento e falhanço destes projectos cfr. MAURICIO TRONCOSO, *European Union Patents: A mission Impossible? An Assessment of the Historical and Current Approaches*, in "Marquette Intellectual Property Law Review", vol 17:2, pp. 231 e ss.

[6] Importa sublinhar que a Itália anunciou em Dezembro de 2011 a sua intenção de aderir também ao sistema da Patente de Efeito Unitário ("PEU") – cf. Comissão Europeia, MEMO/12/970, de 11/12/2012, disponível in http://europa.eu/rapid/press-release_MEMO-12-970_en –, tendo vindo a assinar o Acordo internacional relativo ao TUP em 19.02.2013 (cf. http://ec.europa.eu/internal_market/indprop/patent/ratification/index_en.htm), o que deixaria a Espanha isolada na sua oposição ao novo regime. No entanto, a 20 de Março de 2013 o ministro da economia polaco anunciou que a Polónia não assinaria o Acordo relativo ao TUP. Fê-lo com base num estudo encomendado à empresa Deloitte que concluiu que a economia polaca sofreria, com o novo sistema, uma perda de 80 biliões de zloty (cerca de 19 biliões de euros) (cfr. Marek Łazewski, Whatever happened to Polish support for Unified Patent Package disponível em https://www.aippi.org/enews/2013/edition30/Marek_Lazewski.html). Sobre esse estudo, e outros, de avaliação económica do sistema proposto, *vide* DIMITRI XENOS, *The European Unified Patent Court: Assessment and Implications of the Federalisation of the Patent System in Europe*, (2013) 10:2 SCRIPTed 246 http://script-ed.org/?p=1071.

[7] O regime linguístico da PEU está definido no Regulamento (UE) N.º 1260/2012 do Conselho, de 17 de Dezembro de 2012, que remete para o procedimento actualmente em vigor no Instituto Europeu

A oposição destes países ao novo modelo redundou em duas acções de anulação da decisão que autorizou a cooperação reforçada (nos termos do artigo 263.º TFUE), decididas conjuntamente e negativamente pelo Tribunal de Justiça da União Europeia[8].

Encontram-se ainda pendentes outras duas acções de anulação dos regulamentos em que assenta o sistema proposto, ambas intentadas por Espanha, já sem o apoio italiano[9].

2. O Modelo

2.1. As várias patentes

A futura PEU será concedida pelo IEP, de Munique, instituição que já é responsável pela concessão da actual patente europeia[10]. Mas esta nova patente, ao contrário do que sucede com a patente europeia, irá ter um **efeito unitário**, isto é, irá vigorar no território dos Estados-membros da União que aderiram a esta cooperação reforçada (e daqueles que entretanto venham a aderir[11]).

---

de Patentes. Como é sabido, as línguas oficiais do IEP são o alemão, o inglês e o francês, conforme dispõe o art. 14.º da Convenção da Patente Europeia 2000. Esta limitação será atenuada por diversas medidas: a possibilidade de os *pedidos* de patente europeia serem apresentados em qualquer língua (arts. 5.º do regulamento e 14.º/2 da CPE), embora tenham posteriormente de ser traduzidos numa língua oficial; a instituição de um regime de *reembolsos de custos de tradução*, para PME, pessoas singulares, organizações sem fins lucrativos, universidades e entidades públicas de investigação (art. 5.º do regulamento); e um mecanismo de *tradução automática* de elevada qualidade (considerandos 11 e 13 do preâmbulo do regulamento). O IEP já tem em funcionamento um motor de tradução automática para 13 línguas (incluindo o português), prevendo-se que no final de 2014 essa ferramenta já abranja 32 idiomas, incluindo todas as línguas da União Europeia. A fim de aguardar pelo aperfeiçoamento da tradução automática, o art. 6.º do regulamento estabelece um regime de tradução transitório, para vigorar durante os primeiros 6 anos, até um máximo de 12 anos.

[8] Processos apensos C-274/11 e C-295/11, *Espanha e Itália v. Conselho* (ainda não publicados na colectânea)

[9] Casos C-146/13 *Espanha v. Conselho* e C-147/13 *Espanha v. Conselho*.

[10] Opção que tem sido criticada por representar uma concessão de *soberania em matéria de invocação* ao IEP, por parte da União Europeia. Nesse sentido, MATTHIAS LAMPING, *Enhanced Cooperation: A Propper Approach to Market Integration in the Field of Unitary Patent Protection?* in IIC [2011] p. 924, afirma: *In the course of two decades, the Commission has been unable to present a practicable and judicial system that would be attractive to industry and conductive to technological progress, and now sees its powers irreversible shifting to the EPO, on whose governance and policy it has no direct influence.*

[11] Os artigos 328.º e 331.º do Tratado Sobre o Funcionamento da União Europeia determinam expressamente que as cooperações reforçadas estão abertas a todos os Estados membros, mesmo aquelas cooperações que já estejam em curso.

É sabido que, no regime da patente europeia, não existe uma patente única, com efeito supra-nacional, mas sim um *feixe* de patentes nacionais, que apenas vigoram nos países indicados pelo requerente (de entre os 38 países signatários da CPE e ainda dos chamados "estados de extensão", Bósnia-Herzegovina e Montenegro). O que existe até agora é apenas um sistema unificado de *concessão* de patentes nacionais. Isto é, estão unificados os *requisitos* de patenteabilidade e o *procedimento* que decorre entre o pedido e a concessão da patente, incluindo o respectivo *exame*. Mas, após a concessão, os *efeitos* da patente europeia são nacionais (com algumas excepções[12]); o requerente apenas fica sendo titular de um conjunto de patentes nacionais, tendo o encargo de as *validar* (e, consoante os países, traduzir) junto das autoridades de cada um dos Estados contratantes em que pretende a protecção, suportando as *taxas* correspondentes.

A futura PEU será automaticamente válida no território dos Estados-membros da EU aderentes, na língua oficial do IEP em que tenha sido concedida. O pedido será redigido numa das três línguas oficiais do Instituto Europeu de Patentes e, findo o período transitório de 12 anos, não será necessária qualquer tradução, salvo no caso de litígio judicial[13].

Importa aqui sublinhar um aspecto essencial, que aliás explica a designação usada. Não estamos perante uma patente "unitária", mas apenas perante uma patente europeia "de efeito unitário". Isto significa que a PEU é, na origem, uma patente europeia concedida pelo IEP (de acordo com as regras da CPE), a qual pode vir a gerar um conjunto de patentes nacionais, em todos ou em alguns dos 38 Estados contratantes. O que há de novo é que, caso o titular o deseje, poderá – no prazo de um mês a contar da concessão da patente europeia – requerer ao IEP a atribuição de efeito unitário, mediante o seu registo como tal, *transformando* essa patente europeia numa patente única para os Estados-membros da União que aderiram ao sistema (em lugar das patentes nacionais que haveria no sistema tradicional, que aliás continua a existir). Se não o fizer poderá continuar a obter um "feixe" de patentes nacionais[14].

A PEU poderá coexistir com as patentes nacionais dos Estados contratantes que não pertencem à UE ou que, pertencendo-lhe, não tenham aderido à

---

[12] Alguns dos efeitos da patente europeia são comuns e estão definidos na CPE, nomeadamente a duração (art. 63.º/1), a protecção provisória (art. 64.º), o âmbito de protecção (art. 69.º) e a oposição durante os 9 meses posteriores à concessão (art. 99.º).

[13] Cfr. *supra* nota 8.

[14] No entanto, para efeitos de contencioso judicial, mesmo esse "feixe" de patentes nacionais – obtidas através do procedimento centralizado do IEP, quando relativas a países parte do sistema –, ficará sujeito à jurisdição do Tribunal Unificado de Patentes, conforme resulta da conjugação do artigo 2(e) e do artigo 1.º do Acordo Relativo ao Tribunal Unificado de Patentes.

cooperação reforçada. Por exemplo, será possível obter junto do IEP uma patente europeia destinada a conferir protecção no território dos 25 Estados contratantes (com uma única patente), bem como no território da Suíça, da Noruega e da Rússia (com patentes nacionais) e no território da Espanha e da Croácia[15] (com patentes nacionais, mas sem efeito unitário).

Será igualmente possível pedir, por via de um pedido de patente europeu "clássico", uma patente nacional para vigorar num Estado contratante.

Note-se que a PEU não vem substituir as patentes nacionais, concedidas pelos Estados-Membros. Passa é a haver diversos *patamares* de protecção:

– Patentes nacionais;
– Patentes europeias sem efeito unitário;
– Patentes europeias com efeito unitário.

A nomenclatura não é a mais clara. Todas as patentes emitidas pelo IEP são consideradas patentes europeias; mas apenas algumas terão o efeito unitário.

Após a concessão o titular escolhe, dentro de um mês, se quer uma patente europeia sem efeito unitário, ou seja, um *feixe* de patentes nacionais, ou se quer uma única patente válida nos Estados que tomem parte no sistema unitário, instituído pela cooperação reforçada.

Em qualquer caso, as patentes europeias (com ou sem efeito unitário) serão litigadas no Tribunal Unitário de Patentes, com efeitos circunscritos aos Estados que são parte do Acordo relativo ao Tribunal. Assim, quanto a Itália (que é parte do Acordo mas ficou de fora da cooperação reforçada), os titulares não gozarão de efeito unitário mas de patentes nacionais. Estas serão pedidas directamente nos institutos nacionais, caso em que serão litigadas nacionalmente ou pedidas ao IEP, caso em que serão patentes europeias sem efeito unitário, litigáveis no TUP. As decisões do Tribunal terão efeito nos territórios onde a patente europeia "clássica" produz efeitos[16].

Já no caso Espanhol ou Croata a patente europeia sem efeito unitário, pedida no IEP, terá que ser litigada nos tribunais nacionais.

Esta diversidade de regimes, como facilmente se conclui, acentuará a fragmentação deste sistema[17].

---

[15] Em virtude da sua adesão posterior à União Europeia, a Croácia não integra ainda o sistema.
[16] Art. 34.º do Acordo.
[17] Como denuncia, criticamente, MAURICIO TRONCOSO, ob. cit., pp. 260 e 261.

2.2. A disciplina da patente europeia com efeito unitário

A instituição da PEU é feita, essencialmente, através de três instrumentos jurídicos:

- Um regulamento criando a Patente europeia de efeito unitário[18];
- Um regulamento estabelecendo o regime linguístico aplicável à PEU[19];
- Um acordo internacional instituindo um Tribunal Unificado de Patentes e aprovando o respectivo Estatuto, a que acrescem as detalhadas regras de procedimento[20].

Note-se que neste acordo internacional são partes apenas os Estados-membros da UE envolvidos na cooperação reforçada. Isto significa que a criação do TUP não resulta de um instrumento legislativo da União Europeia, mas sim de uma convenção internacional celebrada pelos referidos estados[21]. Apesar disso, será um tribunal comum aos Estados membros contratantes e, nessa medida, sujeito ao direito da União da mesma forma que qualquer tribunal nacional, nomeadamente para efeitos de reenvio prejudicial para o Tribunal de Justiça (art. 267.º TFUE), nas questões em que se suscite a validade ou interpretação dos citados instrumentos comunitários (mas não já, em princípio, quanto às normas do acordo internacional)[22]. Isto significa que só no caso das patentes com efeito unitário poderá ocorrer reenvio mas já não nas patentes europeia "clássicas", uma vez que as normas que regulam estas últimas não são direito da União[23].

Para assegurar a compatibilidade do acordo em face do direito da União Europeia e tendo em conta uma anterior opinião negativa emitida pelo TJUE em 2009[24], os artigos 20.º a 24.º do Acordo disciplinam alguns aspectos da relação com o direito europeu, assente na primazia e responsabilização por danos resultantes da violação deste ordenamento jurídico.

---

[18] O Regulamento N.º 1257/2012, cit.

[19] O Regulamento N.º 1260/2012, cit.

[20] Previstas no artigo 41.º do Acordo. A 31 de Janeiro de 2014 foi publicada a 16.ª versão da proposta de regras de procedimento relativas ao TUP(doravante RPTUP). Disponível em http://www.unified-patent-court.org/images/documents/revised-draft-rules-of-procedure.pdf. Trata-se de um "mini código de processo", actualmente com 382 regras, com uma sistemática criticável, nomeadamente devido à circunstância de a parte geral começar apenas na regra 270...

[21] O texto em análise corresponde ao *Agreement on a Unified Patent Court and Statute – Consolidated Text*, publicado no Jornal Oficial da União Europeia de 20-06-2013 (disponível em http://eur-lex.europa.eu/LexUriServ/LexUriServ.do?uri=OJ:C:2013:175:0001:0040:EN:PDF), adiante designado por "Acordo".

[22] Arts. 21.º do Acordo e 38.º do Estatuto.

[23] No caso G 0002/06 (Use of embryos/WARF) de 25.11.2008, a Grande Câmara de Recurso do IEP rejeitou a possibilidade de o instituto fazer reenvio, apesar das normas em questão serem reprodução da directiva de biotecnologia.

[24] Opinião 1/2009, sobre a criação de sistema unificado de litigância de patentes, emitida ao abrigo do artigo 218(11) TFUE.

3. O Tribunal Unificado de Patentes

3.1. Estrutura e localização

A estrutura do TUP incluirá um Tribunal de Primeira Instância, um Tribunal de Recurso e um Registo. O Tribunal de Recurso ficará localizado no Luxemburgo[25], ao passo que a primeira instância será descentralizada: haverá uma divisão central com sede em Paris e secções especializadas em Londres e em Munique[26]. Está prevista a criação de outras secções locais ou regionais, no território dos Estados-membros em que tal se justifique (nomeadamente quando nesse estado sejam anualmente instaurados mais de 100 processos relativos a patentes, durante 3 anos consecutivos). Prevê-se ainda a criação de um Centro de Mediação e Arbitragem, com sede em Lisboa e em Liubliana[27]. O Registo será instalado na sede do Tribunal de Recurso, ou seja, no Luxemburgo.

3.2. Competência

O TUP terá competência exclusiva para julgar os litígios (de natureza civil) relativos à violação (incluindo providências cautelares[28]) e validade de Patentes Europeias e de Patentes europeias de efeito unitário, para além dos certificados complementares de protecção para medicamentos e produtos fitofarmacêuticos emitidos para produtos beneficiando de PEU[29]. Prevêem-se ainda: acções de simples apreciação negativa (declaração de não violação)[30]; acções relativas a direitos de uso prévio[31]; acções relativas a litígios de contratos de licença no caso específico, previsto no artigo 8.º do regulamento, de um titular de uma patente fazer uma "oferta pública" de licenciamento[32].

De fora ficam os processos de natureza criminal ou contra-ordenacional, que serão julgados pelos tribunais do Estado em que ocorra a infracção, ao abrigo da

---

[25] Art. 9.º/5 do Acordo.
[26] Art. 7.º/2 do Acordo. A repartição de competências entre as várias divisões é feita pelo art. 33.º desse acordo e pelo seu Anexo II.
[27] Art. 35.º/1 do Acordo.
[28] Arts. 32.º/1/c), 56.º e 62.º do Acordo. Uma medida cautelar muito interessante, inspirada no direito processual alemão, constitui na "carta protectora" (*Schutzschrift*, "protective letter"). De acordo com a regra 207 RPTUP, se alguém considera provável vir a ser alvo de uma providência cautelar no futuro próximo pode antecipar a sua defesa apresentando a tal "carta protectora".
[29] Art. 32.º do Acordo.
[30] Art. 32.º/1/b) do Acordo.
[31] Art. 32.º/1/g) do Acordo.
[32] Art. 32.º/1/h) do Acordo.

legislação nacional aplicável, conforme resulta do n.º 2 do artigo 32.º do Acordo. Estão também excluídas as licenças obrigatórias, reguladas pelo direito nacional.

Durante o período transitório, de que adiante falaremos, as acções por violação de patentes europeias *sem* efeito unitário podem ser instauradas nos tribunais nacionais se, antes da propositura da acção, os respectivos titulares tiverem formalizado essa opção no Registo[33].

A definição do tribunal competente será dependente simultaneamente da causa de pedir e de critérios territoriais. Se se tratar de uma acção de declaração negativa ou de invalidade, então a acção será proposta na divisão central[34], repartindo-se a competência pelas secções de Paris, Londres ou Munique em função do tipo de patente em causa[35]. Caso se trate de uma outra acção, então será competente a divisão regional ou local onde ocorra ou venha a ocorrer a potencial violação do direito de patente[36].

3.3. Composição

A composição desses tribunais é regulada detalhadamente no Acordo Internacional e no Estatuto, estando previstos tribunais colectivos com 3 juízes, de origem multinacional[37]. Além de juízes com formação jurídica, os colectivos incluirão juízes com formação técnica, nos domínios do conhecimento a que respeitar o litígio[38]. Estes serão escolhidos de uma lista de juízes, estabelecida nos termos do Estatuto[39].

Um aspecto cuidadosamente acautelado é a formação e especialização dos juízes a designar para o TUP: prevê-se que apenas sejam nomeados juízes com experiência comprovada em matéria de patentes. No caso dos juízes juristas, exige-se ainda que tenham as qualificações necessárias para exercer funções judiciais num Estado-Membro. O Acordo e o Estatuto estabelecem regras detalhadas para efeitos de formação profissional dos juízes e candidatos a juízes, indo ao ponto de prever um plano individual de formação para cada juiz e de criar uma estrutura de formação permanente, baseada em Budapeste[40]. Neste tribunal, os juízes ficarão especializados antes de começarem a decidir...

---

[33] Art. 83.º do Acordo. Sobre o período transitório, vd. *infra* **3.6.**
[34] Art. 33.º/4 do Acordo.
[35] Art. 7.º/2 e Anexo II do Acordo.
[36] Art. 33.º/1/a) do Acordo.
[37] Art. 8.º/1 do Acordo.
[38] Art. 15.º do Acordo. Quando esteja em discussão a validade da patente, terão necessariamente que intervir juízes técnicos.
[39] Arts. 18.º do Acordo e 20.º do Estatuto.
[40] Art. 19.º/1 do Acordo.

Relativamente às partes, o artigo 46.º do Acordo remete para a lei nacional, dispondo que, aquele que tenha capacidade judiciária segundo esta, também a terá perante o TUP. Em termos de legitimidade, o artigo 47.º faz uma idêntica equiparação, no seu n.º 6. Esta norma dispõe que, além do titular da patente, o titular de licença exclusiva, salvo menção em contrário, poderá dar inicio a acções no TPU. Contudo, a validade da patente não poderá ser contestada em acções nas quais o titular da patente não seja parte[41].

Nos termos do artigo 48.º do Acordo, os advogados que possam comparecer perante um tribunal de um Estado Parte da Convenção poderão litigar no TUP. A estes juntam-se os mandatários europeus de patentes que tenham qualificações apropriadas e que constarão de uma lista[42]. Os advogados poderão fazer-se acompanhar de agentes de patentes que poderão intervir em juízo[43].

3.4. Regras gerais do processo

As normas processuais constantes do Acordo serão desenvolvidas no Regulamento Processual a aprovar pelo Comité Administrativo do TUP. As decisões das várias divisões do TUP gozam de força executiva em qualquer dos Estados-Membros contratantes, ficando a execução sujeita às regras processuais do Estado em que decorra a execução[44].

Um aspecto que é objecto de grande discussão é a questão da bifurcação. Como é sabido, na Alemanha e na Áustria as acções por violação do direito de patente e as de apreciação da validade da patente são cometidas a tribunais diferentes. De tal modo que, nestes países, a acção por violação nunca pode ser contestada com base em invalidade. Os procedimentos correm separadamente em dois tribunais distintos e não se suspendem, só se afectando mutuamente perante o caso julgado. Este sistema é designado por "bifurcação"[45]. Em contrapartida, sistemas como o Português ou Francês funcionam de forma unitária, sendo possível, na mesma acção, suscitar por via de reconvenção a invalidade da patente invocada.

O equilíbrio encontrado no artigo 33.º, n.º 3 do Acordo consiste num regime que permite aos juízes, ouvidas as partes, optar por (a) continuar com a acção, decidindo da validade e da violação, devendo, para esse efeito chamar um juiz

---

[41] Art. 47.º/5 do Acordo.
[42] Art. 48.º/2 e 3 do Acordo.
[43] Art. 48.º/4 do Acordo.
[44] Art. 82.º do Acordo.
[45] Discutindo em detalhe esta solução, as regras e os critérios para a sua aplicação cfr. RETO HILTY et. al., *Comments on the Preliminary Set of Provisions for the Rules of Procedure of the Unified Patent Court* (disponível em http://papers.ssrn.com/sol3/papers.cfm?abstract_id=2337467).

tecnicamente qualificado; ou (b) remeter a questão de invalidade para a divisão central, ponderando se devem ou não suspender o processo. Apesar de o texto não ser absolutamente claro, parece que, havendo acordo entre as partes nesse sentido, os juízes deverão remeter a questão da validade à divisão central[46]. Assim, é possível que uma patente seja declarada inválida em dois tipos de procedimentos: o de invalidade e o de violação, caso ocorra reconvenção com pedido da declaração de invalidade[47].

O regime linguístico revela-se (previsivelmente...) complexo. Segundo o artigo 49.º do Acordo, a língua a utilizar nos procedimento pendentes nas divisões regionais e locais será a língua do país onde esta se encontre instalada, e a língua a utilizar na divisão central será a língua da patente (logo, predominará o inglês). No caso do Tribunal de Recurso valerá a língua do processo em primeira instância ou, a pedido das partes, a língua da patente[48]. Também no caso das divisões regionais e locais, o artigo 49.º/4 do Acordo dispõe que, *com o acordo das partes, o painel competente poderá, com base na conveniência e justiça, decidir utilizar a língua em que a patente foi conferida*. O artigo 51.º admite ainda uma margem de flexibilidade no sentido de dispensar traduções, quando tal não se revele necessário.

O procedimento será público[49] e constará de uma fase escrita, de uma fase intermédia (o equivalente ao nosso saneamento, em que se procurará a mediação[50]) e de uma fase oral[51]. A fase escrita inclui a apresentação de um "statement of claim" (equivalente a uma petição inicial) e da resposta (denominada "defense"), podendo ainda haver lugar a uma réplica ("answer") por parte do Autor e uma tréplica ("rejoinder")[52].

A fase oral pode ser dispensada, por acordo das partes[53]. Há uma grande latitude de meios de prova[54] (incluindo prova pericial[55]), sendo o ónus da prova repartido nos termos clássicos, com inversão no caso das patentes de processo[56]. Apesar de haver grande liberdade de apreciação da prova, vale aqui o princípio do dispositivo: os poderes do Tribunal estão limitados pelo pedido e pelos factos

---

[46] Art. 33.º/3/c) do Acordo.
[47] Art. 65.º do Acordo.
[48] Art. 50.º do Acordo.
[49] Art. 45.º do Acordo. O Art. 58.º prevê a adopção de medidas de protecção de confidencialidade e de segredos de negócio.
[50] Art. 52.º/2 do Acordo. Em detalhe vejam-se as regras 101 e ss. RPTUP.
[51] Art. 52.º/1 do Acordo. Sobre a fase oral cf. as regras 111 e ss. RPTUP.
[52] Regra 12 RPTUP.
[53] Art. 52.º/3 do Acordo.
[54] Art. 53.º do Acordo. Em detalhe cfr. regras 170 e ss. RPTUP.
[55] Art. 57.º do Acordo.
[56] Arts. 54.º e 55.º do Acordo.

apresentados pelas partes[57]. Está prevista a utilização de meios electrónicos de procedimentos e a utilização de vídeo-conferência[58]. O Tribunal pode emitir ordens de produção e preservação de prova, incluindo buscas[59].

As decisões do tribunal admitem recurso, que em princípio não tem efeito suspensivo[60], pela parte vencida no todo ou em parte[61]. Em casos excepcionais poderá haver votos de vencido[62]. Prevê-se a transacção sobre o objecto do litígio, a ser homologada pelo tribunal[63]. As medidas de *enforcement* são bastante semelhantes às previstas na Directiva 2004/48 (CE)[64]. Fixa-se um prazo de 5 anos para exigir compensação por danos[65].

As custas processuais estão previstas no Art. 70.º e deverão ser pagas *ab initio*[66]. Prevê-se que, em certa medida, os custos com advogados sejam recuperados pela parte vencedora[67]. Está previsto algo de equivalente ao apoio judiciário, para pessoas singulares que não tenham condições financeiras para suportar os encargos do processo[68].

3.5. Instalação do tribunal

A entrada em funcionamento deste tribunal esteve inicialmente prevista para Janeiro de 2014, ou a partir da data de entrada em vigor do Acordo sobre o TUP, se posterior. Este acordo entrará em vigor quando tiver sido ratificado por, pelo menos, 13 Estados-Membros participantes, desde que neles se incluam os 3 Estados com maior número de patentes europeias em vigor (Alemanha, França e Reino Unido)[69]. A assinatura da versão final do Acordo ocorreu em 19 de Fevereiro de 2013, em Bruxelas, à margem do Conselho de Ministros para a competitividade, estando em curso as ratificações por parte dos Estados-Membros participantes.

---

[57] Art. 76.º/3 do Acordo.
[58] Artigo 44.º do Acordo.
[59] Arts. 59.º e 60.º do Acordo.
[60] Art. 74.º do Acordo.
[61] Art. 73.º do Acordo. Sobre os recursos vejam-se regras 220 e ss. RPTUP.
[62] Art. 87.º/2 Acordo e 36.º do Estatuto.
[63] Art. 79.º do Acordo.
[64] Art. 62.º do Acordo.
[65] Art. 72.º do Acordo.
[66] Regras 370 e ss. RPTUP.
[67] Art. 69.º do Acordo.
[68] Art. 71.º do Acordo e regras 375 e ss. RTUP.
[69] Art. 89.º/1 do Acordo. Em 2012, dos pedidos de patente europeia apresentados pelos Estados-membros da UE, 34.590 provinham da RFA, 11.973 da França e 6.763 do Reino Unido, sendo seguidos pela Holanda, Itália e Suécia. Fonte: http://www.epo.org/news-issues/press/releases/archive/2013/20130117/countries.html.

3.6. O período de transição

Como ficou dito, os titulares de patentes europeias terão agora a hipótese de optar ou não pelo efeito unitário mas, em qualquer caso, o TUP será competente em relação a patentes europeias (com ou sem efeito unitário).

Durante um período transitório de 7 anos, as acções por violação de patentes europeias "clássicas" (i.e. sem efeito unitário), podem ser instauradas nos tribunais nacionais se, antes da propositura da acção, os respectivos titulares tiverem formalizado essa opção no Registo[70]. Esta opção de "opt out" do sistema não é possível para patentes com efeito unitário e para as patente que já hajam sido objecto de litígio no TUP. Esse período pode ser prolongado por mais 7 anos pelo Comité Administrativo do TUP (órgão composto por um representante de cada um dos Estados-membros)[71].

Antes do fim deste período de transição é possível, àqueles titulares que tenham usado a opção de sair de sistema, fazer o chamado "opt back in", voltando a integrar o sistema do Tribunal desde que a patente em causa ainda não haja sido objecto de litígio nos tribunais nacionais[72].

As opções a fazer, a este nível, dependem de diversas considerações estratégicas, dependentes, nomeadamente, dos Estados que se designarem num pedido tradicional de patente europeia, dos riscos de ocorrer um "ataque central", da probabilidade de virem a ocorrer diversos litígios e dos custos associados a estes.

4. Algumas dificuldades de coexistência

Actualmente, há um Estado Membro que é parte da cooperação reforçada, mas que não assinou o Acordo relativo ao Tribunal Unificado: a Polónia. Tendo em conta que os regulamentos pressupõem a ratificação do acordo para operarem, em termos práticos isto implica que a Polónia se encontre fora do sistema. No entanto, não disporá da possibilidade de assinar o Acordo sem se tornar parte total do sistema[73].

No caso da Itália, a situação é inversa, pois esta assinou o Acordo mesmo sem participar na cooperação reforçada. O que leva a que as patentes europeias sem efeito unitário que designem Itália sejam litigadas no TUP.

---

[70] Art. 83.º/1 do Acordo.
[71] Art. 83.º/5 do Acordo.
[72] Art. 83.º/4 do Acordo.
[73] Sobre este aspecto, cf. TREVOR COOK, *The progress up to Date with the Unitary European Patent and the Unified Patent Court for Europe*, Journal of Intellectual Property Right, vol. 18, November 2013, p. 586.

Totalmente de fora do sistema encontram-se dois Estados Membros: a Croácia, que acedeu à União Europeia depois da assinatura do acordo, e a Espanha, por discordância com o sistema previsto para a PEU e o TUP. Aliás, como ficou dito, estão ainda pendentes duas acções de anulação dos regulamentos, intentadas pelo Reino de Espanha[74].

Todas estas circunstâncias geram dificuldades de coexistência e, porventura, um grau de fragmentação superior àquele que esta iniciativa dos Estados-membros pretendia evitar.

5. Apreciação Geral

Que dizer sobre este futuro tribunal? Esta matéria tem sido objecto de uma controvérsia muito viva e algo extremada, envolvendo os meios académicos, profissionais e empresariais[75].

A futura PEU terá grandes vantagens, nomeadamente as seguintes:

a) uma protecção uniforme num espaço territorial alargado;

b) um procedimento mais simplificado, centralizado no IEP e dispensando a validação a nível nacional;

c) uma economia considerável para os titulares de patentes, em termos de taxas e custos de tradução[76];

d) uma jurisdição unitária e especializada em matéria de patentes.

No entanto, há vozes autorizadas a alertar para diversos perigos resultantes do formato jurídico escolhido[77].

---

[74] Cfr. supra nota 9.

[75] Para uma apresentação empenhada e exaustiva das críticas avançadas veja-se GÉRALD SÉDRATI-DINET, *Academics Confirm Flaws in the Unitary Patent* disponível em http://papers.ssrn.com/sol3/papers.cfm?abstract_id=2111581

[76] Segundo a Comissão Europeia, proteger uma invenção com patentes nos 27 Estados-membros da UE custa actualmente cerca de € 36.000, prevendo-se que, com o futuro sistema, os custos desçam para cerca de € 6500 (durante um período transitório de 12 anos) e para cerca de € 5000, daí em diante (cf. MEMO/12/970, de 11/12/2012, cit., informando que nos EUA o custo total ronda os € 2000 e na China os € 600).

[77] Particularmente desfavorável é o comentário dos responsáveis do Instituto Max Planck para a Propriedade Intelectual e Direito da Concorrência – *The Unitary Patent Package; Twelve reasons for Concern* – divulgado em 17.10.2012, defendendo a completa reformulação dos instrumentos jurídicos previstos para a criação da PEU, considerados excessivamente complexos, gerando fragmentação a todos os níveis, pouco equilibrados e carecendo de certeza jurídica. Para uma análise aprofundada deste regime, cf. HANNS ULLRICH, *Select From Within the System: The European Patent with Unitary Effect*, Max Planck Institute for Intellectual Property and Competition Law Research Paper N.º 12-11 (disponível in http://ssrn.com/abstract=2159672), MATHIAS BRANDI-DOHM, *Some Critical Observations on Competence and Procedure of the Unified Patent Court*, IIC 1264, 5.04.2012 e WINFRIED TILMANN, *Draft Agreement on a Unified Patent Court and Draft Statute, written evidence* endereçada ao Parlamento Britânico em 28.02.2012, disponível in http://www.publications.parliament.uk/pa/cm201012/cmselect/cmeuleg/writev/1799/upi10.htm.

Desde logo, há quem ponha em causa a base jurídica escolhida para esta iniciativa. Pois o art. 118.º do TFUE prevê que, em matéria de Propriedade Intelectual, sejam criados *títulos europeus, a fim de assegurar uma protecção uniforme dos direitos de propriedade intelectual na União*. Ora, além de não se terem criado títulos novos (prevendo-se apenas um efeito unitário para um título antigo), o novo regime não irá assegurar uma protecção uniforme na UE, pois deixa de fora a Espanha, Itália, Croácia e Polónia.

Além disso, é muito criticada a fragmentação de regimes que irá resultar do novo sistema. No interior da UE, passará a haver 3 patamares de protecção em matéria de patentes (patentes nacionais, patentes europeias sem efeito unitário e patentes europeias com efeito unitário), que além do mais podem ser combinados entre si.

Por outro lado, este regime não assegura uma protecção totalmente uniforme, mesmo no território dos estados "fundadores", pois certos aspectos do regime das patentes continuam sujeitos às leis nacionais, divergentes entre si. Tal sucede, nomeadamente, com o regime das PEU como *objecto de propriedade* (incluindo a disciplina da cessão, oneração e execução de patentes) que fica sujeito à lei do Estado em que o requerente tenha o seu domicílio ou estabelecimento principal[78]. O mesmo sucede com a matéria das *licenças obrigatórias*, que será regida pela legislação dos Estados-Membros no que respeita aos respectivos territórios[79]. Ou com os *direitos de uso anterior*, que serão regulados (quanto à sua existência e quanto aos seus efeitos), pela lei de cada um dos Estados-Membros[80].

Acresce que – como já se alertava num *non-paper* dos serviços da Comissão Europeia[81] – este regime deveria ser articulado com a disciplina do Regulamento (CE) n.º 44/2001 relativo à competência judiciária, ao reconhecimento e à execução de decisões em matéria civil e comercial[82]. Mas, até à data, essa

---

[78] Art. 7.º do Regulamento N.º 1257/2012.

[79] Considerando 10 do Regulamento N.º 1257/2012. Apesar disso, há quem entenda que isso põe em causa o proclamado "efeito unitário", pondo em causa a liberdade de circulação de mercadorias, já que os produtos comercializados ao abrigo dessas licenças não beneficiam da regra do esgotamento dos direitos (tal como declarou o TJUE, no acórdão PHARMON.HOECHST, de 9.07.85, Proc. n.º 19/84). Neste sentido, HANNS ULLRICH, ob. cit., p. 44.

[80] Art. 28.º do Acordo.

[81] *Compatibility of the draft agreement on the Unified Patent Court with the Union acquis* – 14191/11, Bruxelas, 20 de Setembro de 2011 (disponível in http://register.consilium.europa.eu/pdf/en/11/st14/st14191.en11.pdf).

[82] O chamado regulamento Bruxelas I, que aliás foi recentemente revisto (sem atender a esta questão) através do Regulamento (UE) n.º 1215/2012 do Parlamento e do Conselho de 12 de Dezembro de 2012, que vigorará a partir de 10 de Janeiro de 2015.

articulação não se fez, o que pode suscitar sérias dificuldades de aplicação do novo regime[83].

A meu ver, o maior reparo que este regime merece é o de ter remetido para o Acordo internacional a parte mais relevante das normas substanciais sobre a PEU, nomeadamente a definição dos direitos do titular da patente e seus limites. Essa matéria, que inicialmente constava dos artigos 6.º a 8.º do regulamento criando a PEU, foi daí retirado e passou a constar do Acordo (artigos 24.º a 30.º). Em consequência, essas questões deixam de constar de um instrumento pertencente ao direito da UE, deixando a sua interpretação e validade de ficar sujeitas à apreciação do TJUE, mas apenas do TUP. A justificação ostensiva para esta opção foi a de evitar os atrasos processuais que decorreriam dos reenvios prejudiciais para o TJUE[84]. Mas a verdade é que não foi essa a solução adoptada para a marca comunitária e para os desenhos ou modelos comunitários e não resultou daí qualquer afluxo anormal de recursos prejudiciais.

Segundo parece, a verdadeira razão para esta solução terá sido a vontade de impedir que o TJUE pudesse limitar (de forma indesejável para certos sectores) a extensão dos direitos dos titulares de patentes, confiando a juízes mais sintonizados com esta matéria a interpretação e aplicação do novo regime. É certo que o Tribunal de Justiça já tem cometido alguns erros crassos em matéria de propriedade intelectual (como sucedeu, v.g., nos casos HAG I e GENERAL MOTORS). Mas, apesar disso, tem vindo a mostrar-se capaz de superar os seus erros e aperfeiçoar soluções, mantendo um equilíbrio apreciável entre os vários interesses em presença (que não são apenas os dos titulares das patentes e outros direitos de Propriedade Intelectual). Ainda é cedo para sabermos se o futuro TUP conseguirá fazer o mesmo...

Mas é inegável que este projecto, com todos os seus defeitos, conseguirá uma proeza assinalável: pôr em marcha algo que demorou mais de 40 anos a construir.

---

[83] Para um comentário informal sobre esta questão e suas relações com o disposto no art. 3.º, n.º 2 do TFUE, cf. um post de David Brophy de 28.02.2013 no blog IPKat, in http://ipkitten.blogspot.pt/2013/01/unitary-patent-brussels-problem.html.

[84] Neste sentido, WILFRIED TILMANN, *The compromise on the uniform protection for EU patents*, Journal of Intellectual Property Law & Practice, 2013, Vol. 8, N.º 1, p. 78.

APÊNDICE

Acordo Relativo ao Tribunal Unificado de Patentes, de 18 de fevereiro de 2013

CONSELHO

ACORDO

relativo ao Tribunal Unificado de Patentes

(2013/C 175/01)

OS ESTADOS-MEMBROS CONTRATANTES,

CONSIDERANDO que a cooperação entre os Estados-Membros da União Europeia no domínio das patentes contribui significativamente para o processo de integração na Europa, em especial para o estabelecimento de um mercado interno dentro da União Europeia caracterizado pela livre circulação de bens e serviços e pela criação de um sistema que assegure a não distorção da concorrência no mercado interno;

CONSIDERANDO que um mercado de patentes fragmentado e as variações significativas entre os sistemas jurisdicionais nacionais prejudicam a inovação, em especial no caso das pequenas e médias empresas, que têm dificuldade em fazer respeitar as suas patentes e em defender-se contra reivindicações infundadas e reivindicações relacionadas com patentes que deveriam ser extintas;

CONSIDERANDO que a Convenção sobre a Patente Europeia («CPE»), que foi ratificada por todos os Estados-Membros da União Europeia, prevê um procedimento uniforme de concessão de patentes europeias pelo Instituto Europeu de Patentes;

CONSIDERANDO que, por força do Regulamento (UE) n.º 1257/2012 ([1]), os titulares de patentes podem pedir que as suas patentes europeias beneficiem de efeito unitário por forma a obter uma proteção de patente unitária nos Estados--Membros da União Europeia que participam na cooperação reforçada;

PRETENDENDO melhorar o respeito pelas patentes e a defesa contra reivindicações infundadas e patentes que deveriam ser extintas e aumentar a segurança jurídica através da criação de um Tribunal Unificado de Patentes para os litígios relacionados com a violação e a validade das patentes;

CONSIDERANDO que o Tribunal Unificado de Patentes deverá ser concebido de forma a assegurar decisões céleres e de elevada qualidade, estabelecendo um justo equilíbrio entre os interesses dos titulares de direitos e outras partes interessadas, e tomando em consideração a necessidade de proporcionalidade e flexibilidade;

CONSIDERANDO que o Tribunal Unificado de Patentes deverá ser um órgão jurisdicional comum aos Estados-Membros Contratantes e, por conseguinte, fazer parte do seu sistema judicial, com competência exclusiva para patentes europeias de efeito unitário e patentes europeias concedidas nos termos das disposições da CPE;

CONSIDERANDO que compete ao Tribunal de Justiça da União Europeia assegurar a uniformidade da ordem jurídica da União e a primazia do direito da União Europeia;

([1]) Regulamento (UE) n.º 1257/2012 do Parlamento Europeu e do Conselho, de 17 de dezembro de 2012, que regulamenta a cooperação reforçada no domínio da criação da proteção unitária de patentes (JO L 361 de 31.12.2012, p.1), incluindo alterações posteriores.

RECORDANDO as obrigações que incumbem aos Estados-Membros Contratantes por força do Tratado da União Europeia (TUE) e do Tratado sobre o Funcionamento da União Europeia (TFUE), nomeadamente a obrigação da cooperação leal nos termos do artigo 4.º, n.º 3, do TUE e a obrigação de assegurar através do Tribunal Unificado de Patentes a plena aplicação e o respeito do direito da União nos seus territórios, bem como a proteção jurídica dos direitos das pessoas ao abrigo desse direito;

CONSIDERANDO que, tal como qualquer órgão jurisdicional nacional, o Tribunal Unificado de Patentes deve respeitar e aplicar o direito da União e, em cooperação com o Tribunal de Justiça da União Europeia enquanto guardião do direito da União, assegurar a sua correta aplicação e interpretação uniforme; o Tribunal Unificado de Patentes deve nomeadamente cooperar com o Tribunal de Justiça da União Europeia para a interpretação correta do direito da União, com base na jurisprudência deste último e apresentando pedidos de decisão prejudicial nos termos do artigo 267.º do TFUE;

CONSIDERANDO que, de acordo com a jurisprudência do Tribunal de Justiça da União Europeia em matéria de responsabilidade extracontratual, os Estados-Membros Contratantes deverão ser responsabilizados pelos danos causados por violação do direito da União pelo Tribunal Unificado de Patentes, nomeadamente a não apresentação de pedidos de decisão prejudicial ao Tribunal de Justiça da União Europeia;

CONSIDERANDO que as violações do direito da União pelo Tribunal Unificado de Patentes, nomeadamente a não apresentação de pedidos de decisão prejudicial ao Tribunal de Justiça da União Europeia, são diretamente imputáveis aos Estados-Membros Contratantes e que, por conseguinte, podem ser intentadas contra qualquer Estado-Membro Contratante ações por violação nos termos dos artigos 258.º, 259.º e 260.º do TFUE a fim de assegurar o respeito pela primazia e a aplicação correta do direito da União;

RECORDANDO a primazia do direito da União, nomeadamente o TUE, o TFUE, a Carta dos Direitos Fundamentais da União Europeia, os princípios gerais do direito da União definidos pelo Tribunal de Justiça da União Europeia e, em especial, o direito de recurso efetivo a um órgão jurisdicional e o direito a que a causa seja examinada de forma equitativa, publicamente e num prazo razoável por um órgão jurisdicional independente e imparcial, a jurisprudência do Tribunal de Justiça e o direito derivado da União;

CONSIDERANDO que o presente Acordo está aberto à adesão de qualquer um dos Estados-Membros da União Europeia, que os Estados-Membros que tenham decidido não participar na cooperação reforçada no domínio da criação da proteção unitária das patentes podem participar no presente Acordo no que diz respeito às patentes europeias concedidas para o respetivo território;

CONSIDERANDO que o presente Acordo deverá entrar em vigor em 1 de janeiro de 2014, ou no primeiro dia do quarto mês após o depósito do décimo terceiro instrumento de ratificação ou adesão, incluindo os três Estados-Membros que contavam o maior número de patentes europeias em vigor no ano anterior ao da assinatura do presente Acordo, ou no primeiro dia do quarto mês após a data de entrada em vigor das alterações ao Regulamento (UE) n.º 1215/2012 ([1]) no que respeita à relação deste com o presente Acordo, consoante a data que for posterior,

ACORDARAM NO SEGUINTE:

PARTE I

DISPOSIÇÕES GERAIS E INSTITUCIONAIS

CAPÍTULO I

Disposições gerais

Artigo 1.º

Tribunal Unificado de Patentes

É criado um Tribunal Unificado de Patentes para a resolução de litígios relacionados com as patentes europeias e com as patentes europeias com efeito unitário.

O Tribunal Unificado de Patentes é um órgão jurisdicional comum aos Estados-Membros Contratantes e como tal sujeito às mesmas obrigações nos termos do direito da União que qualquer órgão jurisdicional nacional dos Estados-Membros Contratantes.

Artigo 2.º

Definições

Para efeitos do presente Acordo, entende-se por:

a) «Tribunal», o Tribunal Unificado de Patentes criado pelo presente Acordo.

b) «Estado-Membro», um Estado-Membro da União Europeia.

c) «Estado-Membro Contratante», um Estado-Membro parte no presente Acordo.

([1]) Regulamento (UE) n.º 1215/2012 do Parlamento Europeu e do Conselho, de 12 de dezembro de 2012, relativo à competência judiciária, ao reconhecimento e à execução de decisões em matéria civil e comercial (JO L 351 de 20.12.2012, p. 1), incluindo alterações posteriores.

d) «CPE», a Convenção relativa à Concessão de Patentes Europeias, de 5 de outubro de 1973, incluindo alterações subsequentes.

e) «Patente europeia», uma patente concedida nos termos das disposições da CPE que não tenha efeito unitário nos termos do Regulamento (UE) n.º 1257/2012.

f) «Patente europeia com efeito unitário», uma patente concedida nos termos das disposições da CPE que tenha efeito unitário nos termos do Regulamento (UE) n.º 1257/2012.

g) «Patente», uma patente europeia e/ou uma patente europeia com efeito unitário.

h) «Certificado complementar de proteção», um certificado complementar de proteção concedido nos termos do Regulamento (CE) n.º 469/2009 ([1]) ou do Regulamento (CE) n.º 1610/96 ([2]).

i) «Estatuto», o Estatuto do Tribunal constante do Anexo I, que é parte integrante do presente Acordo.

j) «Regulamento de Processo», o Regulamento de Processo do Tribunal, estabelecido nos termos do artigo 41.º.

Artigo 3.º
Âmbito de aplicação

O presente Acordo é aplicável a qualquer:

a) Patente europeia com efeito unitário;

b) Certificado complementar de proteção emitido para um produto protegido por uma patente;

c) Patente europeia que não tenha caducado à data de entrada em vigor do presente Acordo ou que tenha sido concedida após essa data, sem prejuízo do artigo 83.º; e

d) Pedido de patente europeia que esteja pendente à data de entrada em vigor do presente Acordo ou que seja apresentado após essa data, sem prejuízo do artigo 83.º.

([1]) Regulamento (CE) n.º 469/96 do Parlamento Europeu e do Conselho, de 6 de maio de 2009, relativo à criação de um certificado complementar de proteção para os medicamentos (JO L 152 de 16.6.2009, p. 1), incluindo alterações posteriores.

([2]) Regulamento (CE) n.º 1610/96 do Parlamento Europeu e do Conselho, de 23 de julho de 1996, relativo à criação de um certificado complementar de proteção para os produtos fitofarmacêuticos (JO L 198 de 8.8.1996, p. 30), incluindo alterações posteriores.

Artigo 4.º
Estatuto legal

1. O Tribunal é dotado de personalidade jurídica em cada Estado-Membro Contratante e goza da mais ampla capacidade jurídica concedida às pessoas coletivas pela legislação nacional desse Estado.

2. O Tribunal é representado pelo Presidente do Tribunal de Recurso, que é eleito nos termos do Estatuto.

Artigo 5.º
Responsabilidade

1. A responsabilidade contratual do Tribunal rege-se pela lei aplicável ao contrato em causa nos termos do Regulamento (CE) n.º 593/2008 ([3]) (Roma I), se aplicável, ou pela lei do Estado--Membro do tribunal demandado.

2. A responsabilidade extracontratual do Tribunal no que diz respeito aos danos causados por si ou pelo seu pessoal no exercício das suas funções, na medida em que não se trate de matéria civil ou comercial na aceção do Regulamento (CE) n.º 864/2007 ([4]) (Roma II), rege-se pela lei do Estado-Membro Contratante onde ocorreu o facto danoso. Esta disposição não prejudica o disposto no artigo 22.º.

3. O Tribunal competente para resolver os litígios a que se refere o n.º 2 é um órgão jurisdicional do Estado-Membro Contratante onde ocorreu o facto danoso.

CAPÍTULO II
Disposições institucionais

Artigo 6.º
Tribunal

1. O Tribunal é constituído por um Tribunal de Primeira Instância, por um Tribunal de Recurso e por uma Secretaria.

2. O Tribunal exerce a competência que lhe é atribuída pelo presente Acordo.

Artigo 7.º
Tribunal de Primeira Instância

1. O Tribunal de Primeira Instância é constituído por uma divisão central, bem como por divisões locais e regionais.

([3]) Regulamento (CE) n.º 593/2008 do Parlamento Europeu e do Conselho, de 17 de junho de 2008, sobre a lei aplicável às obrigações contratuais (Roma I) (JO L 177 de 4.7.2008, p.6), incluindo alterações posteriores.

([4]) Regulamento (CE) n.º 864/2007 do Parlamento Europeu e do Conselho, de 11 de julho de 2007, sobre a lei aplicável às obrigações extracontratuais (Roma II) (JO L 199 de 31.7.2007, p. 40), incluindo alterações posteriores.

2. A divisão central tem a sua sede em Paris e secções em Londres e em Munique. Os processos instaurados na divisão central são distribuídos segundo o Anexo II que é parte integrante do presente Acordo.

3. São criadas divisões locais nos Estados-Membros Contratantes, a pedido destes, nos termos do Estatuto. Os Estados-Membros Contratantes que acolhem uma divisão local decidem do local da respetiva sede.

4. É criada uma divisão local suplementar num Estado-Membro Contratante, a seu pedido, por cada cem processos de patentes que tenham sido iniciados, por ano civil, nesse Estado Contratante, nos três anos consecutivos anteriores ou posteriores à data de entrada em vigor do presente Acordo. O número de divisões locais por Estado-Membro Contratante não pode ser superior a quatro.

5. É criada uma divisão regional para dois ou mais Estados Contratantes, a pedido destes, nos termos do Estatuto. Esses Estados-Membros Contratantes decidem da sede da divisão em causa. A divisão regional pode deliberar em mais que um local.

Artigo 8.º
Composição dos secções do Tribunal de Primeira Instância

1. As secções do Tribunal de Primeira Instância têm uma composição multinacional. Sem prejuízo do n.º 5 do presente artigo e do artigo 33.º, n.º 3, alínea a), as secções são compostas por três juízes.

2. A secção de uma divisão local num Estado-Membro Contratante onde, no período de três anos sucessivos anteriores ou seguintes à entrada em vigor do presente Acordo, tiverem sido iniciados em média menos de cinquenta processos de patentes por ano civil, deve ser constituído por um juiz com formação jurídica que seja nacional do Estado-Membro Contratante que acolhe a divisão local em causa e por dois juízes com formação jurídica que não sejam nacionais do Estado-Membro Contratante em causa, sendo destacados da bolsa de juízes nos termos do artigo 18.º, n.º 3, numa base casuística.

3. Não obstante o disposto no n.º 2, a secção de uma divisão local num Estado-Membro Contratante onde, no período de três anos sucessivos anteriores ou seguintes à entrada em vigor do presente Acordo, tiverem sido iniciados em média cinquenta ou mais processos de patentes por ano civil, é constituída por dois juízes com formação jurídica que sejam nacionais do Estado-Membro Contratante que acolhe a divisão local em causa e por um juiz com formação jurídica que não seja nacional do Estado-Membro Contratante em causa, sendo destacado da bolsa de juízes nos termos do artigo 18.º, n.º 3. O terceiro juiz é destacado a longo prazo para a divisão local, sempre que tal for necessário ao eficiente funcionamento das divisões com elevada carga de trabalho.

4. A secção de uma divisão regional é composta por dois juízes com formação jurídica, selecionados a partir de uma lista regional de juízes, que sejam nacionais dos Estados-Membros Contratantes em causa e por um juiz com formação jurídica que não seja nacional dos Estados-Membros Contratantes em causa, sendo destacado da bolsa de juízes nos termos do artigo 18.º, n.º 3.

5. A pedido de uma das partes, a secção de uma divisão local ou regional solicita ao Presidente do Tribunal de Primeira Instância que destaque da bolsa de juízes nos termos do artigo 18.º, n.º 3, um juiz suplementar com formação técnica, com qualificações e experiência na área tecnológica em questão. Além disso, a secção de uma divisão local ou regional pode, ouvidas as partes, apresentar esse pedido por sua própria iniciativa, sempre que o considerar adequado.

Nos casos em que já está destacado esse juiz com formação técnica, deixa de ser necessário o destacamento de um juiz com formação técnica nos termos do artigo 33.º, n.º 3, alínea a).

6. As secções da divisão central são compostas por dois juízes com formação jurídica que sejam nacionais de vários Estados-Membros Contratantes e por um juiz com formação técnica, destacado da bolsa de juízes nos termos do artigo 18.º, n.º 3, com qualificações e experiência na área tecnológica em questão. Todavia, as secções da divisão central que tratam dos processos a que se refere o artigo 32.º, n.º 1, alínea i), são compostas por três juízes com formação jurídica que sejam nacionais de vários Estados-Membros Contratantes.

7. Não obstante o disposto nos n.ºs 1 a 6 e nos termos do Regulamento de Processo, as partes podem acordar em que o seu processo seja julgado por um único juiz com formação jurídica.

8. As secções de juízes do Tribunal de Primeira Instância são presididas por um juiz com formação jurídica.

Artigo 9.º
Tribunal de Recurso

1. As secções de juízes do Tribunal de Recurso têm uma composição multinacional de cinco juízes. São compostas por três juízes com formação jurídica que sejam nacionais de vários Estados-Membros Contratantes e por dois juízes com formação técnica, com qualificações e experiência na área tecnológica em causa. Os juízes com formação técnica são afetos à secção pelo Presidente do Tribunal de Recurso a partir da bolsa de juízes nos termos do artigo 18.º.

2. Não obstante o disposto no n.º 1, as secções que tratam dos processos a que se refere o artigo 32.º, n.º 1, alínea i), são compostas por três juízes com formação jurídica que sejam nacionais de vários Estados-Membros Contratantes.

3. As secções da Tribunal de Recurso são presididas por um juiz com formação jurídica.

4. As secções do Tribunal de Recurso são criadas de acordo com o Estatuto.

5. O Tribunal de Recurso tem a sua sede no Luxemburgo.

Artigo 10.º

Secretaria

1. É criada uma Secretaria na sede do Tribunal de Recurso. A Secretaria é dirigida pelo Secretário e desempenha as funções que lhe são atribuídas pelo Estatuto. Sem prejuízo do presente Acordo e do Regulamento de Processo, os registos da Secretaria são públicos.

2. São criadas Subsecretarias em todas as divisões do Tribunal de Primeira Instância.

3. A Secretaria guarda os autos de todos os processos instaurados no Tribunal. Uma vez apresentada a petição, as Subsecretarias notificam cada processo à Secretaria.

4. O Tribunal nomeia o Secretário nos termos do artigo 22.º do Estatuto e estabelece o regulamento interno do serviço.

Artigo 11.º

Comités

São criados um Comité Administrativo, um Comité Orçamental e um Comité Consultivo, para assegurar a efetiva aplicação e funcionamento do disposto no presente Acordo. Estes Comités exercem nomeadamente as funções previstas no presente Acordo e no Estatuto.

Artigo 12.º

Comité Administrativo

1. O Comité Administrativo é composto por um representante de cada Estado-Membro Contratante. A Comissão Europeia está representada nas reuniões do Comité Administrativo com estatuto de observador.

2. Cada Estado-Membro Contratante tem direito a um voto.

3. O Comité Administrativo adota as suas decisões por maioria de três quartos dos Estados-Membros Contratantes representados e votantes, salvo disposição em contrário do presente Acordo ou do Estatuto.

4. O Comité Administrativo adota o seu regulamento interno.

5. O Comité Administrativo designa, de entre os seus membros, o Presidente por um período de três anos. O seu mandato é renovável.

Artigo 13.º

Comité Orçamental

1. O Comité Orçamental é composto por um representante de cada Estado-Membro Contratante.

2. Cada Estado-Membro Contratante tem direito a um voto.

3. O Comité Orçamental toma as suas decisões por maioria simples dos representantes dos Estados-Membros Contratantes. Contudo, para a aprovação do orçamento é necessária uma maioria de três quartos dos representantes dos Estados-Membros Contratantes.

4. O Comité Orçamental adota o seu regulamento interno.

5. O Comité Orçamental designa, de entre os seus membros, o Presidente por um período de três anos. O seu mandato é renovável.

Artigo 14.º

Comité Consultivo

1. O Comité Consultivo:

a) Apoia o Comité Administrativo na preparação da nomeação dos juízes do Tribunal;

b) Propõe ao *Presidium* a que se refere o artigo 15.º do Estatuto diretrizes para o plano de formação dos juízes a que se refere o artigo 19.º; e

c) Emite pareceres, à atenção do Comité Administrativo, em matéria de requisitos de qualificação referidos no artigo 48.º, n.º 2.

2. O Comité Consultivo é composto por juízes de patentes e especialistas em direito de patentes e litígios de patentes da máxima competência reconhecida. São nomeados para um mandato de seis anos, nos termos do procedimento estabelecido no Estatuto. O seu mandato é renovável.

3. A composição do Comité Consultivo deve assegurar um amplo leque de competências pertinentes e a representação de cada um dos Estados-Membros Contratantes. No exercício das suas funções, os membros do Comité Consultivo são totalmente independentes e não estão vinculados a quaisquer instruções.

4. O Comité Consultivo adota o seu regulamento interno.

5. O Comité Consultivo designa, de entre os seus membros, o Presidente por um período de três anos. O seu mandato é renovável.

CAPÍTULO III
Juízes do Tribunal
Artigo 15.º
Critérios de elegibilidade para a nomeação dos juízes

1. O Tribunal é composto por juízes com formação jurídica e por juízes com formação técnica. Os juízes devem assegurar os mais elevados padrões de competência e possuir experiência comprovada no domínio da resolução de litígios em matéria de patentes.

2. Os juízes com formação jurídica devem ter as qualificações necessárias para exercer funções judiciais num Estado-Membro Contratante.

3. Os juízes com formação técnica devem ter habilitações de nível superior e experiência comprovada numa área tecnológica. Devem também ter conhecimentos comprovados de direito civil e do processo aplicável em matéria de litígios sobre patentes.

Artigo 16.º
Processo de nomeação

1. O Comité Consultivo estabelece uma lista dos candidatos mais adequados para nomeação como juízes do Tribunal, nos termos do Estatuto.

2. Com base nessa lista, o Comité Administrativo nomeia os juízes do Tribunal, deliberando de comum acordo.

3. O Estatuto estabelece as regras de execução para a nomeação dos juízes.

Artigo 17.º
Independência judicial e imparcialidade

1. O Tribunal, os seus juízes e o Secretário gozam de independência judicial. No exercício das suas funções, os juízes não estão vinculados a quaisquer instruções.

2. Os juízes com formação jurídica, bem como os juízes com formação técnica que são juízes do Tribunal a tempo inteiro não podem exercer nenhuma outra atividade profissional, remunerada ou não, salvo disposição em contrário do Comité Administrativo.

3. Não obstante o disposto no n.º 2, o exercício da função de juiz não exclui o exercício de outras funções judiciais a nível nacional.

4. O exercício da função de juiz com formação técnica por pessoas que são juízes do Tribunal a tempo parcial não exclui o exercício de outras funções desde que não haja conflito de interesses.

5. Em caso de conflito de interesses, o juiz em causa não intervém no processo. O Estatuto estabelece as regras que regulam os conflitos de interesses.

Artigo 18.º
Bolsa de juízes

1. É estabelecido uma bolsa de juízes de acordo com o Estatuto.

2. A bolsa de juízes é constituída por todos os juízes com formação jurídica e juízes com formação técnica do Tribunal de Primeira Instância que sejam juízes do Tribunal a tempo inteiro ou parcial. A bolsa de juízes inclui pelo menos um juiz com formação técnica com as qualificações e a experiência pertinentes em cada área tecnológica. Os juízes com formação técnica da bolsa de juízes estão igualmente à disposição do Tribunal de Recurso.

3. Nos casos previstos no presente Acordo ou no Estatuto, os juízes da bolsa de juízes são destacados para a divisão em causa pelo Presidente do Tribunal de Primeira Instância. O destacamento de juízes far-se-á com base nas suas qualificações jurídicas e técnicas, conhecimentos linguísticos e experiência pertinente comprovada. O destacamento de juízes garante a mesma qualidade elevada do trabalho e o mesmo nível elevado de conhecimentos jurídicos e técnicos em todas as secções do Tribunal de Primeira Instância.

Artigo 19.º
Quadro de formação

1. É instituído um plano de formação para os juízes, detalhado no Estatuto, a fim de melhorar e aumentar as suas competências em resolução de litígios de patentes e de assegurar uma ampla distribuição geográfica de tais conhecimentos e experiência específicos. As instalações para a aplicação desse plano de formação situam-se em Budapeste.

2. O plano de formação baseia-se especialmente nos seguintes elementos:

a) Estágios em tribunais nacionais de patentes ou divisões do Tribunal de Primeira Instância com um número substancial de litígios de patentes;

b) Melhoria dos conhecimentos linguísticos;

c) Aspetos técnicos do direito das patentes;

d) Difusão de conhecimentos e experiência em matéria de processo civil para os juízes com formação técnica;

e) Preparação dos candidatos a juízes.

3. O plano de formação inclui a formação contínua. São organizadas reuniões periódicas com todos os juízes do Tribunal para analisar a evolução do direito das patentes e assegurar a coerência da jurisprudência do Tribunal.

CAPÍTULO IV
Primazia do direito da União, responsabilidade e obrigações dos Estados-Membros Contratantes

Artigo 20.º
Primazia e respeito do direito da União

O Tribunal aplica o direito da União na íntegra e respeita a sua primazia.

Artigo 21.º
Pedidos de decisão a título prejudicial

Enquanto órgão jurisdicional comum aos Estados-Membros Contratantes e enquanto parte do seu sistema judicial, o Tribunal coopera com o Tribunal de Justiça da União Europeia para assegurar a correta e uniforme interpretação do direito da União, como um órgão jurisdicional nacional, nomeadamente nos termos do artigo 267.º do TFUE. As decisões do Tribunal de Justiça da União Europeia são vinculativas para o Tribunal.

Artigo 22.º
Responsabilidade por danos causados por violação do direito da União

1. Os Estados-Membros Contratantes são solidariamente responsáveis pelos danos causados por violação do direito da União pelo Tribunal de Recurso, nos termos do direito da União em matéria de responsabilidade extracontratual dos Estados-Membros relativamente aos danos causados pelos seus tribunais nacionais por violação do direito da União.

2. As ações por danos são intentadas contra o Estado-Membro Contratante no qual o requerente tem o seu domicílio ou estabelecimento principal ou, na falta de domicílio ou estabelecimento principal, o seu local de atividade, perante a autoridade competente desse Estado-Membro Contratante. Quando o requerente não tiver o seu domicílio ou estabelecimento principal ou, na falta de domicílio, estabelecimento principal, o seu local de atividade num Estado-Membro Contratante, pode intentar essa ação contra o Estado-Membro Contratante em que o Tribunal de Recurso tem a sua sede, perante a autoridade competente desse Estado-Membro Contratante.

A autoridade competente aplica a lei do foro, com exceção do seu direito internacional privado, a todas as questões não reguladas pelo direito da União ou pelo presente Acordo. O requerente tem o direito de receber do Estado-Membro Contratante contra o qual a ação foi intentada a totalidade do montante das indemnizações atribuídas pela autoridade competente.

3. O Estado-Membro Contratante que indemnizou pode obter dos outros Estados-Membros Contratantes uma contribuição estabelecida de forma proporcional nos termos do método previsto no artigo 37.º, n.ºs 3 e 4. O Comité Administrativo estabelece as regras pormenorizadas que regem a contribuição dos Estados-Membros Contratantes nos termos do presente número.

Artigo 23.º
Responsabilidade dos Estados-Membros Contratantes

As ações do Tribunal são diretamente imputáveis a cada um dos Estados-Membros Contratantes a título individual, nomeadamente para efeitos dos artigos 258.º, 259.º e 260.º do TFUE e coletivamente a todos os Estados-Membros Contratantes.

CAPÍTULO V
Fontes de direito e direito substantivo

Artigo 24.º
Fontes de direito

1. Em pleno cumprimento do artigo 20.º, ao pronunciar-se sobre uma ação que lhe foi submetida ao abrigo do presente Acordo, o Tribunal fundamenta as suas decisões:

a) No direito da União aplicável, nomeadamente o Regulamento (UE) n.º 1257/2012 e o Regulamento (UE) n.º 1260/2012 ([1]);

b) No presente Acordo;

c) Na CPE;

d) Noutros acordos internacionais aplicáveis às patentes e vinculativos para todos os Estados-Membros Contratantes; e

e) No direito nacional.

([1]) Regulamento (UE) n.º 1260/2012 do Conselho, de 17 de dezembro de 2012, que regulamenta a cooperação reforçada no domínio da criação da proteção unitária de patentes no que diz respeito ao regime de tradução aplicável (JO L 361 de 31.12.2012, p. 89), incluindo alterações posteriores.

2. Nos casos em que o Tribunal fundamente as suas decisões no direito nacional, incluindo, se for caso disso, de Estados que não sejam Estados Contratantes, o direito aplicável é determinado:

a) Pelas disposições diretamente aplicáveis do direito da União que contenham regras do direito internacional privado ou

b) Na falta de disposições diretamente aplicáveis do direito da União ou quando estas não sejam aplicáveis, pelos instrumentos internacionais que contenham regras de direito internacional privado; ou

c) Na falta das disposições referidas nas alíneas a) e b), pelas disposições nacionais de direito internacional privado determinadas pelo Tribunal.

3. O direito de Estados que não sejam Estados Contratantes aplica-se quando assim o determinam as regras a que se refere o n.º 2 do presente artigo, em especial relativamente aos artigos 25.º a 28.º, 54.º, 55.º, 64.º, 68.º e 72.º.

Artigo 25.º
Direito de impedir a utilização direta da invenção

As patentes europeias com efeito unitário conferem ao seu titular o direito de impedir a terceiros que não tenham o seu consentimento:

a) O fabrico, a oferta, a colocação no mercado e a utilização do produto objeto da patente, bem como a importação do produto ou a sua detenção em depósito para esses fins;

b) A utilização do processo objeto da patente ou, se o terceiro tem ou devia ter conhecimento de que a utilização do processo é proibida sem o consentimento do titular da patente, a oferta da sua utilização nos Estados-Membros participantes em que a patente tem efeito unitário;

c) A oferta, a colocação no mercado e a utilização, ou a importação ou detenção em depósito para esses fins, de produtos obtidos diretamente pelo processo objeto da patente.

Artigo 26.º
Direito de impedir a utilização indireta da invenção

1. As patentes europeias com efeito unitário conferem ao titular da patente o direito de impedir a terceiros que não tenham o seu consentimento o fornecimento ou a disponibilização, nos Estados-Membros participantes em que a patente tem efeito unitário, a qualquer pessoa que não tenha o direito de explorar a invenção patenteada dos meios para executar, nesse território, a referida invenção no que se refere a um seu elemento essencial, se o terceiro tem ou devia ter conhecimento de que tais meios são adequados e destinados a essa execução.

2. O disposto no n.º 1 do presente artigo não se aplica se os meios forem produtos que se encontram correntemente no comércio, salvo se o terceiro induzir a pessoa a quem faz a entrega a praticar atos proibidos pelo artigo 25.º.

3. As pessoas que pratiquem os atos referidos no artigo 27.º, alíneas a) a e), não são consideradas pessoas habilitadas a explorar a invenção, na aceção do n.º 1 do presente artigo.

Artigo 27.º
Limitação dos efeitos da patente

Os direitos conferidos pela patente não abrangem:

a) Os atos praticados em privado ou para fins não comerciais;

b) Os atos praticados para fins experimentais relacionados com o objeto da invenção patenteada;

c) A utilização de material biológico para fins de cultivo ou descoberta e desenvolvimento de novas variedades vegetais;

d) Os atos praticados unicamente a fim de efetuar os estudos, testes e ensaios previstos no artigo 13.º, n.º 6, da Diretiva 2001/82/CE ([1]) ou no artigo 10.º, n.º 6, da Diretiva 2001/83/CE ([2]) no que diz respeito a qualquer patente que abranja o produto, na aceção de uma destas diretivas;

e) A preparação ocasional de medicamentos em farmácias, para casos individuais, mediante receita médica, ou atos relativos aos medicamentos assim preparados;

f) A utilização da invenção patenteada a bordo de navios de países da União Internacional para a Proteção da Propriedade Industrial (União de Paris) ou membros da Organização Mundial do Comércio que não sejam os Estados-Membros Contratantes onde essa patente tem efeito, no corpo do navio, nas máquinas, nos aparelhos de mastreação, apresto e outros acessórios, se esses navios penetrarem temporária ou acidentalmente nas águas de um Estado-Membro Contratante onde essa patente tem efeito, desde que a invenção aí seja utilizada exclusivamente para as necessidades do navio;

([1]) Diretiva 2001/82/CE do Parlamento Europeu e do Conselho, de 6 de novembro de 2001, que estabelece um código comunitário relativo aos medicamentos veterinários (JO 311 de 28.11.2001, p. 1), incluindo quaisquer alterações posteriores.

([2]) Diretiva 2001/83/CE do Parlamento Europeu e do Conselho, de 6 de novembro de 2001, que estabelece um código comunitário relativo aos medicamentos para uso humano (JO 311 de 28.11.2001, p. 67), incluindo quaisquer alterações posteriores.

g) A utilização da invenção patenteada na construção ou no funcionamento de aeronaves, veículos terrestres ou outros meios de transporte de países da União Internacional para a Proteção da Propriedade Industrial (União de Paris) ou membros da Organização Mundial do Comércio que não sejam os Estados-Membros Contratantes onde essa patente produz efeitos, ou de acessórios dessas aeronaves ou veículos terrestres, quando estes entram temporária ou acidentalmente no território de um Estado-Membro Contratante onde essa patente produz efeitos;

h) Os atos especificados no artigo 27.º da Convenção sobre Aviação Civil Internacional, de 7 de dezembro de 1944 ([1]), se tais atos disserem respeito a aeronaves de um país parte nessa Convenção que não seja um Estado-Membro Contratante no qual essa patente tem efeito;

i) A utilização por um agricultor do produto da sua colheita para fins de reprodução ou multiplicação na sua exploração, desde que o material vegetal de reprodução tenha sido vendido ou comercializado de outro modo pelo titular da patente, ou com o seu consentimento, ao agricultor para fins agrícolas. O âmbito e as condições desta utilização estão previstos no artigo 14.º do Regulamento (CE) n.º 2100/94 ([2]);

j) A utilização por um agricultor, para fins agrícolas, de animais protegidos, desde que os animais de criação ou outro material de reprodução animal tenham sido vendidos ou comercializados de outro modo ao agricultor pelo titular da patente ou com o seu consentimento. Esta utilização inclui a disponibilização do animal ou de outro material de reprodução animal para fins da atividade agrícola, mas não a respetiva venda tendo em vista uma atividade de reprodução com fins comerciais ou no âmbito da mesma;

k) Os atos e a utilização das informações obtidas nos termos permitidos nos artigos 5.º e 6.º da Diretiva 2009/24/CE ([3]), nomeadamente pelas respetivas disposições em matéria de descompilação e interoperabilidade, e

l) Os atos autorizados ao abrigo do artigo 10.º da Diretiva 98/44/CE ([4]).

([1]) Organização da Aviação Civil Internacional (OACI), «Convenção de Chicago», Documento 7300/9 (9.ª edição, 2006).
([2]) Regulamento (CE) n.º 2100/94 do Conselho, de 27 de julho de 1994, relativo ao regime comunitário de proteção das variedades vegetais, (JO L 227 de 1.9.1994, p. 1), incluindo alterações posteriores.
([3]) Diretiva 2009/24/CE do Parlamento Europeu e do Conselho, de 23 de abril de 2009, relativa à proteção jurídica dos programas de computador (JO L 111 de 5.5.2009, p. 16), incluindo alterações posteriores.
([4]) Diretiva 98/44/CE do Parlamento Europeu e do Conselho, de 6 de julho de 1998, relativa à proteção jurídica das invenções biotecnológicas (JO L 213 de 30.7.1998, p. 13), incluindo alterações posteriores.

Artigo 28.º

Direito baseado na utilização anterior da invenção

Qualquer pessoa que, no caso de ter sido concedida uma patente nacional para uma dada invenção, tenha adquirido num Estado-Membro Contratante um direito baseado na utilização anterior dessa invenção ou um direito de posse pessoal dessa invenção, goza nesse Estado-Membro Contratante do mesmo direito relativamente à patente para essa mesma invenção.

Artigo 29.º

Esgotamento dos direitos conferidos pela patente europeia

Os direitos conferidos pela patente europeia não são extensivos aos atos respeitantes ao produto coberto por essa patente após a colocação desse produto no mercado da União Europeia pelo titular da patente ou com o seu consentimento, a menos que existam motivos legítimos para que o titular da patente se oponha a que o produto continue a ser comercializado.

Artigo 30.º

Efeitos dos certificados complementares de proteção

Os certificados complementares de proteção conferem os mesmos direitos que os conferidos pelas patentes e são sujeitos às mesmas limitações e obrigações.

CAPÍTULO VI

Competência internacional

Artigo 31.º

Competência internacional

A competência internacional do Tribunal é estabelecida nos termos do Regulamento (UE) n.º 1215/2012 ou, quando aplicável, com base na Convenção relativa à Competência Judiciária, ao Reconhecimento e à Execução de Decisões em Matéria Civil e Comercial (Convenção de Lugano) ([5]).

Artigo 32.º

Competência do Tribunal

1. A competência do Tribunal é exclusiva relativamente a:

a) Ações por violação ou ameaça de violação de patentes e certificados complementares de proteção e respetivas contestações, incluindo pedidos reconvencionais relativos a licenças;

b) Ações de verificação de não-violação de patentes e certificados de proteção suplementar;

([5]) Convenção relativa à Competência Judiciária, ao Reconhecimento e à Execução de Decisões em Matéria Civil e Comercial, feita em Lugano em 30 de outubro de 2007, incluindo alterações posteriores.

c) Ações com vista à concessão de medidas provisórias e cautelares e medidas inibitórias;

d) Ações de extinção de patentes e de declaração de nulidade dos certificados complementares de proteção;

e) Pedidos reconvencionais de extinção de patentes e de declaração de nulidade dos certificados complementares de proteção;

f) Ações por danos ou pedidos de indemnização decorrentes da proteção provisória conferida por um pedido de patente europeia publicado;

g) Ações relativas à utilização da invenção antes da concessão da patente ou ao direito baseado na utilização anterior da invenção;

h) Ações de indemnização por licenças com base no artigo 8.º do Regulamento (UE) n.º 1257/2012; e

i) Ações relativas às decisões do Instituto Europeu de Patentes tomadas no âmbito das funções a que se refere o artigo 9.º do Regulamento (UE) n.º 1257/2012.

2. Os tribunais nacionais dos Estados-Membros Contratantes são competentes para conhecer das ações relacionadas com patentes e com os certificados complementares de proteção que não sejam da competência exclusiva do Tribunal.

Artigo 33.º
Competência das divisões do Tribunal de Primeira Instância

1. Sem prejuízo do disposto no n.º 7 do presente artigo, as ações referidas no artigo 32.º, n.º 1, alíneas a), c), f) e g), são intentadas perante:

a) A divisão local acolhida pelo Estado-Membro Contratante onde ocorreu ou pode vir a ocorrer a violação ou ameaça de violação, ou a divisão regional em que esse Estado-Membro Contratante participa; ou

b) A divisão local acolhida pelo Estado-Membro Contratante onde o requerido ou no caso de requeridos múltiplos, um dos requeridos tiver o seu domicílio ou estabelecimento principal ou, na falta de domicílio, estabelecimento principal, o seu local de atividade, ou a divisão regional em que o Estado-Membro Contratante participa. As ações contra requeridos múltiplos apenas podem ser intentadas se os requeridos tiverem uma relação comercial e se estiverem relacionadas com a mesma alegada violação.

As ações referidas no artigo 32.º, n.º 1, alínea h) são intentadas perante a divisão local ou regional nos termos da alínea b) do primeiro parágrafo.

As ações contra requeridos que têm o seu domicílio ou estabelecimento principal ou, na falta de domicílio ou estabelecimento principal, o seu local de atividade fora do território de um Estado-Membro Contratante são intentadas perante a divisão local ou regional nos termos da alínea a) do primeiro parágrafo do presente número ou perante a divisão central.

Se o Estado-Membro Contratante em causa não dispuser de uma divisão local nem participar numa divisão regional, as ações são intentadas perante a divisão central.

2. Se uma ação referida no artigo 32.º, n.º 1, alíneas a), c), f), g) ou h) estiver pendente perante uma divisão do Tribunal de Primeira Instância, não pode ser intentada perante outra divisão nenhuma das ações referidas no artigo 32.º, n.º 1, alíneas a), c), f), g), ou h) entre as mesmas partes relativamente à mesma patente.

Se uma ação referida no artigo 32.º, n.º 1, alínea a) estiver pendente perante uma divisão regional e se a violação tiver ocorrido nos territórios de três ou mais divisões regionais, a divisão regional em causa deve, a pedido do requerido, remeter o caso para a divisão central.

Caso seja intentada perante várias divisões diferentes uma ação entre as mesmas partes relativamente à mesma patente, a divisão à qual o caso foi submetido em primeiro lugar é competente para a totalidade da ação e as divisões que eventualmente forem implicadas posteriormente declaram a ação improcedente nos termos do Regulamento de Processo.

3. Pode ser apresentado um pedido reconvencional de extinção referido no artigo 32.º, n.º 1, alínea e) no âmbito de uma ação por violação referida no artigo 32.º, n.º 1, alínea a). Nesse caso, a divisão local ou regional em causa pode, ouvidas as partes:

a) Dar seguimento à ação por violação e ao pedido reconvencional de extinção e solicitar ao Presidente do Tribunal de Primeira Instância que, nos termos do artigo 18.º, n.º 3, destaque da bolsa de juízes um juiz com formação técnica, com qualificações e experiência na área tecnológica em questão;

b) Remeter o pedido reconvencional da extinção à divisão central, para decisão, e suspender ou dar seguimento à ação por violação; ou

c) Com o acordo das partes, remeter a ação à divisão central, para decisão.

4. As ações referidas no artigo 32.º, n.º 1, alíneas b) e d) são intentadas perante a divisão central. Todavia, se uma ação por violação referida no artigo 32.º, n.º 1, alínea a), entre as mesmas partes relativamente à mesma patente for intentada perante uma divisão local ou regional, estas ações apenas podem ser intentadas perante a mesma divisão local ou regional.

5. Se estiver pendente na divisão central uma ação de extinção referida no artigo 32.º, n.º 1, alínea d), pode ser intentada junto de qualquer divisão uma ação por violação referida no artigo 32.º, n.º 1, alínea a) entre as mesmas partes relativamente à mesma patente, nos termos do n.º 1 do presente artigo ou perante a divisão central. A divisão local ou regional em causa pode dar seguimento à ação nos termos do n.º 3 do presente artigo.

6. Uma ação de verificação de não-violação, referida no artigo 32.º, n.º 1, alínea b), pendente na divisão central é suspensa quando, dentro de um prazo de três meses a contar da data em que a ação foi intentada perante a divisão central, for intentada perante uma divisão local ou regional uma ação por violação referida no artigo 32.º, n.º 1, alínea a) sobre a mesma patente entre as mesmas partes ou entre o titular de uma licença exclusiva e a parte requerente da verificação de não-violação relativamente à mesma patente.

7. As partes podem acordar em intentar as ações a que se refere o artigo 32.º, n.º 1, alínea a) a h), perante a divisão da sua escolha, incluindo a divisão central.

8. As ações referidas no artigo 32.º, n.º 1, alíneas d) e e) podem ser intentadas sem que o requerente tenha que apresentar um ato de oposição ao Instituto Europeu de Patentes.

9. As ações referidas no artigo 32.º, n.º 1, alínea i) são intentadas perante a divisão central.

10. As partes devem informar o Tribunal de qualquer processo de extinção, limitação ou oposição perante o Instituto Europeu de Patentes, bem como de qualquer pedido de tramitação acelerada junto do Instituto Europeu de Patentes. O Tribunal pode suspender a instância quando se possa esperar uma decisão rápida por parte do Instituto Europeu de Patentes.

Artigo 34.º
Âmbito territorial das decisões

As decisões do Tribunal abrangem, no caso de uma patente europeia, o território dos Estados-Membros Contratantes em que a patente europeia produz efeitos.

CAPÍTULO VII
Mediação e arbitragem de patentes
Artigo 35.º
Centro de Mediação e Arbitragem de Patentes

1. É criado um Centro de Mediação e Arbitragem de Patentes (a seguir designado por «Centro»). O Centro tem a sua sede em Liubliana e em Lisboa.

2. O Centro disponibiliza meios para a mediação e a arbitragem de litígios de patentes abrangidos pelo presente Acordo. O artigo 82.º aplica-se *mutatis mutandis* a todos os acordos alcançados utilizando os meios do Centro, incluindo através da utilização da mediação. Todavia, uma patente não pode ser extinta nem limitada num processo de mediação ou arbitragem.

3. O Centro estabelece as regras de mediação e arbitragem.

4. O Centro elabora uma lista de mediadores e árbitros para apoiarem as partes na resolução do litígio.

PARTE II
DISPOSIÇÕES FINANCEIRAS
Artigo 36.º
Orçamento do tribunal

1. O orçamento do Tribunal é financiado pelas receitas financeiras próprias do Tribunal e, pelo menos durante o período transitório referido no artigo 83.º, na medida do necessário, pelas contribuições dos Estados-Membros Contratantes. O orçamento deve estar em equilíbrio.

2. As receitas financeiras próprias do Tribunal são constituídas pelas custas judiciais e por outras receitas.

3. O Comité Administrativo fixa as custas judiciais. As custas judiciais são compostas por uma taxa fixa, combinada com uma taxa baseada no valor aplicável a partir de um limite máximo previamente estabelecido. As custas judiciais são fixadas por forma a assegurar o devido equilíbrio entre o princípio do acesso equitativo à justiça, em especial para as pequenas e médias empresas, as microentidades, as pessoas singulares, as organizações sem fins lucrativos, as universidades e as organizações públicas de investigação, e uma contribuição adequada das partes para as despesas incorridas pelo Tribunal, reconhecendo os benefícios económicos envolvidos e o objetivo de um Tribunal autofinanciado com finanças equilibradas. O montante das custas judiciais é revisto periodicamente pelo Comité Administrativo. Podem ser previstas medidas destinadas ao apoio às pequenas e médias empresas e microentidades.

4. Se o Tribunal não puder equilibrar o seu orçamento com base nos seus recursos próprios, os Estados-Membros Contratantes efetuam contribuições financeiras especiais.

Artigo 37.º
Financiamento do Tribunal

1. Os custos de funcionamento do Tribunal são cobertos pelo respetivo orçamento, nos termos do Estatuto.

Os Estados-Membros Contratantes que criem divisões locais facultam as instalações necessárias para o efeito. Os Estados-Membros Contratantes que partilhem uma divisão regional facultam em conjunto as instalações necessárias para o efeito. Os Estados-Membros Contratantes que acolhem a divisão central, as suas secções ou o Tribunal de Recurso facultam as instalações necessárias para o efeito. Durante um período transitório inicial de sete anos a contar da data de entrada em vigor do presente Acordo, os Estados-Membros Contratantes em causa disponibilizam igualmente o pessoal de apoio administrativo sem prejuízo do respetivo Estatuto.

2. Na data de entrada em vigor do presente Acordo, os Estados-Membros Contratantes efetuam as contribuições financeiras iniciais necessárias para a criação do Tribunal.

3. No período transitório inicial de sete anos a contar da entrada em vigor do presente Acordo, a contribuição de cada Estado-Membro Contratante que tenha ratificado ou aderido ao Acordo antes da sua entrada em vigor é calculado com base no número de patentes europeias que produzem efeitos no território desse Estado na data de entrada em vigor do presente Acordo e no número de patentes europeias que são objeto de ações por violação ou extinção intentadas perante os tribunais nacionais desse Estado-Membro nos três anos anteriores à entrada em vigor do presente Acordo.

No mesmo período transitório inicial de sete anos, as contribuições dos Estados-Membros que ratificam ou aderem ao presente Acordo após a sua entrada em vigor são calculadas com base no número de patentes europeias que produzem efeitos no território desses Estados-Membros na data da respetiva ratificação ou adesão e no número de patentes europeias que são objeto de ações por violação ou extinção intentadas perante os tribunais nacionais daqueles Estados-Membros nos três anos anteriores à respetiva ratificação ou adesão.

4. Findo o período transitório inicial de sete anos, espera-se que o Tribunal esteja em condições de se autofinanciar; todavia, caso venham a ser necessárias contribuições dos Estados-Membros Contratantes, estas deverão ser determinadas de acordo com a chave de repartição das taxas anuais de renovação de patentes europeias com efeito unitário aplicável quando a contribuição se torna necessário.

Artigo 38.º
Financiamento do quadro de formação para os juízes

O plano de formação de juízes é financiado pelo orçamento do Tribunal.

Artigo 39.º
Financiamento do Centro

Os custos operacionais do Centro são financiados pelo orçamento do Tribunal.

PARTE III

ORGANIZAÇÃO E DISPOSIÇÕES PROCESSUAIS

CAPÍTULO I

Disposições gerais

Artigo 40.º
Estatuto

1. O Estatuto determina as modalidades da organização e do funcionamento do Tribunal.

2. O Estatuto constitui um Anexo do presente Acordo. O Estatuto pode ser alterado por decisão do Comité Administrativo sob proposta do Tribunal ou sob proposta de um Estado-Membro Contratante após consulta do Tribunal. Todavia, essas alterações não podem contradizer ou alterar o presente Acordo.

3. O Estatuto garante que o funcionamento do Tribunal seja organizado da forma mais eficaz e eficiente em termos de custos, e assegura o acesso equitativo à justiça.

Artigo 41.º
Regulamento de Processo

1. O Regulamento de Processo determina as modalidades da tramitação dos processos no Tribunal. Deve ser conforme com o presente Acordo e com o Estatuto.

2. O Comité Administrativo adota o Regulamento de Processo com base em amplas consultas com as partes interessadas. Deve ser solicitado o parecer prévio da Comissão Europeia sobre a compatibilidade do Regulamento de Processo com o direito da União.

O Regulamento de Processo pode ser alterado por decisão do Comité Administrativo, sob proposta do Tribunal e após consulta da Comissão Europeia. Todavia, essas alterações não podem contradizer ou alterar o presente Acordo ou o Estatuto.

3. O Regulamento de Processo garante que as decisões do Tribunal tenham a mais elevada qualidade e que a tramitação seja organizada da forma mais eficiente e rentável. Assegura um justo equilíbrio entre os legítimos interesses de todas as partes, bem como o necessário poder discricionário dos juízes sem prejudicar a previsibilidade da instância para as partes.

Artigo 42.º
Proporcionalidade e equidade

1. O Tribunal ocupa-se do contencioso empregando meios proporcionais à importância e complexidade das causas.

2. O Tribunal assegura que as regras, procedimentos e meios de recurso previstos no presente Acordo e no Estatuto sejam utilizados de forma justa e equitativa e não distorçam a concorrência.

Artigo 43.º
Gestão de processos

O Tribunal assegura uma gestão ativa dos processos nele pendentes, nos termos do Regulamento de Processo, sem prejuízo da liberdade das partes para determinarem o objeto do processo e a apresentação dos elementos de prova.

Artigo 44.º
Meios eletrónicos

O Tribunal fará o melhor uso dos meios eletrónicos, nomeadamente do registo eletrónico das petições das partes e das provas oferecidas em suporte eletrónico, bem como da videoconferência nos termos do Regulamento de Processo.

Artigo 45.º
Procedimentos públicos

Os procedimentos são abertos ao público, salvo se o Tribunal decidir torná-los confidenciais, na medida do necessário, no interesse de uma das partes ou de outra pessoa ou pessoas afetadas, ou no interesse geral da justiça ou por razões de ordem pública.

Artigo 46.º
Personalidade judiciária

Qualquer pessoa singular ou coletiva, ou qualquer organismo equiparado a uma pessoa coletiva suscetível de ser parte nos termos da sua legislação nacional pode ser parte no processo instaurado no Tribunal.

Artigo 47.º
Partes

1. O titular da patente pode intentar uma ação no Tribunal.

2. Salvo disposição em contrário do acordo de licença, o beneficiário de uma licença exclusiva relativa a uma patente pode intentar uma ação perante o Tribunal, nas mesmas condições que o titular da patente, sob reserva de notificação prévia deste último.

3. O beneficiário de uma licença não exclusiva não pode intentar uma ação perante o Tribunal, salvo se o titular da patente for previamente notificado do facto e na medida em que o acordo de licença expressamente o autorize.

4. O titular da patente pode constituir-se parte em qualquer ação intentada perante o Tribunal pelo beneficiário de uma licença.

5. A validade de uma patente não pode ser contestada no âmbito de uma ação por violação intentada pelo beneficiário de uma licença quando o titular da patente não seja parte no processo. A parte no processo por violação que pretenda contestar a validade de uma patente tem de intentar uma ação contra o titular da patente.

6. Qualquer pessoa singular ou coletiva ou qualquer organismo, suscetível de estar, por si, em juízo nos termos da respetiva legislação nacional, que tenha um interesse numa patente, pode intentar uma ação nos termos do Regulamento de Processo.

7. Qualquer pessoa singular ou coletiva ou qualquer organismo suscetível de estar, por si, em juízo nos termos da respetiva legislação nacional e que seja afetado por uma decisão do Instituto Europeu de Patentes tomada no âmbito das tarefas a que se refere o artigo 9.º do Regulamento (UE) n.º 1257/2012 pode intentar uma ação nos termos do artigo 32.º, n.º 1, alínea i), do presente Acordo.

Artigo 48.º
Representação

1. As partes fazem-se representar por advogados autorizados a exercer nos órgãos jurisdicionais de um Estado-Membro Contratante.

2. Em alternativa, as partes podem ser representadas por Advogados de Patentes Europeias, habilitados a agir como mandatários profissionais junto do Instituto Europeu de Patentes, nos termos do artigo 134.º da CPE, e que possuam as qualificações adequadas, como o Certificado Europeu de Contencioso em matéria de Patentes.

3. O Comité Administrativo estabelece os requisitos para as qualificações referidas no n.º 2. O Secretário do Tribunal deve manter uma lista dos Advogados de Patentes Europeias habilitados a representar as partes perante o Tribunal.

4. Os representantes das partes podem ser assistidos por advogados de patentes, que são autorizados a intervir nas audiências do Tribunal nos termos do Regulamento de Processo.

5. Os representantes das partes gozam dos direitos e imunidades necessários ao exercício independente das suas funções, nomeadamente o privilégio de não serem divulgadas, numa ação perante o Tribunal, as comunicações entre um representante e a parte ou qualquer outra pessoa, nas condições estabelecidas no Regulamento do Processo, salvo se a parte em causa prescindir expressamente deste privilégio.

6. Os representantes das partes estão obrigados a não deturpar a apresentação de casos ou factos perante o Tribunal, quer intencionalmente quer com presumível conhecimento de causa.

7. A representação nos termos dos n.ºˢ 1 e 2 do presente Acordo não é exigida em ações nos termos do artigo 32.º, n.º 1, alínea i).

CAPÍTULO II

Regime linguístico

Artigo 49.º

Língua de processo no Tribunal de Primeira Instância

1. Nos processos instaurados numa divisão local ou regional, a língua de processo é uma língua oficial da União Europeia que seja a ou uma das línguas oficiais do Estado-Membro Contratante que acolhe a divisão em causa, ou a língua ou as línguas oficiais designadas pelos Estados-Membros Contratantes que partilham uma divisão regional.

2. Não obstante o disposto no n.º 1, os Estados-Membros Contratantes podem designar uma ou várias das línguas oficiais do Instituto Europeu de Patentes como língua de processo da sua divisão local ou regional.

3. As partes podem acordar na utilização da língua em que foi concedida a patente como língua de processo, sob reserva de aprovação da secção competente. Se a secção competente não aprovar essa escolha, as partes podem requerer que o processo seja remetido à divisão central.

4. Com o acordo das partes, a secção competente pode, por razões de conveniência ou equidade, decidir da utilização da língua em que foi concedida a patente como língua de processo.

5. A pedido de uma das partes e ouvidas as outras partes e a secção competente, o Presidente do Tribunal de Primeira Instância pode, por razões de conveniência ou equidade, tendo em conta todas as circunstâncias pertinentes, incluindo a posição das partes, decidir da utilização da língua em que foi concedida a patente como língua de processo. Nesse caso, o Presidente do Tribunal de Primeira Instância decide da necessidade de disposições específicas de tradução e interpretação.

6. A língua de processo na divisão central é a língua em que foi concedida a patente.

Artigo 50.º

Língua de processo no Tribunal de Recurso

1. A língua de processo no Tribunal de Recurso é a língua do processo no Tribunal de Primeira Instância.

2. Não obstante o disposto no n.º 1, as partes podem acordar na utilização da língua em que foi concedida a patente como língua de processo.

3. Em casos excecionais e na medida que tenha por conveniente, o Tribunal de Recurso pode decidir que a língua do processo para a totalidade ou parte do processo seja outra língua oficial de um Estado-Membro Contratante, sob reserva do acordo das partes.

Artigo 51.º

Outras disposições em matéria de regime linguístico

1. Qualquer secção do Tribunal de Primeira Instância e do Tribunal de Recurso pode, na medida do que for considerado adequado, dispensar os requisitos de tradução.

2. A pedido de uma das partes, e na medida do que for considerado adequado, qualquer coletivo do Tribunal de Primeira Instância e do Tribunal de Recurso faculta serviços de interpretação para dar assistência à parte ou partes interessadas em audiências.

3. Não obstante o disposto no artigo 49.º, n.º 6, caso uma ação por violação seja apresentada à divisão central, o requerido que tem o seu domicílio, estabelecimento principal ou local de atividade num Estado-Membro tem o direito de obter, a seu pedido, a tradução dos documentos pertinentes na língua do Estado-Membro de domicílio, estabelecimento principal ou, na falta de domicílio ou estabelecimento principal de local de atividade, nas seguintes circunstâncias:

a) A competência é conferida à divisão central nos termos do artigo 33.º, n.º 1, terceiro ou quarto parágrafos, e

b) A língua do processo na divisão central é uma língua que não é uma língua oficial do Estado-Membro onde o requerido tem o seu domicílio ou estabelecimento principal ou, na falta de domicílio ou estabelecimento principal, o seu local de atividade,

c) O requerido não domina devidamente a língua do processo.

CAPÍTULO III

Processo no Tribunal

Artigo 52.º

Fases escrita, transitória e oral

1. O processo no Tribunal é constituído pelas fases escrita, provisória e oral, nos termos do Regulamento de Processo. Todas as fases devem ser organizadas de uma forma flexível e equilibrada.

2. Na fase provisória, que tem lugar após a fase escrita, e nos casos em que se afigure adequado, o juiz que intervém na qualidade de relator, mandatado pela secção em plenário, é responsável pela convocação de uma audiência intercalar. Este juiz examina nomeadamente com as partes a possibilidade de se alcançar um acordo, incluindo através de mediação e/ou arbitragem, utilizando os meios do Centro a que se refere o artigo 35.º.

3. A fase oral dá às partes a possibilidade de explanarem cabalmente os seus argumentos. Com o acordo das partes, o Tribunal pode prescindir da audiência oral.

Artigo 53.º

Meios de prova

1. Nas ações perante o Tribunal, os meios de apresentação ou obtenção de prova incluem em particular os seguintes:

a) Audição das partes;

b) Pedidos de informações;

c) Apresentação de documentos,

d) Audição de testemunhas;

e) Pareceres de peritos;

f) Inspeção;

g) Experiências ou ensaios comparativos;

h) Declarações escritas prestadas sob juramento (affidavits).

2. O Regulamento de Processo regula o procedimento para a obtenção desses meios de prova. A inquirição de testemunhas e peritos efetua-se sob controlo do Tribunal e limita-se ao necessário.

Artigo 54.º

Ónus da prova

Sem prejuízo do disposto no artigo 24.º, n.ºs 2 e 3, o ónus da prova dos factos recai sobre a parte que alega esses factos.

Artigo 55.º

Inversão do ónus da prova

1. Sem prejuízo do disposto no artigo 24.º, n.ºs 2 e 3, se o objeto de uma patente for um processo que permita obter um produto novo, qualquer produto idêntico fabricado sem o consentimento do titular da patente será, até prova em contrário, considerado como tendo sido obtido através do processo patenteado.

2. O disposto no n.º 1 é igualmente aplicável no caso de existir uma forte probabilidade de o produto idêntico ter sido obtido pelo processo patenteado e de o titular da patente não ter podido determinar, não obstante esforços razoáveis nesse sentido, qual o processo efetivamente utilizado para esse produto idêntico.

3. Na produção de prova em contrário, são tomados em consideração os interesses legítimos do requerido na proteção dos respetivos segredos de fabrico ou de comércio.

CAPÍTULO IV

Poderes do Tribunal

Artigo 56.º

Poderes gerais do Tribunal

1. O Tribunal pode ordenar as medidas, procedimentos e medidas corretivas previstos no presente Acordo e subordinar os seus despachos a outras condições, nos termos do Regulamento de Processo.

2. O Tribunal tem em devida conta o interesse das partes e, antes de proferir uma decisão, faculta a todas elas a possibilidade de serem ouvidas, salvo se tal for incompatível com a execução efetiva do despacho.

Artigo 57.º

Peritos judiciais

1. Sem prejuízo da possibilidade de as partes apresentarem provas periciais, o Tribunal pode a qualquer momento designar peritos judiciais para a apresentação de peritagens sobre aspetos específicos do processo. O Tribunal faculta aos peritos todas as informações necessárias à elaboração dos pareceres.

2. Para o efeito, o Tribunal elabora, nos termos do Regulamento de Processo, uma lista indicativa de peritos, a qual é mantida pelo Secretário.

3. Os peritos judiciais devem dar garantias de independência e imparcialidade. As regras de conflitos de interesse aplicáveis aos juízes estabelecidas no artigo 7.º do Estatuto são aplicáveis por analogia aos peritos judiciais.

4. Os pareceres apresentados pelos peritos judiciais ao Tribunal são facultados às partes, que têm a possibilidade de se pronunciarem sobre eles.

Artigo 58.º
Proteção de informações confidenciais

A fim de proteger o segredo comercial, os dados pessoais ou outras informações confidenciais das partes na ação ou de terceiros, ou para prevenir a utilização abusiva de provas, o Tribunal pode determinar que a recolha e utilização de meios de prova em processos perante si pendentes sejam limitadas ou proibidas ou que o acesso às provas seja limitado a determinadas pessoas.

Artigo 59.º
Despacho que ordena a apresentação de elementos de prova

1. A pedido da parte que tenha apresentado elementos de prova razoavelmente acessíveis e suficientes para fundamentar as suas alegações e especificado as provas suscetíveis de as apoiar que se encontram sob controlo da parte contrária ou de um terceiro, o Tribunal pode ordenar que essa parte ou esse terceiro apresentem esses elementos de prova, sob reserva da proteção de informações confidenciais. Esse despacho não implica uma obrigação de auto incriminação.

2. A pedido de uma das partes, o Tribunal pode ordenar, em condições idênticas às especificadas no n.º 1, a comunicação de documentos bancários, financeiros ou comerciais sob o controlo da parte contrária, sob reserva da proteção de informações confidenciais.

Artigo 60.º
Despacho que ordena a preservação de elementos de prova e a inspeção de instalações

1. A pedido do requerente que tenha apresentado elementos de prova razoavelmente acessíveis e suficientes para fundamentar a sua alegação de que o direito de patente foi violado ou está na iminência de o ser, o Tribunal pode, ainda antes do início dos trâmites de apreciação do mérito da causa, decretar medidas provisórias imediatas e eficazes para preservar provas relevantes da alegada violação, sob reserva da proteção de informações confidenciais.

2. Essas medidas podem incluir a descrição pormenorizada, com ou sem recolha de amostras, ou a apreensão física dos bens que violam patentes e, sempre que adequado, dos materiais e instrumentos utilizados na produção e/ou distribuição desses produtos e dos documentos a eles referentes.

3. A pedido do requerente que tenha apresentado elementos de prova para fundamentar a alegação de que o direito de patente foi violado ou está na iminência de o ser, o Tribunal pode, ainda antes do início dos trâmites de apreciação do mérito da causa, ordenar a inspeção das instalações. A inspeção de instalações é efetuada por pessoa nomeada pelo Tribunal nos termos do Regulamento de Processo.

4. O requerente não pode estar presente aquando da inspeção mas pode fazer-se representar por um profissional independente cujo nome terá de constar do despacho do Tribunal.

5. As medidas são tomadas, se necessário, sem ouvir a outra parte, sobretudo quando um eventual atraso possa causar danos irreversíveis ao titular da patente ou quando exista um risco demonstrável de destruição da prova.

6. Caso as medidas de preservação da prova ou de inspeção das instalações tenham sido adotadas sem ouvir a outra parte, as partes afetadas são notificadas do facto, sem demora e o mais tardar imediatamente após a execução dessas medidas. A pedido das partes afetadas, procede-se a uma revisão, que inclui o direito de audição, a fim de se decidir, num prazo razoável após a notificação das medidas, se as mesmas devem ser alteradas, revogadas ou confirmadas.

7. As medidas de preservação de provas podem ser subordinadas à constituição, pelo requerente, de uma garantia adequada, ou outra caução equivalente, destinada a assegurar a eventual indemnização do prejuízo sofrido pelo requerido, conforme previsto no n.º 9.

8. O Tribunal assegura que as medidas de preservação da prova sejam revogadas ou deixem de produzir efeitos, a pedido do requerido, sem prejuízo da indemnização por danos que possa ser reclamada, se o requerente não intentar uma ação relativa ao mérito num prazo não superior a trinta e um dias de calendário ou vinte dias úteis, consoante o que for mais longo.

9. Nos casos em que as medidas de preservação da prova tenham sido revogadas ou deixem de produzir efeitos por força de qualquer ação ou omissão do requerente, bem como nos casos em que se venha a verificar posteriormente não ter havido violação ou ameaça de violação da patente, o Tribunal pode ordenar ao requerente, a pedido do requerido, que pague a este último uma indemnização adequada para reparação de quaisquer danos causados por essas medidas.

Artigo 61.º
Despachos de congelamento

1. A pedido do requerente que tenha apresentado elementos de prova razoavelmente acessíveis e suficientes para fundamentar a sua alegação de que o direito de patente foi violado ou está na iminência de o ser, o Tribunal pode, ainda antes do início dos trâmites de apreciação do mérito da causa, ordenar a uma parte que não retire da sua área de jurisdição quaisquer ativos aí situados ou que não negoceie quaisquer ativos, situados ou não na área da sua jurisdição.

2. O artigos 60.º, n.º s 5 a 9, são aplicáveis por analogia às medidas referidas no presente artigo.

Artigo 62.º
Medidas provisórias e cautelares

1. O Tribunal pode, por despacho, decretar uma medida inibitória contra um infrator presumível ou contra um intermediário cujos serviços de intermediação são utilizados pelo infrator presumível, a fim de prevenir qualquer violação iminente, de proibir, a título provisório e sob reserva, se for caso disso, de uma sanção pecuniária compulsória, a continuação da alegada violação, ou de subordinar essa continuação à constituição de garantias destinadas a assegurar a indemnização do titular do direito.

2. O Tribunal dispõe de poder discricionário para avaliar os interesses das partes, em particular para ter em consideração o eventual prejuízo que para qualquer delas possa resultar da imposição ou da rejeição de imposição de uma medida inibitória.

3. O Tribunal pode também decretar a apreensão ou a entrega dos produtos que se suspeite violarem uma patente, a fim de impedir a sua entrada ou circulação nos circuitos comerciais. Se o requerente justificar a existência de circunstâncias suscetíveis de comprometer a cobrança de indemnizações por perdas e danos, o Tribunal pode decretar a apreensão preventiva dos bens móveis e imóveis do infrator presumível, incluindo o congelamento das contas bancárias e outros ativos do infrator presumível.

4. Relativamente às medidas referidas nos n.ºˢ 1 e 3, o Tribunal pode decidir que o requerente forneça todos os elementos razoáveis de prova, a fim de adquirir com suficiente certeza a convicção de que este é o titular do direito, e que se verifica ou está iminente uma violação desse mesmo direito.

5. Os artigos 60.º, n.º s 5 a 9, são aplicáveis por analogia às medidas referidas no presente artigo.

Artigo 63.º
Medidas inibitórias permanentes

1. Se for tomada uma decisão que constate a violação de uma patente, o Tribunal pode decretar uma medida inibitória contra o infrator destinada a proibir a continuação dessa violação. O Tribunal pode também impor uma medida inibitória aos intermediários cujos serviços estejam a ser utilizados por terceiros para violar uma patente.

2. Se for conveniente, o incumprimento da ação inibitória a que se refere o n.º 1 fica sujeito ao pagamento de uma sanção pecuniária compulsória ao Tribunal.

Artigo 64.º
Medidas corretivas em processos por violação

1. Sem prejuízo de quaisquer indemnizações por perdas e danos devidas à parte lesada em virtude da violação, e sem qualquer compensação, o Tribunal pode decretar, a pedido do requerente, medidas adequadas relativamente aos bens que violam uma patente, bem como, quando tal se justifique, relativamente aos materiais e instrumentos que tenham predominantemente servido para a criação ou o fabrico desses bens.

2. Essas medidas incluem:

a) A declaração da violação;

b) A retirada dos bens dos circuitos comerciais;

c) A eliminação das características dos bens que estão na base da violação;

d) A retirada definitiva dos bens dos circuitos comerciais; ou

e) A destruição dos bens e/ou dos materiais e instrumentos em causa.

3. O Tribunal determina que essas medidas sejam executadas a expensas do autor da violação, a não ser que sejam invocadas razões específicas que a tal se oponham.

4. Na análise de um pedido de medidas corretivas nos termos do presente artigo, o Tribunal tem em conta a necessária proporcionalidade entre a gravidade da violação e as sanções a decretar, a disposição do infrator para restituir os materiais a um estado que não constitua violação, bem como os interesses de terceiros.

Artigo 65.º
Decisão sobre a validade da patente

1. O Tribunal decide sobre a validade de uma patente com base numa ação de extinção ou de um pedido reconvencional de extinção.

2. O Tribunal apenas pode declarar a total ou parcial extinção de uma patente com os fundamentos referidos no artigo 138.º, n.º 1, e no artigo 139.º, n.º 2 da CPE.

3. Sem prejuízo do artigo 138.º, n.º 3, da CPE, se os fundamentos de extinção apenas afetarem parcialmente a patente, esta deve ser limitada por um alteração correspondente das reivindicações e parcialmente extinta.

4. Se uma patente tiver sido extinta, considera-se que, desde o início não produziu, os efeitos previstos nos artigos 64.º e 67.º da CPE.

5. Se o Tribunal decidir em definitivo a extinção total ou parcial de uma patente, envia cópia dessa mesma decisão ao Instituto Europeu de Patentes e, no caso de patentes europeias, ao instituto nacional de patentes do Estado-Membro Contratante em causa.

Artigo 66.º
Poderes do Tribunal relativamente às decisões do Instituto Europeu de Patentes

1. Nas ações intentadas nos termos do artigo 32.º, n.º 1, alínea i), o Tribunal pode exercer qualquer dos poderes conferidos ao Instituto Europeu de Patentes nos termos do artigo 9.º do Regulamento (UE) n.º 1257/2012, nomeadamente a retificação do Registo de proteção da patente unitária.

2. Em derrogação do artigo 69.º, as partes suportam as suas próprias despesas nas ações intentadas nos termos do artigo 32.º, n.º 1, alínea i).

Artigo 67.º
Competência para ordenar a prestação de informações

1. Em resposta a pedido justificado e razoável do requerente e nos termos do Regulamento de Processo, o Tribunal pode ordenar que o autor da violação preste ao requerente as seguintes informações:

a) A origem e os circuitos de distribuição dos bens ou processos litigiosos;

b) As quantidades produzidas, fabricadas, entregues, recebidas ou encomendadas, bem como o preço obtido pelos bens litigiosos; e

c) A identidade de terceiros que tenham participado na produção ou distribuição dos bens ou na utilização dos processos litigiosos.

2. Nos termos do Regulamento de Processo, o Tribunal pode também ordenar que qualquer outra parte que, à escala comercial:

a) Tenha sido encontrada na posse dos bens ou a utilizar processos litigiosos;

b) Tenha sido encontrada a prestar serviços utilizados em atividades litigiosas; ou

c) Tenha sido indicada pela pessoa referida nas alíneas a) ou b) como tendo participado na produção, fabrico ou distribuição dos bens ou processos litigiosos ou na prestação dos serviços,

preste ao requerente as informações referidas no n.º 1.

Artigo 68.º
Indemnização por perdas e danos

1. A pedido da parte lesada, o Tribunal pode ordenar ao infrator que, de forma deliberada ou com presumível conhecimento tenha violado o direito da patente, pague à parte lesada uma indemnização por perdas e danos adequada ao prejuízo efetivamente sofrido por esta em virtude da violação.

2. Na medida do possível, a reparação do dano deve reconstituir a situação em que a parte lesada se encontraria caso não se tivesse verificado a violação. O infrator não pode beneficiar violação. Porém, as indemnizações por perdas e danos não têm caráter punitivo.

3. Ao fixar a indemnização por perdas e danos, o Tribunal:

a) Tem em conta todos os aspetos relevantes, como as consequências económicas negativas, nomeadamente os lucros cessantes, sofridas pela parte lesada, quaisquer lucros indevidos obtidos pelo autor da violação e, nos casos em que tal se justifique, outros elementos para além dos fatores económicos, como os danos morais causados pela violação à parte lesada; ou

b) Em alternativa à alínea a), pode, nos casos em que tal se justifique, estabelecer a indemnização por perdas e danos como uma quantia fixa, com base em elementos como, no mínimo, o montante das remunerações ou dos direitos que teriam sido auferidos se o autor da violação tivesse solicitado autorização para utilizar a patente em causa.

4. Quando o infrator não tiver cometido a infração de forma deliberada ou com presumível conhecimento, o Tribunal pode ordenar a cobrança dos benefícios ou o pagamento de indemnização.

Artigo 69.º
Despesas do processo

1. As custas do processo e outros encargos, razoáveis e proporcionados, em que a parte vencedora tenha incorrido são, por norma, suportados pela parte vencida, a menos que uma outra repartição se imponha por razões de equidade, até um limite máximo estabelecido nos termos do Regulamento de Processo.

2. Quando uma das partes saia vencedora no processo apenas parcialmente ou em circunstâncias excecionais, o Tribunal pode ordenar que as despesas sejam repartidas equitativamente ou que cada uma das partes suporte as despesas em que tenha incorrido.

3. Se uma parte tiver feito incorrer o Tribunal ou qualquer outra parte em despesas desnecessárias, estas ficam a cargo dessa parte.

4. A pedido do requerido, o Tribunal pode ordenar que o requerente preste uma caução adequada para as despesas do processo e outras despesas incorridas pelo requerido que possam ser imputáveis ao requerente, especialmente nos casos referidos nos artigos 59.º, 60.º, 61.º e 62.º.

Artigo 70.º
Custas judiciais

1. As partes nos processos perante o Tribunal estão obrigadas ao pagamento de custas judiciais.

2. As custas são pagas antecipadamente, salvo disposição em contrário do Regulamento de Processo. Qualquer das partes que não tenha efetuado o pagamento de custas devidas pode ser excluída da participação no processo.

Artigo 71.º
Assistência judiciária

1. As partes que sejam pessoas singulares e se encontrem na impossibilidade de fazer face, total ou parcialmente, às despesas do processo podem, a qualquer momento, pedir assistência judiciária. O Regulamento de Processo estipula as condições para concessão da assistência judiciária.

2. O Tribunal decide, nos termos do Regulamento de Processo, se a assistência judiciária deve ser concedida na totalidade ou em parte, ou se deve ser recusada.

3. Sob proposta do Tribunal, o Comité Administrativo fixa o montante e estabelece as regras relativas aos encargos com a assistência judiciária.

Artigo 72.º
Prescrição

Sem prejuízo do artigo 24.º, n.ºs 2 e 3, as ações relativas a todas as formas de indemnização financeira apenas podem ser intentadas no prazo máximo de cinco anos a contar da data em que o requerente tiver tomado ou tiver tido motivos razoáveis para tomar conhecimento dos factos que lhes dão origem.

CAPÍTULO V
Recursos

Artigo 73.º
Recurso

1. As partes que tenham sido total ou parcialmente vencidas podem recorrer das decisões do Tribunal de Primeira Instância para o Tribunal de Recurso no prazo de dois meses a contar da data da notificação da decisão.

2. As partes que tenham sido total ou parcialmente vencidas podem recorrer dos despachos do Tribunal de Primeira Instância para o Tribunal de Recurso:

a) Para os despachos referidos no artigo 49.º, n.º 5, nos artigos 59.º a 62.º e 67.º no prazo de 15 dias de calendário a contar da notificação do despacho ao requerente;

b) Para os despachos que não sejam os referidos na alínea a):

i) juntamente com o recurso da decisão, ou

ii) quando o Tribunal autoriza o recurso, no prazo de 15 dias a contar da notificação da respetiva decisão do Tribunal.

3. Os recursos interpostos contra decisões ou despachos do Tribunal de Primeira Instância podem ser baseados em questões de direito e em questões de facto.

4. Os novos factos e novas provas apenas podem ser apresentados nos termos do Regulamento de Processo e se a sua apresentação pela parte interessada não puder ter sido razoavelmente prevista durante o processo perante o Tribunal de Primeira Instância..

Artigo 74.º
Efeitos do recurso

1. Os recursos não têm efeito suspensivo, a menos que o Tribunal de Recurso decida em contrário com base em requerimento fundamentado de uma das partes. O Regulamento de Processo garante que tal decisão seja tomada sem demora.

2. Não obstante o disposto no n.º 1, os recursos contra decisões em ações ou pedidos reconvencionais de extinção ou em ações com base no artigo 32.º, n.º 1, alínea i), têm sempre efeito suspensivo.

3. Os recursos contra uma das decisões a que se referem os artigos 49.º, n.º 5, 59.º, 60.º, 61.º, 62.º ou 67.º não prejudicam a tramitação do processo principal. Todavia, o Tribunal de Primeira Instância não pode proferir uma decisão no processo principal antes da decisão do Tribunal de Recurso relativa ao recurso interposto.

Artigo 75.º
Decisão sobre o recurso e reenvio do processo

1. Se o recurso interposto nos termos do artigo 73.º tiver fundamento, o Tribunal de Recurso revoga a decisão do Tribunal de Primeira Instância e profere uma decisão definitiva. O Tribunal de Recurso pode, em casos excecionais e nos termos do Regulamento de Processo, reenviar o processo ao Tribunal de Primeira Instância para nova decisão.

2. Em caso de reenvio do processo ao Tribunal de Primeira Instância nos termos do n.º 1, este fica vinculado à solução dada às questões de direito na decisão do Tribunal de Recurso.

CAPÍTULO VI
Decisões
Artigo 76.º
Base das decisões e direito de audição

1. O Tribunal decide de acordo com os pedidos apresentados pelas partes e não vai além do que lhe é solicitado.

2. As decisões sobre o mérito apenas podem basear-se nos argumentos, factos e elementos de prova apresentados pelas partes ou apresentados em processo por despacho do Tribunal e sobre os quais as partes tenham tido a possibilidade de se pronunciar.

3. O Tribunal é livre e independente na apreciação das provas.

Artigo 77.º
Requisitos formais

1. As decisões e despachos do Tribunal são fundamentados e emitidos por escrito, nos termos do Regulamento de Processo.

2. As decisões e despachos do Tribunal são redigidos na língua do processo.

Artigo 78.º
Decisões do Tribunal e declarações de voto

1. As decisões e despachos do Tribunal são adotados por maioria da secção, nos termos do Estatuto. Em caso de empate, o juiz presidente tem voto de qualidade.

2. Em circunstâncias excecionais, qualquer dos juízes da secção que tenha votado vencido pode apresentar uma declaração de voto em texto independente do da decisão do Tribunal.

Artigo 79.º
Acordo entre as partes

As partes podem, em qualquer momento do processo, resolver o litígio mediante acordo, confirmado por decisão do Tribunal. Uma patente não pode ser extinta nem limitada mediante acordo.

Artigo 80.º
Publicação das decisões

O Tribunal pode decretar, a pedido do requerente e a expensas do infrator, medidas adequadas para divulgar a informação respeitante à decisão que incluam a afixação da decisão do Tribunal, bem como a respetiva publicação integral ou parcial em meios de comunicação social.

Artigo 81.º
Revisão

1. Após uma decisão definitiva, os pedido de revisão podem ser declarados admissíveis, a título excecional, pelo Tribunal de Recurso nas seguintes circunstâncias:

a) Se a parte requerente da revisão judicial descobrir um facto suscetível de exercer influência decisiva e que era desconhecido dessa parte ao ser proferida a decisão,; esse pedido apenas pode ser declarado admissível se for baseado num ato qualificado como infração penal por uma decisão definitiva de um órgão jurisdicional. ou

b) Na eventualidade de um vício processual fundamental, em especial se o ato que iniciou a instância, ou ato equivalente, não tiver sido comunicado ou notificado ao requerido revel, em tempo útil e de modo a permitir-lhe a defesa.

2. O pedido de revisão deve ser apresentado no prazo de 10 anos a contar da data da decisão e, o mais tardar, dois meses após a data da descoberta do novo facto ou vício processual. Tal pedido não tem efeito suspensivo, a menos que o Tribunal de Recurso decida em contrário.

3. Se o pedido de revisão for declarado admissível, o Tribunal de Recurso pode anular, no todo ou em parte, a decisão em causa e reabrir o processo com vista a um novo julgamento e a uma nova decisão, nos termos do Regulamento de Processo.

4. As pessoas que utilizem patentes objeto de uma decisão sujeita a recurso e que ajam de boa fé devem ser autorizadas a prosseguir essa utilização.

Artigo 82.º
Execução das decisões e despachos

1. As decisões e despachos do Tribunal são executórios em qualquer Estado-Membro Contratante. A fórmula executória será aposta à decisão pelo Tribunal.

2. Se necessário, a execução de uma decisão será sujeita à constituição de uma caução ou garantia equivalente que assegure a compensação por quaisquer danos sofridos, em especial no caso de medidas inibitórias.

3. Sem prejuízo do disposto no presente Acordo e no Estatuto, os trâmites de execução são regidos pela legislação do Estado-Membro Contratante em que a execução tenha lugar. As decisões do Tribunal são executadas nas mesmas condições que as decisões proferidas no Estado-Membro Contratante em que a execução tenha lugar.

4. Se uma das partes não respeitar os termos de um despacho do Tribunal, poderá ser sancionada mediante o pagamento ao Tribunal de uma sanção pecuniária compulsória. O montante da sanção imposta será proporcional à importância do despacho a executar e sem prejuízo do direito da parte a exigir uma indemnização ou caução.

PARTE IV

DISPOSIÇÕES TRANSITÓRIAS

Artigo 83.º

Regime transitório

1. Durante um período transitório de sete anos após a data de entrada em vigor do presente Acordo, as ações por violação ou extinção de uma patente europeia ou as ações por violação ou com vista à declaração de nulidade de um certificado complementar de proteção emitido para um produto protegido por uma patente europeia podem continuar a ser intentadas perante os órgão jurisdicional nacionais ou outras autoridades nacionais competentes.

2. As ações pendentes num órgão jurisdicional nacional no fim do período transitório não são afetadas pela cessação desse período.

3. Os titulares ou os requerentes de patentes europeias concedidas ou requeridas antes do termo do período transitório referido no n.º 1 e, quando aplicável, no n.º 5, bem como os titulares de um certificado complementar de proteção emitido para um produto protegido por uma patente europeia podem decidir afastar a competência exclusiva do Tribunal, a menos que já tenha sido intentada uma ação perante o Tribunal. Para o efeito, notificam a sua decisão à Secretaria, o mais tardar um mês antes do termo do período transitório. Essa decisão produz efeitos à data da sua notificação.

4. Os titulares ou requerentes de patentes europeias ou os titulares de certificados de proteção complementar emitidos para um produto protegido por uma patente europeia que, nos termos do n.º 3, tenham decidido afastar a competência exclusiva do Tribunal podem revogar essa decisão em qualquer momento, a menos que já tenha sido intentada uma ação perante um órgão jurisdicional nacional. Nesse caso, notificam a Secretaria em conformidade. A decisão de revogação produz efeitos à data da sua notificação.

5. Cinco anos após a entrada em vigor do presente Acordo, o Comité Administrativo efetua uma consulta alargada dos utilizadores do sistema de patentes e um inquérito sobre o número de patentes europeias e certificados complementares de patentes emitidos para produtos protegidos por patentes europeias a respeito das quais ainda são intentadas nos órgãos jurisdicionais nacionais ações por violação ou extinção ou com vista à declaração de nulidade nos termos do n.º 1, as razões para tal e as respetivas implicações. Com base nessa consulta e num parecer do Tribunal, o Comité Administrativo pode decidir prorrogar até mais sete anos o período transitório.

PARTE V

DISPOSIÇÕES FINAIS

Artigo 84.º

Assinatura, ratificação e adesão

1. O presente Acordo está aberto à assinatura de qualquer Estado-Membro em 19 de fevereiro de 2013.

2. O presente Acordo está sujeito a ratificação nos termos das respetivas normas constitucionais dos Estados-Membros. Os instrumentos de ratificação devem ser depositados junto do Secretariado-Geral do Conselho da União Europeia (a seguir designado por «depositário»).

3. Os Estados-Membros que tenham assinado o presente Acordo notificam a Comissão Europeia da sua ratificação do Acordo aquando do depósito do seu instrumento de ratificação nos termos do artigo 18.º, n.º 3 do Regulamento (UE) n.º 1257/2012.

4. O presente Acordo está aberto à adesão de qualquer Estado-Membro. Os instrumentos de adesão são depositados junto do depositário.

Artigo 85.º

Funções do depositário

1. O depositário lavra cópias autenticadas do presente Acordo e transmite-as aos Governos de todos os Estados-Membros signatários ou aderentes.

2. O depositário notifica os Governos dos Estados-Membros signatários ou aderentes.

a) De qualquer assinatura;

b) Do depósito de qualquer instrumento de ratificação ou adesão;

c) Da data de entrada em vigor do presente Acordo.

3. O depositário procede ao registo do presente Acordo junto do Secretariado das Nações Unidas.

Artigo 86.º
Vigência do Acordo

O presente Acordo tem vigência ilimitada.

Artigo 87.º
Revisão

1. Sete anos após a entrada em vigor do presente Acordo, ou depois de o Tribunal ter proferido decisões sobre 2 000 ações por violação, tendo-se em conta para o efeito a mais tardia destas duas datas, e, se necessário, ulteriormente a intervalos regulares, o Comité Administrativo efetua uma consulta alargada dos utilizadores do sistema de patentes sobre o funcionamento, a eficiência e a relação custo/eficácia do Tribunal e sobre a confiança dos utilizadores do sistema de patentes na qualidade das decisões do Tribunal. Com base nessa consulta e num parecer do Tribunal, o Comité Administrativo pode decidir rever o presente Acordo com vista a melhorar o funcionamento do Tribunal.

2. O Comité Administrativo pode alterar o presente Acordo para o adaptar a um tratado internacional sobre patentes ou à legislação da União.

3. Uma decisão do Comité Administrativo tomada com base nos n.os 1 e 2 não produz efeitos se um Estado-Membro Contratante declarar, no prazo de doze meses a contar da data da decisão e com base nos seus processos decisórios internos pertinentes, que não deseja ficar vinculado pela decisão. Nesse caso, é convocada uma Conferência de Revisão dos Estados-Membros Contratantes.

Artigo 88.º
Línguas do Acordo

1. O presente Acordo é redigido num único exemplar, nas línguas inglesa, francesa e alemã, fazendo fé qualquer dos textos.

2. Os textos do presente Acordo redigidos em línguas oficiais dos Estados-Membros Contratantes que não as especificadas no n.º 1 são considerados textos oficiais se tiverem sido aprovados pelo Comité Administrativo. Caso existam divergências entre os vários textos, prevalecem os textos referidos no n.º 1.

Artigo 89.º
Entrada em vigor

1. O presente Acordo entra em vigor em 1 de janeiro de 2014, ou no primeiro dia do quarto mês após o depósito do décimo terceiro instrumento de ratificação ou adesão nos termos do artigo 84.º, incluindo os três Estados-Membros que contavam o maior número de patentes europeias em vigor no ano anterior ao da assinatura do Acordo, ou no primeiro dia do quarto mês após a data de entrada em vigor das alterações ao Regulamento (UE) n.º 1215/2012 no que respeita à relação deste com o presente Acordo, consoante a data que for posterior.

2. As ratificações ou adesões ocorridas após a entrada em vigor do presente Acordo produzem efeitos no primeiro dia do quarto mês após o depósito do instrumento de ratificação ou adesão.

Em fé do que, os abaixo assinados, devidamente autorizados para o efeito, apuseram as suas assinaturas no final do presente Acordo.

Feito em Bruxelas a 19 de fevereiro de 2013 nas línguas inglesa, francesa e alemã, fazendo fé qualquer dos três textos, num único exemplar que será depositado nos arquivos do Secretariado-Geral do Conselho da União Europeia.

ANEXO I

PROJETO DE ESTATUTO DO TRIBUNAL UNIFICADO DE PATENTES

Artigo 1.º
Âmbito do Estatuto

O presente Estatuto contém as disposições institucionais e financeiras aplicáveis ao Tribunal Unificado de Patentes instituído nos termos do artigo 1.º do Acordo.

CAPÍTULO I
JUÍZES

Artigo 2.º
Elegibilidade dos juízes

1. Podem ser nomeadas juízes todas as pessoas que sejam nacionais de um Estado-Membro Contratante e preencham as condições previstas no artigo 15.º do Acordo e no presente Estatuto.

2. Os juízes devem ter um bom domínio de, pelo menos, uma das línguas oficiais do Instituto Europeu de Patentes.

3. A experiência no domínio da resolução de litígios em matéria de patentes, que deve ser comprovada para efeitos de nomeação nos termos do artigo 15.º, n.º 1 do Acordo, pode ser adquirida mediante formação nos termos do artigo 11.º, n.º 4, alínea a) do presente Estatuto.

Artigo 3.º
Nomeação dos juízes

1. Os juízes são nomeados segundo o procedimento estabelecido no artigo 16.º do Acordo.

2. Os lugares vagos são objeto de anúncio público e indicam os critérios pertinentes de elegibilidade estabelecidos no artigo 2.º. O Comité Consultivo dá parecer sobre a adequação dos candidatos ao exercício das funções de juiz do Tribunal. Esse parecer inclui a lista dos candidatos mais adequados. Essa lista deve incluir um número candidatos correspondente a pelo menos o dobro dos lugares vagos. Se necessário, o Comité Consultivo pode recomendar que, antes da decisão relativa à nomeação, um juiz candidato receba formação em matéria de resolução de litígios de patentes nos termos do artigo 11.º, n.º 4, alínea a).

3. Ao nomear os juízes, o Comité Administrativo deve assegurar a congregação dos melhores conhecimentos especializados no domínio jurídico e técnico, bem como o equilíbrio da composição do Tribunal entre os nacionais dos Estados-Membros Contratantes, numa base geográfica tão ampla quanto possível.

4. O Comité Administrativo nomeia o número de juízes necessário ao bom funcionamento do Tribunal. Inicialmente, o Comité Administrativo nomeia o número de juízes necessário à criação de pelo menos uma secção em cada uma das divisões do Tribunal de Primeira Instância e pelo menos duas secções no Tribunal de Recurso.

5. A decisão do Comité Administrativo que nomeia os juízes com formação jurídica a tempo inteiro ou parcial e juízes com formação técnica a tempo inteiro indica a instância do Tribunal e/ou a divisão do Tribunal de Primeira Instância para a qual é nomeado cada juiz e a(s) área(s) tecnológica(s) para que é nomeado o juiz com formação técnica.

6. Os juízes com formação técnica com funções a tempo parcial são nomeados juízes do Tribunal e incluídos na bolsa de juízes, com base nas suas qualificações e experiência específicas. A nomeação desses juízes para o Tribunal assegura que sejam cobertas todas as áreas tecnológicas.

Artigo 4.º
Mandatos dos juízes

1. Os juízes são nomeados por um período de seis anos que tem início na data estabelecida no instrumento de nomeação. Podem ser reconduzidos nas suas funções.

2. Na falta de indicação da data, o mandato inicia-se na data do instrumento de nomeação.

Artigo 5.º
Nomeação dos membros do Comité Consultivo

1. Cada Estado-Membro Contratante propõe um membro do Comité Consultivo que preencha as condições estabelecidas no artigo 14.º, n.º 2, do Acordo.

2. Os membros do Comité Consultivo são nomeados pelo Comité Administrativo deliberando de comum acordo.

Artigo 6.º
Juramento

Antes de assumirem funções, os juízes devem, em sessão pública, prestar o juramento de exercer as suas funções com total imparcialidade e consciência e de guardar sigilo sobre as deliberações do Tribunal.

Artigo 7.º
Imparcialidade

1. Imediatamente após terem prestado juramento, os juízes assinam uma declaração mediante a qual assumem o compromisso solene de respeitar, durante o exercício das suas funções e após a cessação das mesmas, os deveres decorrentes do cargo, nomeadamente os deveres de honestidade e discrição relativamente à aceitação, após o termo do mandato, de determinadas funções ou benefícios.

2. Os juízes não podem participar num processo em que:

a) Tenham participado na qualidade de consultores;

b) Tenham sido partes ou agido em nome de uma das partes;

c) Tenham sido chamados a pronunciar-se como membros de um órgão jurisdicional, instância de recurso, coletivo de arbitragem ou de mediação, comissão de inquérito, ou a qualquer outro título;

d) Tenham um interesse pessoal ou financeiro no caso ou face a uma das partes; ou

e) Estejam ligados a uma das partes ou aos representantes das partes por laços familiares.

3. Se, por qualquer razão especial, um juiz considerar que não deve intervir no julgamento ou no exame de determinado processo, comunica o facto ao Presidente do Tribunal de Recurso ou, no caso dos juízes do Tribunal de Primeira Instância, ao Presidente deste Tribunal. Se, por qualquer razão especial, o Presidente do Tribunal de Recurso ou, no caso dos juízes do Tribunal de Primeira Instância, o Presidente deste Tribunal considerar que um juiz não deve intervir num determinado processo ou nele apresentar conclusões, o Presidente do Tribunal de Recurso ou o Presidente do Tribunal de Primeira Instância dá justificação por escrito e notifica o interessado.

4. Qualquer das partes numa ação pode objetar a que um juiz participe no processo por qualquer dos motivos enumerados no n.º 2 ou se o juiz for, com razão, suspeito de parcialidade.

5. Qualquer dificuldade na aplicação do presente artigo deve ser resolvida por decisão do *Presidium*, nos termos do Regulamento de Processo. O juiz interessado é ouvido mas não participa nas deliberações.

Artigo 8.º
Imunidade dos juízes

1. Os juízes gozam de imunidade de jurisdição. No que diz respeito aos atos por eles praticados na sua qualidade oficial, continuam a beneficiar de imunidade após a cessação das suas funções.

2. O *Presidium* pode levantar a imunidade.

3. Se tiver sido levantada a imunidade e intentada uma ação penal contra um juiz, este só pode ser julgado, em qualquer dos Estados-Membros Contratantes, pela instância competente para julgar os magistrados pertencentes ao mais alto órgão jurisdicional nacional.

4. O Protocolo relativo aos Privilégios e Imunidades da União Europeia é aplicável aos juízes do Tribunal, sem prejuízo das disposições relativas à imunidade de jurisdição dos juízes constantes do presente Estatuto.

Artigo 9.º
Cessação de funções

1. Para além das substituições após cessação de um mandato por força do artigo 4.º, ou dos casos de falecimento, as funções do juiz cessam em caso de renúncia.

2. Em caso de renúncia de um juiz, a carta de renúncia é dirigida ao Presidente do Tribunal de Recurso ou, no caso dos juízes do Tribunal de Primeira Instância, ao Presidente deste Tribunal para ser transmitida ao Presidente do Comité Administrativo.

3. O juiz permanece no cargo até que o seu sucessor assuma funções, exceto se for aplicável o artigo 10.º.

4. Em caso de vacatura, procede-se à nomeação de um novo juiz pelo período remanescente do mandato do seu predecessor.

Artigo 10.º
Destituição

1. Um juiz só pode ser afastado das suas funções ou privado de outros benefícios delas decorrentes se o *Presidium* decidir que deixou de corresponder às condições exigidas ou de cumprir os deveres decorrentes do cargo. O juiz interessado é ouvido mas não participa nas deliberações.

2. A secretária do Tribunal comunica essa decisão ao Presidente do Comité Administrativo.

3. Em caso de decisão que afaste um juiz das suas funções, a respetiva notificação determina a abertura de vaga no lugar.

Artigo 11.º
Formação

1. É prestada aos juízes uma formação adequada e regular no âmbito do quadro de formação criado pelo artigo 19º do Acordo. O *Presidium* adota os regulamentos de formação que assegurem a implementação e a coerência global do quadro de formação.

2. O quadro de formação constitui uma plataforma para o intercâmbio de conhecimentos e experiências e um fórum de debate, em especial mediante:

a) A organização de cursos, conferências, seminários, reuniões de trabalho e simpósios;

b) A cooperação com organizações internacionais e institutos de formação no domínio da propriedade intelectual; e

c) A promoção e o apoio do aperfeiçoamento profissional.

3. Serão elaborados um programa anual de trabalho e diretrizes de formação, que incluirão um plano anual de formação para cada juiz que identifique a formação de que prioritariamente necessita, de acordo com os regulamentos de formação.

4. Além disso, o quadro de formação deve:

a) Assegurar uma formação adequada dos candidatos a juiz e dos juízes do Tribunal recém-nomeados;

b) Apoiar projetos destinados a facilitar a cooperação entre representantes, advogados de patentes e o Tribunal.

Artigo 12.º

Remuneração

O Comité Administrativo fixa a remuneração do Presidente do Tribunal de Recurso, do Presidente do Tribunal de Primeira Instância, dos juízes, do Secretário, do Secretário-Adjunto e do pessoal.

CAPÍTULO II

DISPOSIÇÕES DE ORGANIZAÇÃO

SECÇÃO 1

Disposições comuns

Artigo 13.º

Presidente do Tribunal de Recurso

1. O Presidente do Tribunal de Recurso é eleito por todos os juízes do Tribunal de Recurso, de entre si, por um período de três anos. O Presidente do Tribunal de Recurso pode ser reeleito duas vezes.

2. As eleições do Presidente do Tribunal de Recurso são feitas por escrutínio secreto. É eleito o juiz que obtiver maioria absoluta. Se nenhum dos juízes obtiver a maioria absoluta, procede-se a segundo escrutínio, sendo eleito o juiz que recolher maior número de votos.

3. O Presidente do Tribunal de Recurso dirige as atividades judiciais e a administração do Tribunal de Recurso e preside ao mesmo reunido em assembleia plenária.

4. Em caso de cessação de funções do Presidente do Tribunal de Recurso antes do termo do seu mandato, o sucessor será eleito pelo tempo que faltar para o termo desse mandato.

Artigo 14.º

Presidente do Tribunal de Primeira Instância

1. O Presidente do Tribunal de Primeira Instância é eleito por todos os juízes do Tribunal de Primeira Instância que são juízes a tempo inteiro, de entre si, por um período de três anos. O Presidente do Tribunal de Primeira Instância pode ser reeleito duas vezes.

2. O primeiro Presidente do Tribunal de Primeira Instância será um nacional do Estado-Membro Contratante em que a divisão central tem a sua sede.

3. O presidente do Tribunal de Primeira Instância dirige as atividades judiciais e a administração do Tribunal de Primeira Instância.

4. O artigo 13.º, n.ºs 2 e 4, é aplicável por analogia ao Presidente do Tribunal de Primeira Instância.

Artigo 15.º

Presidium

1. O *Presidium* é constituído pelo Presidente do Tribunal de Recurso, que assume a presidência, pelo Presidente do Tribunal de Primeira Instância, por dois juízes do Tribunal de Recurso eleitos pelos seus pares, por três juízes a tempo inteiro do Tribunal de Primeira Instância eleitos pelos seus pares, e pelo Secretário, que não tem direito a voto.

2. O *Presidium* exerce as suas funções de acordo com o presente Estatuto. Sem prejuízo das suas responsabilidades próprias, o *Presidium* pode delegar certas tarefas num dos seus membros.

3. O *Presidium* é responsável pela administração do Tribunal e, em particular:

a) Elabora propostas de alteração do Regulamento de Processo nos termos do artigo 41.º do Acordo e propostas relativas ao Regulamento Financeiro do Tribunal;

b) Prepara o orçamento anual, as contas anuais e o relatório anual do Tribunal e apresenta-os ao Comité Orçamental;

c) Elabora as diretrizes para o programa de formação de juízes e supervisiona a sua execução;

d) Decide da nomeação e destituição do Secretário e do Secretário-Adjunto;

e) Estabelece as regras que regem a Secretaria, incluindo as subsecretarias.

f) Emite pareceres nos termos do artigo 83.º, n.º 5 do Acordo;

4. As decisões do *Presidium* referidas nos artigos 7°, 8°, 10° e 22.º são tomadas sem a participação do Secretário.

5. O *Presidium* só pode tomar decisões válidas se todos os seus membros estiverem presentes ou devidamente representados. As decisões são tomadas por maioria de votos.

Artigo 16.º

Pessoal

1. Os funcionários e outros agentes do Tribunal têm o dever de assistir o Presidente do Tribunal de Recurso, o Presidente do Tribunal de Primeira Instância, os juízes e o Secretário. Os funcionários e outros agentes são responsáveis perante o Secretário, sob a autoridade do Presidente do Tribunal de Recurso e do Presidente do Tribunal de Primeira Instância.

2. O Comité Administrativo elabora o Estatuto dos funcionários e outros agentes do Tribunal.

Artigo 17.º

Férias judiciais

1. Após consulta do *Presidium*, o Presidente do Tribunal de Recurso fixa a duração das férias judiciais e as regras relativas ao cumprimento dos feriados oficiais.

2. Durante o período das férias judiciais, as funções do Presidente do Tribunal de Recurso e do Presidente do Tribunal de Primeira Instância podem ser exercidas por qualquer juiz convidado pelo respetivo Presidente para esse efeito. Em casos de urgência, o Presidente do Tribunal de Recurso pode convocar os juízes.

3. O Presidente do Tribunal de Recurso e o Presidente do Tribunal de Primeira Instância podem, nas devidas circunstâncias, conceder licenças respetivamente aos juízes do Tribunal de Recurso e aos juízes do Tribunal de Primeira Instância.

SECÇÃO 2

Tribunal de Primeira Instância

Artigo 18.º

Criação e encerramento de uma divisão local ou regional

1. O pedido de um ou vários Estados-Membros Contratantes para a criação de uma divisão local ou regional deve ser dirigido ao Presidente do Comité Administrativo. O pedido deve indicar a sede da divisão local ou regional.

2. A decisão do Comité Administrativo que cria a divisão local ou regional indica o número de juízes afetos à divisão em causa e será facultada ao público.

3. O Comité Administrativo decide do encerramento de uma divisão local ou regional a pedido do Estado-Membro Contratante que acolhe a divisão local ou dos Estados-Membros Contratantes que participam na divisão regional. A decisão de encerrar uma divisão local ou regional indica a data a partir da qual não serão recebidos novos processos nessa divisão e a data em que a divisão deixará de existir.

4. A partir da data em que uma divisão local ou regional deixa de existir, os juízes que lhes estão afetos são colocados na divisão central, e os casos pendentes nessa divisão local ou regional são transferidos para a divisão central, juntamente com a subsecretaria e a respetiva documentação.

Artigo 19.º

Secções

1. A afetação dos juízes e a atribuição dos processos às secções no âmbito de uma divisão são fixadas pelo Regulamento de Processo. Para presidir a secção será designado um dos seus membros, de acordo com o Regulamento de Processo.

2. As secções podem delegar certas funções num ou em vários dos seus juízes, de acordo com o Regulamento de Processo.

3. Pode ser designado para cada divisão um juiz permanente para conhecer das causas urgentes, de acordo com o Regulamento de Processo.

4. Caso seja um único juiz, nos termos do artigo 8.º, n.º 7 do Acordo, ou um juiz permanente, nos termos do n.º 3 do presente artigo, a conhecer da causa, esse juiz desempenha todas as funções de uma secção.

5. Um dos juízes da secção desempenha as funções de relator, de acordo com o Regulamento de Processo.

Artigo 20.º

Bolsa de juízes

1. A lista com os nomes dos juízes incluídos na bolsa de juízes é elaborada pelo Secretário. Para cada juiz, a lista indicará pelo menos os conhecimentos linguísticos, a área tecnológica e a experiência, bem como os processos que já lhe foram submetidos.

2. O pedido dirigido ao Presidente do Tribunal de Primeira Instância para destacamento de um juiz da bolsa de juízes indicará nomeadamente o objeto da causa, a língua oficial do Instituto Europeu de Patentes utilizada pelos juízes da secção, a língua do processo e a área tecnológica pertinente.

SECÇÃO 3

Tribunal de Recurso

Artigo 21.º

Secções

1. A afetação dos juízes e a atribuição dos processos às secções são fixadas pelo Regulamento de Processo. Para presidir a secção é nomeado um dos seus membros, de acordo com o Regulamento de Processo.

2. Quando um processo for de excecional importância e, em especial, quando a decisão possa afetar a unidade e a coerência da jurisprudência do Tribunal, o Tribunal de Recurso pode decidir, sob proposta do juiz presidente, remetê-lo para o Tribunal Pleno.

3. As secções podem delegar certas funções num ou em vários dos seus juízes, de acordo com o Regulamento de Processo.

4. Um dos juízes da secção desempenha as funções de relator, de acordo com o Regulamento de Processo.

SECÇÃO 4

Secretaria

Artigo 22.º

Nomeação e destituição do Secretário

1. O *Presidium* nomeia o Secretário do Tribunal por um período de seis anos. O Secretário pode ser reconduzido nas suas funções.

2. Duas semanas antes da data fixada para a nomeação do Secretário, o Presidente do Tribunal de Recurso informa o *Presidium* das candidaturas apresentadas.

3. Antes de assumir as suas funções, o Secretário presta perante o *Presidium* o juramento de exercer as suas funções com imparcialidade e consciência.

4. O Secretário só pode ser destituído das suas funções se deixar de cumprir as obrigações que lhe incumbem. O *Presidium* toma a sua decisão depois de ouvido o Secretário.

5. Em caso de cessação de funções do Secretário antes do termo do seu mandato, o *Presidium* nomeia novo Secretário por um período de seis anos.

6. Em caso de ausência ou impedimento do Secretário, ou vacatura do lugar, o Presidente do Tribunal de Recurso designa, após consulta ao *Presidium*, um membro do pessoal do Tribunal para assumir as funções de Secretário.

Artigo 23.º

Atribuições do Secretário

1. O Secretário assiste o Tribunal, o Presidente do Tribunal de Recurso, o Presidente do Tribunal de Primeira Instância e os juízes no desempenho das suas funções. O Secretário é responsável pela organização e pelas atividades da Secretaria, sob a autoridade do Presidente do Tribunal de Recurso.

2. Incumbe ao Secretário, em especial:

a) Manter os registos, incluindo os autos de todos os processos instaurados no Tribunal;

b) Manter e organizar as listas elaboradas nos termos dos artigos 18.º, 48°, n.º 3 e 57.º, n.º 2 do Acordo;

c) Manter e publicar a lista de notificações de autoexclusão e de retiradas de autoexclusão nos termos do artigo 83.º do Acordo;

d) Publicar as decisões do Tribunal, sob reserva da proteção de informações confidenciais;

e) Publicar relatórios anuais com estatísticas; e

f) Assegurar que a informação sobre opções de autoexclusão nos termos do artigo 83.º do Acordo seja notificada ao Instituto Europeu de Patentes.

Artigo 24.º
Manutenção do registo

1. O *Presidium* adota, nas regras que regem a Secretaria, regras pormenorizadas para a manutenção do registo do Tribunal.

2. As regras de acesso aos documentos da Secretaria constam do Regulamento de Processo.

Artigo 25.º
Subsecretarias e Secretários-Adjuntos

1. Os Secretários-Adjuntos são nomeados pelo *Presidium* por um período de seis anos. Os Secretários--Adjuntos podem ser reconduzidos nas suas funções.

2. Aplica-se, por analogia, o artigo 22.º, n.ºs 2 a 6.

3. Os Secretários-Adjuntos são responsáveis pela organização e pelas atividades das Subsecretarias, sob a autoridade do Secretário e do Presidente do Tribunal de Primeira Instância. Incumbe aos Secretários-Adjuntos, em especial:

a) Manter registos de todos os processos instaurados no Tribunal de Primeira Instância;

b) Notificar à Secretaria todos os processos instaurados no Tribunal de Primeira Instância.

4. Os Subsecretários devem também prestar assistência administrativa e secretariar as divisões do Tribunal de Primeira Instância.

CAPÍTULO III

DISPOSIÇÕES FINANCEIRAS

Artigo 26.º
Orçamento

1. O orçamento é adotado pelo Comité Orçamental sob proposta do *Presidium*. O orçamento é elaborado segundo os princípios contabilísticos de aceitação geral estabelecidos no Regulamento Financeiro elaborado nos termos do artigo 33.º do presente Estatuto.

2. Dentro do orçamento, o *Presidium* pode transferir fundos de umas rubricas ou sub-rubricas para outras, de acordo com o Regulamento Financeiro.

3. O Secretário é responsável pela execução do orçamento de acordo com o Regulamento Financeiro.

4. O Secretário apresenta anualmente as contas do ano financeiro anterior relativas à execução do orçamento, as quais são aprovadas pelo *Presidium*.

Artigo 27.º
Autorização das despesas

1. As despesas inscritas no orçamento são autorizadas para um período contabilístico, salvo disposição em contrário do Regulamento Financeiro.

2. Nos termos do Regulamento Financeiro, quaisquer dotações, com exceção das relacionadas com as despesas de pessoal, que não tenham sido utilizadas no final do período contabilístico, podem transitar para o período seguinte, mas não para além do final desse período.

3. As dotações são inscritas em diferentes rubricas, segundo o tipo e a finalidade da despesa, e subdivididas, na medida do necessário, em conformidade com o Regulamento Financeiro.

Artigo 28.º
Dotações para despesas não previsíveis

1. O orçamento do Tribunal pode incluir dotações para despesas não previsíveis.

2. A utilização de tais dotações pelo Tribunal está sujeita a aprovação prévia do Comité Orçamental.

Artigo 29.º
Período contabilístico

O período contabilístico começa em 1 de janeiro e termina em 31 de dezembro.

Artigo 30.º
Elaboração do orçamento

O *Presidium* apresenta o projeto de orçamento do Tribunal ao Comité Orçamental o mais tardar na data prevista pelo Regulamento Financeiro.

Artigo 31.º
Orçamento provisório

1. Se, no início de um período contabilístico, o orçamento ainda não tiver sido aprovado pelo Comité Orçamental, as despesas podem ser efetuadas mensalmente, por rubrica ou outra divisão do orçamento, em conformidade com o Regulamento Financeiro e até ao limite de um duodécimo das dotações orçamentais do período contabilístico anterior, desde que as dotações assim disponibilizadas ao *Presidium* não excedam um duodécimo das previstas no projeto de orçamento.

2. Sob reserva do cumprimento das outras disposições estabelecidas no n.º 1, o Comité Orçamental pode autorizar despesas para além de um duodécimo das dotações orçamentais do período contabilístico anterior.

Artigo 32.º
Verificação das contas

1. As contas anuais do Tribunal são verificadas por auditores independentes. Os auditores são nomeados e, se necessário, demitidos pelo Comité Orçamental.

2. A auditoria, que deve basear-se em normas profissionais de auditoria e, se necessário, realizar-se *in loco*, deve assegurar que o orçamento foi executado de forma correta e legal e que a administração financeira do Tribunal foi levada a cabo de acordo com os princípios da economia e da boa gestão financeira. No final de cada período contabilístico, os auditores elaboram um relatório que inclui um parecer assinado sobre a auditoria.

3. O *Presidium* apresenta ao Comité Orçamental os mapas financeiros anuais do Tribunal e o mapa anual de execução do orçamento para o período contabilístico anterior, juntamente com o relatório dos auditores.

4. O Comité Orçamental aprova as contas anuais juntamente com o relatório dos auditores e dá quitação ao *Presidium* relativamente à execução do orçamento.

Artigo 33.º
Regulamento Financeiro

1. O Regulamento Financeiro será adotado pela Comissão Administrativa. O Regulamento Financeiro é alterado pelo Comité Administrativo, sob proposta do Tribunal.

2. O Regulamento Financeiro deve estabelecer, em particular:

a) Disposições relativas à elaboração e execução do orçamento e à apresentação e verificação das contas;

b) O método e os processos pelos quais os pagamentos e contribuições, incluindo os contributos financeiros iniciais previstos no artigo 37.º do Acordo, são disponibilizados ao Tribunal;

c) As regras relativas à responsabilidade dos gestores orçamentais e dos contabilistas e os mecanismos para o seu controlo; e

d) Os princípios contabilísticos de aceitação geral em que devem basear-se o orçamento e os mapas financeiros anuais.

CAPÍTULO IV
DISPOSIÇÕES PROCESSUAIS

Artigo 34.º
Sigilo das deliberações

As deliberações do Tribunal são e permanecem secretas.

Artigo 35.º
Decisões

1. Quando a secção for constituída por um número par de juízes, as decisões do Tribunal são tomadas por maioria da secção. Em caso de empate, o juiz presidente tem voto de qualidade.

2. Em caso de impedimento de um juiz da secção, pode ser chamado um juiz de outra secção, de acordo com o Regulamento de Processo.

3. Nos casos em que o presente Estatuto determina que o Tribunal de Recurso delibera em Tribunal Pleno, as suas decisões só serão válidas se forem tomadas por um mínimo de 3/4 dos juízes que integram o Tribunal Pleno.

4. Das decisões do Tribunal constam os nomes dos juízes que participaram nas deliberações.

5. As decisões são assinadas pelos juízes que participaram nas deliberações, pelo Secretário no caso das decisões do Tribunal de Recurso e pelo Secretário-Adjunto no caso das decisões do Tribunal de Primeira Instância. As decisões são proferidas em audiência pública.

Artigo 36.º
Divergência de opiniões

Qualquer declaração de voto expressa autonomamente por um membro de um coletivo em conformidade com o artigo 78.º do Acordo deve ser fundamentada, apresentada por escrito e assinada pelo juiz que exprimiu essa opinião.

Artigo 37.º
Decisões à revelia

1. A pedido de uma parte numa ação, uma decisão pode ser proferida à revelia, de acordo com o Regulamento de Processo, se a outra parte, tendo-lhe sido comunicado ou notificado o ato que determinou o início da instância ou ato equivalente, não apresentar contestação ou resposta escrita ou não comparecer na audiência oral. Essa decisão pode ser impugnada no prazo de um mês a contar da sua notificação à parte contra a qual foi proferida a decisão à revelia.

2. Salvo decisão em contrário do Tribunal, a impugnação não suspende a execução da decisão proferida à revelia.

Artigo 38.º
Questões submetidas ao Tribunal de Justiça da União Europeia

1. São aplicáveis os procedimentos definidos pelo Tribunal de Justiça da União Europeia para a apresentação de pedidos de decisão a título prejudicial na União Europeia.

2. Sempre que o Tribunal de Primeira Instância ou o Tribunal de Recurso decidam submeter ao Tribunal de Justiça da União Europeia uma questão de interpretação do Tratado sobre o Funcionamento da União Europeia ou do Tratado da União Europeia, ou uma questão sobre a validade e interpretação dos atos das Instituições da União Europeia, devem sobrestar na decisão.

ANEXO II

DISTRIBUIÇÃO DOS PROCESSOS DENTRO DA DIVISÃO CENTRAL (¹)

Secção de LONDRES	Sede de PARIS	Secção de MUNIQUE
	Gabinete do Presidente	
(A) Necessidades humanas	(B) Técnicas industriais diversas; transportes	(F) Engenharia mecânica, iluminação, aquecimento, armamento, explosão
(C) Química, metalurgia	(D) Têxteis, papel	
	(E) Construções fixas	
	(G) Física	
	(H) Eletricidade	

(¹) A classificação em 8 secções (de A até H) baseia-se na Classificação Internacional Patentes da Organização Mundial da Propriedade Intelectual (http://www.wipo.int/classifications/ipc/en).

REVISTA DE DIREITO INTELECTUAL

DIRETOR: DÁRIO MOURA VICENTE

CUPÃO DE ASSINATURA

NOME

MORADA

CÓD. POSTAL – LOCALIDADE

TELEFONE   Nº CONTRIBUINTE

PROFISSÃO

EMAIL

NÚMEROS AVULSO **€50,00**

ASSINATURA (2 NÚMEROS/ANO) **€43,75** (DESCONTO DE **12,5%**)
COM IVA E DESPESAS DE ENVIO INCLUÍDOS

DESEJO ADQUIRIR A ASSINATURA DA **REVISTA DE DIREITO INTELECTUAL**
(2 NÚMEROS) DO ANO 2 0

_____   DATA ▢▢ – ▢▢ – ▢▢
ASSINATURA

ESTE CUPÃO DEVERÁ SER ENVIADO PARA
ASSINATURA DA **REVISTA DE DIREITO INTELECTUAL** – JOAQUIM MACHADO, S.A.,
Rua Fernandes Tomás, n.ºs 76, 78, 80, 3000-167 Coimbra, ou via email para assinaturas@almedina.net.

PARA ESCLARECIMENTOS ADICIONAIS
Telefone: 239 851 903 – Fax: 239 851 901 – Email: editora@almedina.net

ALMEDINA

MB MULTIBANCO
movimenta a vida

AUTORIZAÇÃO DE DÉBITO DIRECTO (ADC)

ENTIDADE | 1 | 0 | 6 | 4 | 4 | 4 | NÚMERO DE AUTORIZAÇÃO

Na rede Multibanco poderá definir: A Data de expiração da autorização | O montante máximo de débito autorizado

AUTORIZAÇÃO DE DÉBITO EM CONTA PARA DÉBITOS DIRECTOS

NOME

EMAIL

Por débito na nossa/minha conta abaixo indicada queiram proceder ao pagamento das importâncias que lhes forem apresentadas pela empresa EDIÇÕES ALMEDINA SA

IBAN/NIB: PT 50

CONTRIBUINTE FISCAL

ASSINATURA(S) CONFORME BANCO   DATA

BENS/SERVIÇOS	VALOR	REGULARIDADE[1]	INICIA A MÊS	ANO	TERMINA A MÊS	ANO

[1] REGULARIDADE: MENSAL, TRIMESTRAL, SEMESTRAL, ANUAL

PROCEDIMENTOS
· Preencher completamente e assinar Autorização de Débito, de acordo com a ficha de assinatura de Banco. No caso de ser empresa carimbar ADC com carimbo da empresa.
· Remeter a ADC para:
EDIÇÕES ALMEDINA SA, Rua Fernandes Tomás, n.ºs 76, 78, 80, 3000-167 Coimbra, ou via email para sdd@almedina.net.
· Qualquer alteração que pretenda efectuar a esta autorização bastará contactar as EDIÇÕES ALMEDINA SA por qualquer forma escrita
· Também poderá fazer alterações através do Sistema Multibanco, conforme se apresenta seguidamente, ou no sistema de home banking, caso tenha essa opção. Também neste caso agradecemos informação escrita sobre as alterações efectuadas.
· Esta autorização destina-se a permitir o pagamento de bens/serviços adquiridos à nossa empresa e só poderá ser utilizada para outros efeitos mediante autorização expressa do(s) próprio(s)
· Dos pagamentos que vierem a ser efectuados por esta forma serão emitidos os recibos correspondentes.

INFORMAÇÕES
Através do Sistema Multibanco, relativamente a esta autorização de Débito em Conta, poderá, entre outras, efectuar as seguintes operações:
· Visualizar a Autorização Débito em Conta concedida;
· Actualizar os Dados Desta Autorização de Débito em Conta;
· Cancelar esta Autorização Débito em Conta;

Em cumprimento do aviso 10/2005 do Banco de Portugal, informa-se que é dever do devedor, conferir, através de procedimentos electrónicos, nomeadamente no multibanco, os elementos que compõem as autorizações de débito em conta concedidas.

PARA ESCLARECIMENTOS ADICIONAIS
Telefone: 239 851 903 Fax: 239 851 901 Email: sdd@almedina.net